U0361586

高等院校通识教育核心课程教材系列

苏新春　主编

朱盈蓓　亢巧霞　副主编

大学语文讲义

清华大学出版社

北京

内 容 简 介

"大学语文"是很多高等院校非中文专业学生的通识必修课。本教材从古往今来、中外各国的优秀文学作品中选择了54篇,按"自然神韵""精致器物""两情相依""家国情思""理想希望""礼仪天下""仁者之道""萌动青春""幽默人生"9个单元主题编排,每个主题包括6篇作品。每篇课文前有"解题",提供课文的有关背景材料;后有"赏析"和"练习与思考"。在9个主题的后面各有一篇知识短文,对诗歌散文小说和戏剧、影视的发展源流及文体与语言特点,做了扼要介绍。本书在教学形态上,充分发挥多媒体形式,多形态、多方面展现课程的教学形式的多样化。

图书在版编目(CIP)数据

大学语文讲义/苏新春主编. —北京:清华大学出版社,2023.8
高等院校通识教育核心课程教材系列
ISBN 978-7-302-64305-0

Ⅰ. ①大… Ⅱ. ①苏… Ⅲ. ①大学语文课-高等学校-教材 Ⅳ. ①H19

中国国家版本馆 CIP 数据核字(2023)第 132644 号

责任编辑:王巧珍
封面设计:常雪影
责任校对:王凤芝
责任印制:曹婉颖

出版发行:清华大学出版社
   网 址:http://www. tup. com. cn,http://www. wqbook. com
   地 址:北京清华大学学研大厦 A 座   邮 编:100084
   社 总 机:010-83470000   邮 购:010-62786544
   投稿与读者服务:010-62776969,c-service@tup. tsinghua. edu. cn
   质量反馈:010-62772015,zhiliang@tup. tsinghua. edu. cn
印 装 者:三河市东方印刷有限公司
经 销:全国新华书店
开 本:170mm×240mm 印张:23.5 插页:2   字数:398 千字
版 次:2023 年 8 月第 1 版   印次:2023 年 8 月第 1 次印刷
定 价:59.00 元

产品编号:102622-01

本书编委会（按姓氏音序排序）

卜祥忠　杜晶晶　亢巧霞　沈　玲
苏新春　朱盈蓓　庄清华

目　录

漫谈"阅读"

　　文科的学习，向来主张多读。"读书破万卷，下笔如有神""读万卷书，行万里路""手不释卷""开卷有益""书到用时方觉少"，都主张多读书。我们要学好大学语文，不能靠一个学期学的十来篇作品，而是要养成良好的阅读习惯，方能受用一辈子。这里就谈谈怎么阅读，怎么把我们的读书从课堂延伸到课外，从教材延伸到教材以外，从专业书延伸到百科书甚至杂书，从大块的专门学习时间延伸到零散的随时阅读中。

一、精读与粗读

　　精读就是仔细阅读、精细阅读，这是中国学生最擅长的。从小在学校、在课堂，用的都是精读之法，字斟句酌、细嚼慢咽，揣一字而历久，品一句而徘徊。这是精读的好处，可另外带来的结果必然是阅读数量的减少。阅读的收获不仅来自精细，往往也与阅读量大小成正比关系，犹如矿石的冶炼提纯，从有限的矿石中，越到后面提取到的精华越少，而付出的成本却是成倍上升。只有粗读，才能快读多读，才能博采精收，才能撷嫩芽而茗新，啜清流而品精。

二、专读与泛读

　　专读指专就某一领域、主题的阅读。专读自是目的性很强的阅读，"有备而来"，"开门见山"，"有的放矢"。这样的效率自然是高，往往能收到立竿见影之功，但泛读所带来的随兴所至、蔓衍旁及的意外之喜，则是不易碰到的。

　　泛读还有广泛阅读之意，可以就自己感兴趣，有时甚至谈不上兴趣，仅仅是不

那么讨厌的领域、知识、话题进行休闲、放松式的阅读，即所谓"开卷有益"。因为知识的积累，在有目的、有任务的穷究不舍的追寻、检索之外，还有很重要的一法就是要靠泛读中的偶遇，靠"蓦然回首"，靠踏破铁鞋、惊鸿一瞥，靠只因为"多看了你一眼"。

三、 慢读与快读

慢读可以指缓慢轻松不经意的阅读，也可以指进度不快、专心致志的阅读，后者伴随着的是精读与专读。无论是缓慢还是迟慢，读的量当然都不会多。书海无边，一书一世界，读书太少，自然精彩世界也就少了许多，离"学富五车""汗牛充栋"，也就望而难及。阅读需要"只争朝夕"。君不见，多少有志于学习者都有过在校数载、遍读馆中书的志向。唯有快读，才能多读；唯有快读，才知书之高下优劣。而此经历，往往成为终生乐于回味的佳事。

四、 坐读与立读

坐读指坐着阅读，是阅读的基本方式，可以从事各种类型的阅读，可读可想，可读可写，可快可慢。既可严肃认真地阅读，也可轻松闲暇地阅读。立读指站着阅读，它不能持久，也不方便记录与笔思，却有着特别功能。一是可随时阅读，可利用小而碎的时间，养成随身携书、有空即读的好习惯。二是可以强制性地进行快速、浏览性的阅读。针对现在学生只会精读细读的不足，笔者常会要求学生在图书馆的分类书架前，在一个时段中至少阅读同一书架的 20～30 本书。要做到这些，只能是"立读"，只能是读提要，读目录，读前言、后记，读序跋，读概言、总论。立读能帮助形成强制性快读。

在上面四组阅读关系中，我们特别看重"粗读""泛读""快读""立读"，就是希望不要让阅读成为一项任务，而是成为一种习惯；不要成为学习中的"焦点"，而要成为生活中的"散点"，让阅读无所不在、随处可见、唾手可得。

五、"不动笔不读书"

读书写字，通常用来指学习，反映了学习的两个主要过程。可这里"不动笔不读书"中的写字，却不是指学习过程，而是"读书"过程中的一种伴生方式。

要读书，就一定要做好笔记。"好记性不如烂笔头"，方能让读过的书，过目留字而存心存脑。动笔有两种动法：

一种是做卡片。做读书卡片，就是把书的精彩处，或是断语，或是佳例，或是别出心裁的论证，都录之于卡片。此即文摘卡片。它的好处是能将书的精华从繁枝茂叶中萃取出最佳者，从苍苍海水中提纯出最浓缩者，把它放入你的记忆之库，成为你的知识和语言。做文摘卡片，一是要讲究准确，一字不差，一个标点符号也无误，且保留完整出处，包括书名、作者、出版社、出版时间、版本印次及页、段、行，方便在将来引用时万一找不到原书也可放心引用、准确查找。二是要做到一条资料一张卡片，一张卡片一条资料。一事一卡，一卡一事，为的是方便归类，方便整理。卡片的最大好处就是独立性，两事一卡，今后必定会有失散处；一卡两事，必定会有一事被湮没。除了文摘卡，还有一类是读书卡，也叫读书留迹卡。凡读一书，必留一卡，哪怕只是保留书的最基本信息，也是极为有用的，特别是对泛读、粗读、快读者。

另一种是做笔记。如果说做卡片是记书记文，记别人的东西，那么做笔记则是记自己的。记自己的想法体会，记自己的观察联想，记自己的创作灵感。做卡片要一卡一事，看重卡片的独立性；记笔记则最好是用小本本，以成连续体，日久成册、多册成序，则可以清晰地观察到主人的发展脉络与学术成长过程。

无论是做卡片，还是做笔记，都讲究一个随时、及时。更好的习惯则是随笔写下"记于某年某月某日何处"。其好处，则需你有了实践后才能慢慢体会到。

苏新春

2018 年 6 月

文学与生活

没有文学的世界，是没有教养的世界，野蛮的世界，缺乏情感、笨嘴笨舌的世界，无知愚昧的世界，是没有激情和爱情的世界，可以描写成恶梦般的世界。

——马里奥·巴尔加斯·略萨（Mario Vargas Llosa）

2010 年诺贝尔文学奖获得者

文学是以语言文字为工具，形象化地反映客观现实的艺术，包括诗歌、散文、小说、戏剧等。文学不仅仅意味着写了什么，关键在于文字与文字之间的架构表达了什么、发现了什么、发明了什么。从这个意义上讲，文学覆盖着所有文化所涉及的人类在社会历史发展过程中所创造的物质财富和精神财富的总和：宗教、信仰、风俗、道德、思想、艺术、科学、技术以及各种制度……文学成为现存最具影响和力量的文化形态。文学的内容是人类生存状态的表达：爱的愉悦、死的哀伤、责任的痛楚、战争的恐惧，以及对自我和灵魂的不断认知。它描绘"自然神韵"、品味"精致器物"，它缠绵于"两情相依"、寄怀于"家国情思"，它探讨"理想希望"，以"礼仪天下"为教习之图谋、以"仁者之道"为敬重之目标，它亦感叹"萌动青春"、遂开怀"幽默人生"。人们渴望从文学塑造的他者看见自我的反映，而世界的影像也在文学的流动中得以延续。

一、 文学是人生的丰富

文学是"人学"，是关于生命、心理和精神的艺术探索。每一部作品都是一段又一段的人生拼接。对于作家而言，他创作的每一部作品都是对自己精神的自述，对自己人生的思考和超越；对于读者而言，他阅读的每一部作品都是与自己心灵的对话，对自己人生的反思和领悟。

如果可以，一个勇敢的我和一个无畏的你，宁愿把这世间芜杂的况味、乱世的豪情、呢哝的私情、那些伤、那些爱都一一尝遍！可是啊，亲爱的人生，却抵不过这百年的细数。一生仅得一世，一世仅得一念的体验。那些过去的：湮没于尘埃的，飞升至天际的，消逝如气泡的；那些留下的：刺痛后结疤的心，哭泣后泪干的痕，分别后独自行走的路；那些未知的：可能的你，或许的我……存在、生长、体悟；痛、苦、悲、喜无限。我们始终来不及，来不及和这永动的世界细细缠绵，经历诸事万般。生命只有一次。然庆幸，在这些浩荡的卷帙中，有那么多的故事、人物，替你和我，细细地经历了所有那些令我们害怕、不可、无缘、错过、幻想的一切生活！生活只给了我们一个世界，所见即所得；文学给了我们无数世界，无数人生，所想便可得。所以啊，文学和生活比起来，它太骄纵我们，文字纵横之间，让我们肆意置换人生，放纵经历世故。

二、 文学是生活的精炼

生活平淡，静世安好，文学便是一个手持魔杖的天使，许你我以精彩。现世的你，或许只是一个安静行走的白衣少女，而低眉看卷时，你已倚门嗅青梅，叹良辰美景风花雪月擦肩过，念庭院深深无处情动；现世的你，或许只是一个穿着牛仔裤、踢着小石头的少年，而捧读诗书处，你已扶额皱眉，叹问生存与毁灭究竟哪一个更重要；现世的我本是一只怯懦丑小鸭，展页翻书，读至心深处，我偏就是那颦颦黛玉、娇容楚娃、捧心西子、月里嫦娥，行处飘摇迥绝尘，檀口轻盈启芳唇，迷倒众生！

生活残酷，人情冷暖，文学便是一个拿着鞭子的打手，告你我以警示。它请来各国大师，拉了我们去看这世间处处，那些人与自然、与社会、与信仰的斗争：鲧禹治水、精卫填海、愚公移山，感天动地、人定胜天的执念是人与自然抗争的源泉；它让悲惨世界里的芳汀、柯赛特、冉阿让一一上场，这些人们与其时其境的斗争，告诉我们苦难的真相是贫穷使男子潦倒，饥饿使妇女堕落，黑暗使儿童羸弱；伯牙破琴绝弦为友子期，霍小玉饮恨李生负心而终，友谊、爱情种种信念失意的悲剧让我们越发珍惜眼前所有。

生活公正，文学亦是镜子。但它可以是放大镜，也可以是哈哈镜，还可以是照妖镜。意大利中世纪最后一位诗人，同时又是文艺复兴时期的第一位诗人但丁站在中世纪与文艺复兴这两个时代的两道大门中间，奉送上"神曲"，终结了中世纪，被誉为"中世纪的百科全书"。法国批判现实主义大师巴尔扎克，在计划要完成的 137 部小说所构成的"人间喜剧"序言中自誉："法国社会将要作历史学家，我只能当它的书记。"终因过早离世而留下了蔚为壮观的"人间喜剧"91 部小说，但"给我们提供了一部法国'社会'特别是巴黎'上流社会'的卓越的现实主义历史"（恩格斯：《致玛·哈克奈斯》，见《马克思恩格斯选集》第 4 卷，462 页，北京，人民出版社，1972 年）。"红楼"说不尽天下幻真，"三国"品不完世间英雄。一部文学作品或者受限，可是无数的文学作品积累到一起，这世间曾经发生过的、正在发生的、将要发生的，留存在物质形态的、暗藏在思想意识的，一切的一切，都必将以文字的模式向我们告白。历史未必公正，记忆未必忠诚，因此屈原唱吟："沧浪之水清兮，可以濯吾缨；沧浪之水浊兮，可以濯吾足。"世事未必会改变，但可改变的是读文章和看世界的眼和心。

三、 文学是生命的升华

文学是人生的精髓和升华。读书不一定是好的求生方式，但肯定是一种好的生活方式。文学不会为生活提供答案，但它为存在方式和生存内涵提供了参考，与文学的相处会渐渐改变一个人的气质、层次和命运。得孔夫子言："诗，可以兴，可以观，可以群，可以怨。迩之事父，远之事君，多识于鸟兽草木之名。"（《论语·阳货》）文学能振奋和鼓舞人的情感、精神，这是兴；文学也能帮助人认知世界、了解人生，这是观；文学让人交流情感，体认、感受并同情他人，这是群；文学还可以宣泄情感、情绪，这是怨。

人不可能踏尽世间路，历尽世间事。然而天地大美，日月星辰、烟柳画桥、奇山异水，哪处不应到此一游，哪地不应留待赏析。虽觅踪者众，但人人心从而力无，遂从流飘荡，任意东西。幸得历来诗人文者，寻幽访胜，挥洒风韵情愫于山泉溪涧、摩岩洞天，终得文字留情，造福拘于一隅的阅读者。而于读者，观一叶而知天下秋，此中幸运非物质生活本身可以替代。长此以往，脚程不便者就可以不受地域、时间、金钱、健康如此诸般种种束缚，以文学为行旅工具，纵横天下、驰骋南北，拓阔胸襟而放怀天下了。读李白诗文可游九华山，其境"天河挂绿水，秀出九芙蓉"；读王勃则登高滕王阁，"落霞与孤鹜齐飞，秋水共长天一色。渔舟唱晚，响穷彭蠡之滨；雁阵惊寒，声断衡阳之浦"。声、光、色俱透于纸背，直将人生请到长江边、高阁上、秋天夕阳下。

　　生命痛苦，世事荒谬。但并不是每一个生命都可以意识到痛苦本身，人总是在遮掩、抵赖、压抑和伪装痛苦的存在。我们当然不必认真地体验每一种痛苦，甚至从某种对自我疼爱的角度看，我们宁愿我们不需要经历痛苦。然而如果无法意识到痛苦，又怎么能够感知幸福的有无或深浅呢？文学提供了整个世界所有可怕的、残忍的、痛苦的例子，以至于读到包法利夫人的死亡时，我们感觉那砒霜的力量在撕扯我们的胃肠，而那欺骗过她的爱情本身，那压抑着她美好天性的环境本身则以更强大的力量在撕扯我们的尊严。苏轼叹凄凉是"十年生死两茫茫"，读完亦是"不思量，自难忘"，不需要十年，不要去经历阴阳两隔的分离，我们已然"泪千行"。死亡是终点，无法回头、无法修正，因此每一天的生命存在、感知生命的存在都是在向这一代表绝望的终点的抗争。史铁生的《我与地坛》替代所有读者去经受巨大的磨难，了解生命的本质，认真地思考那些形而上学的问题——欲望、生命、死亡……，于是更贴近生命原始意义地去关心那些平凡的人们的细微的心思。不需要像他一样失去行走的双腿长年坐在轮椅上，也不需要因尿毒症每周做 3 次透析，幸运的读者们借由他的文字，看懂世界、看懂自己、看懂生命的意义和价值。幸福来得那么美好，是因为痛苦未免太过残酷。因此，借由古希腊悲剧人物俄狄浦斯王的口，法国存在主义文学家加缪揭示了人的存在的幸福："尽管我历尽艰难困苦，但我年逾不惑，我的灵魂深邃伟大，因而我认为我是幸福的。"（加缪《西西弗斯的神话》）

　　人生如戏，文自人生；文学之中，你我主角；天下万事，容我们且自阅读、共与分享；我读、我看——我懂、我得，则百态世间，无谓遗憾，乃阅之、品之、悟之。

朱盈蓓
2020 年 8 月

一、自然神韵

【单元题记】

天地有大美而不言。总有那么多情思缱绻的文人，在俯仰宇宙之际，拈笔和墨，蘸云霞的色彩，浸山水的秀气，用一行行文字代表大自然，也向着大自然诉说。日月星辰、江河泉流、奇山芳芷、烟柳画桥，甚至仅仅是荡漾在山中的一抹云霞，那翱翔于天际的归鸟、洒在枝头的沥沥春雨，都留驻着他们的眼神，牵系了他们的魂魄。因此，饱含着热血、浸润着情怀的一串串诗行，连同那阴晴圆缺的月，那巍峨的山、潺潺的水，成为了永恒，在每一代人的心底泠泠成韵。

本单元所选文章融美景、美情、美文为一体。司马相如《上林赋》（节选）铺写汉天子上林苑壮观的景色，汉天子出猎的气势磅礴，是文学史上第一篇全面体现汉赋特色的大赋；王勃《采莲曲》之美，突出地表现为音韵美与画面感的巧妙结合。随着"归""衣""飞"五微韵的旋律，我们看到的是江南水乡莲叶层层叠叠的画面，是风起雁飞、荷香阵阵的情景；张若虚《春江花月夜》宛如一幅淡雅的中国山水画，词采华茂，情韵袅袅；柳宗元《游黄溪记》则将黄溪山水与文人的浪漫融于一体；朱自清《桨声灯影里的秦淮河》感情真挚，深沉而又细腻，耳畔"汩——汩"的桨声，眼前闪息不定的灯影和天上的素月，钩织出的秦淮河影，既给人身临其境之感，又让人有追怀思慕之情；华兹华斯《我孤独地漫游，象一朵云》质朴而清新的用词，对大自然的细致观察，对云朵花草的亲切感触，让人心生喜悦。我们要像保护眼睛一样保护自然和生态环境，实现人与自然的和谐共生。

对山水大美的觅踪，也是自我心灵的寻找。愿我们在喧嚣的世界中，暂且放缓自己追逐的脚步，去静听心底默默的泉流。或许大自然会告诉你：美在你的身外，又无时不在你的心中。

上 林 赋①

司马相如

【解题】 司马相如（约公元前 179—前 118），汉代文学家，四川蓬州（今

---

① 上林：上林苑，故址在今陕西西安市西及周至、户县界。它本是秦代的旧苑，汉武帝时重修并加以扩大。

南充蓬安）人，一说成都人。原名司马长卿，因为仰慕战国时代的名相蔺相如才改名。二十多岁就做了汉景帝的侍卫"武骑常侍"，因作《子虚赋》与《上林赋》受到汉武帝的赞赏。其作品词藻富丽，结构宏大，使他成为汉赋的代表作家，后人称之为"赋圣"和"辞宗"。鲁迅的《汉文学史纲要》将司马迁和司马相如放在一个专节里加以评述，指出："武帝时文人，赋莫若司马相如，文莫若司马迁。"《隋书·经籍志》有《司马相如集》1卷，已散佚。明人张溥辑有《司马文园集》，收入《汉魏六朝百三家集》。

亡是公听然而笑曰①："楚则失矣②，而齐亦未为得也。夫使诸侯纳贡者③，非为财币，所以述职也④；封疆画界者⑤，非为守御，所以禁淫也⑥。今齐列为东蕃⑦，而外私肃慎⑧，捐国隃限⑨，越海而田⑩，其于义固未可也。且夫二君之论⑪，不务明君臣之义，正诸侯之礼，徒事争于游戏之乐，苑囿之大，欲以奢侈相胜⑫，荒淫相越，此不可以扬名发誉⑬，而适足以贬君自损也⑭。

"且夫齐楚之事，又焉足道乎⑮！君未睹夫巨丽也，独不闻天子之上林乎？

---

① 亡是公：作者假托的人名。亡，通"无"。听（yǐn）然：张口而笑的样子。
② 失：指不对。《上林赋》是承《子虚赋》而来，《子虚赋》是借楚国子虚和齐国乌有先生的对话展开，以折齐称楚结束，所以本文这样承接。
③ 纳贡：交纳贡物。
④ 述职：古代诸侯朝见天子，陈述政务方面的情况。
⑤ 封疆画界：指划定诸侯国之间的疆界。古代植树为界，称封疆，在两封之间又树立标志，称画界。
⑥ 淫：放纵，过分。指诸侯国不知节制，侵入别国疆界。
⑦ 东蕃：东方的藩国。蕃，通"藩"，藩篱，屏障。
⑧ 私：指私自交好。肃慎：古国名，在今长白山以北至黑龙江一带。
⑨ 捐国：指离开自己的国家。隃限：越过本国边界，隃，同"蹍"，越。
⑩ 越海而田：指《子虚赋》乌有先生言齐王"秋田乎青丘"之事。"青丘"为传说中的海外国名，故云"越海"。田，通"畋"，畋猎。
⑪ 二君：指《子虚赋》中的子虚和乌有先生。
⑫ 相胜：相互压服。
⑬ 扬名发誉：即发扬名誉。意思是使好的名声传播开来。
⑭ 贬君自损：贬低君主，损害自己的声誉。
⑮ 焉：怎么。又作"乌"。

左苍梧①，右西极②。丹水更其南③，紫渊径其北④。终始灞浐⑤，出入泾渭⑥；酆镐潦潏⑦，纡馀委蛇⑧，经营其内⑨。荡荡乎八川分流⑩，相背异态⑪，东西南北，驰骛往来⑫：出乎椒丘之阙⑬，行乎洲淤之浦⑭，径乎桂林之中⑮，过乎泱漭之野⑯。汩乎混流⑰，顺阿而下⑱，赴隘陕之口⑲；触穹石⑳，激堆埼㉑，沸乎暴怒，汹涌澎湃。滭弗宓汩㉒，偪侧泌㵧㉓。横流逆折，转腾潎洌㉔，滂濞沆溉㉕。穹隆云桡㉖，宛潬胶盭㉗。逾波趋浥㉘，涖涖下濑㉙。批岩冲拥㉚，奔扬滞

---

① 左：指东方。苍梧：汉郡名，治所在今广西苍梧县，在长安东南。此处应是借指上林苑东南的胜景。
② 右：指西方。西极：古指豳地，在长安西北一带，故言"右"。此处应是泛指上林苑西界的水。
③ 丹水：水名，出陕西商州市西北冢岭山，东南流入河南境，此处借指上林苑以南的水。更：经过。
④ 紫渊：当为上林苑北边水名。径：同"经"，经过。
⑤ 终始灞浐：指灞水和浐水始终流在上林苑中。终始，作动词用。灞、浐，都是渭水的支流。
⑥ 出入泾渭：指泾水和渭水流入苑中又流出苑去。泾，泾水，源出宁夏南部六盘山东麓，流经甘肃，至陕西高陵县境入渭水。渭，渭水，源出甘肃渭源县之鸟鼠山，东流至陕西潼关县入黄河。
⑦ 酆、镐（hào）、潦、潏（jué）：皆为水名。
⑧ 纡馀委蛇：形容水流曲折宛转的样子。委蛇，同"逶迤"。
⑨ 经营其内：指诸水流经其中。经营，周旋。
⑩ 八川分流：指上述灞、浐、泾、渭、酆、镐、潦、潏八条河流各自流动。
⑪ 相背：指诸水流向不一。
⑫ 驰骛：马疾行的样子，这里指水流很快。
⑬ 椒丘之阙：生满椒树的山相对而立，类似于阙的形状。阙，又名门观。门前两旁建台，上有楼观，中间有阙口为通道，故称阙。
⑭ 洲淤：水中可居之地。古时长安一带人呼洲为淤。浦：水边。
⑮ 桂林：指上林苑中的桂树林。
⑯ 泱漭：广大、辽阔。
⑰ 汩（yù）乎混流：指水流很急，水势很大。汩，水流迅速。混，水势浩大。
⑱ 阿：高大的山丘。
⑲ 隘陕：即狭隘。陕，同"狭"。
⑳ 穹石：大石。
㉑ 堆埼（qí）：高大曲折的河岸。
㉒ 滭（bì）弗：水盛喷涌的样子。宓（mì）汩：水流迅疾。
㉓ 偪侧：水迫近岸边，偪，同"逼"。泌㵧（jié）：水浪涌起互相冲击的样子。
㉔ 转腾：旋转激荡。潎（piē）洌：水波互相冲击的样子。
㉕ 滂濞（pāngpì）：即"澎湃"，水波相互撞击的声音。沆（hàng）溉：水浪愤怒涌起的样子。
㉖ 穹隆：水势高起的样子。云桡：形容水势回旋翻滚如云涌。桡（náo），扰动。
㉗ 宛潬（shàn）胶盭（lì）：水流辗转蜿蜒、盘曲绵远的样子。盭，同"戾"。
㉘ 逾波：一波超一波，即后浪推前浪。趋浥：指很快地流向低处。
㉙ 涖（lì）涖：水流急的样子。濑（lài）：急速的水流。
㉚ 批：击打。拥：同"壅"，防水堤。

沛①。临坻注壑②，瀺灂霣坠③，沈沈隐隐④，砰磅訇礚⑤，潏潏淈淈⑥，湁潗鼎
沸⑦，驰波跳沫⑧，汨㶁漂疾⑨。悠远长怀⑩，寂漻无声⑪，肆乎永归⑫。然后灏
溔潢漾⑬，安翔徐徊⑭，翯乎滈滈⑮，东注大湖⑯，衍溢陂池⑰。于是乎蛟龙赤
螭⑱，䲔䲛渐离⑲，鰅鳙鳒鮀⑳，禺禺鱋魶㉑，揵鳍掉尾㉒，振鳞奋翼，潜处乎
深岩，鱼鳖讙声㉓，万物众伙。明月珠子㉔，的皪江靡㉕。蜀石黄碝㉖，水玉磊
砢㉗，磷磷烂烂㉘，采色澔汗，丛积乎其中㉙。鸿鹔鹄鸨㉚，鴐鹅属玉㉛，交精

---

① 奔扬：水流奔腾。滞沛：浪花翻卷。
② 临坻（chí）：临近小丘。坻，水中小丘。注壑：流入沟壑之中。
③ 瀺灂（chánzhuó）：水小声。指水流近小丘时发出的细小声音。霣坠：指水从高处落到低处。霣，通"陨"。
④ 沈沈：水深的样子。隐隐：水势盛大。
⑤ 砰磅（pēngpāng）訇礚（hōngkē）：指水流激荡发出轰隆隆的声音。
⑥ 潏（jué）潏淈（gǔ）淈：水涌出的样子。潏，水涌出貌。淈淈，同"汩汩"。
⑦ 湁潗（chìjí）鼎沸：形容水流上涌如沸腾的样子。湁潗，水沸腾的样子。
⑧ 驰波跳沫：水流疾泻而飞沫跳荡。
⑨ 汨㶁（yùxī）：水流急转的样子。漂疾：同"剽疾"，形容水势迅猛。
⑩ 怀：归往。
⑪ 寂漻：同"寂寥"，水流平缓而无声。
⑫ 肆：安，指水流平稳安定。
⑬ 灏溔（hàoyǎo）：水势广大无际的样子。潢（huàng）漾：水势深广、水波荡漾。
⑭ 安翔徐徊：形容水流缓慢。徊：回旋。
⑮ 翯（hè）乎滈（hào）滈：谓大水泛着白光。翯，白而有光泽。滈滈，指水泛着白光。
⑯ 大湖：泛指关中巨泽。一说上林苑东南的昆明池。
⑰ 衍溢陂（bēi）池：谓水流满池塘。陂池，池塘。
⑱ 螭（chī）：传说中蛟龙一类动物，无角。
⑲ 䲔䲛（gèngméng）：鱼名，形似鳝。渐离：鱼名，形状不详。
⑳ 鰅（yú）：鲶类的一种，皮肤有文。鳙（yōng）：同"鲦"，即花鲢鱼。鳒（qián）：鱼名，形似鲤而体长。鮀（tuó）：即河豚。或说黄颊鱼，口大而食小鱼。
㉑ 禺禺：黄地黑文，皮上有毛的一种鱼。鱋（qū）：即比目鱼。魶（tǎ）：也是比目鱼一类。
㉒ 揵（qián）：扬起。掉：摇动。
㉓ 讙（huān）：喧哗，闹嚷。
㉔ 明月：宝珠名。
㉕ 的皪（lì）江靡（mǐ）：谓宝珠的光芒照耀江边。的皪，明亮的样子。靡，通"湄"，水边。
㉖ 蜀石：质次于玉的一种石。黄碝（ruǎn）：黄色的碝石。碝，石名，质地次于玉。
㉗ 水玉：即水晶石。磊砢（luǒ）：累积貌。
㉘ 磷磷烂烂：谓玉石色泽鲜明、光彩灿烂。
㉙ "采色"二句：谓玉石积聚于水中，光芒辉映。澔汗，同"浩汗"，盛多的样子。这里指光彩灼灼，相互映辉。
㉚ 鸿：大雁。鹔（sù）：即鹔鹴，雁的一种，毛为绿色。鹄：天鹅。鸨：似雁而大，灰颈白腹，背部有黄褐和黑色斑纹。
㉛ 鴐（jiā）鹅：雁的一种，形比鸭大而嘴小。属（zhú）玉：即"鸀鳿"，水鸟，似鸭而大。

旋目①，烦鹜庸渠②，箴疵鸀卢③，群浮乎其上，沈淫泛滥④，随风澹淡⑤，与波摇荡，掩薄水渚⑥，唼喋菁藻⑦，咀嚼菱藕。

……

"于是乎背秋涉冬⑧，天子校猎⑨。乘镂象⑩，六玉虬⑪，拖蜺旌⑫，靡云旗⑬，前皮轩⑭，后道游⑮。孙叔奉辔⑯，卫公参乘⑰，扈从横行⑱，出乎四校之中⑲。鼓严簿⑳，纵猎者，江河为阹，泰山为橹㉒，车骑雷起㉓，殷天动地㉔，先后陆离㉕，离散别追㉖。淫淫裔裔㉗，缘陵流泽㉘，云布雨施。生貔豹㉙，搏

---

① 交精：同"鸡鹍"，水鸟名，俗名茭鸡，形如凫而腿长。旋目：鸟名，大于鹭而尾短，眼旁毛呈现回旋的样子。
② 烦鹜：鸟名，外形像鸭而小。庸渠：鸟名，俗名水鸡，外形像鸭而鸡足。
③ 箴疵：水鸟名，形似鱼虎，毛呈苍黑色。鸀卢：鸬鹚，俗称水老鸦。
④ 沈淫泛滥：指鸟浮于水面上自由自在的样子。
⑤ 澹淡：此指飘动的样子。
⑥ 掩薄水渚：指群鸟止息于小洲之上。掩，覆盖。薄，靠近。
⑦ 唼喋（shàzhá）：指鸟聚在一起吃食的声音。菁、藻：都是水草名。
⑧ 背秋涉冬：指秋末冬初。背，离开。涉，入。
⑨ 校（jiào）猎：用木栏圈起猎场打猎。校，木栏。
⑩ 镂象：指用象牙雕刻装饰的车子。
⑪ 六玉虬：指用六匹马驾车。虬，无角的龙。这里指马。
⑫ 拖：曳。蜺旌：指色彩斑斓有如虹蜺的旌旗。蜺，同"霓"。
⑬ 靡：通"麾"，挥动。云旗：高耸入云的大旗。
⑭ 皮轩：以兽皮作饰的车子。
⑮ 道游：指道车和游车。古代天子出行，用道车五乘、游车九乘作为前导。道，通"导"。
⑯ 孙叔：古代善于驾车的人孙阳。一说，指汉武帝时的太仆公孙贺（字子叔）。奉：捧。
⑰ 卫公：也是指古代善于驾车的人卫庄公。一说，指汉武帝时大将军卫青。参乘：陪乘，即担任护卫。参，通"骖"。
⑱ 扈从：即护从，指天子的侍卫。
⑲ 四校：指天子射猎之地四周的围栏。
⑳ 鼓严簿：指在戒备森严的仪仗侍卫队伍中击鼓。簿，卤簿，天子出行时的随行仪仗。
㉑ 江河：又作"河江"。阹（qū）：阻拦禽兽的围阵。
㉒ 橹：瞭望楼。一说栏圈。
㉓ 雷起：形容车骑声很大，如同雷响。
㉔ 殷天：震天。
㉕ 陆离：分散貌。
㉖ 别追：指分别追逐禽兽。
㉗ 淫淫裔裔：指围猎的人来来往往。
㉘ 流泽：指打猎的车骑密密麻麻地拥向水泽。
㉙ 生貔（pí）豹：活捉貔豹等野兽。貔，豹一类的猛兽。

豹狼①，手熊罴②，足壄羊③，蒙鶡苏④，绔白虎⑤，被斑文⑥，跨壄马⑦，凌三
崚之危⑧，下磧历之坻⑨。径峻赴险⑩，越壑厉水⑪。椎蜚廉⑫，弄獬豸⑬，格蝦
蛤⑭，鋋猛氏⑮，羂騕褭⑯，射封豕⑰。箭不苟害⑱，解脰陷脑⑲，弓不虚发，应
声而倒。"

……

（刘南平、班秀萍：《司马相如考释》，135～138 页，天津，天津古籍出版社，2007 年。原文文字
据别本略有修改，注释有增删。）

练习与思考

1. 了解赋是一种什么样的文体，有什么特点。
2. 课外阅读《子虚赋》和完整的《上林赋》。

赏析

赋是继《诗经》《楚辞》之后，在中国文坛上兴起的一种新的文体。它讲
求文采、韵律，兼具诗歌和散文的性质，是一种有韵的散文。大致经历了骚
赋、汉赋、骈赋、律赋、文赋。著名的赋有杜牧的《阿房宫赋》、曹植的《洛
神赋》、欧阳修的《秋声赋》、苏轼的《前赤壁赋》等。

————————————————

① 搏：搏击。
② 手：徒手击杀。罴：熊类猛兽。
③ 足：用脚踏住。壄：同"野"。
④ 蒙鶡苏：指戴着用鶡鸟尾装饰的帽子。鶡，鸟名，形像雉鸡，斗时至死不退却。苏，尾。
⑤ 绔（kù）白虎：穿着织有白虎纹饰的裤子。绔，同"裤"，套裤，此指穿套裤。
⑥ 被：通"披"，穿着。斑文：指用虎豹一类兽皮做成的衣服。
⑦ 跨：骑。壄马：指北地所产的良马，相传日行五百里。
⑧ 凌：登。三崚（zōng）：山名。危：顶巅。
⑨ 磧（qì）历：高低不平的样子。坻（dǐ）：山坡。
⑩ 径：同"经"，过。
⑪ 厉：涉水。
⑫ 椎：击杀。蜚廉：也作"飞廉"，传说中的神鸟，鸟身鹿头，被视作风神。
⑬ 弄：用手摆弄，此也指擒获。獬豸：神兽名，相传似鹿而一角。
⑭ 格：搏杀。蝦蛤：猛兽名。
⑮ 鋋（chán）：铁柄短矛。这里指用短矛刺杀。猛氏：兽名，形状像熊而小，毛短，有光泽。
⑯ 羂（juàn）：用绳索绊取野兽。騕褭（yǎoniǎo）：神马名，传说能日行千里。
⑰ 封豕：大野猪。
⑱ 箭不苟害：指每箭必射中要害，而不是胡乱将猎物射伤即可。
⑲ 解：分解，分开。脰（dòu）：颈项。

　　汉大赋是汉赋的典型形式，被称为汉代一代之文体。汉大赋用反复问答的问答体形式，以铺张描写为能事，追求形式主义，结构宏大，文辞富丽。其特点是"铺采摘文，体物写志"，侧重于写景，借景抒情，以丰辞缛藻、穷极声貌来大肆铺陈。

　　本文节选自《上林赋》，是《子虚赋》的姊妹篇。文章紧接着《子虚赋》中子虚、乌有先生的对话，指出无论齐楚都不及汉天子的上林苑。文章铺写汉天子上林苑壮观的景色，汉天子出猎的气势磅礴。赋原本都带有劝谏讽喻之意，如借亡是公之口批评"徒事争于游戏之乐，苑囿之大，欲以奢侈相胜，荒淫相越，此不可以扬名发誉"。《上林赋》是文学史上第一篇全面体现汉赋特色的大赋。在内容上，它以宫殿、园囿、田猎为题材，以维护国家统一、反对帝王奢侈为主旨，既歌颂了统一大帝国无可比拟的声威，又对最高统治者有所讽谏，开创了汉代大赋的一个基本主题。在形式上，它摆脱了模仿楚辞的俗套，以"子虚""乌有""亡是公"为假托人物，设为问答，放手铺写，结构宏大，层次严密，语言富丽堂皇，句式亦多变化，加上对偶、排比手法的大量使用，使全篇显得气势磅礴，形成铺张扬厉的风格，确立了汉代大赋的体制。鲁迅先生指出："盖汉兴好楚声，武帝左右亲信，如朱买臣等，多以楚辞进，而相如独变其体，益以玮奇之意，饰以绮丽之辞，句之短长，亦不拘成法，与当时甚不同。"（《汉文学史纲要》）概括了司马相如在文体创新方面的非凡成就。正是这种成就，使司马相如成为当之无愧的汉赋奠基人，而《上林赋》可谓汉大赋的典型代表。

采　莲　曲

王　勃

　　【解题】 王勃（650—676），字子安，绛州龙门（今山西河津县）人，祖父是隋代大儒文中子王通。年十四，应幽素科及第，授朝散郎，为沛王府修撰。《采莲曲》，乐府清商曲，梁武帝所制"江南弄"七曲之一。王勃《采莲曲》（《乐府诗集》作《采莲归》），描绘了江南水乡之美和采莲人之美，也抒写了别离相思之情。歌辞清新活泼，音律谐美。

采莲归，绿水芙蓉衣①。秋风起浪凫雁飞②。桂櫂兰桡下长浦③，罗裙玉腕轻摇橹④。叶屿花潭极望平，江讴越吹相思苦⑤。相思苦，佳期不可驻。塞外征夫犹未还，江南采莲今已暮。今已暮，采莲花，渠今那必尽倡家⑥？官道城南把桑叶⑦，何如江上采莲花⑧？莲花复莲花，花叶何稠叠！叶翠本羞眉⑨，花红强似颊⑩。佳人不在兹⑪，怅望别离时。牵花怜并蒂，折藕爱连丝⑫。故情无处所，新物徒华滋⑬。不惜西津交佩解⑭，还羞北海雁书迟⑮。采莲歌有节，采莲夜未歇。正逢浩荡江上风，又值徘徊江上月⑯。徘徊莲浦夜相逢，吴姬越女何丰茸⑰！共问寒江千里外，征客关山路几重⑱？

（朱东润：《中国历代文学作品选》中编第一册，6～8页，上海，上海古籍出版社，2002年。注释略有增删。）

练习与思考

1. 诗歌中，哪些诗句描述了江南水乡之美？试阐释之。

2. 这首诗歌用了哪些修辞手法？试找出一两种，并进行分析。

---

① 绿水句：意谓绿水之上，长满了荷花。芙蓉，荷花的别名。衣，意同披，指盖在水面上。

② 凫（fú），俗称"野鸭"。

③ 桂櫂（zhào）兰桡（ráo），桂和兰都是香木；櫂和桡都是拨水的工具，这里借指船。櫂同棹。

④ 轻摇，《乐府诗集》作"摇轻"。

⑤ 江讴越吹（chuī），泛指南方地区的民间歌调。徒歌曰讴；有乐器伴奏，曰吹。

⑥ 渠今，《乐府诗集》作"今渠"。渠，伊。

⑦ 官道句：见汉乐府《陌上桑》："罗敷喜蚕桑。采桑城南隅。"（《乐府诗集》卷二十八）

⑧ 何如，不如。

⑨ 叶翠句：意谓双眉凝翠，使荷叶为之失色。古代女子妆容中有"惊翠眉"一说。见崔豹《古今注》。

⑩ 花红句：萧绎《采莲曲》有"莲花乱脸色"句，此处则以"强似颊"言莲花尚不及双颊之红艳。

⑪ 佳人，理想中的人，即上面说的"塞外征夫"。

⑫ 折藕句：用藕丝暗喻两心相连的情思。"丝"谐"思"音，是双关语。卢思道《采莲曲》："折藕弄长丝。"

⑬ 华滋，形容枝叶长得很繁茂。古诗有："庭中有奇树，绿叶发华滋。"

⑭ 不惜句：西津，《乐府诗集》作"南津"。交佩解，《楚辞·九章·思美人》："解薜荔与杂菜兮，备以为交佩。"王逸《楚辞章句》："交，合也。……合而佩之。"解佩赠予对方，是表达爱情的一种方式。古代神话中，江妃二女出游于江汉之湄，遇郑交甫，解佩以赠。见《列仙传》。

⑮ 还羞句：羞，这里有忧的意思。北海雁书，指苏武事。汉时，苏武出使匈奴，被囚于北海无人处，音讯断绝。后来汉朝派人交涉，要求把他放回，诡言皇帝在上林苑射猎，得雁足系书，知苏武住处。事见《汉书·苏武传》。这里借用典故，指塞外征夫寄来的书信。

⑯ 徘徊江上月，指江上移动的月影。曹植《七哀诗》："明月照高楼，流光正徘徊。"

⑰ 吴姬句：吴姬越女，这里指江南地区的采莲女。丰茸，装饰繁盛貌。

⑱ 路，《乐府诗集》作"更"。

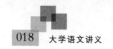

3. 王勃还有一篇《采莲赋》，试与本诗进行比较阅读。

| 赏析

王勃《采莲曲》之美，突出地表现为音韵美与画面感的巧妙结合。随着"归""衣""飞"五微韵的旋律，我们看到的是江南水乡莲叶层层叠叠的画面，是风起雁飞、荷香阵阵的情景。渐渐地，镜头转到了一只正轻轻划动的小船，"桂棹兰枻"，桂木、兰木等香木制作的舟楫，令人充满了想象。伴随着轻柔的水浪声，画面中的女主角出现了，"罗裙玉腕轻摇橹"，没有"锦带杂花钿"，也没有"华衣""芙蓉裳"，只有普普通通的罗裙，但"玉腕"却是素朴掩藏不住的青春与自然之美。在这里，诗人虽用乐府旧题创作，却将梁武帝笔下的宫廷歌舞形象又切换回最初的民间采莲女，香艳之风也被清婉之气所取代。这也使得诗歌获得了更为多重的文本意义。

"采莲归，绿水芙蓉衣"和"相思苦，佳期不可驻"，在平仄对仗上极为工整，因而读起来十分悦耳。而在谐美的音律中，我们感受到的则不仅仅是作者对美景的歌颂，还有对"牵花怜共蒂，折藕爱连丝"的思念之苦的深切理解，对"佳人不在兹，怅望别离时"的别离愁怨的无尽同情。

最后的"共问寒江千里外，征客关山路几重"，则将眼前秀丽的江南风光引向荒芜粗粝的边关，在两个完全不同风格的场景之间，建构起一个更为深邃幽远的心灵世界，也是一个更值得我们关怀的情感世界。

春江花月夜①

张若虚

【解题】 诗人张若虚（约 670—约 730），扬州人，生卒年不详，大约在初、盛唐之际，其存诗仅有见录于《全唐诗》中的两首。而据程千帆先生考证，其诗名曾不为世人所重，一直到了明代前期才发生了突转。今人闻一多先生甚至说："在这种诗面前，一切的赞叹是饶舌，几乎是亵渎。"其旷古诗情令人感叹。

---

① 春江花月夜：乐府旧题，属《清商曲辞·吴声歌曲》，相传创自陈后主（见《旧唐书·音乐志》）。

春江潮水连海平，海上明月共潮生。①

滟滟随波千万里，② 何处春江无月明。

江流宛转绕芳甸③，月照花林皆似霰④。

空里流霜不觉飞，汀上白沙看不见。

江天一色无纤尘，皎皎空中孤月轮⑤。

江畔何人初见月？江月何年初照人？

人生代代无穷已，江月年年只相似。

不知江月待何人，但见长江送流水⑥。

白云一片去悠悠，青枫浦上不胜愁。

谁家今夜扁舟子？何处相思明月楼？⑦

可怜楼上月徘徊，应照离人妆镜台。⑧

玉户帘中卷不去，捣衣砧上拂还来。⑨

此时相望不相闻，愿逐月华流照君。⑩

鸿雁长飞光不度，鱼龙潜跃水成文。

昨夜闲潭梦落花，可怜春半不还家。

江水流春去欲尽，江潭落月复西斜。

斜月沉沉藏海雾，碣石潇湘无限路。

不知乘月几人归，落月摇情满江树。

（选自中国社会科学院文学研究所编：《唐诗选》，49 页，北京，人民文学出版社，1978 年。注释略有增删。）

---

① 开头两句写长江下游水面宽阔，春潮高涨，江海不分。明月升于东方，恰遇涨潮，似从潮水中涌现。

② 滟滟：水面波光闪闪的样子。这句写月亮渐渐升高，清光照射四方。

③ 芳甸：遍生花草的平野。

④ 霰（xiàn）：雪珠。

⑤ 这四句写月满光盛，一片皎洁。古人以为，霜像雪一样从空中落下，所以常说"飞霜"。这里以"霜"比月色，所以说只觉其"流"而不觉其"飞"。

⑥ 这六句写诗人因宇宙无限而引发的人生感慨。

⑦ 这四句落到"白云""扁舟"上，引出客思离愁。前两句写白云离开青枫浦而去，象征着人的分别。后二句以"扁舟子"和"楼头妇"对照，显出两地相思。"青枫浦"，今湖南省浏阳县有此地名，一名双枫浦，但此处是泛指。扁（piān）舟，孤舟。

⑧ 从"可怜"句以下都是设想闺中女子的相思之苦。徘徊，原作"裴回"，此处据别本改。曹植《七哀诗》："明月照高楼，流光正徘徊。"

⑨ 这两句写月光来照闺中和砧上，挥遣不去，好像对人有情。

⑩ 这两句写闺中女子的痴想，要随着月光照见在外地的丈夫。相闻，互通音讯。逐，跟从。月华，月光。

练习与思考

1. 请找出诗中描写"江""花""月"的句子，并分析其诗意。

2. 试分析诗中的人生哲思。

3. 试比较乐府诗与近体诗的差异。

赏析

　　这是一首写景诗。诗人妙笔生花，极写春江花月夜之美好。但这又不是一首纯粹的写景诗。诗人在诗中所表现的离情别绪和将有限人生置于无限宇宙之间所引发的生命感慨，犹如春江里的星月，是诗中最闪亮的灵光。正是在这种奇丽光芒的映照下，诗人笔下的春江花月夜之景才有了这令人惊叹的大唐气象与天地神韵。这种气概与神韵，不仅表现为"春江潮水连海平，海上明月共潮生"的博大与壮阔，"江天一色无纤尘，皎皎空中孤月轮"的深邃与空灵，还表现为"人生代代无穷已，江月年年只相似"的豪迈与自信，以及"不知乘月几人归，落月摇情满江树"的洒脱与落拓。

　　诗歌从月下的春江夜景展开，在悠远寥廓的大自然中，抒发人生哲思，表达思乡怀人之情，将诗画、情愁与生命之慨融为一体，吟唱少年时代"轻烟般的莫名惆怅和哀愁"①。"春江潮水连海平，海上明月共潮生"，诗歌起句便气势恢宏。眼前是阔远的春江潮水，而就在那水天相接之处，一轮明月伴随着汹涌的潮水，一跃而起，将无限的光芒洒满整个世界，真是"滟滟随波千万里，何处春江无月明"！水的灵动，光的慷慨，在天地之间，将宇宙生命的律动谱成奇伟壮丽的音符。紧接着，诗人描绘了月下美景，是宛转的江流，是摇曳生姿的华林，是空气中流动的皎皎光芒。而这一切，皆因月之所赐！于是，诗人将景仰的目光投向朗朗夜空中的"孤月轮"，并由此引发出对宇宙生命的思考。诗人的生命意识与宇宙意识，在对江月和人生的比照中渐渐清晰，有闲淡的哀伤，又有明朗的力量。及至联想起游子思妇，那也只是"闲潭梦落花"的美丽与轻盈。

　　此诗系乐府旧题，也融入了近体诗的创作特点，偶见对仗与平仄。全诗252个字，四句一韵，共换九韵，呈回环往复之美。诗句婉转流丽，读来神清气爽。

---

① 李泽厚：《美的历程》，北京，中国社会科学出版社，1989年。

名篇朗诵

图片摄影：苏新春

游 黄 溪 记①

柳宗元

【解题】柳宗元（773—819），字子厚，"唐宋八大家"之一，唐代文学家、哲学家、散文家和思想家，世称"柳河东""河东先生"，因官终柳州刺史，又称"柳柳州"。柳宗元与韩愈并称为"韩柳"，与刘禹锡并称"刘柳"，与王维、孟浩然、韦应物并称"王孟韦柳"。柳宗元一生诗文作品达 600 余篇，其文的成就大于诗。骈文有近百篇，散文论说性强，笔锋犀利，讽刺辛辣。游记写景状物，多所寄托，有《河东先生集》。

北之晋，西适豳，东极吴，南至楚越之交，其间名山水而州者以百数，永最善。环永之治百里，北至于浯溪②，西至于湘之源，南至于泷泉③，东至于黄溪东屯，其间名山水而村者以百数，黄溪最善。

黄溪距州治七十里，由东屯南行六百步，至黄神祠。祠之上两山墙立，如

---

① 黄溪：水名，在湖南零陵地区，源出宁远县北阳明山，西经零陵，北合白江水，入湘江。其溪唐代属永州。

② 浯（wú）溪：水名，源出湖南祁阳西南松山，向东北流入湘江。浯溪在永州境内，诗人元结曾居住溪畔，并给它取名叫浯溪。

③ 泷（shāng）泉：永州南部一个山水秀美的村庄。"泉"字当为"泊"字之误，因此处位于舟船出入泷必经之地，故名"泷泊"，后人称为"双碑"，即今永州双牌治所在地。

丹碧之华叶骈植①，与山升降。其缺者为崖峭岩窟。水之中皆小石，平布黄神之上。揭水八十步②，至初潭，最奇丽，殆不可状。其略若剖大瓮③，侧立千尺，溪水积焉。黛蓄膏渟④，来若白虹，沉沉无声，有鱼数百尾，方来会石下。南去又行百步，至第二潭。石皆巍然，临峻流，若颏颔龂腭⑤。其下大石杂列，可坐饮食。有鸟赤首乌翼，大如鹄，方东向立。自是又南数里，地皆一状，树益壮，石益瘦，水鸣皆锵然。又南一里，至大冥之川⑥，山舒水缓，有土田。始黄神为人时，居其地。

传者曰："黄神王姓，莽之世也。⑦"莽既死，神更号黄氏，逃来，择其深峭者潜焉。始莽尝曰："余黄虞之后也。"故号其女曰"黄皇室主⑧"。黄与王声相迩而又有本⑨，其所以传言者益验。神既居是，民咸安焉。以为有道，死乃俎豆之，为立祠。后稍徙近乎民，今祠在山阴溪水上。元和八年五月十六日，既归为记，以启后之好游者⑩。

（卫绍生注译：《唐宋名家文集·柳宗元集》，郑州，中州古籍出版社，2010 年。注释略有增删。）

| 练习与思考

1. 黄溪山水虽偏僻却自成其美，作者写了哪些景物，这些景物的特点是什么？

2. 结合柳宗元《小石潭记》，分析两篇文章中的景物描写，列出描写手法的异同点。

3. 通读柳宗元"永州八记"。

---

① 丹碧：红花和绿叶。华，同"花"。骈植：并排生长。
② 揭水：撩起衣服，涉水而行。
③ 其略：指初潭的涯岸。瓮：陶罐。
④ 黛：青黑色。蓄：凝聚。膏：膏油。渟（tíng）：水停止不流。
⑤ 颏（kē）：下巴尖。颔（hàn）：下巴。龂（yín）：牙根，齿根肉。腭（è）：牙床。此四字形容怪石林立之状。
⑥ 大冥之川：广阔幽深的平地。
⑦ 莽之世：王莽的同宗。
⑧ 黄皇室主：王莽的女儿本是汉平帝的皇后。平帝死后，王莽摄政，尊其女为皇太后。王莽立新朝，改其女为安定公太后，想让她改嫁，号"黄皇室主"，意谓新莽的公主，表示与汉断绝关系。
⑨ 声相迩：语音相近。有本：有依据，即上述王莽自谓黄帝后裔及改女号之事，可作为黄神由王姓改黄姓的根据。
⑩ 启：引导。

| 赏析

　　永州，对柳宗元而言，有着不同意义。永贞革新失败后，被贬谪的"二王八司马"纷纷降职外派。柳宗元初到永州，心中是有不满的。不过，在长达十年的永州贬谪生活中，永州山水也带给柳宗元不少慰藉。作者寄情山水，通过对永州幽静山水的描写，表现了自己在贬谪生活中的精神追求和寄托。在永州，柳宗元游玩了小石潭、石渠等永州山水名地，并完成不少文学作品，题材从诗歌到散文兼备，其中尤以山水游记"永州八记"为佳，如《始得西山宴游记》《袁家渴记》等。《游黄溪记》虽不属于永州八记之一，但也是柳宗元山水游记中的一篇佳作。

　　文章开头，柳宗元用层层递进的方式突出黄溪山水的独特魅力，他先从永州说起，永州周围好山水之地，永州最佳，永州好风光之地，独黄溪为最佳，作者对永州山水高度赞美后，再显黄溪奇山异水之独特。如此着笔，不仅使人们了解到黄溪之所在，而且层层烘托出黄溪的美。随后，柳宗元移步换景中依次推出黄溪美景。"黄溪距州治七十里，由东屯南行六百步，至黄神祠。""至初潭，最奇丽，殆不可状。""南去又行百步，至第二潭"。柳宗元笔下的黄溪上下数里，处处有美景，处处有奇观。描写中，作者运用多种手法，刻画黄溪的奇山异水。或比喻，或拟人，或夸张，或以静衬动，都能做到贴切自然，恰到好处，生动传神。特别是文末引用美丽的传说，让读者欣赏黄溪自然美景外，又平添丰富的人文意蕴，为秀美黄溪山水增添无限风光。

　　文人之不幸，文学之幸。永州，于仕途中的柳宗元而言，是他的伤心地。永州，于文学中的柳宗元而言，成就了其文学盛名。

桨声灯影里的秦淮河

朱自清

　　【解题】 朱自清（1898—1948），现代杰出的散文家、诗人、学者、民主战士。原名自华，号秋实，后改名自清，字佩弦。原籍浙江绍兴，生于江苏省东海县。诗歌以清新明快为特色，散文因语言洗练、文笔清丽而著称。主要作品有诗和散文合集《踪迹》，散文集《背影》《你我》《欧游杂记》和《伦敦杂记》等。

一九二三年八月的一晚，我和平伯同游秦淮河；平伯是初泛，我是重来了。我们雇了一只"七板子"，在夕阳已去，皎月方来的时候，便下了船。于是桨声汩——汩，我们开始领略那晃荡着蔷薇色的历史的秦淮河的滋味了。

秦淮河里的船，比北京万牲园，颐和园的船好，比西湖的船好，比扬州瘦西湖的船也好。这几处的船不是觉着笨，就是觉着简陋、局促；都不能引起乘客们的情韵，如秦淮河的船一样。秦淮河的船约略可分为两种：一是大船；一是小船，就是所谓"七板子"。大船舱口阔大，可容二三十人。里面陈设着字画和光洁的红木家具，桌上一律嵌着冰凉的大理石面。窗格雕镂颇细，使人起柔腻之感。窗格里映着红色蓝色的玻璃；玻璃上有精致的花纹，也颇悦人目。"七板子"规模虽不及大船，但那淡蓝色的栏杆，空敞的舱，也足系人情思。而最出色处却在它的舱前。舱前是甲板上的一部。上面有弧形的顶，两边用疏疏的栏杆支着。里面通常放着两张藤的躺椅。躺下，可以谈天，可以望远，可以顾盼两岸的河房。大船上也有这个，便在小船上更觉清隽罢了。舱前的顶下，一律悬着灯彩；灯的多少，明暗，彩苏的精粗，艳晦，是不一的，但好歹总还你一个灯彩。这灯彩实在是最能勾人的东西。夜幕垂垂地下来时，大小船上都点起灯火。从两重玻璃里映出那辐射着的黄黄的散光，反晕出一片朦胧的烟霭；透过这烟霭，在黯黯的水波里，又逗起缕缕的明漪。在这薄霭和微漪里，听着那悠然的间歇的桨声，谁能不被引入他的美梦去呢？只愁梦太多了，这些大小船儿如何载得起呀？我们这时模模糊糊的谈着明末的秦淮河的艳迹，如《桃花扇》及《板桥杂记》里所载的。我们真神往了。我们仿佛亲见那时华灯映水，画舫凌波的光景了。于是我们的船便成了历史的重载了。我们终于恍然秦淮河的船所以雅丽过于他处，而又有奇异的吸引力的，实在是许多历史的影像使然了。

秦淮河的水是碧阴阴的；看起来厚而不腻，或者是六朝金粉所凝么？我们初上船的时候，天色还未断黑，那漾漾的柔波是这样的恬静，委婉，使我们一面有水阔天空之想，一面又憧憬着纸醉金迷之境了。等到灯火明时，阴阴的变为沉沉了：黯淡的水光，像梦一般；那偶然闪烁着的光芒，就是梦的眼睛了。我们坐在舱前，因了那隆起的顶棚，仿佛总是昂着首向前走着似的；于是飘飘然如御风而行的我们，看着那些自在的湾泊着的船，船里走马灯般的人物，便像是下界一般，迢迢的远了，又像在雾里看花，尽朦朦胧胧的。这时我们已过了利涉桥，望见东关头了。沿路听见断续的歌声：有从沿河的妓楼飘来的，有从河上船里渡来的。我们明知那些歌声，只是些因袭的言词，从生涩的歌喉里机械的发出来的；但它们经了夏夜的微风的吹漾和水波的摇拂，袅娜着到我们耳边的时候，已经不单是她们的歌声，而混着微风和河水的密语了。于是我们不得不被牵惹着，震撼着，相与浮沉于这歌声里了。从东关头转湾，不久就到大中桥。大中桥共有三个桥拱，都很阔大，俨然是三座门儿；使我们觉得我们的船和船里的我们，在桥下过去时，真是太无颜色了。桥砖是深褐色，表明它的历史的长久；但都完好无缺，令人太息于古昔工程的坚美。桥上两旁都是木壁的房子，中间应该有街路？这些房子都破旧了，多年烟熏的迹，遮没了当年的美丽。我想象秦淮河的极盛时，在这样宏阔的桥上，特地盖了房子，必然是髹漆得富富丽丽的；晚间必然是灯火通明的。现在却只剩下一片黑沉沉！但是桥上造着房子，毕竟使我们多少可以想见往日的繁华；这也慰情聊胜无了。过了大中桥，便到了灯月交辉，笙歌彻夜的秦淮河；这才是秦淮河的真面目哩。

大中桥外，顿然空阔，和桥内两岸排着密密的人家的景象大异了。一眼望去，疏疏的林，淡淡的月，衬着蓝蔚的天，颇像荒江野渡光景；那边呢，郁葱葱的，阴森森的，又似乎藏着无边的黑暗：令人几乎不信那是繁华的秦淮河了。但是河中眩晕着的灯光，纵横着的画舫，悠扬着的笛韵，夹着那吱吱的胡琴声，终于使我们认识绿如茵陈酒的秦淮水了。此地天裸露着的多些，故觉夜来的独迟些；从清清的水影里，我们感到的只是薄薄的夜——这正是秦淮河的夜。大中桥外，本来还有一座复成桥，是船夫口中的我们的游踪尽处，或也是秦淮河繁华的尽处了。我的脚曾踏过复成桥的脊，在十三四岁的时候。但是两次游秦淮河，却都不曾见着复成桥的面；明知总在前途的，却常觉得有些虚无缥缈似的。我想，不见倒也好。这时正是盛夏。我们下船后，借着新生的晚凉和河上的微风，暑气已渐渐消散；到了此地，豁然开朗，身子顿然轻了——习习的清风荏苒在面上，手上，衣上，这便又感到了一缕新凉了。南京的日光，大概没有杭州猛烈；西湖的夏夜老是热蓬蓬的，水像沸着一般，秦淮河的水却尽是这样冷冷地绿着。任你人影的憧憧，歌声的扰扰，总像隔着一层薄薄的绿纱面幂似的；它尽是这样静静的，冷冷地绿着。我们出了大中桥，走不上半里路，船夫便将船划到一旁，停了桨由它宕着。他以为那里正是繁华的极点，再过去就是荒凉了；所以让我们多多赏鉴一会儿。他自己却静静的蹲着。他是看惯这光景的了，大约只是一个无可无不可。这无可无不可，无论是升的沉的，总之，都比我们高了。

那时河里闹热极了；船大半泊着，小半在水上穿梭似的来往。停泊着的都在近市的那一边，我们的船自然也夹在其中。因为这边略略的挤，便觉得那边十分的疏了。在每一只船从那边过去时，我们能画出它的轻轻的影和曲曲的波，在我们的心上；这显着是空，且显着是静了。那时处处都是歌声和凄厉的胡琴声，圆润的喉咙，确乎是很少的。但那生涩的，尖脆的调子能使人有少年的，粗率不拘的感觉，也正可快我们的意。况且多少隔开些儿听着，因为想象与渴慕的做美，总觉更有滋味；而竞发的喧嚣，抑扬的不齐，远近的杂沓，和乐器的嘈嘈切切，合成另一意味的谐音，也使我们无所适从，如随着大风而走。这实在因为我们的心枯涩久了，变为脆弱；故偶然润泽一下，便疯狂似的不能自主了。但秦淮河确也腻人。即如船里的人面，无论是和我们一堆儿泊着的，无论是从我们眼前过去的，总是模模糊糊的，甚至渺渺茫茫的；任你张圆了眼睛，揩净了眦垢，也是枉然。这真够人想呢。在我们停泊的地方，灯光原是纷然的；不过这些灯光都是黄而有晕的。黄已经不能明了，再加上了晕，便更不成了。灯愈多，晕就愈甚；在繁星般的黄的交错里，秦淮河仿佛笼上了一团光雾。光芒与雾气腾腾的晕着，什么都只剩了轮廓了；所以人面的详细的曲线，便消失于我们的眼底了。但灯光究竟夺不了那边的月色；灯光是浑的，月色是清的，在浑沌的灯光里，渗入一派清辉，却真是奇迹！那晚月儿已瘦削了两三分。她晚妆才罢，盈盈的上了柳梢头。天是蓝得可爱，仿佛一汪水似的；月儿便更出落得精神了。岸上原有三株两株的垂杨树，淡淡的影子，在水里摇曳着。它们那柔细的枝条浴着月光，就像一只只美人的臂膊，交互的缠着，挽着；又像是月儿披着的发。而月儿偶然也从它们的交叉处偷偷窥看我们，大有小姑娘怕羞的样子。岸上另有几株不知名的老树，光光的立着；在月光里照起来，却又俨然是精神矍铄的老人。远处——快到天际线了，才有一两片白云，亮得现出异彩，像美丽的贝壳一般。白云下便是黑黑的一带轮廓；是一条随意画的不规则的曲线。这一段光景，和河中的风味大异了。但灯与月竟能并存着，交融着，使月成了缠绵的月，灯射着渺渺的灵辉，这正是天之所以厚秦淮河，也正是天之所以厚我们了。

这时却遇着了难解的纠纷。秦淮河上原有一种歌妓，是以歌为业的。从前都在茶舫上，唱些大曲之类。每日午后一时起，什么时候止，却忘记了。晚上照样也有一回，也在黄晕的灯光里。我从前过南京时，曾随着朋友去听过两次。因为茶舫里的人脸太多了，觉得不大适意，终于听不出所以然。前年听说歌妓被取缔了，不知怎的，颇设想了几次——却想不出什么。这次到南京，先到茶舫上去看看，觉得颇是寂寥，令我无端的怅怅了。不料她们却仍在秦淮河里挣扎着，不料她们竟会纠缠到我们，我于是很张皇了，她们也乘着"七板子"，她们总是坐在舱前的。舱前点着石油汽灯，光亮炫人眼目；坐在下面的，自然是纤毫毕见了——引诱客人们的力量，也便在此了。舱里躲着乐工等人，映着汽灯的余辉蠕动着；他们是永远不被注意的。每船的歌妓大约都是二人；天色一黑，她们的船就在大中桥外往来不息的兜生意。无论行着的船，泊着的船，都是要来兜揽的。这都是我后来推想出来的。那晚不知怎样，忽然轮着我们的船了。我们的船好好的停着，一只歌舫划向我们来的；渐渐和我们的船并着了。铄铄的灯光逼得我们皱起了眉头；我们的风尘色全给它托出来了，这使我踧踖①不安了。那时一个伙计跨过船来，拿着摊开的歌折，就近塞向我的手里，说，"点几出吧！"他跨过来的时候，我们船上似乎有许多眼光跟着。同时相近的别的船上也似乎有许多眼睛炯炯的向我们船上看着。我真窘了！我也装出大方的样子，向歌妓们瞥了一眼，但究竟是不成的！我勉强将那歌折翻了一翻，却不曾看清了几个字；便赶紧递还那伙计，一面不好意思地说："不要，我们……不要。"他便塞给平伯。平伯掉转头去，摇手说："不要！"那人还腻着不走。平伯又回过脸来，摇着头道，"不要！"于是那人重到我处。我窘着再拒绝了他。他这才有所不屑似的走了。我的心立刻放下，如释了重负一般。我们就开始自白了。

我说我受了道德律的压迫，拒绝了她们；心里似乎很抱歉的。这所谓抱歉，一面对于她们，一面对于我自己。她们于我们虽然没有很奢的希望；但总有些希望的。我们拒绝了她们，无论理由如何充足，却使她们的希望受了伤；这总有几分不做美了。这是我觉得很怅怅的。至于我自己，更有一种不足之感。我这时被四面的歌声诱惑了，降服了；但是远远的，远远的歌声总仿佛隔着重衣搔痒似的，越搔越搔不着痒处。我于是憧憬着贴耳的妙音了。在歌舫划来时，我的憧憬，变为盼望；我固执的盼望着，有如饥渴。虽然从浅薄的经验里，也能够推知，那贴耳的歌声，将剥去了一切的美妙；但一个平常的人像我的，谁愿凭了理性之力去丑化未来呢？我宁愿自己骗着了。不过我的社会感性

---

① 踧踖（cù jí）：恭敬而不安的样子。

是很敏锐的；我的思力能拆穿道德律的西洋镜，而我的感情却终于被它压服着，我于是有所顾忌了，尤其是在众目昭彰的时候。道德律的力，本来是民众赋予的；在民众的面前，自然更显出它的威严了。我这时一面盼望，一面却感到了两重的禁制：一，在通俗的意义上，接近妓者总算一种不正当的行为；二，妓是一种不健全的职业，我们对于她们，应有哀矜勿喜之心，不应赏玩的去听她们的歌。在众目睽睽之下，这两种思想在我心里最为旺盛。她们暂时压倒了我的听歌的盼望，这便成就了我的灰色的拒绝。那时的心实在异常状态中，觉得颇是昏乱。歌舫去了，暂时宁靖①之后，我的思绪又如潮涌了。两个相反的意思在我心头往复：卖歌和卖淫不同，听歌和狎妓不同，又干道德甚事？——但是，但是，她们既被逼的以歌为业，她们的歌必无艺术味的；况她们的身世，我们究竟该同情的。所以拒绝倒也是正办。但这些意思终于不曾撇开我的听歌的盼望。它力量异常坚强；它总想将别的思绪踏在脚下。从这重重的争斗里，我感到了浓厚的不足之感。这不足之感使我的心盘旋不安，起坐都不安宁了。唉！我承认我是一个自私的人！平伯呢，却与我不同。他引周启明先生的诗，"因为我有妻子，所以我爱一切的女人；因为我有子女，所以我爱一切的孩子。"② 他的意思可以见了。他因为推及的同情，爱着那些歌妓，并且尊重着她们，所以拒绝了她们。在这种情形下，他自然以为听歌是对于她们的一种侮辱。但他也是想听歌的，虽然不和我一样，所以在他的心中，当然也有一番小小的争斗；争斗的结果，是同情胜了。至于道德律，在他是没有什么的；因为他很有蔑视一切的倾向，民众的力量在他是不大觉着的。这时他的心意的活动比较简单，又比较松弱，故事后还怡然自若；我却不能了。这里平伯又比我高了。

在我们谈话中间，又来了两只歌舫。伙计照前一样的请我们点戏，我们照前一样的拒绝了。我受了三次窘，心里的不安更甚了。清艳的夜景也为之减色。船夫大约因为要赶第二趟生意，催着我们回去；我们无可无不可的答应了。我们渐渐和那些晕黄的灯光远了，只有些月色冷清清的随着我们的归舟。我们的船竟没个伴儿，秦淮河的夜正长哩！到大中桥近处，才遇着一只来船。这是一只载妓的板船，黑漆漆的没有一点光。船头上坐着一个妓女；暗里看出，白地小花的衫子，黑的下衣。她手里拉着胡琴，口里唱着青衫的调子。她

---

① 宁靖：安定、安静的意思。
② 原诗是："我为了自己的儿女才爱小孩，为了自己的妻才爱女人。"见《雪朝》第四十八页。

唱得响亮而圆转；当她的船箭一般驶过去时，余音还袅袅的在我们耳际，使我们倾听而向往。想不到在弩末①的游踪里，还能领略到这样的清歌！这时船过大中桥了，森森的水影，如黑暗张着巨口，要将我们的船吞了下去。我们回顾那渺渺的黄光，不胜依恋之情；我们感到了寂寞了！这一段地方夜色甚浓，又有两头的灯火招邀着；桥外的灯火不用说了，过了桥另有东关头疏疏的灯火。我们忽然仰头看见依人的素月，不觉深悔归来之早了！走过东关头，有一两只大船湾泊着，又有几只船向我们来着。嚣嚣的一阵歌声人语，仿佛笑我们无伴的孤舟哩。东关头转湾，河上的夜色更浓了；临水的妓楼上，时时从帘缝里射出一线一线的灯光；仿佛黑暗从酣睡里眨了一眨眼。我们默然的对着，静听那汩——汩的桨声，几乎要入睡了；朦胧里却温寻着适才的繁华的余味。我那不安的心在静里愈显活跃了！这时我们都有了不足之感，而我的更其浓厚。我们却又不愿回去，于是只能由懊悔而怅惘了。船里便满载着怅惘了。直到利涉桥下，微微嘈杂的人声，才使我豁然一惊；那光景却又不同。右岸的河房里，都大开了窗户，里面亮着晃晃的电灯，电灯的光射到水上，蜿蜒曲折，闪闪不息，正如跳舞着的仙女的臂膊。我们的船已在她的臂膊里了；如睡在摇篮里一样，倦了的我们便又入梦了。那电灯下的人物，只觉得像蚂蚁一般，更不去萦念。这是最后的梦；可惜的是最短的梦！黑暗重复落在我们面前，我们看见傍岸的空船上一星两星的，枯燥无力又摇摇不定的灯光。我们的梦醒了，我们知道就要上岸了；我们心里充满了幻灭的情思。

1923 年 10 月 11 日作完，于温州

| **练习与思考**

1. 俞平伯和朱自清同游秦淮河后也写了一篇同名之作，课后阅读俞作，品味其间的异同。

2. 本文的篇名为《桨声灯影里的秦淮河》，为什么又浓墨重彩写了月色？

3. 如何理解作者在欲望和道德之间的挣扎？

| **赏析**

散文贵真，真是散文的生命，也是朱自清散文的艺术核心。作为文学研究

---

① 弩末：比喻事情接近尾声的时候。

会早期的重要成员，朱自清提倡"写实的文学"，通过观察、体验生活，写实景，达真情，实现其散文对"真"的追求。

这篇散文创作于1923年，当时朱自清与俞平伯同游秦淮河，二人相约游后各以此为背景为文一篇，因此，秦淮河之游，不仅成就了中国现代文学史上的一段佳话，也促生了两篇风格不同、各有千秋的传世佳作，被称为现代早期白话散文的双璧。

该文以时空和作者的情感为线，写出了夏夜的秦淮河特点，细腻描画了不同时间、不同空间秦淮河水、灯、月的变化，表现了华灯映水、灯月交辉的秦淮河的特有意境，体现了作者写实的追求和描摹自然的深厚笔力。起笔初看似闲散，从其他名胜处的游船写起，引出了秦淮河的大船小船，引出了秦淮河上的灯影——悬着的"灯彩"、点上的灯火、玻璃里映出的散光、水波间的"明漪"，然后过渡到"碧阴阴的""厚而不腻"的秦淮河水，写河上"薄薄的夜，淡淡的月"、清朗的月光、浑浊的灯光以及灯月交辉、笙歌彻夜的景致，最后这些笔触细腻的所写之景之物共同烘托出秦淮河"缠绵""渺渺"的意境，突出"这正是天之所以厚秦淮河，也正是天之所以厚我们了"的秦淮河夜景独到之处。其中，无一处灯火不是实际的观察，无一抹月光不是作者的亲见，无一片水色不是自己的体验。因有着悠长历史而为人们习见的秦淮河灯火月色在朱自清先生的深入体会和细细琢磨中，不仅体现了描写的真，也提供了一种令人新异的滋味。而这滋味恰是其"于人们忽略的地方，加倍地描写，使你于平常身历之境，也会有惊异之感"创作理念的体现。

但秦淮河毕竟是有历史的，所以，一代才子朱自清不会仅停留于对秦淮河夜景的精雕细琢，他也有对秦淮河历史画卷中那些艳迹的憧憬。孔尚任《桃花扇》和余澹心《板桥杂记》里写到的明末歌妓，对他悄然产生了"奇异的吸引力"，并且开始神往于她们的歌声了。不过，当载着历史向往的"七板子"（小船）和现实中的歌舫相逢时却遭遇了尴尬——难解的纠纷。在道德律的约束下，"我"违心拒绝了一个又一个歌舫的请求，拒绝了聆听歌妓们"那贴耳的歌声"的憧憬、盼望与饥渴。在理智与情感、道德与欲望的剧烈较量中，作者坦陈了自己内心的挣扎与痛苦——明明已被远处的歌声"诱惑"和"降服"，却要拒绝泛舟而来的歌妓的兜揽和纠缠；写出了失望和不安——因拒绝她们而感内疚与惆怅、不足，在桨声灯影里没能尽情领略六代繁华的笙歌而"充满了幻灭的情思"，意识到自己是一个被"道德律"束缚的"自私的人"。由夜游的期待转入失望后的落寞，朱自清诚挚地把自己当时内心的冲突披示给大家，体现了他至情的艺术追求。

朱自清重视对自然景物的观察，对于欲写的景与物和人，朱自清都善于凭借精细的观察进行细致的描绘。现代散文家林非在其《现代六十家散文札记》一书中曾说："朱自清的成功之处是，善于通过精确的观察，细腻地抒写出对自然景色的内心感受。"《桨声灯影里的秦淮河》可以说是对此评价的最好注脚。将自然景色与历史影像和真实情感交融在一起，感情真挚深沉而又细腻，耳畔"汩——汩"的桨声，眼前闪息不定的灯影和天上的素月，钩织出的秦淮河影，既给人身临其境之感，又让人有追怀思慕之情。而那些泛动的诗意，待人细细地咀嚼和寻味。

我孤独地漫游，象一朵云

[英] 华兹华斯

飞白　译

【解题】华兹华斯（William Wordsworth，1770—1850），19 世纪英国诗人，晚年被授予"桂冠诗人"。他的诗歌以描写田园景色、自然风光著称。其诗歌理论动摇了英国古典主义诗学的统治，有力地推动了英国诗歌的革新和浪漫主义运动的发展，被看作英国浪漫主义诗歌的奠基人，是文艺复兴运动以来最重要的英语诗人之一。他与柯勒律治、骚塞被称为"湖畔派"诗人，他们远离城市，长期隐居在昆布兰湖区和格拉斯米尔湖区，由此而得名。华兹华斯最优秀、最受欢迎的诗歌就是那些反映人与自然关系的诗歌，《我孤独地漫游，象一朵云》（又译《咏水仙》）便是其中之一。

我孤独地漫游，象一朵云
在山丘和谷地上飘荡，
忽然间我看见一群
金色的水仙花迎春开放，
在树荫下，在湖水边，
迎着微风起舞翩翩。

连绵不绝，如繁星灿烂，
在银河里闪闪发光，
它们沿着湖湾的边缘
延伸成无穷无尽的一行：
我一眼看见了一万朵，
在欢舞之中起伏颠簸。

粼粼波光也在跳着舞，
水仙的欢欣却胜过水波；
与这样快活的伴侣为伍，
诗人怎能不满心欢乐！
我久久凝望，却想象不到
这奇景赋予我多少财宝，——

每当我躺在床上不眠，
或心神空茫，或默默沉思，
它们常在心灵中闪现，
那是孤独之中的福祉；
于是我的心便涨满幸福，
和水仙一同翩翩起舞。

（飞白：《诗海——世界诗歌史纲·传统卷》，768 页，桂林，漓江出版社，1989 年。）

| 练习与思考

1. "云"的意象含义是什么？

2. 诗人一开始的情绪是怎样的，为什么？

3. 为何水仙花"常在心灵中闪现"便使得诗人"涨满幸福"？

4. 大自然是人类赖以生存发展的基本条件。党的二十大报告中提出："我们坚持绿水青山就是金山银山的理念，坚持山水林田湖草沙一体化保护和系统治理，全方位、全地域、全过程加强生态环境保护，生态文明制度体系更加健全，污染防治攻坚向纵深推进，绿色、循环、低碳发展迈出坚实步伐，生态环境保护发生历史性、转折性、全局性变化，我们的祖国天更蓝、山更绿、水更清。"试作一首人与自然关系主题的现代诗。

赏析

《我孤独地漫游，象一朵云》写于 1804 年，是华兹华斯浪漫抒情诗歌的代表作之一。这首小诗还有翻译家顾子欣译的《咏水仙》、郭沫若译的《黄水仙花》、辜正坤译的《水仙》、杨德豫译的《我独自游荡，像一朵孤云》、许景渊译的《水仙辞》等其他数个中文译本。翻译版本的众多大可以说明这首诗歌在全世界受欢迎和接受的程度。飞白的译本采用了抒情的现代自由诗的方式进行翻译，生动形象，力图还原和接近华兹华斯原诗朴素自然的风格。

华兹华斯的诗句"朴素生活，高尚思考（plain living and high thinking）"是他人生的写照，后来被作为牛津大学基布尔学院的格言。他在 1800 年出版的《抒情歌谣集》（第二版）的长篇序言中，主张诗歌要致力于"赋予日常事物以新鲜的乐趣"，他的这一创作原则同样体现在这首小诗中。质朴而清新的用词，对大自然的细致观察，对云朵花草的亲切感触……与现实中诗人居住于英国北部湖区一样，这样的写作似乎远离人世，但诗人又总是擅长把所有这一切外在的世界同人的主体感受联系起来。

此诗写于诗人访友的归途。以游荡在山谷之间的孤云自比的诗人寂寞消沉，穿越群山峻岭一路前行。偶然路过一片湖水，湖边一丛丛盛开的水仙花在随风起舞，湖水亦随之荡漾，诗人的孤独在这自然的舞蹈中消失，由此而生"满心欢乐"。这段记忆更大的财富是诗人始料未及的，每当情绪低落，这段水仙花的记忆"常在心灵中闪现"，都会使他重新雀跃，"涨满幸福"。

诗人崇拜着自然，尊敬着自然，爱慕着自然，大自然是他心灵和精神的导师。华兹华斯对自然的爱洋溢在他朴实、生动的词语中，他描绘水仙花轻舞的湖景，就如同描绘一幅油画，所以罗斯金①将华兹华斯看作是英国 18 世纪诗坛的风景画家。在这幅景象中，华兹华斯如同在他的其他诗歌中一样，反复确认在自然与人类的关系中，大自然对于破碎人类心灵的治愈和弥补的功能。在人类社会中受到伤害的游荡者，孤独、绝望、伤心，美丽的水仙花带来的永恒回忆最终使得受伤的心再次愈合。自然消除了人的精神疲惫，重拾了生命的欢乐，带来了永恒的回忆。

华兹华斯的诗歌描写着他的心灵成长过程，也就是他思想的变化，这些变化与成长毫无疑问地来自与大自然的共处。大自然不再只是背景，而成为了一种力量，这种力量使人纯净、开朗、善良和包容。美丽的湖边金色的水仙花也不再只是因为好看

---

① 罗斯金（John Ruskin）：19 世纪英国作家和美术评论家，维多利亚时代艺术美学的重要代表。

而被诗人所关注，金色水仙花的纯洁和高贵以及快乐最终成为了诗人的快乐。

名篇朗诵　　　　一、本章参考答案

诗歌的源流与发展

　　"诗者，根情，苗言，华声，实义。"诗歌作为我国最早抒情言志的文学样式，始终在我国文学发展的过程中，在社会文化生活中担任重要角色，承载绵远流长的中华文化之精髓。直至今日，人们仍可常常以"言动心""音悦耳"的诗歌作为心灵故乡，抒发情感。

一、 古代诗歌

1. 先秦两汉魏晋诗歌

　　我国古代诗歌的发轫期是先秦时期，相继出现《诗经》和楚辞两座具有划时代意义的丰碑。《诗经》收集自西周初年至春秋中叶约五六百年的305篇诗歌，是周代礼乐文化生活的重要组成部分，是我国现实主义诗歌传统的源头。它以"饥者歌其食，劳者歌其事"为旨，有表达爱慕的诗，如《周南·关雎》《秦风·蒹葭》；有伤感的诗，如《邶风·谷风》《周南·卷耳》；有批判的诗，如《小雅·采薇》《魏风·硕鼠》等。楚辞是战国时期在楚国民歌基础上开创的一种新诗体，开创了诗歌浪漫主义创作传统。"惟草木之零落兮，恐美人之迟暮。"楚辞中以大量香草美人、神话人物和虬龙鸾凤等为意象寄托诗人情思。楚辞中最杰出的代表作是屈原的《离骚》。诗人从自述身世、品德和理想写起，抒发自己的苦闷和矛盾，是我国古代诗歌史上最长的一首浪漫主义抒情政治诗。

　　"感于哀乐，缘事而发"的两汉乐府诗深得《诗经》之旨，具有浓厚的生活气息。《东门行》《孤儿行》《妇病行》直接表现百姓生活的疾苦，"盘中无斗米储，还视架上无悬衣"描写了百姓家徒四壁的情景。《孔雀东南飞》

是汉乐府诗的杰作，后人将其与北朝民歌《木兰诗》称为"乐府双璧"。在汉民歌基础上出现的《古诗十九首》是文人五言诗日趋成熟的标志。"行行重行行，与君生别离。相去万余里，各在天一涯"，内容多写离愁别恨和彷徨失意。长于抒情，寓情于景，情景交融，是乐府诗文人化的鲜明标志。东汉末年，出现以曹操、曹丕、曹植父子和"建安七子"为主的建安作家群，他们的作品反映战乱期间人民的流离失所和诗人建功立业的愿望，形成悲凉慷慨之"建安风骨"。阮籍、嵇康、左思处于魏晋之交，阮籍的《咏怀诗》写出了一个自由的天才为了苟全性命于乱世，在约束和突破中反复的心路历程。左思的《咏史诗》"创成一体，垂式千秋"。他们的诗歌推动了中国五言诗的发展。

东晋末年陶渊明的出现开启了新的诗歌艺术生机。陶渊明被誉为中国田园诗派的杰出代表，他的诗歌"一语天然万古新，豪华落尽见真淳"，将自然之美和人生哲理融入诗中，格调清新，语言朴实。"采菊东篱下，悠然见南山。此中有真意，欲辩已忘言"，"衰荣无定在，彼此更共生"，陶渊明在田园诗作中寻觅心灵归宿，为后世文人勾勒出理想的精神家园。陶渊明的田园诗、谢灵运的山水诗标志着人与自然进一步的沟通与和谐，形成了一种新的自然审美观念和审美趣味。

魏晋至南朝，注重语言的形式美和音乐美是当时诗歌发展的一个重要趋势，出现"永明体"和"宫体诗"。庾信是由南朝入北朝的著名诗人，他的作品"穷南北之胜"。南北朝时期一批乐府民歌集中涌现，南朝乐府诗保存的多是情歌，以《西洲曲》为代表。北朝乐府诗内容丰富，气势刚健，最有名的当属《木兰诗》。

2. 唐宋诗歌

唐代文学繁荣的最高成就是诗歌，唐诗代表中国古典诗歌的黄金时代。"春云夏雨秋夜月，唐诗晋字汉文章。"唐代的诗和晋朝的字、汉代的文章，就像春天的云朵、夏日的细雨、秋夜的明月一样永恒而美丽。

唐代公元618年立国，公元907年亡国，三百年间，诗人诗作灿若群星。唐初上官仪、沈佺期和宋之问等人，推动了律诗形式的确立；"初唐四杰"扩大了诗歌的创作题材；陈子昂从诗歌理论和实践上开了一代新风，他提倡的"汉魏风骨"推开了盛唐诗坛的大门。盛唐的诗歌字空出现了众多巨星，"李杜""王孟""高岑"，这些如雷贯耳的名字都出现在这个时期。

最著名的当属李白和杜甫。李白以浪漫、自信和豪放的情怀创作出大量容纳自己自由心灵、大气磅礴的诗歌，感情奔放，想象瑰丽，意境奇妙。杜诗素有"诗史"之称，代表作有《三吏》《三别》《北征》《自京赴奉先县咏怀五百字》等。杜甫倾注全力在格律诗的创作上，特别是七言律诗，对律诗的运用达到炉火纯青的地步。白居易是杜甫之后又一位伟大诗人，他提出"文章合为时而著，歌诗合为事而作"的文学主张，创作了《新乐府》50首和《秦中吟》10首。白居易叙事长诗《琵琶行》和《长恨歌》脍炙人口，"回眸一笑百媚生""梨花一枝春带雨"给人美不胜收之感。韩愈、柳宗元、刘禹锡、孟郊、李贺等声名显赫的诗人同样光耀千古。韩孟诗派的"奇崛"之气和元白诗派"浅切"之风，构建出中唐诗坛的多样化。从唐敬宗和唐文宗时期开始，唐王朝危机进一步加深，诗歌有了新的内容和艺术表现形式，大多具有浓厚的感伤气氛，代表诗人有杜牧和李商隐。杜牧以七绝见长，借古讽今，意味深长，《过华清宫》《泊秦淮》是其代表作。李商隐诗歌多精巧缜密，旨趣深微，尤以《无题》诗见长，将诗歌的艺术表现力提高到一个新高度。

宋诗有其独特的风格和美学价值。宋初对唐诗的态度多是学习和模仿。仰望唐诗，犹如一座高峰，从中发现宝藏。先后选择白居易、李商隐、杜甫做典范，出现"白体""晚唐体""西昆体"和江西诗派。同时，宋诗好议论的倾向也日趋明显，在苏轼和王安石诗中已有所体现。王安石的精致、苏轼的畅达，可视为宋诗的创新。南宋诗人中以陆游、杨万里、范成大、尤袤四人最著名，被称为"中兴四大诗人"。陆游是宋代最杰出的爱国诗人，留下诗作近万首。

作为宋代文学之胜的是宋词。在词史上，宋代是词的黄金时代。词起于唐，民间和部分文人中已有创作，中唐时词体基本建立，白居易《忆江南》、韦应物《调笑令》表现不凡。晚唐、五代词的文人化程度加强，温庭筠、李煜、冯延巳等的词作艺术已趋于成熟。李煜《虞美人》（春花秋月何时了）、《浪淘沙》（帘外雨潺潺）、温庭筠《菩萨蛮》（小山重叠金明灭）等艺术成就都很高。词到宋代进入鼎盛时期，名家辈出，如晏殊、晏几道、欧阳修、张先、柳永、苏轼、秦观、周邦彦、李清照、辛弃疾、陆游、蒋捷等人，都取得了独特的艺术成就。他们在题材内容和风格上，开拓了宋词的领域。尤其是经柳永、苏轼、辛弃疾的努力，宋词的题材范围可谓琳琅满目，有咏物词、咏史词、山水词、田园词、爱情词、爱国词、赠答词，应有尽有。柳永的《雨霖铃》（寒蝉凄切）、《八声甘州》（对潇潇暮雨洒江天）、苏轼的《江城子》（十年生死两茫茫）、《水调歌头》（明月几时有）、《念奴娇·赤壁怀古》都是北宋词作中的佳品。南宋词人多以抗金爱国为主题，张孝祥《六州歌头》（长淮望断）、岳飞《满江红》（怒发冲冠）、陆游《诉衷情》（当年万里觅封侯）是爱国词的杰作。

3. 元明清诗歌

元代诗歌与前代相比，处于低谷状态。前期诗人元好问由金入元，他的"丧乱诗"如《蟾池》《虎害》《雁门道中书所见》堪称"社会实录"。他的《论诗绝句三十首》是用绝句阐发诗歌理论的著名组诗。元初还有诗人刘因和赵孟頫等，中期有虞集、杨载、范梈、揭傒斯"四大家"，后期有王冕和杨维桢"铁崖体"等。还有少数民族诗人如耶律楚材、马祖常等。

明代初期诗人以由元入明的高启为代表，诗风凝重悲怆。明永乐至成化年间，以杨士奇为代表的台阁体和以李东阳为代表的"茶陵派"先后主宰诗坛。明代中期，以李梦阳为核心的"前七子"和以王世贞为代表的"后七子"，在复古旗帜下，重新审视文学，寻求文学出路，其中王世贞成就最高。明代后期，以袁宏道为代表的公安派，提出"性灵说"的文学主张，将表现各色各样个人情感与生活欲望看作文学创作的重要内容。继公安派之后，以钟惺为代表的竟陵派崛起，并产生较大影响。

清初诗坛，钱谦益和吴伟业并称。钱谦益致力于清诗学建设；吴伟业以明末清初的历史现实为题材，反映山河易主、物是人非的社会变故。他的诗以唐诗为宗，五七言律诗绝句具有华艳动人的风格特点。

词的创作经元明两代的沉寂，在明清易代之际出现中兴气象。揭开清词帷幕的是陈子龙，有词集《湘真词》。随后，清初词坛，以陈维崧、朱彝尊和纳兰性德为代表，尤以纳兰性德《饮水词》成就最高。乾嘉诗坛，人才辈出。沈德潜倡导格调说，尊唐抑宋；袁枚、赵翼标榜性灵，追求诗歌解放；黄景人等吟唱盛世悲歌。

二、近现代诗歌

1. 近代诗歌

龚自珍是首开近代新诗风的杰出诗人，他以深邃的史实为诗，围绕社会政治抒写情怀，诗风自成一路。魏源的《寰海》《寰海后》《秋兴》《秋兴后》四组诗广泛反映鸦片战争，堪称"诗史"。近代后期，诗歌领域出现"诗界革命"，代表人物是黄遵宪和梁启超。黄遵宪的诗"以旧风格含新意境"，体现由旧到新的过渡。康有为和丘逢甲的诗歌也颇有影响。20世纪初期，巾帼英雄秋瑾和南社的创立，将近代诗歌推到一个新阶段。

2. 现当代诗歌

现代诗歌主要指的是白话新诗。新诗倡导以白话文取代文言文写诗，形式上灵活自由。胡适的《尝试集》是现代文学史上第一部新诗集。"两个黄蝴蝶，双双飞上天，不知为什么，一个忽飞还。剩下那一个，孤单怪可怜，也无心上天，天上太孤单"，反映了白话新诗的起步。20世纪20年代"新月派"的闻一多提出"三美"原则，推动新诗从自由化到格律化的进程。徐志摩是"新月派"中最杰出的诗人，他的《再别康桥》韵味无穷。30年代，现代派诗人戴望舒擅长以暗喻写内心，表达人生的忧郁和苦闷，代表作是《雨巷》。40年代，以艾青为代表的"七月诗派"和以穆旦为主的"九叶派"诗人活跃一时。

新中国成立后的17年文学中，有何其芳等人写的政治赞歌及以闻捷《天山牧歌》为代表的生活牧歌。"文革"结束后，出现以北岛、顾城和舒婷为代表的朦胧诗派，北岛《回答》、顾城《一代人》、舒婷《致橡树》为新诗增添了新光彩。朦胧诗后，有反文化、反崇高的后新诗潮，代表诗人是韩东和于坚。诗人海子以自己的才情，独立于诗歌主流之外，代表作《面朝大海，春暖花开》广为流传。

当代诗歌还在发展变化中。

外国诗歌古往今来，如但丁《神曲》、莎士比亚十四行诗、歌德《浮士德》、惠特曼《草叶集》、泰戈尔《飞鸟集》等优秀诗篇浩如烟海，难尽详述。

情思缱绻的诗人，拈笔和墨，抒写串串诗行。绵远悠长的诗歌在每一代人心底唱响，伴你我成长。愿我们在喧嚣的世界中，让诗歌与生活相伴，诗意地栖息。

参考文献

1. 袁行霈：《中国文学史》，北京，高等教育出版社，2014年。

2. 赵敏俐：《中国诗歌通史》，北京，人民文学出版社，2012年。

3. 程光炜：《中国当代诗歌史》，北京，人民文学出版社，2003年。

4. 木斋：《中国古代诗歌演变》，北京，京华出版社，1999年。

5. 张景华：《外国文学》，北京，北京师范大学出版社，2015年。

练习与思考

　　1. 请概述中国诗歌发展的基本脉络。

　　2. 唐代是我国古典诗歌的黄金时代，请列举几位代表诗人和其诗作，概述他们的诗歌特点。

　　3. 谈谈你对诗歌的理解。

二、精致器物

【单元题记】

大象无形，大音希声，大美无言。

精美器物是博大深邃的，是沉默而不张扬的，是一种极致的美。

"精美器物"既指传统意义上的器物与建筑，那些可触可摸可观可视的具体"器物"，也指通过具象的"艺术"形式表现实体之美。通过它们可以让我们感受到人类精神之阔、哲思之幽，来探索人类的灵魂，思考文化的意义与生命价值。

蔡邕的《笔赋》对千百年来为中国的"笔"文化做出杰出贡献的毛笔给予了极高的赞誉——"纳颖于管"；被誉为"技术百科全书"的宋应星的《天工开物》已成为世界科学经典在各国流传，选自上卷第一章的《菽》在精细的定量描述中，让我们看到了三百多年前一个孤独的背影和严谨务实的科学态度；《红楼梦》第五回对精致器皿的描述，让我们再一次震撼于传统美学中那些文化符号所蕴含的深厚人文底蕴；梁实秋的《雅舍》、林清玄的《葫芦瓢子》描写的是平实平常的器物，可从中体味到的却是不平凡的生活与意义；《金阁寺》让我们在感受金阁寺美轮美奂的同时，也在体悟与思考心目中的"金阁寺"。

器物之美是一种古典而浪漫的美。我们会从精美器物中感受到文化所带来的那种沉静与深厚、质朴与精深交织在一起的美感。器物之美亦是浪漫的，她将天与人合二为一，将自然界的时间、空间、资源，与人类的技能、思想与生命，自然而深刻地联系在一起。

器物之美又是一种距离的美。在传统与现代的激荡中，我们坚守中华文化立场，从器物之美中提炼展示中华文明的精神标识，增强中华文明的传播力与影响力。

"造化钟神秀，阴阳割昏晓。"自然界的神奇与人类文明的精妙在古今中外文人的笔下有着这样千姿百态的解读与传承。娓娓道来的精美器物背后，我们感受到了厚重的文明累积与沉甸甸的历史空间。让我们一同感受人类文明的物化力量吧。

笔　赋

蔡　邕

【解题】蔡邕（133—192），字伯喈，陈留圉（今河南杞县南）人，汉献帝时曾拜左中郎将，故后人也称他"蔡中郎"。少博学，性至孝，好辞章、数术、天文，工书画，善鼓琴，是东汉后期著名的学者、文学家、音乐家与书法家。所著诗、赋、碑、诔、铭中以赋成就最高。除通经史，善辞赋等文学才能外，书法精于篆、隶，尤以隶书造诣最深，名望最高，有"蔡邕书骨气洞达，爽爽有神力"的评价。其书论著述有《笔赋》《篆势》《笔论》与《九势》等。

昔苍颉①创业，翰墨作用，书契兴焉。夫制作上圣，立宪者莫先乎笔。详原其所由，究察其成功，铄乎焕乎，弗可尚矣。

惟其翰之所生，于季冬②之狡兔；性精亟以慓悍，体遄迅③以骋步④。削文竹以为管，加漆丝之缠束；形调抟⑤以直端，染玄墨以定色。书乾坤之阴阳，赞⑥宓皇⑦之洪勋⑧；尽五帝⑨之休德⑩，扬荡荡之典文。纪三王之功伐⑪兮，表八百之肆觐⑫；传六经而缀⑬百氏兮⑭，建皇极而序彝伦⑮。综人事于晻昧⑯兮，

---

① 苍颉：据许慎《说文解字》记载，苍颉是黄帝时期造字的史官，被尊为"造字圣人"。
② 季冬：冬季最末一个月，农历十二月。
③ 遄迅（chuánxùn）：迅速；疾速。
④ 骋步：疾行。
⑤ 调抟（diàotuán）：理齐扎捆。
⑥ 赞（zàn）：《类篇》称也。《释名》称人之美曰赞。
⑦ 宓皇：宓，通"伏"。即伏羲。
⑧ 洪勋：卓著的功勋。
⑨ 五帝：传说中的五个古代帝王。说法不一。通常指黄帝、颛顼、帝喾、唐尧、虞舜。
⑩ 休德：美德。休，美也。
⑪ 功伐：功劳；功勋。
⑫ 肆觐（sìjìn）：此指见天子或诸侯之礼。觐：朝见君主或朝拜圣地。
⑬ 缀：组织文字以成篇章。
⑭ 百氏：犹言诸子百家。
⑮ 彝伦：常理、常道、伦常。
⑯ 晻昧（ǎnmèi）：本指昏暗不明。此指不光明正大；不光明磊落。

赞幽冥于明神；象类多喻①，靡施不协②。上刚下柔，乾坤位也；新故代谢，四时次也。图和正直，规矩之极也；玄首③黄管④，天地之色也。

（徐坚等：《初学记》卷二十一，北京，中华书局，1962年。注释及标点后加。）

┃ 练习与思考

1. 汉赋的特点主要体现在形式"铺采摛文"与内容上的"体物写志"。结合课文体会这两个特点。

2. 中国古代文人与笔结下了不解之缘。请列举一两个有关的历史典故。

3. 汉赋可分为大赋和小赋。大赋规模巨大、结构恢宏、气势磅礴、语汇华丽，多为鸿篇巨制；小赋在保留大赋文采的基础上，具有篇幅较小、文采清丽、讥讽时事、抒情咏物的特点。请结合课文谈谈你对赋的艺术形式的认识。

4. 试以你身边喜爱的小物件为例，写一篇咏物小文。

┃ 赏析

不论是"纳颖于管"的湖笔，还是"丰肌腻理、光泽如漆"的徽墨；不论是素享"纸寿千年"的宣纸，还是被张九成赞为"端溪古砚天下奇，紫花夜半吐虹霓"的端砚，千百年来，先秦的"春秋笔法"，太史公之"史家绝唱"，魏晋时期辞藻靡丽的宫体与工于音律的永明诗，初唐盛唐诗的雄壮浑厚、激扬豪迈与晚唐诗的清丽俊俏、秾艳感伤，宋词的广阔恢宏或谐婉圆润，中国文化便在这独特的线条里融合着朴拙与飘逸、豪放与娟秀的笔意，彰显着民族特质与风貌。

而位居文房四宝之首的毛笔，在疏密敧正之间，音乐的律动、舞蹈的飞动、建筑的刚健、文学的内涵，全融于此。卫夫人谓"莫先乎用笔"，遂有得书法之精妙的《笔阵图》；晋代王右军于兰亭上龙跃洗砚，乃有"天下第一行书"——《兰亭集序》；唐人怀素择蕉练字，堆笔成冢，始成草书骤雨狂风、雄浑豪放之势。

笔之美，不在其"削文竹以为管，加漆丝之缠束"之形，而在其"书乾坤

---

① 象类多喻：指多个义象之连缀组合。
② 靡施不协：意义单位构形之完粹。
③ 玄首：玄，天也。此指笔端为天空之色。
④ 黄管：指黄色的笔管。

之阴阳，赞宓皇之洪勋，尽五帝之休德，扬荡荡之典文"之质。有人用它浇胸中之块垒，有人用它展雄才韬略，有人拈笔低眉赋相思，有人挥毫泼墨描乾坤。忠臣义士，乱臣贼子，它是史家的杠杆；万马齐喑，神州将变，它是文人的利器。汪洋恣意，千年文明尽抒笔底，凝神静气，百态人生都在笔端。正如蔡邕《笔赋》所言——玄首黄管，天地之色也。

天工开物·菽

宋应星

【解题】宋应星（1589—约1666），字长庚，江西奉新人，明末清初科学家，一生致力于对农业和手工业生产的科学考察和研究。崇祯七年（1634年）宋应星出任江西分宜县教谕（县学的教官）。在这一时期，他编著了《天工开物》一书。此书在崇祯十年（1637年）刊行，共三卷，全书详细叙述了各种农作物和手工业原料的种类、产地、生产技术和工艺装备，以及一些生产组织经验，被誉为"中国17世纪的工艺百科全书"。《菽》选自《天工开物·上卷》。

凡菽种类之多，与稻、黍相等，播种、收获之期四季相承。果腹之功，在人日用，盖与饮食相终始。一种大豆①有黑、黄二色，下种不出清明前后。黄者有五月黄、六月爆、冬黄三种。五月黄收粒少，而冬黄必倍之。黑者刻期八月收。淮北长征骡马必食黑豆，筋力乃强。

凡大豆视土地肥硗、耨草勤怠、雨露足悭，分收入多少。凡为豉、为酱、为腐，皆大豆中取质焉。江南又有高脚黄，六月刈早稻方再种，九、十月收获。江西吉郡种法甚妙，其刈稻竟不耕垦，每禾稿头中拈豆三、四粒，以指扱之，其稿凝露水以滋豆，豆性充发，复浸烂稿根以滋。已生苗之后，遇无雨亢干，则汲水一升以灌之。一灌之后，再耨之余，收获甚多。凡大豆入土未出芽时，防鸠雀害，驱之惟人。

一种绿豆，圆小如珠。绿豆必小暑方种，未及小暑而种，则其苗蔓延数

---

① 大豆：豆科大豆属，有黄、黑两种，黄者俗称黄豆。

尺，结荚甚稀。若过期至于处暑，则随时开花结荚，颗粒亦少。豆种亦有二，一曰摘绿，荚先老者先摘，人逐日而取之。一曰拔绿，则至期老足，竟亩拔取也。凡绿豆磨、澄、晒干为粉，荡片、搓索，食家珍贵。做粉溲浆灌田甚肥。凡畜藏绿豆种子，或用地灰、石灰，或用马蓼，或用黄土拌收，则四、五月间不愁空蛀。勤者逢晴频晒，亦免蛀。

凡已刈稻田，夏秋种绿豆，必长接斧柄，击碎土块，发生乃多。凡种绿豆，一日之内遇大雨扳土，则不复生。既生之后，防雨水浸，疏沟浍以泄之。凡耕绿豆及大豆田地，耒耜欲浅，不宜深入。盖豆质根短而苗直，耕土既深，土块曲压，则不生者半矣。"深耕"二字不可施之菽类。此先农之所未发者。

一种豌豆，此豆有黑斑点，形圆同绿豆，而大则过之。其种十月下，来年五月收。凡树木叶［落］迟者，其下亦可种。一种蚕豆，其荚似蚕形，豆粒大于大豆。八月下种，来年四月收。西浙桑树之下遍繁种之。盖凡物树叶遮露则不生，此豆与豌豆，树叶茂时彼已结荚而成实矣。襄、汉上流，此豆甚多而贱，果腹之功不啻黍稷也。

一种小豆，赤小豆①入药有奇功，白小豆（一名饭豆）当餐助嘉谷。夏至下种，九月收获，种盛江、淮之间。一种稆（音吕）豆，此豆古者野生田间，今则北土盛种。成粉、荡皮可敌绿豆。燕京负贩者，终朝呼稆豆皮，则其产必多矣。一种白扁豆，乃沿篱蔓生者，一名峨眉豆。其他豇豆、虎斑豆②、刀豆，与大豆中分青皮、褐色之类，间繁一方者，犹不能尽述。皆充蔬、代谷以粒烝民者，博物者其可忽诸！

（宋应星著 潘吉星译注：《天工开物译注》，第23～25页，上海，上海古籍出版社，2013年。注释略有增删。）

| 练习与思考

1. 请阅读文章并概括出菽的种类。

2. 豌豆和绿豆的种植方法有哪些异同？

3. 请准备绿豆播种，在种植试验中认真观察绿豆的成长，写出绿豆成长日记。

---

① 赤小豆：红小豆，豆科菜石属，不但可以食用，还可入药，有消炎、利尿等功效。

② 虎斑豆：又名虎豆、黎豆。

赏析

《天工开物》是世界上第一部关于农业和手工业生产的综合性著作，是中国历史上著名的科技著作。书中记述的许多生产技术，一直沿用到近代。该书文字简洁，记述扼要，书中所记均为作者直接观察和研究所得。问世以后，有不少版本流传，先后被译成日、英、法、德等国文字。全书分为上中下三卷，并附有121幅插图，描绘了130多项生产技术和工具的名称、形状、工序。目前，宋应星的《天工开物》已经成为世界科学经典著作在各国流传，并受到高度评价。如法国的儒莲把《天工开物》称为"技术百科全书"，英国的达尔文称之为"权威著作"。21世纪以来，日本学者三枝博音称此书是"中国有代表性的技术书"。

《菽》选自该书上卷第一章，主要论述豆类的种类、种植方法、功用、栽培技术和包括各种水利灌溉机械在内的有关生产工具，具有很强的实践性和操作技巧性。这些文字绝不是历代文献资料的堆积，基本上都是作者在生产现场的实地调查所得，作者详细记录下技术知识并加以提炼而得。我们可以想象三百多年前的一个孤独的背影，他在历尽科举的坎坷之后，决心转向实学，研究与国计民生直接关联的科学技术问题，他穿梭于田间认真观察记录。《天工开物》不但对各生产过程予以详细叙述，还对原料与能源的消耗、成品产率及其部件尺寸等，都尽可能给以定量的描述，且绘出工艺操作图。比如它在论金银铜单位体积重量、漕船各部件尺寸、造纸用蒸煮楻筒各部件等等，都标出具体数字，精细程度令人赞叹。

红楼梦（第五回节选）

曹雪芹

【解题】曹雪芹（约1715—约1763），名霑，字梦阮，号雪芹，又号芹圃、芹溪。《红楼梦》是中国古代四大名著之一，也称《石头记》《风月宝鉴》《金陵十二钗》等，是中国古典小说艺术最高成就的代表。它以荣国府的日常生活为中心，以宝玉、黛玉、宝钗的爱情婚姻悲剧及大观园中点滴琐事为主线，以金陵贵族名门贾、史、王、薛四大家族由鼎盛走向衰亡的历史为暗线，展现了穷途末路的封建社会终将走向灭亡的必然趋势，并以其曲折隐晦的表现手法、凄凉深切的情感格调、强烈高远的思想底蕴，在我国古代民俗、封建制度、社会图景、建筑金石等各领域皆有不可替代的研究价值，被誉为"我国封建社会的百科全书"。

本段节选自《红楼梦》第五回《游幻境指迷十二钗 饮仙醪曲演红楼梦》。

当下秦氏引了一簇人来至上房内间。宝玉抬头看见一幅画贴在上面，画的人物固好，其故事乃是《燃藜图》①，也不看系何人所画，心中便有些不快。又有一幅对联，写的是：世事洞明皆学问，人情练达即文章。及看了这两句，纵然室宇精美，铺陈华丽，亦断断不肯在这里了，忙说："快出去！快出去！"秦氏听了，笑道："这里还不好，可往那里去呢？不然，往我屋里去吧。"宝玉点头微笑。有一个嬷嬷说道："那里有个叔叔往侄儿房里睡觉的理？"秦氏笑道："嗳哟哟，不怕他恼，他能多大呢，就忌讳这些个！上月你没看见我那个兄弟来了，虽然与宝叔同年，两个人若站在一处，只怕那个还高些呢。"宝玉道："我怎么没见过？你带他来我瞧瞧。"众人笑道："隔着二三十里，往那里带去，见的日子有呢。"说着大家来至秦氏房中。刚至房门，便有一股细细的甜香袭了人来。宝玉觉得眼饧骨软，连说"好香！"入房向壁上看时，有唐伯虎画的《海棠春睡图》，两边有宋学士秦太虚②写的一副对联，其联云：嫩寒锁梦因春冷，芳气袭人是酒香。案上设着武则天当日镜室中设的宝镜，一边摆着飞燕③立着舞过的金盘，盘内盛着安禄山掷过伤了太真乳的木瓜。上面设着寿昌公主于含章殿下卧的榻，悬的是同昌公主制的联珠帐。宝玉含笑连说："这里好！"秦氏笑道："我这屋子大约神仙也可以住得了。"说着亲自展开了西子浣过的纱衾，移了红娘抱过的鸳枕。于是众奶母伏侍宝玉卧好，款款散了，只留袭人、媚人、晴雯、麝月四个丫鬟为伴。秦氏便吩咐小丫鬟们，好生在廊檐下看着猫儿狗儿打架。

（曹雪芹、高鹗：《红楼梦》，28～29 页，杭州，浙江古籍出版社，2010 年。）

---

① 《燃藜图》是指西汉刘向的典故。《三辅黄图》卷六载："刘向于（汉）成帝之末，校书天禄阁，专精覃思。夜有老人著黄衣，植青藜杖，扣阁而进。向暗中独坐诵书，老父乃吹杖端，烟然，因以见向，授《五行洪范》之文。"
② 秦太虚（1049—1100）：即秦观，字少游，一字太虚，号淮海居士，北宋词人，"苏门四学士"之一。
③ 赵飞燕（前 32—前 1）：原名宜主，西汉汉成帝皇后，身轻若燕，能作掌上舞。

练习与思考

1. 描写你心爱的一件事物，力求生动传神，不少于300字。

2. 谈谈你了解的"唐伯虎三笑点秋香"的民间传说及历史真实人物的事迹。

3. 谈谈你对中国古典室内装修风格的认识。

赏析

《红楼梦》作为我国古典章回体小说的巅峰之作，以往研究者多关注其中"情"的一方面。其实对于"物"的描写，《红楼梦》中也费了不少笔墨。无论是对大观园之美轮美奂的刻画，还是对室内景物的描绘，都堪称笔法细腻。本课文选自《红楼梦》第五回《游幻境指迷十二钗　饮仙醪曲演红楼梦》，其中就描绘了大量的精致器物，如唐伯虎的《海棠春睡图》、秦观的对联、赵飞燕跳舞的金盘、寿昌公主的床榻、同昌公主的联珠帐等，无一不是珍贵无比的"奢侈品"，同时深具文化意蕴的审美意象。下面将这些精致器物与其背后的文化基因进行对照：

物　品	涉及人物	文化基因	相关文献
《燃藜图》	刘向	仕途经济之学	佚名：《三辅黄图》。另见（晋）王嘉《拾遗记》
《海棠春睡图》	唐伯虎	文采风流的才子	（明）冯梦龙《唐解元一笑姻缘》
对联	秦观	飘逸落寞的才子	该联并无记载。（宋）秦观《淮海集》
宝镜	武则天	朝堂艳史	（明）沈德符《万历野获编》卷二十六"春画"条云："春画之起，当始于汉广川王。……唐高宗镜殿成，刘仁轨惊下殿，谓一明乃有数天子。至武后时，则用以宣淫。"
金盘	赵飞燕	宫闱艳韵	（宋）乐史《杨太真外传》引《汉成帝内传》曰："汉成帝获飞燕，身轻欲不胜风。恐其飘蕣，帝为造水晶盘，令宫人掌之而歌舞。又制七宝避风台，间以诸香，安于上，恐其四肢不禁。"
木瓜	安禄山	暧昧情伤	出处不详。（宋）高承《事物纪原》卷三《诃子》："本自唐明皇杨贵妃之，以为饰物。贵妃私安禄山，以后颇无礼，因狂悖，指爪伤贵妃胸乳间，遂作诃子之饰以蔽之，事见《唐宋遗史》。"
榻	寿昌公主	南朝宋武帝女儿，开创女妆新潮流	《太平御览·时序部》引《杂五行书》："宋武帝女寿阳公主人日卧于含章殿檐下，梅花落公主额上，成五出花，拂之不去，皇后留之，看得几时，经三日，洗之乃落。宫女奇其异，竞效之，今梅花妆是也。"

续表

物 品	涉及人物	文化基因	相 关 文 献
联珠帐	同昌公主	唐懿宗最宠爱的女儿，虽为掌上珠，纯真终隔散	《太平广记》卷二三七《同昌公主》载："（懿宗）咸通九年（868），同昌公主出降，宅于广化里，锡钱五百万贯。更罄内库珍宝，以实其宅。……堂中设连珠之帐，却寒之帘。"另见（唐）苏鹗《杜阳杂编》
纱衾	西施	红颜曾浣纱，情归终何处	（汉）赵晔《吴越春秋》
鸳枕	红娘	不悔仲子逾我墙	（元）王实甫《西厢记》第四本第一折。红娘道白："你接了衾枕者，小姐入来也，张生，你怎么谢我？"

　　作者将这些精致器物集中放置于秦可卿的屋中，彰显了中国的传统文化。它们是古典文化传统的符号化象征，生动承载了中国传统文人的审美理想。

雅　舍

梁实秋

　　【解题】 梁实秋（1903—1987），原名梁治华，字实秋，号均默。出生于北京，祖籍浙江杭县（今余杭）。中国著名的散文家、学者、文学批评家、翻译家。他是学者型的散文大师，学贯中西，知识广博，阅历丰富。一生给中国文坛留下了两千多万字的著作。散文集《雅舍小品》《雅舍杂文》《实秋杂文》《槐园梦艺》《白猫王子及其他》等，译著有《莎士比亚全集》，编著有《英国文学史》等。

　　抗战时期，梁实秋定居于重庆市北碚城区内。1940年他与吴景超共同在主湾山腰购得一栋平房，以吴景超之妻龚业雅的名字，命名为"雅舍"。梁先生在雅舍寓居7年，创作了《雅舍小品》20篇，轰动一时。1949年，《雅舍小品》出成专集，再版300余次，风行全世界，创中国现代散文著作发行的最高纪录。《雅舍》一文为《雅舍小品》散文集的开篇之作。

　　到四川来，觉得此地人建造房屋最是经济。火烧过的砖，常常用来做柱子，孤零零的砌起四根砖柱，上面盖上一个木头架子，看上去瘦骨嶙峋，单薄得可怜；但是顶上铺了瓦，四面编了竹箆墙，墙上敷了泥灰，远远的看过去，没有人能说不像是座房子。我现在住的"雅舍"正是这样一座典型的房子。不消说，这房子有砖柱，有竹篦墙，一切特点都应有尽有。讲到住房，我的经验不算少，什么"上支下摘"，"前廊后厦"，"一楼一底"，"三上三下"，"亭子间"，"茆草棚"，"琼楼玉宇"和"摩天大厦"，各式各样，我都尝试过。我不论住在那里，只要住得稍久，对那房子便发生感情，非不得已我还舍不得搬。这"雅舍"，我初来时仅求其能蔽风雨，并不敢存奢望，现在住了两个多月，我的好感油然而生。虽然我已渐渐感觉它是并不能蔽风雨，因为有窗而无玻璃，风来则洞若凉亭，有瓦而空隙不少，雨来则渗如滴漏。纵然不能蔽风雨，"雅舍"还是自有它的个性。有个性就可爱。

　　"雅舍"的位置在半山腰，下距马路约有七八十层的土阶。前面是阡陌螺旋的稻田。再远望过去是几抹葱翠的远山，旁边有高粱地，有竹林，有水池，有粪坑，后面是荒僻的榛莽未除的土山坡。若说地点荒凉，则月明之夕，或风雨之日，亦常有客到，大抵好友不嫌路远，路远乃见情谊。客来则光爬几十级的土阶，进得屋来仍须上坡，因为屋内地板乃依山势而铺，一面高，一面低，坡度甚大，客来无不惊叹，我则久而安之，每日由书房走到饭厅是上坡，饭后鼓腹而出是下坡，亦不觉有大不便处。

　　"雅舍"共是六间，我居其二。篦墙不固，门窗不严，故我与邻人彼此均可互通声息。邻人轰饮作乐，咿唔诗章，喁喁细语，以及鼾声，喷嚏声，吮汤声，撕纸声，脱皮鞋声，均随时由门窗户壁的隙处荡漾而来，破我岑寂。入夜则鼠子瞰灯，才一合眼，鼠子便自由行动，或搬核桃在地板上顺坡而下，或吸灯油而推翻烛台，或攀援而上帐顶，或在门框桌脚上磨牙，使得人不得安枕。但是对于鼠子，我很惭愧的承认，我"没有法子"。"没有法子"一语是被外国人常常引用着的，以为这话最足代表中国人的懒惰隐忍的态度。其实我的对付鼠子并不懒惰。窗上糊纸，纸一戳就破；门户关紧，而相鼠有牙，一阵咬便是一个洞洞。试问还有什么法子？洋鬼子住到"雅舍"里，不也是"没有法子"？比鼠子更骚扰的是蚊子。"雅舍"的蚊风之盛，是我前所未见的。"聚蚊成雷"真有其事！每当黄昏的时候，满屋里磕头碰脑的全是蚊子，又黑又大，骨骼都像是硬的。在别处蚊子早已肃清的时候，在"雅舍"则格外猖獗，来客偶不留心，则两腿伤处累累隆起如玉蜀黍，但是我仍安之。冬天一到，蚊子自然绝迹，明年夏天——谁知道我还是住在"雅舍"！

　　"雅舍"最宜月夜——地势较高，得月较先。看山头吐月，红盘乍涌，一霎间，清光四射，天空皎洁，四野无声，微闻犬吠，坐客无不悄然！舍前有两株梨树，等到月升中天，清光从树间筛洒而下，地上阴影斑斓，此时尤为幽绝。直到兴阑人散，归房就寝，月光仍然逼进窗来，助我凄凉。细雨濛濛之际，"雅舍"亦复有趣。推窗展望，俨然米氏章法，若云若雾，一片弥漫。但若大雨滂沱，我就又惶悚不安了，屋顶湿印到处都有，起初如碗大，俄而扩大如盆，继则滴水乃不绝，终乃屋顶灰泥突然崩裂，如奇葩初绽，砉然一声而泥水下注，此刻满室狼藉，抢救无及。此种经验，已数见不鲜。

"雅舍"之陈设，只当得简朴二字，但洒扫拂拭，不使有纤尘。我非显要，故名公巨卿之照片不得入我室；我非牙医，故无博士文凭张挂壁间；我不业理发，故丝织西湖十景以及电影明星之照片亦均不能张我四壁。我有一几一椅一榻，酣睡写读，均已有着，我亦不复他求。但是陈设虽简，我却喜欢翻新布置。西人常常讥笑妇人喜欢变更桌椅位置，以为这是妇人天性喜变之一证。诬否且不论，我是喜欢改变的。中国旧式家庭，陈设千篇一律，正厅上是一条案，前面一张八仙桌，一边一把靠椅，两旁是两把靠椅夹一只茶几。我以为陈设宜求疏落参差之致，最忌排偶。"雅舍"所有，毫无新奇，但一物一事之安排布置俱不从俗。人入我室，即知此是我室。笠翁《闲情偶寄》之所论，正合我意。

"雅舍"非我所有，我仅是房客之一。但思"天地者万物之逆旅"，人生本来如寄，我住"雅舍"一日，"雅舍"即一日为我所有。即使此一日亦不能算是我有，至少此一日"雅舍"所能给予之苦辣酸甜，我实躬受亲尝。刘克庄词："客里似家家似寄。"我此时此刻卜居"雅舍"，"雅舍"即似我家。其实似家似寄，我亦分辨不清。

长日无俚，写作自遣，随想随写，不拘篇章，冠以"雅舍小品"四字，以示写作所在，且志因缘。

（梁实秋：《梁实秋雅舍小品全集》，上海，上海人民出版社，1993年。）

练习与思考

1. 作者为何称他所住的地方为"雅舍"？

2. "雅舍"具有哪些"个性"？

3. 本文表现了作者什么样的人生态度？

赏析

庸人趋俗，文人爱雅。中国历代文人多喜在俗中寻雅，于陋中见雅。因而他们对住所或书斋颇为钟情。其中虽不乏"庭院深深深几许"的高门大宅，但也有"为秋风所破"的茅屋。他们往往坐拥书城，伏案苦读，挥笔疾书，孜孜矻矻，或以文言志，或以文寄情，或以文自勉，或以文明愿。或作闲适语，或作豪放语，或作解脱语。唐人刘禹锡以"陋室"表明其高洁的品行和安贫乐道的生活情趣；宋人陆游由"师旷老而学犹秉烛夜行"之语名斋曰"老学庵"；明人章溢隐居乡野，以苦为乐，故而有"苦斋"；清人蒲松龄的书斋名为"聊斋"，意为闲谈聊天之所。处境虽悬殊，理念却相通。"闭门即是深山，读书随处净土"讲的就是这个道理。

晋陶渊明在《五柳先生传》里写其草庐道："环堵萧然，不蔽风日；短褐穿结，箪瓢屡空，晏如也。常著文章自娱，颇示己志。"而梁实秋笔下，不仅雅舍的月夜清幽、细雨迷蒙、远离尘嚣，令人心旷神怡，就是鼠子瞰灯、聚蚊成雷、风来则洞若凉亭、雨来则渗如滴漏之类景观也别有风味，甚至连暴风雨中"屋顶灰泥突然崩裂"的情景也如"奇葩初绽"一样可观可叹。

这便是那个自谓"平生意气消磨尽，双鬓压清霜"的梁实秋先生创造出的任他仰观日月、俯察红尘、深文隐秀的梦里家园吧。

葫 芦 瓢 子

林清玄

【解题】 林清玄（1953—2019），中国台湾高雄人，当代台湾文坛的代表性作家之一，笔名秦情、林漓、林大悲等。作品有报告文学、文艺评论、剧本等，成就最高的是散文创作。有散文集《莲花开落》《冷月钟笛》《温一壶月光下的酒》《鸳鸯香炉》《金色印象》《白雪少年》《迷路的云》以及"菩提系列"等。文笔流畅清新，将东方散文美学智慧融入宗教哲学情怀，平易中充满感人的力量。

　　在我的老家，母亲还保存着许多十几二十年前的器物，其中有许多是过了时，到现在已经毫无用处的东西，有一件，是母亲日日还用着的葫芦瓢子。她用这个瓢子舀水煮饭，数十年没有换过，我每次看她使用葫芦瓢子，思绪就仿佛穿过时空，回到了我们快乐的童年。

犹记我们住在山间小村的一段日子，在家的后院有一座用竹子搭成的棚架，利用那个棚架我们种了毛豆、葡萄、丝瓜、瓠瓜、葫芦瓜等一些藤蔓的瓜果，使我们四季都有新鲜的瓜果可食。

其中最有用的是丝瓜和葫芦瓜，结成果实的时候，母亲常常站在棚架下细细地观察，把那些形状最美、长得最丰实的果子留住，其他的就摘下来做菜。

被留下来的丝瓜长到全熟以后，就在棚架下干掉了，我们摘下干的丝瓜，将它剥皮，显出它轻松干燥坚实的纤维，母亲把它切成一节一节的，成为我们终年使用的"丝瓜布"，可以用来洗油污的碗盘和锅铲，丝瓜子则留着隔年播种。采完丝瓜以后，我们把老丝瓜树斩断，在根部用瓶子盛着流出来的丝瓜露，用来洗脸。一棵丝瓜就这样完全利用了。现在有很多尼龙的刷洗制品称为"菜瓜布"，很多化学制的化妆品叫做"丝瓜露"，可见得丝瓜旧日在民间的运用之广和深切的魅力。

我们种的葫芦瓜也是一样，等它完全熟透在树上枯干以后摘取，那些长得特别大而形状不够美的，就切成两半拿来当舀水、盛东西的勺子。长得形状均匀美丽的，便在头部开口，取出里面的瓜肉和瓜子，只留下一具坚硬的空壳，可以当水壶与酒壶。

在塑料还没有普遍使用的农业社会，葫芦瓜的使用很广，几乎成为家家必备的用品，它伴着我们成长。到今天，葫芦瓜的自然传统已经消失，葫芦也成为民间艺品店里的摆饰，不知情的孩子怕是难以想像它是《论语》里："一箪食，一瓢饮，人不堪其忧，回也不改其乐。"与人民共呼吸的器物吧！

葫芦的联想在民间有着悠久的历史，许多甚受欢迎的人物，像李铁拐、济公的腰间都悬着一把葫芦，甚至《水浒传》里的英雄，武侠小说中的丐帮侠客，葫芦更是必不可少。早在《后汉书》的正史也有这样的记载："市中有老翁卖药，悬一壶于肆头，及市罢，辄跳入壶中，市人莫之见。"

在《云笈七签》中更说："施存，鲁人，学大丹之道，遇张申，为云台治官，常悬一壶，如五升器大，化为天地，中有日月，夜宿其内。"可见民间的葫芦不仅是酒器、水壶、药罐，甚至大到可以涵容天地日月，无所不包。到了乱离之世，仙人腰间的葫芦，常是人民心中希望与理想的寄托，葫芦之为用大矣！

　　我每回看美国西部电影，见到早年的拓荒英雄自怀中取出扁瓶的威士忌豪饮，就想到中国人挂在腰间的葫芦。威士忌的瓶子再美，都比不上葫芦的美感，这是无可奈何的事，因为在葫芦的壶中，有一片浓厚的乡关之情，和想像的广阔天地。

　　母亲还在使用的葫芦瓢子虽没有天地日月那么大，但那是早年农庄生活的一个纪念，当时还没有自来水，我们家引泉水而饮，用竹筒把山上的泉水引到家里的大水缸，水缸上面永远漂浮着一把葫芦瓢子，光滑的，乌亮的，琢磨着种种岁月的痕迹。

　　现代的勺子有许多精美的制品，我问母亲为什么还用葫芦瓢子，她淡淡地说：“只是用习惯了，用别的勺子都不顺手。”可是在我而言，却有许多感触。我们过去的农村生活早就改变了面貌，但是在人们心中，自然所产生的果实总是最可珍惜，一把小小的葫芦瓢子似乎代表了一种心情——社会再进化，人心中珍藏的岁月总不会完全消失。

　　我回家的时候，喜欢舀一瓢水，细细看着手中的葫芦瓢子，它在时间中老去了，表皮也有着裂痕，但我们的记忆像那瓢子里的清水，永远晶明清澈，凉入肺腑。那时候我知道，母亲保有的葫芦瓢子也自有天地日月，不是一勺就能说尽，我用那把葫芦瓢子时也几乎贴近了母亲的心情，看到她的爱以及我二十多年成长岁月中母亲的艰辛。

—— 一九八三年一月十九日

（选自林清玄：《鸳鸯香炉》，北京，知识出版社，1999年。）

▎练习与思考

　1. 作者通过“葫芦瓢子”抒发了什么样的情感？

　2. 结合本文谈谈散文写作的特点。

　3. 请描写你记忆中的一件物品。

▎赏析

　　葫芦和用剖开的葫芦做成的瓢子曾是农耕社会中常用物品，几乎算是传统文化的标志之一了。文章从一把小小的葫芦瓢子写起，作者的思绪穿越时空回到了快乐的童年。自然的田园风光，棚架上下的瓜果蔬菜，当然少不了用处颇大的葫芦瓜。作者从容不迫地讲述着母亲如何打理丝瓜和葫芦瓜，在恬淡平实的语言中蕴蓄着醇厚的情感——正是由于母亲的辛劳才有了快乐的童年。

　　作者思接千里，很自然的一个过渡"到今天，葫芦瓜的自然传统已经消失，葫芦也成为民间艺品店里的摆饰，不知情的孩子怕是难以想象它是《论语》里：'一箪食，一瓢饮，人不堪其忧，回也不改其乐。'与人民共呼吸的器物吧！"便将葫芦的使用放入了历史的长河，从传统文化中进行观照。作者列举了文献中记载的颇有趣味的几个民间故事。仙人、侠客手中的葫芦似乎不再仅仅是葫芦，"乱离之世，仙人腰间的葫芦，常是人民心中希望与理想的寄托，葫芦之为用大矣！"作者又饶有趣味地将美国西部电影中拓荒英雄怀中的扁瓶威士忌跟中国人挂在腰间的葫芦作对比，既突出了葫芦的美感，更突出了浓厚的乡关之情和葫芦带给人的丰富想象。

　　久远的岁月浓缩于一把葫芦瓢子。母亲那把光滑乌亮的琢磨着岁月痕迹的葫芦瓢子记录了母亲一生的辛劳。当问到为何不改用现代器具时，老人淡淡的一句："只是用习惯了，用别的勺子都不顺手。"蕴含了无尽韵味，作者既是在写葫芦瓢子，又是在写一种生活态度。

　　小小的葫芦中无所不包，它已成为文化的一个符号。它代表了珍藏于我们每个人心中的一种记忆，虽然那种记忆很可能无关乎葫芦瓢子，而是别的什么。但无论世界如何变化，人们心中珍藏的岁月总不会完全消失，而随着时光的推移却越发显得清晰，宛如瓢子中的清水，晶莹剔透。一把葫芦瓢子使我们回到记忆中的从前。

金阁寺（节选）

［日］三岛由纪夫

唐月梅　译

【解题】 三岛由纪夫（1925—1970），日本作家。本名平冈公威，生于东京一个官僚家庭。1949 年发表长篇小说《假面自白》，确立作家地位。1970 年 11 月 25 日写完《丰饶之海》第四卷《天人五衰》后自裁。一生共创作 40 部中长篇小说、20 部短篇小说及 18 部剧本。代表作品有《假面自白》《潮骚》《春雪》《志贺寺上人之恋》《金阁寺》等。

　　我幼年时代，父亲常常同我讲金阁的故事。

　　我出生在舞鹤东北一个伸向日本海的荒凉的海角。老家不是这里，而是舞鹤东郊的志乐。根据众人的恳切期望，父亲遁入空门，当了偏僻的海角寺庙的住持，在当地娶了妻子，生下了我。

　　在成生海角的寺庙附近，没有合适的中学。不久，我便离开双亲膝下，寄养在老家的叔父家中，从这里徒步走读于东舞鹤中学。

　　老家阳光充足，但是，在一年之中的 11 月、12 月，即使是万里无云的晴朗日子，一天也要下四五次阵雨。我的变化无常的情绪，可能就是在这块土地上培养起来的。

　　5 月黄昏，从学校回到家里，我经常从叔父家的二楼书斋眺望对面的小山。承受着夕照的翠绿的山腰，恍如在原野中央竖起的一扇金屏风。目睹这番景象，我就联想起金阁来了。

　　从照片上或教科书里，我经常看到现实的金阁，然而在我心中，父亲所讲的金阁的幻影，远胜于现实的金阁。父亲决不会说现实的金阁是金光闪闪之类的话。按父亲讲述，人世间再没有比金阁更美的东西了。同时，我内心里从金阁这个字面及其音韵所描绘出的金阁，是无与伦比的。

　　每次看见阳光在远处的水田里闪耀的时候，我都会疑是肉眼看不见的金阁的投影。成为福井县和京都府分水岭的吉场岭，正好坐落在正东的方向。太阳从这山岭附近升起。它与现实的京都是正相反的方面，然而我透过山谷的晨曦却看见了金阁高耸云天。

　　就这样，金阁处处皆是，而在现实里却看不见。在这一点上，它酷似这块土地上的海。舞鹤湾位于志乐村西边四公里多地，海被山峦遮挡，看不见了。但这块土地上总是飘荡着一种预感到海似的东西。偶尔，风丝也送来了海的气息。海上一起风暴，海鸥群就纷纷逃命，飞落在这一带的田野上。

　　……

　　当然，拜访金阁寺是我多年梦寐以求的。即使父亲强作坚强，但是谁都可以看出他是个身患重病的人。我实在没有什么心思与他外出旅行。未曾一睹的金阁越来越接近的时候，我心中便有点踌躇了。不管怎么说，金阁都应该是美的。因而，这一切与其说是金阁本身的美，莫如说是我倾尽身心所想像的金阁的美。

　　就一般少年的头脑所能理解来说，我也通晓金阁了。一般美术书是这样记述金阁的历史的：

　　"足利义满①承受了西园寺②家的北山殿，并在那里建筑了一幢规模宏大的别墅。主要建筑物有舍利殿、护摩堂、忏法堂、法水院等佛教建筑群，还有宸殿、公卿间、会堂、天镜阁、拱北楼、泉殿、观雪亭等住宅建筑群。舍利殿的建筑耗资巨大，这就是后来称做'金阁'的建筑物。究竟什么时候开始叫做金阁，是很难划分清楚的。一般地说，是应仁之乱③以后，文明年间已经普遍沿用这一名称了。"

　　……

　　金阁犹如夜空中的明月，也是作为黑暗时代的象征而建造的。因此我梦幻的金阁以涌现在其四周的暗黑为背景。在黑暗中，美丽而细长的柱子结构，从里面发出了微光，稳固而寂静地坐落在那里。不管人们对这幢建筑物做什么评语，美丽的金阁都是默默无言地裸露出它的纤细的结构，必须忍受着四周的黑暗。

　　我还想起那只挺立在屋顶顶端上长年经受风风雨雨的镀金铜凤凰。这只神秘的金鸟，不报时，也不振翅，无疑完全忘记自己是鸟儿了。但是，看似不会飞，实际上这种看法是错误的。别的鸟儿在空间飞翔，而这只金凤凰则展开光灿灿的双翅，永远在时间中翱翔。时间拍打着它的双翼，拍打了双翼之后，向后方流逝了。因为是飞翔，凤凰只要采取不动的姿势，怒目而视，高举双翅，翻卷着鸟尾的羽毛，使劲地岔开金色的双脚牢牢地站稳，这样就够了。

　　这么一想，我就觉得金阁本身也像是一艘渡过时间大海驶来的美丽的船。美术书上所说的这幢"四周明柱、墙少的建筑物"，使我联想起船的结构，这复杂的三层屋形船所面临的池子，给人以海的象征的印象。金阁度过了无计其数的茫茫黑夜。这是永无止境的航行。白昼，这艘奇异的船佯装抛下了锚，让许多游人参观。天刚擦黑，就借助四周的黑暗，扬起风帆似的屋顶启航了。

———————————————

① 足利义满（1358—1408）：室町幕府第三代将军，平定南北朝内乱，奠定幕府的全盛时期。建金阁寺。
② 日本贵族家族之一。
③ 应仁之乱：1467 年至 1477 年，围绕足利将军称号的继承权问题于京都发生的十年内乱。应仁之乱后，幕府失去权威，日本进入群雄割据的战国时代。

即使说我人生最初遇到的难题是美，也并非言过其实。父亲是乡间纯朴的僧侣，语汇贫乏，他只告诉我："人世间再没有比金阁更美的东西了。"我想：在我本知的地方已经存在着美。这种思考不由得使我感到不满和焦躁。因为如果美的确存在那里，那么我的存在就被美疏远了。

对我来说，金阁绝不是一种观念，而是一种物体。是一种尽管群山阻隔着我的眺望、但只要想看还是可以到那里去看的物体。美就是这样一种手可以触摸、眼可以清晰地映现的物体。我知道并且相信：在纷繁变化的世界里，不变的金阁是千真万确的存在。

有时我觉得金阁宛如我掌心攥着的小巧玲珑的手工艺品，有时我又觉得它是高耸云端的庞然大物般的庙宇。少年时代的我并没有认为所谓美就是不大不小的适当的东西。因此，看到夏天的小花像是被晨露濡湿散发出朦胧的光的时候，我就觉得它像金阁一般的美。还有，看到山那边云层翻卷、雷声阵阵、惟有暗淡的云烟边缘金光灿灿的景象的时候，这种壮观就使我联想起金阁来。最后甚至看到美人的脸蛋，我心中也会用"像金阁一般的美"来形容了。

（［日］三岛由纪夫：《金阁寺》，唐月梅译，北京，作家出版社，1994 年。）

| 练习与思考

1. 金阁寺的美是什么？是形式美还是依附其上的别的东西？
2. 为什么会火烧金阁寺？
3. 小说中艺术与人生的悲剧有何关系？
4. 拓展阅读：《枕草子》（［日］清少纳言）。

| 赏析

三岛由纪夫是日本文学尤其是日本战后文学的大师之一，在日本文坛拥有极高声誉。除了日本国内，三岛由纪夫的作品在西方世界也获得了极高评价，曾经三度入围了诺贝尔文学奖，也是著作被翻译成英文等其他语言版本最多的日本当代作家。有人称之为"日本的海明威"。

写于 1956 年的《金阁寺》在其众多作品中最为人熟知，获第八届读卖文学奖，也曾获得奥野健男（おくの たけお）在当时的盛赞，认为"这是三岛文学的最高水平，三岛美学的集大成，本年度文坛的最大丰收"。这部充满了悲剧性幻灭和美感的作品与三岛由纪夫传奇人生一样让人惊叹。它取材于1950 年金阁寺僧徒林养贤放火烧掉金阁寺的真实事件，其犯罪动机是对金阁寺的美的嫉妒。《金阁寺》描写青年沟口素来因自己的生理缺陷而自卑并甚而失去生活的信心和乐趣，唯一的精神支柱是寄托于名胜古迹金阁寺的对美的追求，但又日渐感觉美的永恒存在是对世俗人生追求的阻碍，于是终于一把火烧了金阁寺，摆脱了"美"对人生的禁锢。本节选自小说第一章，文中的"我"就是小说的主人公沟口。

"'金阁啊！我终于来到你身边住下来了。'有时我停住拿着扫帚的手，心中喃喃自语，'不一定非现在不可！但愿有朝一日你对我显示亲切，对我袒露你的秘密。你的美，也许再过些时候就会清楚地看见，现在还看不见。但愿现实中的金阁比我想象中的金阁会显出更清晰的美。还有，倘使你是人世间无与伦比的美，那么请告诉我，你为什么这样美，为什么必须美?'"小说中那个羸弱、丑陋、结巴的少年沟口从一开始就树立了一个两极世界，一面是现实而另一面是想象，在这两极世界中"美"都是作为恒定的标准呈现的，所以无论如何金阁寺都"必须美"，只不过程度不同而已。文中，对于金阁寺的描写也就对应成两个层面，一方面是自然状态下的金阁寺美景，然而更多的是沟口在自我想象中对于金阁寺的美的塑造。金阁寺的外在是伪装，这伪装已经够美，可更美的还在于黑暗中闪闪发光可以灼伤沟口眼睛的别人无法理解的"我"的金阁寺，因此这种真正的"更美"是无形的无须形式来证明的存在于内心的美，金阁寺的美成了沟口面对自己和世界的不完美的相对然而极致的美。因此最终即便形式上的金阁寺被烧掉，也不会改变"我"对于"美的金阁寺"仍旧存在的事实。如此一来，全然的美的形式物随着沟口对美的外在幻灭一把火给永远地消失了，或者说沟口所追求的极致之美在这物体的毁灭中永恒地留在了记忆中，从而也逃脱了被世人和时间或任何因素摧残的可能。

二、本章参考答案

诗歌的形制与艺术特点

　　所谓诗体，简而言之，就是诗歌的外在语言形式。中国诗歌的诗体从句式长短来分，可分为四言诗、五言诗、七言诗、杂言诗；从格律来分，诗歌可分为古体诗、近体诗，古体诗又称古诗或古风，近体诗又称今体诗。古体诗是依照古代的诗体来写的。在唐人看来，从《诗经》到南北朝的庾信都算是古。古体诗不受近体诗格律的束缚。近体诗以律诗为代表。律诗的韵、平仄、对仗，都有讲究。由于格律很严，所以称为律诗。诗歌的体式最初以四言为主，后出现了五言、七言，唐宋时期从古体发展为近体（律、绝），再加上乐府、词、曲等形式，诗歌体式走向完善。至近现代，《新青年》刊出胡适的《白话诗八首》，标志着现代白话诗的诞生。

一、中国诗体的发展演变

　　中国诗体按历史发展进程可分为以下五个阶段。

1. 诗体的萌芽：二言体、三言体

　　中国诗歌的最早源头是上古歌谣，它是原始人在生产劳动过程中的集体口头创作。原始人在从事集体劳动时，为了协调动作，减轻疲劳，提高效率，随着劳动动作的节奏，依据用力方式（轻、重、缓、急）的不同，发出富有变化的呼声，具有一定的韵味，可称之为劳动号子。《淮南子·道应训》说："今夫举大木者，前呼'邪许'，后亦应之，此举重劝力之歌也。"这些歌谣非常简短，少则两三句，多者不过七八句，但多数韵律和谐，节拍分明，句式整齐，便于咏唱，已经具备了一定的诗歌韵味。

　　二言体是这些歌谣比较常见的形式。汉代赵晔作的《吴越春秋·勾践阴谋外传》记载了一种叫《弹歌》的诗："断竹，续竹，飞土，逐肉。"两字一节，形式整齐，节奏明快。相传产生于虞舜时代的《赓歌》就是三言体诗。三言体诗的句型可分为两类，一类是在二言诗的基础上加入一个虚词或不很重要的词。如"曳其轮，濡其尾"（《易经·既济·初九》），去掉其中的"其"字，就是二言诗。一类是一种新句型，表达出更为丰富的内容，如"眇能视，跛能履"（《易经·履·六三》），不能压缩为二言诗。从《周易》的歌谣中，我们还可以找到一些简单的四言诗，如"反覆其道，七日来复，利有攸往"（《易经·复卦辞》）。

2. 诗体的发展：四言体

上古三代时期，出现了以四言为主的句式和韵律，标志着古典诗歌的正式形成。商末周初之际，口头文学向书面文学衍化。《诗经》标志着四言体诗逐渐定型并走向成熟。《诗经》中的诗作大多四字一句，数句一节，数节一首，字句简短，节奏紧凑，句末押韵，用韵较宽。《周南·关雎》"关关雎鸠，在河之洲；窈窕淑女，君子好逑"，就是比较典型的四言体诗。诗句多复沓，隔句用韵，叠韵，如《秦风·蒹葭》，用"苍苍""萋萋""采采"复沓，描绘出一幅凄婉动人的相思景象。《诗经》创立了一种适度押韵的诗风和以四言体为主的"齐言体"诗体。

伟大诗人屈原从楚国民间巫歌中汲取营养，熔铸己作，创造出一种新诗体——楚辞。其作品以《离骚》最为出名，故后人直称楚辞为"骚"，屈原的作品和后人效法楚辞的作品，统称"骚体"。楚辞的形式有四个特点：一是每句字数可长可短；二是每首诗句数不受限制；三是用韵不严格；四是多数诗的句中、句末加语助词"兮""些"或"只"字。楚辞对后世诗歌的影响是多方面的：打破了《诗经》四言体的形式，使诗体得到解放，促进了诗体演变；押韵方式为四句转韵，直接影响到后世诗歌的四句成篇或八句成篇；促发了后世诗歌对偶句的大量使用；促成了汉朝的一种新文体"赋"的出现。

3. 诗体的繁衍：五言体、乐府体

汉代是古代诗体由四言向五言过渡的时期，出现了赋、乐府诗体。汉末出现了五言、七言古体诗，是诗歌史上的一个重要时期。

赋是汉代的主流诗体。屈原时代，"诗""赋"不分，到了荀子《赋篇》和宋玉《风赋》，赋才独立成体。赋体讲究对仗，多使用对偶句、排比句，有助于格律诗的形成。乐府诗体，源于汉代专门掌管音乐的官署"乐府"，主要指自两汉至南北朝由当时的乐府机关采集或编制用来入乐的歌诗。汉代乐府诗在句式上变化很多，三言、四言、五言、七言都有，以五言为主，主要有相和歌辞、郊庙歌辞、鼓吹歌辞、横吹曲辞等。乐府诗多叙事诗。

古代诗体在魏晋南北朝进入到了一个多元的发展时期，出现了向语言技巧与声律方面，及纯形式美学追求的趋势，骈文的发展表现最为突出。五言古诗起于东汉，经过魏、晋，至此已全然成熟。七言古诗完成于曹丕的《燕歌行》，两晋以后，作者渐多。南北朝时因对偶的风行，声律的兴起，再加上乐府小诗的促发，讲究声律的新体诗登上了文学历史舞台，最重要的就是齐梁年间的"永明体"。"永明体"不仅要求押韵，而且讲究声调平仄和谐，有些还需要工整对仗，反映出诗歌从比较自由向格律化不断发展的趋势，为我国格律诗的先声。

　　4. 诗体的成熟：格律体

　　唐代是古代诗体发展的高峰时期，各类诗体基本定型。格律诗完全确立了诗歌的音乐形式特征，还凭借汉语方块字的特点构成了严格的齐言体，形成了以近体律诗为主导诗体，其他诗体为补充的主次分明的多元诗体并存的繁荣局面。

　　格律诗的诗律由声律与韵律两部分构成。声律指运用声调的平仄来建构诗句的节奏；韵律指诗句的韵脚与韵式。格律诗可分绝句、律诗、长律三大类，五言绝句、七言绝句、五言律诗、七言律诗、五言长律、七言长律六小类。五言律诗是从五言古诗中脱胎出来的新诗体，继承了五言古诗的句有定字和隔句押韵的传统，吸收了骈体文的声律和对偶原则。其一，每首八句，三四句、五六句必须对仗；其二，平仄必须按照特定的格式安排，一联内对，两联间粘；其三，只能押平声韵，偶句押韵（也有首句入韵的）。七言律诗简称七律，要求与五律类似。律诗每两句为一联，依次为"首联""颔联""颈联""尾联"。"颔联"和"颈联"必须对偶。绝句由四句组成，有学者认为绝句就是律诗的截句。常见的绝句有五言绝句、七言绝句，还有很少见的六言绝句。

　　唐五代时期，民间出现了一种长短不一的诗歌形式，称为曲词或曲子词，又称"长短句"。曲子词是对形式严谨的齐言体律诗的"自由化"，开始是伴音乐而生，后来渐渐从音乐唱词中分化出来，成为一种独立的诗体，"填词"成为诗人热衷的事情。宋、元、明、清时期，齐言体的律诗与长短句的词形成了并驾齐驱的局面。每首词都有一个表示节奏格式的词牌。到了宋代，有些词人常在词牌下另加题目，或再写上一段小序。各个词牌都是"调有定句，句有定字，字有定声"。词一般都分两段（或叫上下片或上下阕），极少有不分段或分两阕（片）以上的。一般按字数将词分为小令、中调和长调三种，五十八字以内为小令；五十九到九十字为中调；长调九十一字以上，最长的词达二百四十字。一首词中只有一段的为单调，两段的称双调，三段或四段的称三叠或四叠。

　　元代盛行的散曲是对定型诗体格律诗和词的改良。散曲最早源于民间，经过长期酝酿，到宋金时期又吸收了一些民间流行的曲词，尤其是少数民族的乐曲与中原正乐，逐渐融合而成。散曲曾称为"街市小令"，后来受到关汉卿、白朴、马致远等才子文人的喜爱，逐渐流行开来，逐渐"雅化"。元人称其为"乐府"或"今乐府"。散曲之所以称为"散"，是与元杂剧的整套剧曲相对而言的。在语言形式上，散曲要遵守一定的格律，同时吸收了口语自由灵活的特点，往往呈现出口语化以及曲体某一部分音节散漫化趋向。在艺术表现上，它比近体诗和词更多采用了"赋"的方法，铺陈叙述。在音韵方面，它的押韵比较灵活，可以平仄通押，句中还可以加衬字。北曲衬字可多可少，南曲有"衬不过三"的说法。衬字具有明显的口语化、俚语化特点，使曲意更加明朗、活泼。散曲主要有小令和套数两种形式。由于散曲的通俗性，其"打油"的诙谐，打破了中国诗歌"止乎礼义""思无邪"等的道德束缚。散曲的戏剧性，也改变了中国诗歌抒情为主的传统，大大增强了叙事性。

自此，中国诗歌史上再没有出现较大的诗体变化。唐代以来，格律诗几乎成为"诗"的代名词，备受历代文人推崇，在文人的社会政治和日常生活中扮演着极为重要的角色。到了清末民初白话诗运动出现后，这种局面才渐渐发生了改变。

5. 诗体的转变：现代体

现代新诗，是在继承发扬民歌和古典诗歌的优秀传统的基础上，借鉴吸收西方诗歌的表现形式、表现手法逐渐发展起来的，具有形式自由、韵律灵活、自然清新等特点。现代新诗冲破了旧体诗的格律束缚，语言更加口语化、散文化。这些诗抒写了个性解放的思想和要求，更倾向于表达真挚情怀与朦胧婉约的恋情，更深刻地捕捉到人性的灵魂深处和爱与被爱的情感巅峰，表达出情与物的灵性。现代诗歌的创作主张和风格，大体经历了浪漫派、自由体派、象征派、现实主义派、散文诗等不同阶段。当今诗坛，形式和风格更为多元。

二、中国诗体的主要特点

中国诗歌用凝练的语言、鲜明的节奏，创作出各种言简意赅、含蓄隽永的诗篇。诗歌形式具有以下几个显著特点。

第一，高度的概括性。诗歌所描写的形象并不是生活的实录，即使是实录，也经过了作者的选择、提炼、加工，有更深、更广的生活内容与情感内涵。

第二，生动的形象性。诗歌一般不以严密的判断、推理服人，而是注重以鲜明的形象感人。诗中刻画的人、事、物、景，都讲究形象生动。

第三，强烈的抒情性。"情动于中而形于言"，内心一定要有所感，然后用诗句表达出来。如果看到自然界的青山碧水、绿草红花，只是记叙其表，没有内心的感动，是没法写出好诗的。

第四，鲜明的音乐性。诗歌的音乐性突出表现在节奏和韵律上。诗歌的感情起伏跌宕，通过一定的韵律表现出来。节奏鲜明，音调和谐，自然能唤起听者的情感波澜和丰富想象。

第五，语言的含蓄性。诗歌语言充分利用汉语的模糊性、多义性，巧妙运用情景相生、动静结合以及比兴、白描等手法，共同创造出辞约义丰、韵味无穷的美感。所以在品读诗歌的过程中，我们除了体味诗歌的语言美、结构美外，还要借助联想和想象，补白诗歌的言外之意、韵外之致，才能真正体会出诗的幽远意旨，领略到诗的情韵美、形象美、意趣美。

参考文献

1. 秦惠民：《中国古代诗体通论》，武汉，华中科技大学出版社，2001 年。

2. 杨仲义：《中国古代诗体简论》，北京，中华书局，1997 年。

 练习与思考

1. 律诗和古体诗在形式上有哪些区别？

2. 谈谈音乐在诗体发展中的作用。

3. 如果你要写一首诗，更愿意写怎样体式的诗？请试着写一首吧！

三、两情相依

【单元题记】

曾经，街头巷尾到处都在传唱《最浪漫的事》，"和你一起慢慢变老"的朴素愿望有时会变得如此奢侈，乃至遥不可及。纷纷扰扰的世界里，爱，这个温软的字眼，曾让多少人感受生命的美好与力量，也曾让多少人领悟人生的困苦与无奈。下面的几篇美文将从不同的角度诠释这"不知所起，一往而深"的情。

"恨人间、情是何物，直教生死相许"，元好问惊异于一双雁儿的深情，发出这样的慨叹。这对雁儿于茫茫天地间，惺惺相惜、相濡以沫，又如何能经得起这般生离死别？人间痴儿女，又如何能不"心有戚戚焉"？这样的领悟，金庸笔下的情魔李莫愁是知道的，《牡丹亭》中的杜丽娘也是知道的。

是冥冥之中的天数，让杜丽娘推开了后花园的门，那姹紫嫣红的春景彻底让她从虚幻的想象跌入真实的幻梦。汤显祖笔下的这位少女，如此美丽动人，又如此勇敢坚韧！在园中自然生命的感召下，她听到了自己灵魂深处的呼唤。从此，她大胆地爱，执着地爱，不惜穿越生死，不惧穿越虚无。那一句"待打并香魂一片，阴雨梅天，守的个梅根相见"，曾让多少痴情女子为之动容！

在巴金《怀念萧珊》的沉重文字深处，是爱的痛惜与无助。在那个特殊的年代，爱不再风花雪月，而要经受种种磨砺，在险恶的环境里学习坚韧与勇气。即便不能枝繁叶茂，也要将根深深地扎进土壤里，不离不弃。

爱情，当然还有日常生活式的温馨。细细碎碎，闪闪点点，宛若晨风中轻轻摇曳的树，夜光下微微荡漾的海。吴组缃《箓竹山房》中的阿圆，是爱情中巧笑顾盼的女子，而小鸟依人式的温柔和"阿圆，莫怕了，是姑姑"的体贴，又会是哪些人的梦呢？

写过《寂寞的人坐着看花》的郑愁予，也在这里抒写美丽的错误。"我不是归人，是个过客。"

席慕蓉笔下那位虔诚、执着的美丽少女，情愿为爱变成一棵开花的树，"阳光下慎重地开满了花"，朵朵都是她"前世的盼望"。经过这棵树的人啊，请稍稍地，稍稍地放慢脚步，给她一个微笑，或者，只是一声轻轻的祝福。

摸　鱼　儿

元好问

【解题】 元好问（1190—1257），是金代最杰出的诗人和词人，现存词作三百余首。在词作《摸鱼儿》中，"恨人间、情是何物，直教生死相许"是最生动的句子。只不过，与许多抒写爱情的词作不同，元好问所要表现的"情"的主角不是人类，而是被许多人视为低等动物的大雁。特殊的爱情主角赋予了作品特殊的艺术魅力。当然，故事动情的根本还在于人自身。

乙丑岁赴试并州①，道逢捕雁者云："今日获一雁，杀之矣。其脱网者悲鸣不能去，竟自投于地而死。"予因买得之，葬之汾水之上，累石为识，号曰雁丘。时同行者多为赋诗，予亦有《雁丘辞》，旧所作无宫商②，今改定之。

恨人间、情是何物，直教生死相许。天南地北双飞客，老翅几回寒暑。欢乐趣，离别苦，是中③更有痴儿女。君应有语。渺万里层云，千山暮雪，只影为谁去？

横汾路，寂寞当年箫鼓④，荒烟依旧平楚⑤。招魂楚些何嗟及，山鬼自啼风雨。⑥ 天也妒，未信与、莺儿燕子俱黄土。千秋万古。为留待骚人，狂歌痛饮，来访雁丘处。

（姚奠中主编：《元好问词注析》，太原，山西古籍出版社，2001年。注释略有增删。）

---

① 乙丑岁赴试并州：乙丑岁，即金章宗太和五年（1205）。是年作者16岁。并（bīng）州，古地名。在今山西太原一带。

② 宫商：宫商角徵羽五音中的二音，引申为音乐、律吕之义。这里指填词是所遵循的音律。

③ 是中：这里面。

④ 箫鼓：汉武帝《秋风辞》："泛楼船兮济汾河，横中流兮扬素波，箫鼓鸣兮发棹歌。"这里以汉武帝当年游幸的盛况来衬托今日的冷落。

⑤ 平楚：平林。楚，泛指丛莽。

⑥ 招魂楚些（suò）何嗟及，山鬼自啼风雨句：《招魂》《山鬼》都是《楚辞》中的篇名。些，为象声词。《楚辞·招魂》多以"些"收尾，所以称"楚些"。

练习与思考

1. 请再找一个描写动物情感的故事，分析人们寄托在这类故事上的情思。
2. 找出韵脚字，分析用韵的特点。
3. 背诵全词。

赏析

　　在中国古典韵文中，有很多千古传唱的爱情名句，比如唐代白居易的"在天愿作比翼鸟，在地愿为连理枝"，李贺的"天若有情天亦老"，王实甫的"愿普天下有情的都成了眷属"，等等。元好问的这首词，原本知名度并不高。不少人都是因为看了金庸的武侠小说《神雕侠侣》，被小说人物李莫愁所唱的"问世间，情为何物？直教生死相许"所吸引，因而顺藤摸瓜，找到了原作者。实际上，且不论这情为谁而起，单就这些字眼，便有一种"于我心有戚戚焉"的感动。

　　细读元好问在词前的小序，我们知道，这生死情的主角竟是一对雁儿：一只为人猎杀，另一只"悲鸣不能去，竟自投地而死"！我们常常在各类飞禽走兽的名字前冠之以野，区别于被"文"化的人类。以为所谓野者，慧性未启，自然难有人类所追求的思想与情感。所以，当人们看到一些动物竟然也有人的思想与情感时，不免大为惊叹。一面是感慨动物之有情，其意在于动物之灵性；一面是感慨这连动物都可以达到的深情，其意在于情之可贵。特别是当人尚不知珍惜情谊时，动物的这番举动就更令人慨叹了。

　　元好问有感于雁儿的殉情，在叙述这个凄美爱情故事的时候，融入了世人对两情依依的美好期待。作者想象它们曾经的生活，一句"天南地北双飞客，老翅几回寒暑"，再现了二雁相知相伴、相濡以沫的日常生活场景。而对两情长久的向往，以及"相伴到地老天荒"的理想便默默地隐藏在那"老"字深处。作者热情地颂扬那雁儿所指涉的深情，他高呼"天也妒，未信与、莺儿燕子俱黄土"，相信世间也有痴儿女，相信人们不会随意放弃对真情的执着。

　　生命是短暂的，但短暂的生命却也可以是温暖的。

图片摄影：苏新春

牡丹亭（节选）①

汤显祖

【解题】本文节选自明代著名戏剧家汤显祖的戏曲作品《牡丹亭》。《牡丹亭》，亦称《还魂记》或《牡丹亭还魂记》，是"临川四梦"之一。剧写美丽女子杜丽娘与风流才子柳梦梅之间穿越生死、穿越梦与现实的传奇爱情故事，展现了作家对"至情"的想象与赞叹。而杜丽娘的"游园"与"惊梦"，无疑是理解这个故事的核心情节。

【绕池游②】（旦上）③ **梦回莺啭，乱煞年光遍④。人立小庭深院。**（贴）**炷尽沉烟⑤，抛残绣线，恁今春关情似去年？**［乌夜啼］"（旦）**晓来望断梅关⑥，宿妆⑦残。**（贴⑧）**你侧著宜春髻子⑨恰凭阑。**（旦）**剪不断，理还乱，⑩ 闷无端。**

———————————

① 选自《牡丹亭》第十出"惊梦"。

② 绕池游：曲牌名。

③ 旦上：舞台提示。旦，是戏曲表演中的一个行当。此处扮演剧中的爱情女主角。

④ 乱煞年光遍：缭乱的春光到处都是。

⑤ 沉烟：沉水香，熏用的香料。

⑥ 梅关：即大庾岭。宋代在这里设有梅关。在本剧故事发生地江西省南安府（大庾）的南面。

⑦ 宿妆：隔夜的残妆。

⑧ 贴：即贴旦，戏曲表演中的行当之一。一般扮演剧中的次要女性角色。

⑨ 宜春髻子：相传立春那天，女子剪彩作燕子状，戴在髻上，上贴"宜春"二字。见《荆楚岁时记》。

⑩ 剪不断，理还乱：南唐后主李煜词《相见欢》中的两句。

（贴）已分付催花莺燕借春看。"（旦）春香，可曾叫人扫除花径？（贴）分付了。
（旦）取镜台衣服来。（贴取镜台衣服上）"云髻罢梳还对镜，罗衣欲换更添香。"①
镜台衣服在此。

【步步娇】（旦）袅晴丝②吹来闲庭院，摇漾春如线。停半晌、整花钿。没
揣③菱花④，偷人半面，迤逗的彩云偏。⑤（行介⑥）步香闺怎便把全身现！（贴）
今日穿插的好。

【醉扶归】（旦）你道翠生生出落的裙衫儿茜，⑦艳晶晶花簪八宝填，⑧可知
我常一生儿爱好是天然⑨。恰三春好处⑩无人见。不隄防沉鱼落雁鸟惊喧，则
怕的羞花闭月花愁颤。（贴）早茶时了，请行。（行介）你看："画廊金粉半零星，
池馆苍苔一片青。踏草怕泥⑪新绣袜，惜花疼煞小金铃⑫。"（旦）不到园林，怎
知春色如许！

【皂罗袍】原来姹紫嫣红开遍，似这般都付与断井颓垣。良辰美景奈何天，
赏心乐事谁家院！恁般景致，我老爷和奶奶再不提起。（合）朝飞暮卷⑬，云霞
翠轩；雨丝风片，烟波画船——锦屏人⑭忒看的这韶光贱！（贴）是⑮花都放了，
那牡丹还早。

---

① 罗衣欲换更添香两句：薛逢诗《宫词》中的两句，见《全唐诗》卷二十。
② 晴丝：游丝、飞丝，即后文所说的烟丝，虫类所吐的丝缕，常在空中飘荡。在春天晴朗的日子里最
　　易看到。
③ 没揣：不意，蓦然。
④ 菱花：镜子。古时用铜镜，背面所铸花纹一般为菱花，因此称菱花镜，或用菱花作镜子的代称。
⑤ "迤（yǐ）逗的彩云偏"句：迤逗，引惹，挑逗；彩云，美丽的发卷的代称。全句大意是，想不到
　　镜子偷偷地照见了她，害得她羞答答地，把发卷也弄歪了。这几句写出一个少女含情脉脉的微妙心
　　理。她是连看见镜子里的自己的影子也有些不好意思的。迤逗，元曲中或作拖逗。
⑥ 介：表示动作的舞台提示。
⑦ 翠生生出落的裙衫儿茜（qiàn）：翠生生，极言彩色鲜艳。如苏轼诗："一朵妖红翠欲流。"《老学庵
　　笔记》卷八："鲜翠，犹言鲜明也。"出落的，显出，衬托出。茜，茜红色。
⑧ 艳晶晶花簪八宝填：镶嵌着多种宝石的光灿灿的簪子。
⑨ 天然：天性使然。上文爱好，犹言爱美。现在浙江还有这样的方言。
⑩ 三春好处：比喻自己的青春美貌。
⑪ 泥：沾污。这里作动词用。
⑫ 惜花疼煞小金铃：《开元天宝遗事》："天宝初，宁王……于后园中纫红丝为绳，密缀金铃，系于花
　　梢之上。每有鸟鹊翔集，则令园吏掣铃索以惊之。盖惜花之故也。"这里是夸大的拟人化描写。
⑬ 朝飞暮卷：唐王勃《滕王阁诗》："画栋朝飞南浦云，珠帘暮卷西山雨。"
⑭ 锦屏人：深闺中人。
⑮ 是：凡是，所有的。

【好姐姐】（旦）遍青山啼红了杜鹃①，荼蘼②外烟丝醉软。春香呵，牡丹虽好，他春归怎占的先！（贴）成对儿莺燕呵。（合）闲凝眄，生生燕语明如翦，呖呖莺歌溜的圆。（旦）去罢。（贴）这园子委是观之不足也。（旦）提他怎的！（行介）

【隔尾】观之不足由他缱③，便赏遍了十二亭台是枉然。到不如兴尽回家闲过遣。（作到介）（贴）"开我西阁门，展我东阁床。④ 瓶插映山紫⑤，炉添沉水香。"小姐，你歇息片时，俺瞧老夫人去也。（下）（旦叹介）"默地游春转，小试宜春面⑥。"春呵，得和你两留连，春去如何遣？咳，恁般天气，好困人也。春香那里？（作左右瞧介）（又低首沉吟介）天呵，春色恼人，信有之乎！常观诗词乐府，古之女子，因春感情，遇秋成恨，诚不谬矣。吾今年已二八，未逢折桂之夫；忽慕春情，怎得蟾宫之客？昔日韩夫人得遇于郎⑦，张生偶逢崔氏⑧，曾有《题红记》、《崔徽传》二书。此佳人才子，前以密约偷期⑨，后皆得成秦晋⑩。（长叹介）吾生于宦族，长在名门。年已及笄⑪，不得早成佳配，诚为虚度青春，光阴如过隙耳。（泪介）可惜妾身颜色如花，岂料命如一叶乎！⑫

【山坡羊】没乱里⑬春情难遣，蓦地里怀人幽怨。则为俺生小婵娟，拣名门一例、一例里神仙眷。甚良缘，把青春抛的远！俺的睡情谁见？则索因循腼腆。想幽梦谁边，和春光暗流转？迁延，这衷怀那处言！淹煎⑭，泼残生⑮，

---

① 啼红了杜鹃：开遍了红色的杜鹃花。从杜鹃（鸟）泣血联想而来的。
② 荼蘼：花名。晚春时开放。
③ 缱：留恋。
④ 开我西阁门，展我东阁床：《木兰诗》："开我东阁门，坐我西阁床。"
⑤ 映山紫：映山红（杜鹃花）的一种。
⑥ 宜春面：指新妆。参看"宜春"注释。
⑦ 韩夫人得遇于郎：唐人传奇故事。叙写唐僖宗时，宫女韩氏以红叶题诗，从御沟中流出，被于祐拾到。于祐也以红叶题诗，投入沟水的上流，寄给韩氏。后来两人结成夫妇。
⑧ 张生偶逢崔氏：即张生和崔莺莺的爱情故事，见唐元稹《会真记》。后有元代王实甫戏曲作品《西厢记》。下文所说的《崔徽传》是另外一个故事。这里《崔徽传》疑是《莺莺传》或《西厢记》的笔误。
⑨ 偷期：幽会。
⑩ 得成秦晋：得成夫妇。春秋时代，秦、晋两国世代联姻，故后世称联姻为秦晋之好。
⑪ 及笄（jī）：古代女子十五岁开始以笄（簪）束发，叫及笄。意指女子已成年，到了婚配的年龄。见《礼记·内则》。
⑫ 命如一叶句：元好问《鹧鸪天·薄命妾》词："颜色如花画不成，命如叶薄可怜生。"
⑬ 没乱里：形容心绪很乱。
⑭ 淹煎：受煎熬，遭折磨。
⑮ 泼残生：苦命儿。泼，表示厌恶，原来是骂人的话。

除问天！身子困乏了，且自隐几①而眠。（睡介）（梦生介）（生持柳枝上）"莺逢日暖歌声滑，人遇风情笑口开。一径落花随水入，今朝阮肇到天台。"小生顺路儿跟着杜小姐回来，怎生不见？（回看介）呀，小姐，小姐！（旦作惊起介）（相见介）（生）小生那一处不寻访小姐来，却在这里！（旦作斜视不语介）（生）恰好花园内，折取垂柳半枝。姐姐，你既淹通书史，可作诗以赏此柳枝乎？（旦作惊喜，欲言又止介）（背想）这生素昧平生，何因到此？（生笑介）小姐，咱爱杀你哩！

【山桃红】则为你**如花美眷，似水流年，是答儿**②**闲寻遍。在幽闺自怜。**小姐，和你那答儿③讲话去。（旦作含笑不行）（生作牵衣介）（旦低问）那边去？（生）转过这**芍药栏前**，紧靠着**湖山石边**。（旦低问）秀才，去怎的？（生低答）和你把**领扣松，衣带宽**，袖梢儿揾着牙儿苫也，则待你**忍耐温存一晌**④**眠**。（旦作羞）（生前抱）（旦推介）（合）是**那处曾相见，相看俨然**，早难道这**好处相逢无一言？**（生强抱旦下）（末扮花神束发冠，红衣插花上）"催花御史惜花天，检点春工又一年。蘸⑤客伤心红雨下，勾人悬梦彩云边。"吾乃掌管南安府后花园花神是也。因杜知府小姐丽娘，与柳梦梅秀才，后日有姻缘之分。杜小姐游春感伤，致使柳秀才入梦。咱花神专掌惜玉怜香，竟来保护他，要他云雨十分欢幸也。

【鲍老催】（末）单则是**混阳烝变**，看他似**虫儿**般**蠢动把风情搧**。一般儿**娇凝翠绽魂儿颤**。这是**景上缘，想内成，因中见**。呀，**淫邪展污了花台殿**。咱待拈片落花儿惊醒他。（向鬼门⑥丢花介）他**梦酣春透了怎留连？拈花闪碎的红如片**。秀才才到的半梦儿；梦毕之时，好送杜小姐仍归香阁。吾神去也。（下）

【山桃红】（生、旦携手上）（生）这一霎**天留人便，草藉花眠**。小姐可好？（旦低头介）（生）**则把云鬟点，红松翠偏**。小姐休忘了呵，见了你**紧相偎，慢厮连**，恨不得**肉儿**般**团成片也**，逗的个**日下胭脂雨上鲜**。（旦）秀才，你可去呵？（合）是**那处曾相见，相看俨然**，早难道这**好处相逢无一言？**（生）姐姐，你身子乏了，将息，将息。（送旦依前作睡介）（轻拍旦介）姐姐，俺去了。（作回顾介）**姐姐，你可十分将息，我再来瞧你那**。"行来春色三分雨，睡去巫山一片云。"（下）（旦作惊醒，低叫介）秀才，秀才，你去了也？（又作痴睡介）（老旦上）"夫婿坐黄堂，娇娃

---

①　隐几：靠着几案。
②　是答儿：到处。
③　那答儿：那边。
④　一晌：一会儿。
⑤　蘸：指红雨（落花）沾在人的身上。
⑥　鬼门：一作古门，戏台上演员的上、下场门。

立绣窗。怪他裙衩上，花鸟绣双双。"孩儿，孩儿，你为甚瞌睡在此？（旦作醒，叫秀才介）咳也。（老旦）孩儿怎的来？（旦作惊起介）奶奶到此！（老旦）我儿，何不做些针指，或观玩书史，舒展情怀？因何昼寝于此？（旦）孩儿适花园中闲玩，忽值春暄恼人，故此回房。无可消遣，不觉困倦少息。有失迎接，望母亲恕儿之罪。（老旦）孩儿，这后花园中冷静，少去闲行。（旦）领母亲严命。（老旦）孩儿，学堂看书去。（旦）先生不在，且自消停①。（老旦叹介）女孩儿长成，自有许多情态，且自由他。正是："宛转随儿女，辛勤做老娘。"（下）（旦长叹介）（看老旦下介）哎也，天那，今日杜丽娘有些侥幸也。偶到后花园中，百花开遍，睹景伤情。没兴而回，昼眠香阁。忽见一生，年可弱冠，丰姿俊妍。于园中折得柳丝一枝，笑对奴家说："姐姐既淹通书史，何不将柳枝题赏一篇？"那时待要应他一声，心中自忖，素昧平生，不知名姓，何得轻与交言。正如此想间，只见那生向前说了几句伤心话儿，将奴搂抱去牡丹亭畔，芍药阑边，共成云雨之欢。两情和合，真个是千般爱惜，万种温存。欢毕之时，又送我睡眠，几声"将息"。正待自送那生出门，忽值母亲来到，唤醒将来。我一身冷汗，乃是南柯一梦②。忙身参礼母亲，又被母亲絮了许多闲话。奴家口虽无言答应，心内思想梦中之事，何曾放怀。行坐不宁，自觉如有所失。娘呵，你教我学堂看书去，知他看那一种书消闷也。（作掩泪介）

【绵搭絮】雨香云片，才到梦儿边。无奈高堂，唤醒纱窗睡不便。泼新鲜冷汗粘煎，闪的俺③心悠步軃④，意软鬏偏。不争多⑤费尽神情，坐起谁忺⑥？则待去眠。（贴上）"晚妆销粉印，春润费香篝⑦。"小姐，薰了被窝睡罢。

【尾声】（旦）困春心游赏倦，也不索香薰绣被眠。天呵，有心情那梦儿还去不远。

春望逍遥出画堂，张说　　间梅遮柳不胜芳。罗隐
可知刘阮逢人处？许浑　　回首东风一断肠。韦庄

---

① 消停：休息。
② 南柯一梦：唐人传奇故事。叙写淳于棼梦见自己被槐安国国王招为驸马，做南柯太守。历尽了荣华富贵，人世浮沉。醒来，才发现槐安国不过是大槐树下的一个蚁穴。南柯，后来被用作梦的代称。
③ 闪的俺：弄得我，害得我。
④ 步軃（duǒ）：脚步挪动不前。軃，偏斜。
⑤ 不争多：差不多，几乎。
⑥ 忺（xiān）：惬意。
⑦ 香篝：即薰笼，薰香用的。

（（明）汤显祖著，徐朔方、杨笑梅校注：《牡丹亭》，53～61页，北京，人民文学出版社，1959年。注释略有增删。）

练习与思考

1. 戏剧文学在文体上与小说、诗歌、散文有诸多差异，试比较它们各自的特点。

2. 试分析剧中后花园意象的文化内涵。

3. 元代王实甫的《西厢记》和明代汤显祖的《牡丹亭》，都是描写爱情故事的经典之作，可找来读读试比较其不同特色。

赏析

当袅袅婷婷的杜丽娘在贴身丫鬟春香的陪同下踏进后花园时，生意盎然的春景便彻底摇动了杜丽娘看似平静的心湖。诧异、惊喜、怜惜、感伤……种种未曾细细体量的情绪，顷刻间，全涌上心头，"原来姹紫嫣红开遍，似这般都付与断井颓垣"，这是怎样的一种感慨！幽闺自怜的美丽女子，忽然在似锦繁花中找到生命的映射：花开得如此灿烂，却又是如此寂寞。于是，花园就不仅仅是花园了。

"一切景语皆情语"，这是我们非常熟悉的抒情方式。所以，当杜丽娘对着满园春色感慨自身遭际的时候，我们很容易联想起诗词中那些伤春悲秋的场景。但这里的后花园却还承担着一份了不起的职责：以一种生命的朝气唤醒另一种生命的热情。在这层意义上，后花园已经不仅仅是杜丽娘抒发情感的依托，而是以一种象征着天性的自然景象，一种潜藏着生命原始力的气场，激发、包容、抚慰杜丽娘对爱的渴盼与幻想。所以，聪慧敏感的杜丽娘，在迈进后花园时，平素阅读而来的"韩夫人得遇于郎，张生偶逢崔氏"的美好爱情，便在蓬勃生机的春色中，变成了心中最真切的哀伤。

但生命朝气本身战胜了这种失意与哀伤。游园归来的杜丽娘借助阅读而来的他人生命经验，为自己量身打造了一个爱情幻梦。梦中的书生，不仅赞赏她的如花美貌，更能超乎常人地欣赏她"淹通书史"的才华。从剧中的表述看，这一点，杜丽娘是十分看重的。此外，与之幽会的书生不仅风流倜傥，还十分温柔体贴，几声"将息"，几次送别，都让杜丽娘在梦醒之后仍然念念不忘。

梦的场景是超越了社会伦理空间的代表着自然秩序的后花园，在这个象征自然天性的理想所在，造梦者用花神的口谕替代了人间的媒妁之言，用天赐良缘替代了父母之命。整个梦境，既充满了原始奔放的生命气息，又表达了对人间理想秩序的向往。也正因此，这样的梦，真实却又遥不可及。它在带来想象的愉悦的同时，也带来了更为深沉的感伤意味。

怀念萧珊（节选）

巴　金

【解题】巴金（1904—2005），原名李尧棠，字芾甘，四川成都人，现代文学家、出版家、翻译家。被誉为"五四"新文化运动以来最有影响的作家之一，是20世纪中国杰出的文学大师。主要作品有长篇小说《灭亡》《新生》、"爱情三部曲"（《雾》《雨》《电》）、"激流三部曲"（《家》《春》《秋》）和"抗战三部曲"（《火》之一、之二、之三），还有众多中篇小说、散文集。晚年出版《再思录》，有《巴金全集》（16卷）、《巴金译文全集》（10卷）。

　　1978年"文革"结束后，巴金以沉痛的心情反思知识分子在20世纪所走过的道路和教训，并以个人为解剖对象，写作了五卷《随想录》（包括《随想录》《探索集》《真话集》《病中集》《无题集》），总结"文化大革命"的历史教训，挖掘知识分子心理缺陷，提倡建立中国现代文学馆和"文革"博物馆，把自己的人生积淀、深刻思索，以及坦诚、智慧和品格都熔铸于笔端，写得沉重、真诚、深刻，被文化界誉为是"一部说真话的大书"。

　　《怀念萧珊》是《随想录》中有代表性的作品之一。这是一篇痛定思痛、长歌当哭的悼念亡妻之作。

　　今天是萧珊逝世的六周年纪念日。六年前的光景还非常鲜明地出现在我的眼前。那一天我从火葬场回到家中，一切都是乱糟糟的，过了两三天我渐渐地安静下来了，一个人坐在书桌前，想写一篇纪念她的文章。在五十年前我就有了这样一种习惯：有感情无处倾吐时我经常求助于纸笔。可是一九七二年八月里那几天，我每天坐三四个小时望着面前摊开的稿纸，却写不出一句话。我痛苦地想，难道给关了几年的"牛棚"，真的就变成"牛"了？头上仿佛压了一块大石头，思想好像冻结了一样。我索性放下笔，什么也不写了。

六年过去了。林彪、"四人帮"及其爪牙们的确把我搞得很"狼狈"，但我还是活下来了，而且偏偏活得比较健康，脑子也并不糊涂，有时还可以写一两篇文章。最近我经常去火葬场，参加老朋友们的骨灰安放仪式。在大厅里，我想起许多事情。同样地奏着哀乐，我的思想却从挤满了人的大厅转到只有二、三十个人的中厅里去了，我们正在用哭声向萧珊的遗体告别。我记起了《家》里面觉新说过的一句话："好像珏死了，也是一个不祥的鬼。"四十七年前我写这句话的时候，怎么想得到我是在写自己！我没有流眼泪，可是我觉得有无数锋利的指甲在搔我的心。我站在死者遗体旁边，望着那张惨白色的脸，那两片咽下千言万语的嘴唇，我咬紧牙齿，在心里唤着死者的名字。我想，我比她大十三岁，为什么不让我先死？我想，这是多么不公平！她究竟犯了什么罪？她也给关进"牛棚"，挂上"牛鬼蛇神"的小纸牌，还扫过马路。究竟为什么？理由很简单，她是我的妻子。她患了病，得不到治疗，也因为她是我的妻子。想尽办法一直到逝世前三个星期，靠开后门她才住进医院。但是癌细胞已经扩散，肠癌变成了肝癌。

她不想死，她要活，她愿意改造思想，她愿意看到社会主义建成。这个愿望总不能说是痴心妄想吧。她本来可以活下去，倘使她不是"黑老K"的"臭婆娘"。一句话，是我连累了她，是我害了她。

在我靠边的几年中间，我所受到的精神折磨她也同样受到。但是我并未挨过打，她却挨了"北京来的红卫兵"的铜头皮带，留在她左眼上的黑圈好几天以后才褪尽。她挨打只是为了保护我，她看见那些年轻人深夜闯进来，害怕他们把我揪走，便溜出大门，到对面派出所去，请民警同志出来干预。那里只有一个人值班，不敢管。当着民警的面，她被他们用铜头皮带狠狠抽了一下，给押了回来，同我一起关在马桶间里。

她不仅分担了我的痛苦，还给了我不少的安慰和鼓励。在"四害"横行的时候，我在原单位（中国作家协会上海分会）给人当作"罪人"和"贱民"看待，日子十分难过，有时到晚上九、十点钟才能回家。我进了门看到她的面容，满脑子的乌云都消散了。我有什么委屈、牢骚，都可以向她尽情倾吐。有一个时期我和她每晚临睡前要服两粒眠尔通才能够闭眼，可是天刚刚发白就都醒了。我唤她，她也唤我。我诉苦般地说："日子难过啊！"她也用同样的声音回答："日子难过啊！"但是她马上加一句："要坚持下去。"或者再加一句："坚持就是胜利。"我说"日子难过"，因为在那一段时间里，我每天在"牛棚"里面劳动、学习、写交代、写检查、写思想汇报。任何人都可以责骂我、教训我、指挥我。从外地到"作协分会"来串连的人可以随意点名叫我出去"示众"，还要自报罪行。上下班不限时间，由管理"牛棚"的"监督组"随意决定。任何人都可以闯进我家里来，高兴拿什么就拿走什么。这个时候大规模的群众性批斗和电视批斗大会还没有开始，但已经越来越逼近了。

她说"日子难过"，因为她给两次揪到机关，靠边劳动，后来也常常参加陪斗。在淮海中路"大批判专栏"上张贴着批判我的罪行的大字报，我一家人的名字都给写出来"示众"，不用说"臭婆娘"的大名占着显著的地位。这些文字像虫子一样咬痛她的心。她让上海戏剧学院"狂妄派"学生突然袭击、揪到"作协分会"去的时候，在我家大门上还贴了一张揭露她的所谓罪行的大字报。幸好当天夜里我儿子把它撕毁。否则这一张大字报就会要了她的命！

人们的白眼，人们的冷嘲热骂蚕蚀着她的身心。我看出来她的健康逐渐遭到损害。表面上的平静是虚假的。内心的痛苦像一锅煮沸的水，她怎么能遮盖住！怎么能使它平静！她不断地给我安慰，对我表示信任，替我感到不平。然而她看到我的问题一天天地变得严重，上面对我的压力一天天地增加，她又非常担心。有时同我一起上班或者下班，走近巨鹿路口，快到"作协分会"，或者走近湖南路口，快到我们家，她总是抬不起头。我理解她，同情她，也非常担心她经受不起沉重的打击。我记得有一天到了平常下班的时间，我们没有受到留难，回到家里她比较高兴，到厨房去烧菜。我翻看当天的报纸，在第三版上看到当时做了"作协分会"的"头头"的两个工人作家写的文章《彻底揭露巴金的反革命真面目》。真是当头一棒！我看了两三行，连忙把报纸藏起来，我害怕让她看见。她端着烧好的菜出来，脸上还带笑容，吃饭时她有说有笑。饭后她要看报，我企图把她的注意力引到别处。但是没有用，她找到了报纸。她的笑容一下子完全消失。这一夜她再没有讲话，早早地进了房间。我后来发现她躺在床上小声哭着。一个安静的夜晚给破坏了。今天回想当时的情景，她那张满是泪痕的脸还在我的眼前。我多么愿意让她的泪痕消失，笑容在她那憔悴的脸上重现，即使减少我几年的生命来换取我们家庭生活中一个宁静的夜晚，我也心甘情愿！

（巴金：《随想录》，北京，人民文学出版社，2000 年。）

| 练习与思考

1. 巴金在《怀念萧珊》一文中说："在五十年前我就有了这样一种习惯：有感情无处倾吐时我经常求助于纸笔。可是一九七二年八月里那几天，我每天坐三四个小时望着面前摊开的稿纸，却写不出一句话。"你对此是如何理解的？

2. 巴金与妻子萧珊共同生活了 30 多年，而全文缅怀的重点只在妻子在世的最后六年。谈谈这样安排的缘由。

3. 请通过本文内容概括萧珊的个性特征。

4. 比较阅读文学史上其他悼亡之作，谈谈表现手法的异同。

| 赏析

没有耀眼的光芒与炙烈的火焰，没有血雨腥风的时代渲染，没有轰轰烈烈、荡气回肠的情节，没有华丽雕琢的辞藻，没有为博他人同情的矫揉造作，也没有呼天抢地式的凄怆哀号。不过是一个不该过早离开人世的人的离世，不过是一个"自己最亲爱的朋友，一个普通的文艺爱好者，一个成绩不大的翻译工作者，一个心地善良的人"在最后一段时光里的白描，却寓深沉于平淡，注炽热于静穆，倾真情于笔端。最动人的是无言的爱，最美丽的是相濡以沫，最浪漫的是坚守，最残酷的是你先我离去。当生命中患难与共、相濡以沫的人像渐息的烛光逐渐衰弱而他却无能为力时，我们读出那份特殊时代的情绪——血与泪的痛楚。要用怎样隐忍的文字，要有怎样坚强的心，才能最终写下了自己的坚持："我绝不悲观。我要争取多活。"

爱最朴实的承诺便是萧珊的那句："不要难过，我不会离开你，我在你的身边。"爱最伟大的相守便是巴金末了的那句："在我丧失工作能力的时候，我希望病榻上有萧珊翻译的那几本小说。等到我永远闭上眼睛，就让我的骨灰同她的掺和在一起。"

用情抒写的文字才充盈。这是一位老人一次心灵的无情拷问，一次痛定思痛的自我忏悔。让我们在悲壮与激愤里，反思那段历史的梦魇。

图片摄影：苏新春

菉竹山房

吴组缃

【解题】吴组缃（1908—1994），20世纪著名作家、文学史家，原名祖襄，安徽泾县茂林人。1929年考入清华大学，1933年入清华研究院专攻中国文学，1935年曾任冯玉祥国文教员兼秘书达13年之久。1946—1947年，随冯玉祥赴美考察。新中国成立后任北京大学中文系教授、《红楼梦》研究会会长。其小说和散文大多取材于家乡的人和事，以写农村农民而享誉文坛。主要代表作有《鸭嘴涝》（后更名为《山洪》）、《菉竹山房》《一千八百担》《樊家铺》等。作品集有《西柳集》《饭余集》，文学史著作有《宋元文学史稿》等。

　　阴历五月初十日和阿圆到家，正是家乡所谓"火梅"①天气：太阳和淫雨交替迫人，那苦况非身受的不能想象。母亲说，前些日子二姑姑托人传了口信来，问我们到家没有；说"我做姑姑的命不好，连侄儿侄媳也冷淡我。"意思之间，是要我和阿圆到她老人家村上去住些时候。

　　二姑姑家我只于年小时去过一次，至今十多年了。我连年羁留外乡，过的是电灯电影洋装书籍柏油马路的另一世界的生活。每当想起家乡，就如记忆一个年远的传说一样。我脑中的二姑姑家，到现在更是模糊得如云如烟。那座阴森敞大的三进大屋，那间摊乱着雨蚀虫蛀的古书的学房，以及后园中的池塘竹木，想起来都如依稀的梦境。

　　二姑姑的故事好似一个旧传奇的仿本。她的红颜时代我自然没有见过，但从后来我所见到的她的风度上看来：修长的身材，清癯白皙的脸庞，狭长而凄清的眼睛，以及沉默少言笑的阴暗调子，都和她的故事十分相称。

　　故事在这里不必说得太多。其实，我所知道的也就有限；因为家人长者都讳谈②它。我所知道的一点点，都是日长月远，家人谈话中偶然流露出来，由零碎撷拾③起来的。

　　多年以前，叔祖的学塾中有个聪明年少的门生，是个三代孤子。因为看见叔祖房里的幛幔，笔套，与一幅大云锦上的刺绣，绣的都是各种姿态的美丽蝴蝶，心里对这绣蝴蝶的人起了羡慕之情；而这绣蝴蝶的姑娘因为听叔祖常常夸说这人，心里自然也早就有了这人。这故事中的主人以后是乘一个怎样的机缘相见相识，我不知道，长辈们恐怕也少知道。在我所撷拾的零碎资料中，这以后便是这悲惨故事的顶峰：一个三春天气的午间，冷清的后园的太湖石洞中，祖母因看牡丹花，拿住了一对仓惶失措的系裤带的顽皮孩子。

　　这幕才子佳人的喜剧闹了出来，人人夸说的绣蝴蝶的小姐一时连丫头也要加以鄙夷。放佚风流④的叔祖虽从中尽力撮合周旋，但当时究未成功。若干年后，扬子江中八月大潮，风浪陡作，少年赴南京应考，船翻身亡。绣蝴蝶的小姐那时才十九岁，闻耗后，在桂花树下自缢，为园丁所见，救活了，没死。少

---

① "火梅"天气：我国长江下游，每年四、五月间，梅子黄熟，连日阴雨，被称为梅雨季节。因为太阳和淫雨交替迫人，又叫"火梅"天气。

② 讳（huì）谈：因为有所忌而不说。

③ 撷（zhí）拾：拾，捡（多指袭用现成的事例或词句）。

④ 放佚风流：旧时指一种人的风度：有才气而不受礼法拘束，品格清高，举止潇洒。

年家觉得这小姐尚有稍些可风之处，商得了女家同意，大吹大擂接小姐过去迎了灵柩；麻衣红绣鞋，抱着灵牌参拜家堂祖庙，做了新娘。

这故事要不是二姑姑的，并不多么有趣；二姑姑要没这故事，我们这次也就不致急于要去。

母亲自然怂恿我们去。说我们是新结婚，也难得回家一次。二姑姑家孤寂了一辈子，如今如此想念我们，这点子人情是不能不尽的。但是阿圆却有点怕我们家乡的老太太。这些老太太——举个例，就如我的大伯娘，她老人家就最喜欢搂阿圆在膝上喊宝宝，亲她的脸，咬她的肉，摩挲她的臂膊；又要我和她接吻给她老人家看。一得闲空，就托支水烟袋坐到我们房里来，盯着眼看守着我们作迷迷笑脸，满口反复地说些叫人红脸不好意思的夸羡的话。这种种罗唣①，我倒不大在意；可是阿圆就老被窘得脸红耳赤，不知该往哪里躲。——因此，阿圆不愿去。

我知道弊病之所在，告诉阿圆：二姑姑不是这种善于表现的快乐天真的老太太。而且我会投年轻姑娘之所好，照二姑姑原来的故事又编上了许多的动人的穿插，说得阿圆感动得红了眼睛叹长气。听说二姑姑决不会给她那种罗唣，她的不愿去的心就完全消除；再听了二姑姑的故事，有趣得如从线装书中看下来的一样；又想到借此可以暂时躲避家下的老太太；而且又知道金燕村中风景好，箖竹山房的屋舍阴凉宽敞：于是阿圆不愿去的心，变成急于要去了。

我说金燕村，就是二姑姑的村；箖竹山房就是二姑姑的家宅。沿着荆溪的石堤走，走的七八里地，回环合抱的山峦渐渐拥挤，两岸葱翠古老的槐柳渐密，溪中暗赭色的大石渐多，哗哗的水激石块声越听越近。这段溪，渐不叫荆溪，而是叫响潭。响潭的两岸，槐树柳树榆树更多更老更葱茏，两面缝合，荫罩着乱喷白色水沫的河面，一缕太阳光也晒不下来。沿着响潭两岸的树林中，疏疏落落点缀着二十多座白垩瓦屋。西岸上，紧临着响潭，那座白屋分外大；梅花窗的围墙上面探露着一丛竹子；竹子一半是绿色的，一半已开了花，变成槁色。——这座村子便是金燕村，这座大屋便是二姑姑的家宅箖竹山房。

阿圆是外乡生长的，从前只在中国山水画上见过的景致，一朝忽然身历其境，欣跃之情自然难言。我一时回想起平日见惯的西式房子，柏油马路，烟囱，工厂等等，也觉得是重入梦境，作了许多缥缈之想。

---

① 罗唣：同"啰唣"。吵闹，纠缠。此处意"唠叨"。

二姑姑多年不见，显见得老迈了。

"昨天夜里结了三颗大灯花，今朝喜鹊在屋脊上叫了三四次，我知道要来人。"

那张苍白皱纹的脸没多少表情。说话的语气，走路的步法，和她老人家的脸庞同一调子：阴暗，凄苦，迟钝。她引我们进到内屋里，自己珊珊颤颤地到房里去张罗果盘，吩咐丫头为我们打脸水。这丫头叫兰花，本是我家的丫头，三十多岁了。二姑姑陪嫁丫头死去后，祖父便拨了身边的这丫头来服侍姑姑，和姑姑作伴。她陪姑姑住守这所大屋子已二十多年，跟姑姑念诗念经，学姑姑绣蝴蝶，她自己说不要成家的。

二姑姑说没指望我们来得如此快，房子都没打扫。领我们参观全宅，顺便叫我们自己拣一间合意的住。四个人分作三排走，姑姑在前，我俩在次，兰花在最后。阿圆蹈着姑姑的步子走，显见得拘束不自在，不时昂头顾我，作有趣的会意之笑。我们都无话说。

屋子高大，阴森，也是和姑姑的人相谐调的。石阶，地砖，柱础，甚至板壁上，都染涂着一屋深深浅浅的暗绿，是苔尘。一种与陈腐的土木之气混合的霉气扑满鼻官。每一进屋的梁上都吊有淡黄色的燕子窝，有的已剥落，只留着痕迹；有的正孵着雏儿，叫得分外响。

我们每走到一进房子，由兰花先上前开锁；因为除姑姑住的一头两间的正屋而外，其余每一间房，每一道门都是上了锁的。看完了正屋，由侧门一条巷子走到花园中。邻着花园有座雅致的房，门额上写着"邀月"两个八分字。百叶窗，古瓶式的门，门上也有明瓦纸的册叶小窗。我爱这地方近花园，较别处明朗清新得多，和姑姑说，我们就住这间房。姑姑叫兰花开了锁，两扇门一推开，就噗噗落下三只东西来：两只是壁虎，一只是蝙蝠。我们都怔了一怔。壁虎是悠悠地爬走了；兰花拾起那只大蝙蝠，轻轻放到墙隅里，呓语着似地念了一套怪话：

"福公公，你让让房，有贵客要在这里住。"

阿圆惊惶不安的样子，牵一牵我的衣角，意思大约是对着这些情景，不敢在这间屋里住。二姑姑年老还不失其敏感，不知怎样她老人家就窥知了阿圆的心事：

"不要紧。这些房子，每年你姑爹回家时都打扫一次。停会，叫兰花再好好来收拾。福公公虎爷爷都会让出去的。"

又说：

"这间邀月庐是你姑爹最喜欢的地方；去年你姑爹回来，叫我把它修葺[1]一下。你看看，里面全是新崭崭的。"

我探身进去张看，兜了一脸蜘蛛网。里面果然是新崭崭的。墙上字画，桌上陈设，都很整齐。只是蒙上一层薄薄的尘灰罢了。

我们看兰花扎了竹叶把，拿了扫帚来打扫。二姑姑自回前进去了。阿圆用一个小孩子的神秘惊奇的表情问我说：

"怎么说姑爹？"

兰花放下竹叶把，瞪着两只阴沉的眼睛低幽地告诉阿圆说：

"爷爷灵验得很啦！三朝两天来给奶奶托梦。我也常看见的，公子帽，宝蓝衫，常在这园里走。"

阿圆扭着我的袖口，只是向着兰花的两只眼睛瞪看。兰花打扫好屋子，又忙着抱被褥毯子席子为我们安排床铺。里墙边原有一张檀木榻，榻几上面摆着一套围棋子，一盘瓷制的大蟠桃。把棋子蟠桃连同榻几拿去，铺上被席，便是我们的床了。二姑姑珊珊颤颤地走来，拿着一顶蚊帐给我们看，说这是姑爹用的帐，是玻璃纱制的；问我们怕不怕招凉。我自然愿意要这顶凉快帐子；但是阿圆却望我瞪着眼，好像连这顶美丽的帐子也有可怕之处。

这屋子的陈设是非常美致的，只看墙上的点缀就知道。东墙上挂着四幅大锦屏，上面绣着"篆竹山房唱和诗"，边沿上密密齐齐地绣着各色的小蝴蝶，一眼看上去就觉得很灿烂。西墙上挂着一幅彩色的《钟馗捉鬼图》[2]，两边有洪北江[3]的"梅雪松风清几榻，天光云影护琴书"的对子。床榻对面的南墙上有百叶窗子可以看花园，窗下一书桌，桌上一个朱砂古瓶，瓶里插着马尾云拂。

我觉得这地方好。陈设既古色古香，而窗外一丛半绿半黄的修竹，和墙外隐约可听的响潭之水，越衬托得闲适恬静。

不久吃晚饭，我们都默然无话。我和阿圆是不知在姑姑面前该说些什么好；姑姑自己呢，是不肯多说话的。偌大屋子如一大座古墓，没一丝人声；只有堂厅里的燕子啾啾地叫。兰花向天井檐上张一张，自言自语地说：

---

① 修葺（qì）：修缮，泛指修理房屋。

② 《钟馗捉鬼图》：钟馗是传说中一个捉鬼的勇士，旧时民间有悬挂《钟馗捉鬼图》以驱除邪祟的风俗。相传最早的钟馗像为唐朝画家吴道子所作。

③ 洪北江：即洪亮吉，清乾隆时的进士，研究经史、地理的学者，善诗文，著作有《洪北江全集》。

"青姑娘还不回来呢!"

二姑姑也不答话,点点头。阿圆偷眼看看我。其实我自己也正在纳罕着的。吃了饭,正洗脸,一只燕子由天井飞来,在屋里绕了一道,就钻进檐下的窝里去了。兰花停了碗,把筷子放在嘴沿上,低低地说:

"青姑娘,你到这时才回来。"悠悠地长叹一口气。

我释然,向阿圆笑笑;阿圆却不曾笑,只瞪着眼看兰花。

我说邀月庐清新明朗,那是指日间而言。谁知这天晚上,大雨复作,一盏三支灯草的豆油檠①摇晃不定,远远正屋里二姑姑和兰花低幽地念着晚经,听来简直是"秋坟鬼唱鲍家诗"②;加以外面雨声虫声风弄竹声合奏起一支凄戾的交响曲,显得这周遭的确鬼气殊多。也不知是循着怎样的一个线索,很自然地便和阿圆谈起《聊斋》的故事来。谈一回,她越靠紧我一些,两眼只瞪着西墙上的《钟馗捉鬼图》,额上鼻上渐渐全渍着汗珠。钟馗手下按着的那个鬼,披着发,撕开血盆口,露出两支大獠牙,栩栩欲活。我偶然瞥一眼,也不由得一惊。这时觉得那钟馗,那恶鬼,姑姑和兰花,连同我们自己俩,都成了鬼故事中的人物了。

阿圆瑟缩地说:"我想睡。"

她紧紧靠住我,我走一步,她走一步。睡到床上,自然很难睡着。不知辗转了多少时候,雨声渐止,月光透过百叶窗,映照得满屋凄幽。一阵飒飒的风摇竹声后,忽然听得窗外有脚步之声。声音虽然轻微,但是入耳十分清楚。

"你……听见了……没有?"阿圆把头钻在我的腋下,喘息地低声问。

我也不禁毛骨悚然。

那声音渐听渐近,没有了;换上的是低沉的戚戚声,如鬼低诉。阿圆已浑身汗濡③。我咳了一声,那声音突然寂止;听见这突然寂止,想起兰花日间所说的话,我也不由得不怕了。

半晌没有声息,紧张的心绪稍稍平缓,但是两人的神经都过分紧张,要想到梦乡去躲身,究竟不能办到。为要解除阿圆的恐怖,我找了些快乐高兴的话和她谈说。阿圆也就渐渐敢由我的腋下伸出头来了。我说:

---

① 檠(qíng):灯架,烛台,借指灯。
② "秋坟鬼唱鲍家诗":唐朝诗人李贺《秋来》中的诗句。"鲍家诗"指南朝诗人鲍照的诗。
③ 濡(rú):沾湿。

"你想不想你的家?"

"想。"

"怕不怕了?"

"还有点怕。"

正答着话,她突然尖起嗓子大叫一声,搂住我,嚎陶,震抖,迫不成声:

"你……看……门上!……"

我看门上——门上那个册叶小窗露着一个鬼脸,向我们张望;月光斜映,隔着玻璃纱帐看得分外明晰。说时迟,那时快。那个鬼脸一晃,就沉下去不见了。我不知从那里涌上一股勇气,推开阿圆,三步跳去,拉开门。

门外是两个女鬼!

一个由通正屋的小巷窜远了;一个则因逃避不及,正在我的面前蹲着。

"是姑姑吗?"

"唔——"幽沉的一口气。

我抹着额上的冷汗,不禁轻松地笑了。我说:

"阿圆,莫怕了,是姑姑。"

一九三二年十一月二十六日

(原载 1933 年 1 月《清华周刊》第 38 卷 12 期)

(钱理群选编:《吴组缃·时代小说》,20~29 页,上海,上海文艺出版社,1997 年。)

练习与思考

1. 通过二姑姑的命运悲剧思考其悲剧根源是什么。

2. 小说结尾"窥房"情节的安排在结构上有何妙处?

3. 小说景物描写非常突出,试分析箓竹山房周围的景物描写对渲染二姑姑的悲剧有何意义。

赏析

《箓竹山房》是吴组缃一篇非常精致的揭示旧中国农村封闭的落后状态,反映传统女性不幸命运的小说,无论在主题上还是艺术上都代表了吴组缃短篇小说创作的成就。

小说采用的是作者擅长的第一人称叙述方式,以一对现代青年男女的视角，通过"我"的所见所闻，在平淡而又具有新奇感的叙述中引领读者走进二姑姑的恋爱、婚姻悲剧故事，体会二姑姑扭曲的灵魂以及被封建礼教压抑下的自然人性的挣扎。

曾经被人称羡的清秀、俊美、精于女工，绣得一手好蝴蝶的大家闺秀二姑姑与其堂叔学塾中聪明年少的门生相恋并私订终身，而几乎上演一出崔莺莺与张生般的才子佳人故事。但二姑姑却远远没有莺莺、丽娘般的幸运，"饿死事小失节事大"，事情败露后，二姑姑终因冒犯了"男女授受不亲""父母之命，媒妁之言"的封建伦理道德的规定而备受他人的嘲讽与鄙视，大家闺秀的命运由此一落千丈。后虽成功嫁给那位少年，也是建立在少年赴京赶考遭遇不测，在"从一而终"思想的影响，封建节烈观的浸染，二姑姑闻讯自缢未遂的前提下发生的，是二姑姑吻合封建礼教所旌表的贞女、烈妇般的行为使少年家人接受了这位他们曾经鄙视过的女子做已亡故了的少年的媳妇。一场冥婚使二姑姑成了新娘，也从此开始了她犹如菉竹山房般几乎与世人隔绝的寂寞、阴森的生活。

虽然早在 1915 年就发生了以"民主"和"科学"为大旗的思想领域革命——新文化运动，但影响只波及都市中的小部分人，到了 20 世纪 30 年代，中国广大农村迷信、保守、封闭、落后依旧。有乡村生活经验的作者真实揭示出了发生在故乡土地上的女性的悲剧，从而揭露并批判了封建礼教、封建婚姻制度摧残、扼杀人性的罪恶。

除了主题的深刻耐人寻思外，小说的结尾也大有出人意料的险中有奇、奇中有淡、淡中有泪的艺术效果，具有欧·亨利式的"意料之外、情理之中"的布局特点。风声雨声竹叶沙沙声中，"我"和阿圆刚刚消减了些的《聊斋志异》中妖狐鬼魅带来的恐怖气氛突然被掀到高潮——看到窗户上露出两张"鬼脸"，紧张中"我"冲出门外，竟然发现真的有鬼，两个女鬼——二姑姑和兰花。"阿圆，莫怕了，是姑姑。"一声轻轻的确认使紧张的气氛立刻和缓下来，"我"和阿圆顿感轻松。"窥房"一节实出意外，作为长辈而偷窥新婚侄子侄媳的夜生活实在有违二姑姑的年龄、身份和情理，但这一有些变态的行为对二姑姑来说又在情理之中。毫无生气的漫长岁月早已扭曲了二姑姑那颗寂寞的灵魂，这一变态举动恰是她长期被压抑但始终没有死灭的生活欲念的反映，是她渴慕正常人生活的正常人性的一次释放。轻松巧妙的笔触既具有艺术上出奇制胜的魅力，又具有思想上发人深思的效用。

错　误

郑愁予

【解题】 郑愁予（1933—　），中国台湾现代著名诗人，原名郑文韬，祖籍河北宁河，出生于山东济南，1949 年随家人赴台，1954 年始在《现代诗》发表作品，1956 年参与创立现代派诗社，1958 年毕业于中国台湾中兴大学，1970 年进入爱荷华大学英文系创作班进修，获艺术硕士学位。诗作意象多变，温柔华美。主要诗集有《衣钵》《燕人行》《寂寞的人坐着看花》《郑愁予诗选集》《郑愁予诗集Ⅰ》等，其中《郑愁予诗集Ⅰ》被列为"影响台湾三十年的三十本书"之一，在台湾诗坛有"浪子诗人""中国的中国诗人"之称。

　　　　我打江南走过
　　　　那等在季节里的容颜如莲花的开落

　　　　东风不来，三月的柳絮不飞
　　　　你的心是小小的寂寞的城
　　　　恰若青石的街道向晚
　　　　跫音①不响，三月的春帷不揭
　　　　你的心是小小的窗扉紧掩

　　　　我达达的马蹄是美丽的错误
　　　　我不是归人，是个过客……

　　　　　　　　　　　　　　　　一九五四

（郑愁予：《郑愁予诗选》，北京，中国友谊出版公司，1984 年。）

练习与思考

　　1. 结合诗作谈谈"我达达的马蹄是美丽的错误"一句中矛盾修辞的内涵。

———————————————

① 跫（qióng），脚踏地的声音。跫音：足音，脚步声。

2. 找出诗中使用的比喻，并分析其妙处。

3. 背诵全诗。

赏析

《错误》是郑愁予爱情诗的代表作，1954年在台湾第一次与读者见面时，即因最后一句"我达达的马蹄是美丽的错误/我不是归人，是个过客"而在宝岛响起一片"达达的马蹄"声。

整首诗以江南小城为中心意象，写思妇盼归人的一腔深情。纯净清新的语言，"莲花""柳絮""马蹄""春帷""东风"等中国传统古典诗歌意象的运用，使《错误》成为一首便于吟诵，意境优美的佳作，在台湾享有"现代抒情诗的绝唱"之美誉。

诗虽短小，在构思上却匠心独具。全诗采用第一人称与第二人称交替并用的方法，"我"与"你"构成了一种中国传统诗歌中常常出现的思妇—归人的对应关系。"达达的马蹄"表现出了"你"的期待心理，让"容颜如莲花的开落"般的你，在内敛、温婉、娇柔的"你"心湖里掀起层层思念、激动、喜悦的涟漪，准备把香闺等待的所有寂寞、担忧、埋怨、委屈、牵挂和思恋等等全部在马蹄达达的刹那间泼向"我"。情节在此却陡地一转，出现了戏剧性的结局。"我达达的马蹄是美丽的错误/我不是归人，是个过客。"为什么是个美丽的错误？为什么"我"不是归人只是个过客？"我"的这一自我判断给诗歌平添了含蓄、隽永的韵味。

如痖弦所言："郑愁予的名字是写在云上。"其诗作的抒情主人公大都以旅人形象为主，流浪和漂泊的主题充满了无定的方向感和距离感。因此，"我"的双重身份——过客/归人的不确定性也构成了诗意的多义性："我"——"过客"——无家可归的浪子——身处台岛的第一代外省人。外省人的身份已经诠释了他们漂泊的心态，对于故土，"我"是一名漂泊异乡的游子；对于台湾岛，"我"只是一名擦肩而过的过客、旅人。借思妇"你"的失望写出了"我"无家可归的惆怅，空灵的文字背后透露的是羁旅乡愁的悲郁情调。

整首诗篇幅虽不长，三节九行九十四个字，但丰富的主题、新颖的比喻、矛盾的修辞、深邃美妙的意象使之当之无愧地成为现代抒情诗的代表作。

名篇朗诵

一棵开花的树

席慕蓉

【解题】席慕蓉（1943— ），原名穆伦·席连勃。蒙古族女诗人。生于重庆，祖籍内蒙古察哈尔盟明安旗，1949年迁至香港，后随家迁往台湾。其文学创作以诗著名，兼及散文。作品主要有诗歌集《七里香》《无怨的青春》《时光九篇》，散文集《成长的痕迹》《画出心中的彩虹》《同心集》《写给幸福》等。席慕蓉的诗多写爱情、人生以及乡愁。语言清新易懂，诗风淡雅，抒情灵动，饱含着对生命的挚爱真情，影响了整整一代人的成长。这首《一棵开花的树》是席慕蓉的代表作之一，深受海内外读者喜爱。席慕蓉曾说："这是我写给自然界的一首情诗。我在生命现场遇见了一棵开花的树，我在替它发声。"在她看来，生命是不断的经过、经过、经过，她写的东西都是在生命现场里所得到的触动，尽管有些触动要等到一二十年后才恍然大悟。而更多读者将此诗作为一首情诗。

如何让你遇见我
在我最美丽的时刻　为这
我已在佛前　求了五百年
求它让我们结一段尘缘

佛于是把我化作一棵树
长在你必经的路旁
阳光下慎重地开满了花
朵朵都是我前世的盼望

当你走近　请你细听
那颤抖的叶是我等待的热情
而你终于无视地走过
在你身后落了一地的

> 朋友啊　那不是花瓣
>
> 是我凋零的心

（席慕蓉：《席慕蓉作品集》，西宁，青海人民出版社，1998 年。）

练习与思考

1. 配乐朗诵这首诗。

2. 席慕蓉曾说："这是我写给自然界的一首情诗。我在生命现场遇见了一棵开花的树，我在替它发声。"结合作者的说法，谈谈你对诗歌解读空间的看法。

3. 结合自己的一段情感经历，描述你在这段情感中的心理变化。

4. 比较阅读席慕蓉《无怨的青春》，寻找你关于青春与爱情的体悟。

赏析

似水的年华里，有很多人相遇，很多人相守，很多人相离，也有很多人相错。他的世界不过是个远去的背影，她的世界却是万劫不复。我们曾经跨越尘世里荆棘丛生的藩篱，酝酿了一生的痴情与渴求，带着征途中的疲惫与伤痕，在如花之年静候这场千年的爱恋。当昨日盎然的绿意逝去，当盛开的缤纷都随残阳萧索，爱情华丽的外表下，我们遇见了荒芜。不论是最初的序幕，还是而今的落幕。红颜弹指老，往事成疴，刹那风华，终留无缘相守的悔恨，是否伤痛之后会有另一种领悟？或是闲看云聚云散，冷观花开花落的淡然；或是束一缕不眠的月光，在无垠的月色下盛开一季繁华；抑或是在细碎的日子里附上凌乱的发梢，旖旎成伤？

只有经历过漫长而又无奈的等待，才有最后那剧烈的燃烧；只有被刺过伤的手，才能体会痛楚背后玫瑰的美。每一个真正爱过的生命，哪怕是宁为玉碎，不为瓦全的决绝，哪怕如飞蛾扑火般的惨烈，都将成为记忆里最美的华章。那些文字呈现的芳华与伤痛，苍茫里的一声嘶哑，依然会成为岁月经年的沉淀。绛唇轻点，红尘古道，管何年发成霜。天涯海角，曾几度过往，不怕山高水长。情丝妄断，多少空想，难挡一次情伤。红尘万丈，低眉浅笑，轻看人间风浪。

图片摄影：苏新春

名篇朗诵　　　　三、本章参考答案

散文的源流与发展

　　我国散文发展历史源远流长，在不同时期所指范围有所变化。最初，散文与韵文、骈文相对。《辞海》："中国六朝以来，为区别于韵文和骈文，把凡不押韵、不重排偶的散体文章，包括经传史书在内，概称'散文'。后又泛指诗歌以外的所有文学体裁。"这就是我国古代文学史上的散文，即广义的散文概念。狭义是指在中国现当代文学史上与诗歌、小说、戏剧并存的一种文学体裁。因内容与形式的不同，又可分为杂文、小品和随笔等。形散神聚、意境深邃、语言凝练、富有文采是现代散文的特点。

　　散文的形成经过漫长的发展过程，由只言片语到成段成章，由直白陈述到追求文采，强调谋篇布局、主题表达。名家辈出，流派纷呈，如同涓涓细流，汇成江河，成就了我国散文厚重璀璨的历史。

一、我国古代散文的发展

　　我国散文的最初萌芽可追溯到先秦时代的殷商时期，甲骨卜辞、《易经》卦爻辞、商周铜器铭文等已显历史散文的端倪。战国时散文已臻成熟。先秦时文学与非文学的界限并不明显，散文只是与韵文相对的一种文体，具有较强文学色彩的政治、历史、伦理、哲学等论说文和记叙文都可归之于散文。

历史散文和诸子散文代表了先秦散文的主要成就。以历史题材为主，凡记述历史事件、历史人物的文章和书籍都为历史散文，可分为编年体、纪传体、纪事本末体和国别体等。代表作品有我国第一部史书兼散文集《尚书》、善写战争的《左传》、修辞出色的《国语》、长于说事的《战国策》等。春秋末年，王权衰落，诸侯争霸，礼崩乐坏，私学兴起，文化下移，私家著述相继而生。战国时期，百家争鸣，诸子著书立说，各抒己见，蔚然成风，迎来了诸子散文的兴盛。代表著作有言简意赅的《论语》、逻辑性强的《墨子》、言辞雄辩的《孟子》、想象奇特的《庄子》、论证缜密的《荀子》、犀利峭拔的《韩非子》等。先秦诸子散文无论在思想上还是在创作上，对后世都产生了巨大而深远的影响。

两汉散文是散文历史上的第二个重要阶段。四百年间，统治王朝推行了一系列有利于文学发展的措施，文学出现了蓬勃发展的局面，取得了重大成就。汉代散文除了继承先秦诸子优良传统最先发展起来的政论散文外，还有史传散文。政论散文着眼于国家和社会现实，以理论的深刻和逻辑的严密取胜，最著名的代表作家有被鲁迅称为"西汉鸿文"的贾谊和晁错。汉武帝时，为了实现思想上的"大一统"，在推行"罢黜百家，独尊儒术"政策的同时，也迫切需要总结历史文化，给大一统的政治局面以历史、哲学的解释，史传散文应运而生，代表作有司马迁的《史记》和班固的《汉书》。被鲁迅赞为"史家之绝唱，无韵之离骚"的《史记》把我国传记散文推到了一个前所未有的高峰。作为我国第一部以人物传记为中心反映历史的纪传体通史，其"不虚美，不隐恶"的实录精神以及"究天人之际，通古今之变，成一家之言"的创作宗旨备受后人推崇。两汉散文中值得一提的还有赋这一文体，作为一种文体，赋早在战国后期即已出现，得名于战国荀卿的《赋篇》，成熟于汉代。汉代文人一般都致力于赋的写作，故赋被视为汉代文学的标志，是两汉最为流行的文体，文学史上有"汉赋"之专名。赋从楚辞演变而来，体物写志，注重铺陈，强调文采和韵律节奏。以散文来记叙，以韵文来描写，韵散相间，兼有诗歌与散文的特点。接近散文的为"文赋"，接近诗歌的称"骈赋"。又因与《楚辞》关系密切，常以"辞赋"并称。汉赋先后经历了骚体赋、大赋、抒情小赋三个发展阶段，司马相如、扬雄、班固和张衡被誉为汉赋四大家。

魏晋南北朝时期是文学的自觉时代。文学创作高度个性化，文学价值也受到重视，被史学界称为"继起的百家争鸣"时代。此期的散文在形式上有所创新，出现了一个新的散文文体——骈文。此后，骈文和通常意义上的散文沿其轨道各自发展，极大丰富了魏晋南北朝及后世的散文文学。骈文又称"骈体文""骈俪文""骈偶文"，因多用四、六字句，也称"四六文"。产生于魏晋，盛行于六朝，衰落于中唐，注重形式技巧是其最大特点。全篇以四、六句式为主，讲究对仗，因句式两两相对，犹如并驾齐驱的两匹马，又称骈体。声韵上，强调平仄，韵律和谐；修辞上注重藻饰和用典用事。庾信的《哀江南赋》《小园赋》，江淹的《别赋》《恨赋》等皆为骈文上乘之作。相较之下，散文不如骈文那么显赫。此时的散文代表作有阮籍的《大人先生传》、嵇康的《与山巨源绝交书》，这些作品文学性强、政治批评色彩浓厚，还有陶渊明境界淡泊高远的《五柳先生传》《桃花源记》等。

隋唐时代，国家统一。前车之鉴，后事之师，鉴于前朝灭亡教训，唐朝统治者开国后即在政治经济上推行一系列开明措施，国家迅速进入了社会稳定、经济繁荣、国力强盛的时期，直接促发了唐代文学的繁荣。除了诗歌取得辉煌成就外，其他文体也都获得了辉煌的发展。散文在中唐文人韩愈和柳宗元倡导的古文运动的努力下，出现了空前兴盛的景象。韩柳反对六朝以来"饰其辞而遗其意"的骈文，打出"复古"旗号，要求恢复秦汉散文传统，提出"文道合一""文以明道""不平则鸣"等主张。由于韩柳的大力倡导和身体力行以及一些追随者的拥护，古文终于战胜骈文取得胜利，散文抒情、叙事、议论、讽刺的功能被大大提高。唐代散文作家中，以韩愈的文学史地位最高，素有"韩文杜诗"之说，苏轼称赞他"文起八代之衰，道济天下之溺"。相较于韩愈的政论文成就，柳宗元的散文贡献主要体现在寓言、小品和杂文三方面，如《捕蛇者说》《永州八记》等。

北宋结束了长达百年的分裂局面，但阶级矛盾和民族矛盾并没有因国家统一而消失，内忧外患中，大宋王朝寻找出路，试图在政治经济上力求变革。欧阳修、王安石等人在领导政治革新运动的同时，在文学领域也做出了相应努力。散文方面，韩柳倡导的古文运动成果在晚唐时期走向衰落，至北宋经欧阳修而被重新肯定。加上苏洵、苏轼、苏辙、王安石、曾巩等人的共同努力，古文运动至此才取得彻底胜利，开创了宋代散文辉煌的局面。北宋文坛领袖欧阳修的诗文革新运动和韩愈的古文运动一脉相承，都强调"道"对于文的重要性。但在强调"道"（内容）的同时，欧阳修也重视"文"（形式）的独立性，既看到"道"对于"文"的决定作用，也承认"文"的相对独立性。代表作有《醉翁亭记》《秋声赋》《五代史伶官传序》等。欧阳修之后，北宋文坛出现了一批优秀的散文作家，其中最具代表性的是王安石、曾巩和"三苏"。他们与欧阳修以及唐代的韩愈、柳宗元一起被后人称为"唐宋八大家"。欧阳修的散文成就最高，留下五百多篇散文，内容丰富，题材不拘。苏轼的散文，多姿多彩，与韩、柳、欧并称。评论家眼中素有"韩如潮、柳如泉、欧如澜、苏如海"之说。

"靖康之变"给宋代文学带来巨大影响，此时多悲愤之音。南宋散文创作成就最高的为陆游。他的散文或记叙个人生活经历和生活琐事，或议论时弊，风格或清丽或愤激，代表作有《入蜀记》《老学庵笔记》等。

"唐宋八大家"的散文，是魏晋南北朝"文学自觉"后散文文体中的宝贵财富。其后，散文创作渐趋衰微。辽、金、元三代，散文写作者很难走出唐宋散文名家的身影，更难取得唐宋名家的成就，只是承续唐宋散文的遗风，四平八稳地创作着，写作上注重实用性，忽略艺术性。

中国古代散文发展到明清时期，走过了许多辉煌阶段，先秦散文、两汉散文、魏晋南北朝的骈文、唐宋散文留下的优良传统为明清散文家提供了丰厚的写作经验。明清散文家在散文理论和创作上都力求新变，呈现出流派纷出、风格多种的风貌。明代中期，有前、后"七子"。他们都主张文章复古，反对台阁时文。"前七子"为李梦阳、何景明、王九思、边贡、康海、徐祯卿和王廷相；"后七子"为李攀龙、王世贞、谢榛、宗臣、梁有誉、程中行、吴国伦。前、后"七子"创作以模仿为主，文绩未高。在前、后"七子"提倡复古之时，唐顺之、归有光等人提出宗法唐宋古文传统、"皆自胸中流出"的主张，史称"唐宋派"。他们的散文没有了前、后七子的佶屈聱牙、装腔作势，而是文通字顺、气韵流畅，文学气息明显增强。其中成就最高、影响最大的是归有光和唐顺之，人称"归唐"。归有光对清代桐城派影响很大，被视为桐城派远祖。

明代散文中，最能代表明代散文新时代特点的是"公安派"和"竟陵派""独抒性灵，不拘格套"的小品文。湖北公安的"三袁"袁宗道、袁宏道、袁中道三兄弟，深受李贽抒发性灵主张的影响，通过自己的文学主张和创作实践使晚明文风为之一变，那些融入个人情感的山水游记和抒情小品给明代文坛带来短暂的繁荣局面。不过，由于过度强调独抒性灵，脱离社会，后为竟陵派取代。竟陵人钟惺也主张抒写性灵，但不满意于公安派的浅白轻率而追求幽深孤峭、委婉含蓄、深邃隽永的艺术效果，史称"竟陵派"。竟陵派在反对公安派散文纤巧轻浮弊端时矫枉过正，流于隐晦艰涩，而受时人诟病，昙花一现，很快消失。

清代散文的成就虽然没有小说、戏曲那般辉煌，但作为中国古代散文的总结，也绽放出自己的流光溢彩。流派迭起、名家辈出、作品浩繁，在中国散文发展史上留下了厚重一笔。清初散文一改元明以来的颓势，呈现出多种风格的繁荣局面。有以黄宗羲、顾炎武、王夫之为代表的学人之文；以侯方域、魏禧、汪婉为代表的文人之文。最能代表清代散文创作成就的是桐城派。安徽桐城人戴名世、方苞、刘大櫆、姚鼐等提倡古文，主张学习先秦两汉散文和"唐宋八大家"散文，讲求"义法"，注重作品的思想内容和写作技巧，主张"义理、考据、辞章"三者并重，是清代文坛最大、影响时间最长、范围最广的散文流派，影响一直延续到近代。

二、20世纪以来散文的发展

到了近代，随着对封建旧文学和文言文的批判，康有为、梁启超的散文摈弃传统古文的程式，直抒己见，畅所欲言，提倡"新文体"。散文成为政治斗争的有效工具，为晚清的文体解放和"五四"白话文运动开辟了道路。

"五四"新文化运动中，陈独秀、李大钊、鲁迅、周作人、钱玄同、刘半农等把散文当作批判武器，以"随感录"形式针砭时弊，反对旧文学，提倡新文学，反对旧道德，提倡新道德，政论性的现代杂文走向成熟。20世纪20年代是文学大兴盛的时期，文派纷呈，各社团都有自己代表性的散文作家。文学研究会的周作人、俞平伯、朱自清、冰心；创造社的郁达夫、郭沫若；新月社的梁实秋、徐志摩；瞿秋白的报告文学等。大家在强调散文"个人性"的同时，还对散文的艺术性和文体特征进行积极探索。到了三四十年代，政治斗争越发激烈，社会矛盾日益加剧，散文创作天平向社会性书写倾斜，以鲁迅为代表的左翼作家阵营和"论语"派关于小品文的论争即是五四时期重自我书写的散文观在新时期的裂变。抗战烽火燃起后，战争改变了人们的生活，也改变了作家的创作观念，创作力求符合时代和战争的需要，散文创作迅速向社会性、政治性倾斜，个人性的艺术散文退出主潮，唱战歌、颂歌的战地通讯、速写、报告文学等布满各报章杂志。

新中国成立之后的17年文学中，散文作家们秉承了40年代唱战歌、颂歌的传统，高唱新中国、新人物、新时代、新事物，散文形式多样，有游记、小品、随笔和杂文等。50年代出现了散文三大家杨朔、刘白羽、秦牧。"文革"十年，散文发展呈空白之态。"文革"结束后，巴金的一部直面"文革"灾难、直面人性扭曲的《巴金随想录》，开拓了当代文学"说真话"的先河。80年代以来，"五四"散文传统回归，散文创作呈现出繁荣局面，无论在思想上还是在样式上都有新拓展。以余秋雨、张承志、史铁生为代表的文化反思散文最为成熟。以杨绛、季羡林、张中行等为代表的一批学者、教授加入散文创作队伍，成为散文变革浪潮中的一个引人注目现象。他们以开阔的视野、睿智的思想、深刻的人生体悟和自由的行文笔法为当代文坛贡献出一片学者散文创作的亮丽风景。

在我国散文源远流长的历史中，不同时代的散文彰显着自己的个性，涌现出了不曾停息的浪峰、浪花。正是这滔滔浪峰、簇簇浪花，汇成了我国散文长河的浩荡之势，绵延不绝，永远向前。

参考文献

1. 李艳：《中国古代散文史》，青岛，青岛出版社，2007年。

2. 陈柱：《中国散文史》，北京，东方出版社，2012年。

3. 俞元桂：《中国现代散文史》，济南，山东文艺出版社，1997年。

练习与思考

1. 了解我国古代散文发展的脉络。

2. 了解中国现当代散文发展脉络。

3. 当代文化反思散文和学者散文中你最欣赏谁的作品？结合课外阅读谈谈你对此类散文特点的认识。

四、家国情思

【单元题记】

乡愁具有空间性，又具有历史性。离开故土，异地生活，空间的转移往往滋生出或浓或淡的乡愁。乡愁无疑成为人类共同拥有的一种心理体验，无论何人，身处异乡总不可避免地浮起丝丝的乡情。一碟家乡小吃，一句浓浓乡语，一位故里乡邻，尤逢那"每逢佳节倍思亲"的敏感日子，都会在心头掀起情感的波澜。

翻开中国古典诗词，对家乡故国的怀念始终是亘古而浓郁的主题，文人骚客，羁旅天涯，总会弹起那一串串深沉的吟唱。李白的"举头望明月，低头思故乡"，杜甫的"露从今夜白，月是故乡明"，王安石的"春风又绿江南岸，明月何时照我还"，马致远的"夕阳西下，断肠人在天涯"……故国乡愁犹如毛毛细雨，一直在文学的历史长空中，飘飘洒洒，撩人心弦。

无论何时，无论何地，故乡和祖国总能够给我们以温暖与力量。余光中曾言："如果乡愁只有纯粹的距离而没有沧桑，这种乡愁是单薄的。"当故乡的自然风物、人文地理一旦与文化、历史融合，这种思绪则走向了更深的层面。在几千年的华夏文化传承中，家国情怀早已融入了我们每一个人的生命之中。它激荡着文人志士与凡夫俗子在寻求，在感受归属感的同时又义无反顾地承担起历史的责任和使命。

本单元选录了这方面的六篇佳作。庾信的《哀江南赋序》借"伤身世"以"哀江南"的故国乡关情；杜甫的《秋兴八首》"每依北斗望京华""故国平居有所思"，表达出"诗圣"流浪西南仍心念朝廷的"故国之思"；柳永的《八声甘州》在"潇潇暮雨洒江天"的清秋天气里，"望故乡渺邈，归思难收"；闻一多面对祖国山河破碎的沧桑和屈辱，以《七子之歌》"母亲，我要回来，母亲！"的泣血之声喊出了海外游子渴望民族振兴、收复失地的爱国激情；余光中的《乡愁四韵》则以比喻和拟人的艺术手法唱出了海外华人共同的华夏情怀；莫言的《民间音乐》以小瞎子的音乐给马桑镇人们带来的心灵净化的传奇书写，表达了自己对生活的体认：真正的音乐——善与美——存在于民间。

家国故园，人之所恋，古今皆同，中外亦然……

哀江南赋序

庾　信

【解题】 庾信（513—581），字子山，南北朝时期文学家。他早年出入于梁朝宫廷，擅长作宫体诗，风格艳丽。梁亡国后，他被强留在北方，因有很高文学修养，先后得到西魏和北周的优待。《哀江南赋》是庾信后期的名作。内容主要是哀痛梁朝的灭亡，表达了对故国的无限思念。序中概括说明了作赋的背景和原因。有《庾子山集》存世。

　　粤以戊辰之年，建亥之月，大盗①移国，金陵瓦解。余乃窜身荒谷，公私涂炭②。华阳奔命，有去无归③，中兴道销，穷于甲戌，三日哭于都亭，三年囚于别馆。天道周星，物极不反。傅燮之但悲身世，无处求生；袁安之每念王室，自然流涕。

　　昔桓君山之志士，杜元凯之平生，并有著书，咸能自序。潘岳之文采，始述家风；陆机之词赋，先陈世德。信年始二毛④，即逢丧乱，藐是⑤流离，至于暮齿。燕歌远别，悲不自胜；楚老相逢，泣将何及！畏南山之雨，忽践秦庭；让东海之滨，遂餐周粟。下亭漂泊，高桥羁旅；楚歌非取乐之方，鲁酒无忘忧之用。追为此赋，聊以记言；不无危苦之词，惟以悲哀为主。

　　日暮途远，人间何世？⑥将军一去，大树飘零；壮士不还，寒风萧瑟。荆璧睨柱，受连城而见欺；载书横阶，捧珠盘而不定。钟仪君子，入就南冠之囚；季孙行人，留守西河之馆。申包胥之顿地，碎之以首；蔡威公之泪尽，加之以血。钓台移柳，非玉关之可望；华亭鹤唳，岂河桥之可闻？

---

① 大盗：指侯景。他于太清二年八月间起兵叛梁，十月即攻陷梁国都。
② 公私：公室和私家。涂炭：陷在泥土和炭火之中，比喻遭遇灾难。
③ 有去无归：庾信至西魏后，被扣留在北方，不得南归。
④ 二毛：头发有黑白二色，指半老。侯景之乱时庾信三十六岁，出使西魏时年四十二岁。
⑤ 藐：远。藐是：倪璠注：一作"狼狈"。
⑥ 日暮途远：指年老岁晚，离乡路远。人间何世，《庄子》有《人间世》篇，写人和人、世和世的相互代谢。这句说，这人间是什么世界呢，感叹世事的混乱多变。

　　孙策以天下为三分，众才一旅①；项籍用江东之子弟，人唯八千；遂乃分裂山河，宰割天下。岂有百万义师，一朝卷甲；芟夷②斩伐，如草木焉。江淮无涯岸之阻，亭壁无藩篱之固。③ 头会箕敛者，合从缔交④；锄耰棘矜者⑤，因利乘便。将非江表王气，终于三百年乎？是知并吞六合，不免轵道之灾；混一车书，无救平阳之祸。呜呼！山岳崩颓，既履危亡之运；春秋迭代，必有去故之悲。天意人事，可以凄怆伤心者矣！况复舟楫路穷，星汉非乘槎可上；风飙道阻，蓬莱无可到之期。穷者欲达其言，劳者须歌其事。陆士衡闻而抚掌，是所甘心；张平子见而陋之，固其宜矣！

　　（朱东润：《中国历代文学作品选》上编第二册，224～231 页，上海，上海古籍出版社，2007 年。注释略有增删。）

| 练习与思考

　　1. 庾信通过大量典故曲折表达了文意，请细读课文找出十个典故，并讲解典故出处。

　　2. 庾信的创作风格，前后阶段发生了巨大变化，请你结合庾信的生平经历，理解其文风变化的深层原因。

　　3. 请以"离别"为题，写一篇 600 字以上的小短文。

| 赏析

　　《哀江南赋》是庾信由梁出使西魏被扣，滞留北方仕周，无法归乡，后闻梁亡后所作之文。"哀江南"三字语出《楚辞·招魂》"魂兮归来哀江南"句。作品概括了梁朝由盛至衰的历史，凝聚着对故国和人民遭受劫乱的哀伤，具有史诗般的规模和气魄，在辞、赋和整个文学发展史上都占有重要的地位。

　　全赋长达三千余字，本文是《哀江南赋》的序文。其序概述了作赋的背景和原因，如画龙点睛之笔，在全赋中有纲领性的作用。全篇分为四个部分。先

---

① 孙策两句：三分，指魏蜀吴三分中国。旅，古代以五百人为一旅。三国时孙策带了一支人员很少的军队，开创吴国的基业。

② 芟（shān）：删除。夷：削平。

③ 亭壁：指军营壁垒。藩篱：竹木所编屏障。这句说，梁朝一些军垒并未起到屏藩作用，不能固守。

④ "头会"两句：头会箕敛，按照人头数出谷，用算来收取。言赋税繁重。这句指搜聚民财起事的人。合众，战国时六国联合成一条纵线抗秦叫合纵。这里指起事者的相互联合。

⑤ 锄耰两句：耰，碎土农具。棘，即戟。矜，矛柄。这句指用农具为武器以起事的人。

为序文总纲，以高度概括的形象笔墨叙说着国破家亡的痛苦。之后，从家史谈起，写出了自己漂泊流离而悲不自胜。再痛陈自己有辱使命，无法救国的痛苦。最后总结历史兴亡、国家之亡的原因。全篇以"悲哀"为贯穿红线，字字如从肺腑中流出，一唱三叹，情长意沉。

早年庾信在梁，其江南之作，风格多绮丽。他与徐陵并为宫廷文学代表，时称"徐庾体"。晚年寄居北国，身世之悲，不吐不快，一改前期面貌，蕴成苍劲沉郁之风，《哀江南赋》即其后期的杰出佳作。

这篇序文以骈文写成，作品虽用典较多，但总的来说，风格沉郁，对仗工整而不刻意雕琢，用典虽多但贴切自然，对后世诗赋的发展产生颇大的影响。杜甫称"庾信文章老更成，凌云健笔意纵横"。（《戏为六绝句》）

秋 兴 八 首

杜 甫

【解题】杜甫（712—770），字子美，是我国古代最负盛名的现实主义诗人。祖父杜审言是著名诗人。杜甫天宝五年曾应进士举，不第。后客居长安近十年，郁郁不得志。安史乱起，杜甫一度为叛军俘虏，困居长安，后投奔肃宗，任左拾遗。因直言忠谏，改华州司功参军。不久，弃官入蜀，晚年漂泊湘鄂一带，最后病死于江湘途中。后世称为杜工部。杜甫诗歌抒写个人情怀，能紧密结合时事，思想深厚，境界广阔，有强烈的社会现实意义，深刻反映了这个时代，后世称为"诗史"。在诗歌艺术上，杜甫能够汲取和总结前人的成就，融合众长，兼备诸体，形成特有的沉郁顿挫的风格。有《杜少陵集》二十五卷，收诗一千四百余首。

这八首诗是代宗大历元年（766）秋杜甫流寓夔州时所作。秋兴，因秋而发兴。此诗以身居巫峡，心念长安为线索，抒写遭逢兵乱，留滞他乡的客中愁思。八首诗首尾呼应，组织缜密，格律精工，是杜甫晚年律诗的代表作。

其 一

玉露凋伤枫树林，巫山巫峡气萧森①。江间波浪兼天涌，塞上风云接地阴。② 丛菊两开他日泪，孤舟一系故园心。③ 寒衣处处催刀尺，白帝城高急暮砧。

其 二

夔府孤城落日斜，每依北斗望京华④。听猿实下三声泪，奉使虚随八月槎。画省香炉违伏枕，山楼粉堞隐悲笳。请看石上藤萝月，已映洲前芦荻花。

其 三

千家山郭静朝晖，日日江楼坐翠微⑤。信宿渔人还泛泛，清秋燕子故飞飞。匡衡抗疏功名薄，刘向传经心事违。同学少年多不贱，五陵衣马自轻肥。

其 四

闻道长安似弈棋，百年世事不胜悲。王侯第宅皆新主，文武衣冠异昔时。直北关山金鼓震，征西车马羽书驰。鱼龙寂寞秋江冷，故国平居有所思⑥。

其 五

蓬莱宫阙对南山，⑦ 承露金茎霄汉间。⑧ 西望瑶池降王母，东来紫气满函关。云移雉尾开宫扇，日绕龙鳞识圣颜。一卧沧江惊岁晚，几回青琐点朝班。

其 六

瞿塘峡口曲江头，万里风烟接素秋。花萼夹城通御气，芙蓉小苑入边愁。珠帘绣柱围黄鹄，锦缆牙樯起白鸥。回首可怜歌舞地，秦中自古帝王州。

---

① 萧森：萧瑟阴森。时到深秋，峡中显得幽深而阴暗，故云。

② 江间二句：赋中兼兴，描绘自然界中的萧森景象，也寓有风云变幻，时世艰难之感。塞，关隘险要之处。

③ 丛菊二句：自伤留滞夔州，未能出峡北归。他日，言往日。他日泪，指回忆过去而流泪。孤舟一系，言孤舟长系，意谓归舟总是系在江岸上，开不出去。故园心，指思念长安的心。

④ 京华：指长安。长安在夔州正北，故常依北斗所在的方向遥遥瞻望，以寄思念之情。

⑤ 坐翠微：谓置身翠微之中。翠微，缥青的山色。

⑥ 故国句：故国，指长安。平居，指平昔所居之处。下面四句，所写蓬莱宫，曲江，昆明池都是。

⑦ 蓬莱，汉宫殿名。唐高宗龙朔二年，重修大明宫，改名为蓬莱宫。南山，终南山。

⑧ 承露金茎，汉武帝好神仙，曾于建章宫之西建铜柱承露仙人掌，以承仙露。仙人掌，指承露的铜盘。金茎，撑盘的铜柱。霄，云气。汉，银河。这句形容承露金茎高耸入云。

其　　七

昆明池水汉时功，武帝旌旗在眼中。织女机丝虚夜月，^① 石鲸鳞甲动秋风。波漂菰米沉云黑，^② 露冷莲房坠粉红。关塞极天唯鸟道，江湖满地一渔翁。

其　　八

昆吾御宿自逶迤，紫阁峰阴入渼陂。香稻啄余鹦鹉粒，碧梧栖老凤凰枝。^③ 佳人拾翠春相问，仙侣同舟晚更移。彩笔昔曾干气象，白头吟望苦低垂。

（朱东润：《中国历代文学作品选》中编第一册，135～142 页，上海，上海古籍出版社，2007 年。注释略有增删。）

练习与思考

1. "再光中兴业，一洗苍生忧""致君尧舜上，再使风俗淳"写出了杜甫一生心系国家的情感。请结合你的阅读体验，描述你心中的杜甫形象。

2. 《秋兴八首》中你最喜欢的是哪一首？为什么？

3. 结合《秋兴八首》，谈谈你对格律诗的认识。

赏析

时值秋风萧瑟之际，杜甫地处荒僻凄凉的夔州，那是大历元年，杜甫去世的前四年。杜甫在夔州一共停留了近两年的时间，但是所创作的诗歌，占其20 卷诗集中的 6 卷，比例达十分之三之多。

这八首诗歌是一个有机整体，章法严整，脉络分明。第一首中的秋季巫峡景象，渲染出一片萧瑟隐晦的气氛，具有诗序的作用，故园之思的情感呼之欲出。第二首描绘了一位身在孤城，从落日黄昏坐到深夜，翘首北望，深夜不寐的诗人形象。第三首承接上首，描写晨曦中的夔州和独坐的诗人。从第四首开始，诗歌由时间顺序转为空间顺序。第四首和第五首以长安为背景，描述长安现状。第六首回忆了昔日帝王歌舞之地曲江。第七首忆及长安的昆明池。第八首抒发诗人当年在昆吾、御宿、渼陂春游的诗意豪情，然而此时却逢"白头吟望苦低垂"的伤悲。

---

① 织女句：昆明池有二石人，左为牵牛，右为织女，以象天河。虚夜月，空对夜月。

② 波漂菰米句：是说菰米漂在波面，菰影沉入水中，望去如一片黑云。菰，草本植物，生浅水中。状如米，故称菰米。

③ 香稻二句：是"鹦鹉啄余香稻粒，凤凰栖老碧梧枝"的倒文。写物产丰富，有深林嘉树，珍禽益鸟。香稻多，所以鹦鹉啄之而有余；碧梧高大，所以凤凰栖之而安稳。

全诗以"秋"为统帅，以"一系故园心"为诗眼，于凄清哀怨中抒发诗人的忧国之思与抑郁之感。全诗格律精工，沉郁顿挫，无论在内容，还是技巧上，都显示出杜甫的七律已进入一种更为精醇的艺术境界，是他晚年的杰作，更是杜甫"语不惊人死不休"的诗歌美学思想的完美体现，艺术上达到炉火纯青的境界。

八 声 甘 州

柳 永

【解题】 柳永（约 984—约 1053），字耆卿，原名三变，崇安（今属福建省武夷山市）人，官至屯田员外郎，排行第七，世称柳七或柳屯田。为人放荡不羁，终身潦倒。善为乐章，长于慢词，发展铺叙手法，在词史上产生较大影响。其词以描绘城市风光与歌妓生活为主，尤长于抒写羁旅行役之情，是北宋第一个专力写词的词人，有词集《乐章集》。柳永词作流传极广，有"凡有井水饮处皆能歌柳词"之说。

对潇潇暮雨洒江天①，一番洗清秋。渐霜风凄紧，关河冷落，残照当楼。是处红衰翠减②，苒苒物华休③。惟有长江水，无语东流。

不忍登高临远，望故乡渺邈④，归思难收。叹年来踪迹，何事苦淹留⑤？想佳人，妆楼颙望⑥，误几回、天际识归舟⑦。争知我，倚栏杆处，正恁凝愁！

（朱东润：《中国历代文学作品选》，中编第二册，19～20 页，上海，上海古籍出版社，2002 年。注释略有增删。）

---

① 潇潇，雨势急骤貌。一作"萧萧"，义同。

② 是处句：到处花叶凋零。李商隐《赠荷花》诗："此荷此叶常相映，翠减红衰愁煞人。"翠，一作"绿"。

③ 冉冉句：谓景物逐渐衰残。冉冉，义同"苒苒"，形容时光流逝。物华，美好的景物。

④ 渺邈，远貌。一作"渺渺"，义同。

⑤ 淹留，久留。

⑥ 颙（yong 庸，阳平）望，凝望，呆望。颙，一作"长"。

⑦ 误几回句：多少回错把远处驶来的船只当作爱人的归舟。

练习与思考

1. 谈谈你对词作上阕"对潇潇暮雨洒江天"和"渐霜风凄紧"中的"对"和"渐"字的理解。

2. 文中"误几回、天际识归舟"凸显了佳人怎样的心情？和该词主题有什么关系？

3. 写一篇短文，描写你故乡的景色。

赏析

《八声甘州》（对潇潇暮雨洒江天）是宋代词人柳永的一首千古传唱的词作，词作抒写了作者漂泊江湖时对家乡和亲人的无限思念之情，也表达了词人仕途失意的感慨。

上阕写景，景色描写层层铺叙，从秋雨、秋风、秋花入手，把忧郁的秋天景色与词人的悲伤感慨融于一体，景中有情。其中"渐霜风凄紧，关河冷落，残照当楼"一句苏东坡颇看重，认为此句"不减唐人高处"，该句以一"渐"字，领起三句十二字，形象高远。"是处红衰翠减，苒苒物华休"表现远望的感受。站在高楼看到红花凋零，绿叶残败，夕阳之下，有所感悟。美好的景物会消逝，美好的故乡，自己的青春年华，无一不会逝去。"惟有长江水，无语东流"起到承上启下的过渡作用。一切生命都将衰亡，只有长江水日夜奔流不息。蓦然无语时，词人为自己生命的流逝而感到悲伤，为离别家乡而百感交集。

下阕由景入情，写词人对故乡亲人的怀念之情，"不忍登高临远"表达想念故乡而不忍心登高，担心引出更缠绵思乡的矛盾情绪。此时，词人不禁感叹，扪心自问："叹年来踪迹，何事苦淹留？"日日挂念可至今总难归乡，我终究是被何事羁绊呢？这一声追问，真实而无奈，思绪也随之荡漾。作者想象家乡故人对自己的牵挂，她倚在高楼上，翘首以盼，等待游子归来，一天一天，一年一年。"误几回、天际识归舟"，期待和失望，如影相随。而处于羁旅中的"我"和故人盼我归来的心情是一样，故乡是我的家园，故乡在我的心中"倚栏杆处，正恁凝愁"。全词语浅而情深，借萧瑟秋景，凸显作者强烈的思归之情。

七　子　之　歌

闻一多

【解题】 闻一多（1899—1946），原名闻家骅，湖北浠水人。现代著名诗人，学者，民主斗士。1912 年考入清华学校后开始创作，并对新诗格律进行系统研究。1922 年赴美留学，习绘画专业，1925 年回国，先后任教于北京艺术专科学校、武汉大学、青岛大学、清华大学。抗战爆发后，至西南联大任教，并开始广泛研究中国古代文化遗产，在《周易》《诗经》《庄子》《楚辞》等方面皆有贡献。1944 年加入中国民主同盟，成为激进的民主斗士，1946 年 7 月 15 日晚被国民党特务暗杀。出版有诗集《红烛》《死水》，学术专著主要有《神话与诗》《唐诗杂论》《古典新义》《楚辞校补》等。

　　邶①有七子之母不安其室。七子自怨自艾，冀以回其母心。诗人作《凯风》以愍②之。吾国自尼布楚条约迄旅大之租让，先后丧失之土地，失养于祖国，受虐于异类，臆其悲哀之情，盖有甚于《凯风》之七子，因择其中与中华关系最亲切者七地，为作歌各一章，以抒其孤苦亡告，眷怀祖国之哀忧，亦以励国人之奋兴云尔。国疆崩丧，积日既久，国人视之漠然。不见夫法兰西之 ALSACE−LORRAINE 耶？"精诚所至，金石能开"。诚如斯，中华"七子"之归来其在旦夕乎！

澳　　门

你可知"妈港"不是我的真名姓？……
我离开你的襁褓太久了，母亲！
但是他们掠去的是我的肉体，
你依然保管着我内心的灵魂。
三百年来梦寐不忘的生母啊！
请叫儿的乳名，叫我一声"澳门"！

---

① 邶（bèi）：中国周代诸侯国名，周武王封殷纣王之子武庚于此，约相当于今河南省淇县以北，汤阴县东南一带地方。
② 愍（mǐn）：怜悯，哀怜。

母亲！我要回来，母亲！

香　　港

我好比凤阙①阶前守夜的黄豹，

母亲呀，我身分虽微，地位险要。

如今狞恶的海狮扑在我身上，

啖着我的骨肉，咽着我的脂膏；

母亲呀，我哭泣号啕，呼你不应。

母亲呀，快让我躲入你的怀抱！

　　　母亲！我要回来，母亲！

台　　湾

我们是东海捧出的珍珠一串，

琉球是我的群弟我就是台湾。

我胸中还氤氲②着郑氏的英魂，

精忠的赤血点染了我的家传。

母亲，酷炎的夏日要晒死我了，

赐我个号令，我还能背水一战。

　　　母亲！我要回来，母亲！

威　海　卫

再让我看守着中华最古的海，

这边岸上原有圣人的丘陵在。

母亲，莫忘了我是防海的健将，

我有一座刘公岛作我的盾牌。

快救我回来呀，时期已经到了。

我背后葬的尽是圣人的遗骸！

　　　母亲！我要回来，母亲！

广　州　湾

东海和硇州③是我的一双管钥，

---

① 凤阙：汉武帝所建的建章宫上有铜凤，故称凤阙。后常用作帝王宫阙的泛称。

② 氤氲（yīnyūn）：烟气、烟云弥漫的样子；气或光混合动荡的样子。

③ 硇（náo）州：岛名，在广东湛江。

我是神州后门上的一把铁锁。

你为什么把我借给一个盗贼？

母亲呀，你千万不该抛弃了我！

母亲，让我快回到你的膝前来，

我要紧紧地拥抱着你的脚踝。

母亲！我要回来，母亲！

九　龙

我的胞兄香港在诉他的苦痛，

母亲呀，可记得你的幼女九龙？

自从我下嫁给那镇海的魔王，

我何曾有一天不在泪涛汹涌！

母亲，我天天数着归宁的吉日，

我只怕希望要变作一场空梦。

母亲！我要回来，母亲！

旅顺，大连

我们是旅顺，大连，孪生的兄弟。

我们的命运应该如何的比拟？——

两个强邻将我来回的蹴蹋①，

我们是暴徒脚下的两团烂泥。

母亲，归期到了，快领我们回来。

你不知道儿们如何的想念你！

母亲！我们要回来，母亲！

（刘福友编：《闻一多代表作》，219～222 页，郑州，河南人民出版社，1992 年。）

练习与思考

1. 反复吟诵整首诗，体会诗人高尚的爱国情怀。

2. 阅读闻一多的其他诗作，谈谈他对现代诗歌的贡献。

3. 国民党元老于右任（1879—1964）晚年定居台湾，病重时写下《望大

---

① 蹴蹋（cùtà）：践踏。

陆歌》①：

　　　　葬我于高山之上兮，望我大陆；大陆不可见兮，只有痛哭。

　　　　天苍苍，野茫茫，山之上，国有殇。

　　　　葬我于高山之上兮，望我故乡；故乡不可见兮，永不能忘！

请将此诗与课文对比，概括两诗的诗意与写作上的特点。

| 赏析

　　在中国现代诗歌史上，无论在内容上还是在艺术上闻一多都拥有独特的地位。在 1926 年发表的《诗的格律》一文中，闻一多提出新诗要具有"音乐的美、绘画的美，并且还有建筑的美"的著名"三美"理论，有效扭转了新诗发展中的散文化弊端，开创了格律体的新诗流派，对后来的诗人产生了深远影响。他的诗歌如《忆菊》《太阳吟》《洗衣歌》《发现》《一句话》等都一直跃动着一个主旋律——爱国主义的情怀。

　　《七子之歌》创作于 1925 年 3 月，正是诗人提前结束留美生活回国的前夕。"七子"指的是当时被帝国主义列强霸占的七块地区：香港、澳门、台湾、威海卫、旅顺、大连、广州湾和九龙。但诗作没有收入作者的诗集，几十年来一直被世人所忽视。1997 年庆祝香港回归祖国的活动中开始重新受到关注。1998 年成为大型电视片《澳门岁月》的主题歌后，在七岁幼童容韵琳稚嫩、清亮的"你可知'Macau'，不是我的真名姓"的感人吟唱中，人们才重读这组深沉的爱国之作，重新感受七十多年前闻一多的热血涌动。

　　整组诗以拟人手法，将被列强掠去的七处"失地"比喻作远离祖国母亲的七个孩子。与母亲分离的七个孩子一一向母亲悲切哭诉着他们遭受的异族欺凌之苦，撕心裂肺地呼喊欲回归母亲怀抱的急切心情。"三百年来梦寐不忘的生母啊！请叫儿的乳名，叫我一声'澳门'！母亲！我要回来，母亲！""母亲，归期到了，快领我们回来。你不知道儿们如何的想念你！母亲！我们要回来，母亲！"从第一首《澳门》到最后一首《旅顺，大连》，这些诗句的回环反复，强化了诗歌节奏，增强了整组诗的音乐性，营造出情真意切、气贯长虹的抒情效果，爱国思想在"母亲！我要回来，母亲！"的不断呼唤中得以升华。

　　诗作序中的 ALSACE-LORRAINE，指位于法国东部浮士山脚下的阿尔萨

---

① 刘永平编：《于右任诗集》，440 页，北京，团结出版社，1996 年。

斯一洛林地区，因普法战争的失败被迫割让给德国，凡尔赛和约后物归原主。显然，诗人以其作比，既表达了国土残缺的屈辱，也抒发了"诚如斯，中华'七子'之归来其在旦夕乎"的殷殷期盼。现在，可以告慰诗人的是，在斗士身后，"七子"都已回到母亲的怀抱。

乡 愁 四 韵

余光中

【解题】余光中（1928—2017），祖籍福建，生于南京，成长于台湾，是当代诗人、散文家、翻译家、评论家。诗文兼长，诗歌风格经历由现代向传统回归的变化，在台湾诗坛有"回头浪子"之称。著有诗集《白玉苦瓜》《高楼对海》等约 20 册，散文集《左手的缪思》《掌上雨》《望乡的牧神》《听听那冷雨》《日不落家》等十多种。20 世纪 80 年代后，创作了许多深情的乡愁诗，在华人世界享有广泛的知名度。

给我一瓢长江水啊长江水
　酒一样的长江水
　醉酒的滋味
　是乡愁的滋味
给我一瓢长江水啊长江水

给我一掌海棠红啊海棠红
　血一样的海棠红
　沸血的烧痛
　是乡愁的烧痛
给我一掌海棠红啊海棠红

给我一片雪花白啊雪花白
　信一样的雪花白
　家信的等待

是乡愁的等待

给我一片雪花白啊雪花白

给我一朵腊梅香啊腊梅香

母亲一样的腊梅香

母亲的芬芳

是乡土的芬芳

给我一朵腊梅香啊腊梅香

一九七四·三

（刘登翰、陈圣生选编：《余光中诗选》，119～120 页，福州，海峡文艺出版社，1988 年。）

| 练习与思考

1. 理解《乡愁四韵》中意象的象征意义。

2. 课文在诗歌形式上有哪些特点？请试加分析。

3. 对比阅读洛夫的《边界望乡》、罗门的《遥指大陆》，概括台湾第一代外省籍诗人乡愁的特点。

边 界 望 乡

洛　夫

说着说着

我们就到了落马洲

雾正升起，我们在茫然中勒马四顾

手掌开始生汗

望远镜中扩大数十倍的乡愁

乱如风中的散发

当距离调整到令人心跳的程度

一座远山迎面飞来

把我撞成了

严重的内伤

病了病了
病得像山坡上那丛凋残的杜鹃
只剩下唯一的一朵
蹲在那块"禁止越界"的告示牌后面
咯血。而这时
一只白鹭从水田中惊起
飞越深圳
又猛然折了回来

而这时，鹧鸪以火发音
那冒烟的啼声
一句句
穿透异地三月的春寒
我被烧得双目尽赤，血脉贲张
你却竖起外衣的领子，回头问我
冷，还是
不冷？

惊蛰之后是春分
清明时节该不远了
我居然也听懂了广东的乡音
当雨水把莽莽大地
译成青色的语言
喏！你说，福田村再过去就是水围
故国的泥土，伸手可及
但我抓回来的仍是一掌冷雾

后记：1979 年 3 月中旬应邀访港，十六日上午余光中兄亲自开车陪我参观落马洲之边界，当时轻雾氤氲，望远镜中的故国山河隐约可见，而耳边正响起数十年未闻的鹧鸪啼叫，声声扣人心弦，所谓"近乡情怯"，大概就是我当时的心境吧。

一九七九年六月三日

遥 指 大 陆

罗　门

他指的
是炮弹走过的路
是血泪走过的路
他指的
是千里的遥望
是孙子看不懂的乡愁

顺着他指的方向
直对着他看的
是他三十多年前的自己
青山般的站在那里

泪满了双目
海　哭成三个
家呀　远出望外
可孙子却说
那个地方好近
把岸拉过来
一脚踩上去
那不就是老家吗

| 赏析

　　乡愁诗无疑已成为余光中通往世界华人心中的一枚"邮票"。余光中认为，
那古老的大陆，是所有母亲的母亲、所有父亲的父亲、所有祖先的大摇篮，中国
所有的善和所有的恶，所有的美丽与所有的丑陋，全在那片土地的上面和下面。

他将对故土大陆的热爱与地域文化的冲突凝结为作品内核，凭借诗化的语言、细腻的情感和精巧的构思最终形成了一系列"声色俱佳"的作品。《乡愁四韵》是余光中乡愁诗的代表作之一，呈现出意象美、音乐美、建筑美的特色。

意象美。大陆上的地理、河山成为余光中一切乡愁的源头。四个诗节分别选取富有中国古典意义的"长江水""海棠红""雪花白""腊梅香"四个意象，并围绕每一个意象展开联想，环环相扣，紧凑自然。第一诗节由滋润自然万物的"长江水"联想到"酒"，由"酒"联想到"醉酒的滋味"，再由"醉酒的滋味"联想到"愁的滋味"。余下三节分别由"海棠红""雪花白""腊梅香"为中心意象，层层推进，生动深化了乡愁的主题。

音乐美。整首诗有清晰的押韵节奏。四节诗分别押韵，第一节押"微"韵（水、味），第二节押"东"韵（红、痛），第三节押"开"韵（白、待），第四节押"唐"韵（香、芳）。每一诗节的首行与最后一行重复；四个诗节的语句结构非常相似。这种反复、重叠，使整首诗形成了一唱三叹的内在节奏，强烈的节奏感不断深化着主题，产生了荡气回肠的艺术效果。

建筑美。全诗四个诗节，每一诗节有五行，一、五行齐头排，中间三行缩进两字排列，这种错落有致，视觉上具有齐整感的特点使诗作在外形上具有了"新月诗派"代表诗人闻一多所倡导的建筑美特征。

民 间 音 乐

莫　言

【解题】莫言（1955——　），原名管谟业，山东高密人。中国当代享有世界声誉的著名作家。务农多年，1976 年入伍，1986 年毕业于解放军艺术学院文学系，1991 年毕业于鲁迅文学院创作研究生班。自 20 世纪 80 年代中期开始以一系列乡土作品崛起于当代文坛，早期被归为"寻根派"作家行列。作品以想象诡异、语言肆虐、大胆新奇著称，在一系列长中短篇小说中构建起"高密东北乡王国"。其作品以"将魔幻现实主义与民间故事、历史与当代社会融合在一起"的成就和特色荣获 2012 年度诺贝尔文学奖，成为第一位获此殊荣的中国作家。

莫言的众多作品被译为多国文字传播海外。其代表作有《红高粱家族》《丰乳肥臀》《檀香刑》《生死疲劳》《蛙》等。

古历四月里一个温暖和煦的黄昏，马桑镇上，到处都被夕阳涂抹上一层沉重而浓郁的紫红色。镇中心茉莉花酒店的店东兼厨师兼招待花茉莉就着一碟子鸡杂碎喝了二两气味香醇的黄米酒，就着两块臭豆腐吃了一碗捞面条，然后，端起一个泡了浓茶的保温杯，提着折叠椅，爬上了高高的河堤。八隆河从小镇的面前汩汩流过。登上河堤，整个马桑镇尽收眼底，数百家青灰瓦顶连成一片，一条青麻石铺成的街道从镇中心穿过；镇子后边，县里投资兴建的榨糖厂、帆布厂正在紧张施工，红砖墙建筑物四围竖着高高的脚手架；三里之外，新勘测的八隆公路正在修筑，履带拖拉机牵着沉重的压路机隆隆地开过，震动得大地微微颤抖。

正是槐花盛开的季节，八隆河堤上密匝匝的槐树枝头一片雪白，浓郁的花香竟使人感到胸口微微发闷。花茉莉慢慢地啜着茶叶，穿着拖鞋的脚来回悠荡着，两只稍稍斜视的眼睛妩媚地睇睃[①]着河堤下的马桑镇与镇子外边广袤的原野上郁郁葱葱的庄稼。

黄昏悄悄逝去，天空变成了淡淡的蓝白色，月光清澈明亮，八隆河上升腾起氤氲的薄雾。这时候，花茉莉的邻居，开茶馆兼卖酒菜的瘸腿方六、饭铺"掌柜"黄眼也提着马扎子爬上河堤来。后来，又来了一个小卖部"经理"麻子杜双和全镇闻名的泼皮无赖三斜。

堤上聚堆而坐的五个人，是这小小马桑镇上的风云人物，除了三斜以他的好吃懒做喜造流言蜚语被全镇人另眼相看外，其余四人则都凭着一技之长或一得之便在最近三、二年里先后领证办起了商业和饮食服务业，从此，马桑镇有了有史以来的第一个"商业中心"，这个中心为小镇单调枯燥的生活增添了不少乐趣和谈话资料。

由于基本上各干一行，所以这四个买卖人之间并无竞争，因而一直心平气和，买卖都做得顺手顺心，彼此之间和睦融洽。自从春暖花开以来，每晚上到这河堤上坐一会儿是他们固定的节目。泼皮三斜硬掺和进来凑热闹多半是为了花茉莉富有魅力的斜眼和丰满浑圆的腰肢。他在这儿不受欢迎，花茉莉根本不

———————————

① 睇睃：dìsuō。

睬他，经常像轰狗一样叱他，他也死皮赖脸地不肯离去。

四个买卖人各自谈了一套生意经，三斜也有一搭无一搭地瞎吹了一些不着边际的鬼话，不觉已是晚上九点多钟，河堤上已略有凉意，秃顶的黄眼连连打着呵欠，花茉莉已经将折叠椅收拾起来，准备走下河堤，这时，三斜神秘地说："花大姐，慢着点走，您看，有一个什么东西打那边来了。"

花茉莉轻蔑地将嘴唇撇了一下，只顾走她的。她向来不相信从三斜这张臭嘴里能有什么真话吐露出来。然而，一向以忠厚老实著称的麻子杜双也说："是有什么东西走来了。"黄眼搭起眼罩望了一会说："我看不像是人。"瘸腿方六说："像个驴驹子。"

走过来的模糊影子还很远，看不清楚，只听到一种有节奏的"笃笃"声隐约传来。

五个人沉默地等待着，月光照耀着他们和满堤开着花的槐树，地上投下了一片朦胧的、扭曲的、斑驳陆离的影子。

"笃笃"声愈来愈清晰了。

"不是驴驹，是个人。"方六说。

花茉莉放下折叠椅，双手抱着肩头，目不转睛地盯着渐渐走近的黑影。

一直等到那黑影走到面前时，他们才看清这是个孱①弱的男子汉。他浑身上下横披竖挂着好些布袋，那些布袋有细长的、有扁平的、有一头大一头小的，全不知道里边装着一些什么玩意。他手里持着一根长长的竹竿，背上还背着一个小铺盖卷。

三斜划着一根火柴，照亮了来人那张清癯苍白的脸和两只大大的然而却是黯淡无光的眼睛。

"我是瞎子。面前的大叔、大哥、大婶子、大嫂子们，可能行个方便，找间空屋留我住一宿？"

五个人谁也没有吭气。他们先是用目光把小瞎子上上下下打量一遍，然后又彼此把目光投射到其他四个轮廓不清的脸上。

"瞎子，老子倒是想行行善，积点德讨个老婆，可惜家中只有一张三条半腿的床。"三斜嘲弄地说。

"那自然只好作罢。"瞎子心平气和地说，他的声音深沉凝重，每一个字都

---

① 孱：chán。

像是从胸腔里发出来的。

"黄掌柜，"瘸子方六道："你家二闺女才出嫁，不是有间闲房吗?"

"哎哟我的六哥呐，你难道忘了我的三闺女已经十五岁，她姐前脚出门，她后脚就搬进去了……还是麻子老弟家里宽敞，新盖了三间大瓦房。"

"我家宽敞不假，只是今日才去县里进了一批货，摆得没鼻子没眼，连插脚的地方也没有啊……方六哥，你家……"

"快甭提俺家，老爷子就差点没睡到狗窝里去了……"方六着急地嚷起来。

"既然如此，就不打扰了。多谢诸位乡亲。"小瞎子挥动竹竿探路，昂然向前走去。

"你们这些臭买卖主，就是他妈的会油嘴滑舌，这会儿要是来一个粉嫩的——像花大姐一样的女人找宿，有十个也被你们抢走了，三爷我……"

"滚你娘个蛋!"没等三斜说完，花茉莉就将保温杯里的残茶十分准确地泼到他的脸上。然后，她将折叠椅夹在胳肢窝里，几步赶上去，拉住小瞎子的竹竿，平静地说："跟我来吧，慢着点走，这是下堤的路。"

"谢谢大嫂。"

"叫我大姐吧，他们都这样叫。"

"谢大姐。"

"不必。"

花茉莉再没说什么，小心翼翼地牵着小瞎子走下河堤，转到麻石铺成的街上。站在堤上的四个人听到了花茉莉的开门关门声，看到了从花茉莉住室的苹果绿窗帘里边突然透出了漂亮而柔和的光线。花茉莉晃动的身影投射到薄如蝉翼的窗帘上。

河堤上，三个买卖人互相打量着，交换着迷惘的目光，他们好像要说点什么，但终究什么也没有说，彼此点点头，便连连打着呵欠，走回家去睡觉。他们都已过中年，对某些事情十分敏感而机警，但对某些事情的反应却迟钝起来，花茉莉把一个小瞎汉领回家去寄宿，在他们看来虽然有点不可思议但又毕竟是顺理成章，因为他们的家中虽然完全可以安排下一个小瞎子，但比起花茉莉家来就窄巴得多了。花茉莉一人独住了六间宽敞明亮的瓦房，安排三五个小瞎子都绰绰有余。因此，当小瞎子蹒跚着跟在花茉莉身后走下大堤时，三个人竟不约而同地舒出了一口如释重负的长气。

唯有泼皮无赖三斜被这件事大大震惊了。花茉莉的举动如同电火雷鸣猛击了他的头顶。他大张着嘴巴，两眼发直，像木桩子一样揳在那儿。一直等到三个买卖主也摇摇摆摆走下河堤时，他才真正明白过来。在三斜眼里，这可是一件非同小可的事情，他心里充满醋意与若干邪恶的念头，他的眼睛贪婪地盯着花茉莉映在窗帘上的倩影与小瞎子那一动不动的身影，嘴里咕咕噜噜吐出一连串肮脏的字眼。

现在该来向读者介绍一下花茉莉其人了。如果仅从外表上看，那么这个花茉莉留给我们的印象仅仅是一个妩媚而带着几分佻薄的女人。她的那对稍斜的眼睛使她的脸显得生动而活泼，娇艳而湿润的双唇往往使人产生很多美妙的联想。然而，无数经验告诉我们，仅仅以外貌来判断一个人的内心世界，往往要犯许多严重的错误。人们都要在生活中认识人的灵魂，也认识自己的灵魂。

花茉莉不久前曾以自己的离婚案轰动了，震撼了整个马桑镇。那些日子里，镇上的人们都在一种亢奋的、跃跃欲试的情绪中生活，谁也猜不透花茉莉为什么要跟比自己无论各方面都要优越的、面目清秀、年轻有为、在县政府当副科长的丈夫离婚。人们起初怀疑这是那个小白脸副科长另有新欢，可后来得知小白脸副科长对花茉莉一往情深，花茉莉提出离婚时，他的眼泡都哭肿了。镇上那些消息灵通人士虽想千方百计地打听到一些男女隐私桃色新闻一类的东西，但到底是徒劳无功。据说，花茉莉提出离婚的惟一理由是因为"副科长像皇帝爱妃子一样爱着她"。这句话太深奥了，其中包含的学问马桑镇上没有什么人能说清楚。泼皮三斜在那些日子里则充分发挥了他的想象力，把茉莉花酒店女老板描绘成了民间传说中的武则天一样淫荡的女人，并抱着这种一厢情愿的幻想，到茉莉花酒店里去伸鼻子，但每次除了挨顿臭骂之外，并无别的收获。

花茉莉一开灯，就被小瞎子那不凡的相貌触动了灵魂。他有着一个苍白凸出的前额，使那两只没有光彩的眼睛显得幽邃静穆；他有着两扇大得出奇的耳轮，那两扇耳轮具有无限蓬勃的生命力，敏感而灵性，以至于每一个细微的声响都会使它们轻轻颤动。

花茉莉在吃喝上从不亏待自己，她给小瞎子准备的夜餐也是丰富无比，有香嫩的小烧鸡和焦黄的炸河虾，还有一碟子麻酱拌黄瓜条，饭是那种细如银丝的精粉挂面。吃饭之前，花茉莉倒了一杯黄酒递给小瞎子。

"你喝了这杯黄酒吧。"

"大姐，我从来不喝酒。"

"不要紧，这酒能活血舒筋，度数很低。"

小瞎子沉思片刻，端起酒来一饮而尽。然后便开始吃饭。小瞎子食欲很好，他大嚼大咽，没有半点矫揉造作，随便中透出几分潇洒的气派来。花茉莉目不转睛地盯着他，她的心中一时充满了甜蜜的柔情。

花茉莉把小瞎子安置在东套间里，自己睡在西套间。临睡前，她坐在床上沉思了约有一刻钟，然后"啪"一声拉灭灯。

这时，河堤上的三斜才一路歪斜地滚下堤去。

第二天，马桑镇上正逢集日。早晨，温暖的紫红朝霞里掺着几抹玫瑰色的光辉。一大早，麻石街上就人流如蚁，高高低低的叫卖声不绝于耳。瘸子方六、秃子黄眼和麻子杜双的买卖都早已开张，黄眼在饭铺门前支上了油条锅，一股股香气弥漫在清晨的麻石街上，撩动着人们的食欲。然而，往日买卖兴隆的茉莉花酒店却大门紧闭，悄然无声。在以往的集日里，花茉莉是十分活跃的，她把清脆的嗓子一亮，半条街都能听到，今日里缺了她这声音，麻石街上就显得有些冷冷清清。炸着油条的黄眼，提壶续水的方六，以及正在给顾客称着盐巴的杜双都不时地将疑问的目光向茉莉花酒店投去。他们都显得心事重重，焦虑不安，一种莫名其妙的情绪噬啮①着他们的神经。

三斜肿着眼泡在集市转了一遭。在黄眼铺子前，他顺手牵走了一根油条，然后诡诈地笑笑，附在黄眼耳朵上说了一通鬼话。黄眼呆呆地瞪着眼，把油条糊在锅里。三斜看着他的呆相，趁便又抓了一把油条，溜走了。在方六茶馆里，杜双小店里，他又故伎重演，获得了物质与精神上的双丰收后，便跑到不知哪个角落里去了，麻石街上一整天没看到他的影子。

一个惊人的消息在小镇上迅速传开。不等集市散场，全镇人都知道了花茉莉昨天夜里将一个小瞎子领到家里留宿。据说，花茉莉与小瞎子睡在一张床上，花茉莉搂着小瞎子"巴唧巴唧"的亲嘴声，站在八隆河大堤都听得清清楚楚……

已经开始有一些女人鬼鬼祟祟地将脸贴在茉莉花酒店的门缝上向店里张望。但花茉莉家是六间房分两排，前三间是酒店的操作间、柜台、客座，后排

---

①　噬啮：shìniè。

三间是花茉莉的住室。两排房子用两道高墙连起来，形成了一个十分严密的二合院。因此，趴在酒店大门缝上往里张望，看到的只是一些板凳桌子，院子里的情景被墙壁和后门遮掩得严严实实。不死心的女人又绕到院墙外边去找机会，但院墙很高，青天白日扒人家墙头又毫无道理，因而，只有蹲在墙根听些动静。院子里传出辘轳绞水的"吱哟"声和涮洗衣服的"咕唧"声。

整整一天，茉莉花酒店大门紧闭，花茉莉一直没有露面。黄昏时分，流言蜚语更加泛滥开来，马桑镇上的人们精神上遭受着空前的折磨。一个男人住在一个女人家里，人们并不十分认为这是一件多么大的丑闻，折磨他们的主要是这件谜一般的事情所撩动起来的强烈好奇心。试想，一个风姿绰约的女人，把一个肮脏邋遢的小瞎子留在家中已经一天一夜，这件事该有多么样的荒诞不经。

后来，有几个聪明的人恍然大悟地爬上了八隆河大堤往花茉莉院子里张望，他们看到，在苍茫的暮色中，花茉莉步伐轻松地收着晾晒的衣服，那个小瞎子踪影不见。

当然，对这席卷全镇的流言蜚语，也有不少人持怀疑批判态度，他们并不相信在花茉莉和小瞎子之间会发生暧昧的事情。像花茉莉这样一个心高性傲的女人，一般的男子都被她瞧不起，难以设想一个猥琐的小瞎子竟会在短短的时间里唤起她心中的温情。然而，他们也无法否认，茉莉花小酒店里也许正在酝酿着一件不平凡的事情，这种预感强烈地攫住了人们的心。

晚风徐徐吹动，夜幕悄然降临。花茉莉当然不会再来八隆河堤上放风，但大堤上却汇集了几十个关心着茉莉花酒店的人。昨晚上的四个人都在，他们已经数十次地讲述昨晚的经历，甚至为一些细节譬如小瞎子身上布袋的数目和形状、小瞎子个头的高低以及手中竹竿的长度争论得面红耳赤。人们终于听腻了他们的故事，便一齐沉默起来。这天晚上半阴半晴，天空浮游着一块块奇形怪状的云团。月亮忽而钻进云团，忽而又从云团里钻出来。大堤上时而明朗，时而晦暗，大堤上的人们时而明白，时而糊涂。不时有栖鸟在枝头"扑梭"几声。槐花香也愈加浓烈。堤上的人们仿佛沉入了一个悠长的大梦之中。

时间飞快地流逝着，不觉已是半夜光景。堤上的人们身上发冷，眼皮沉重，已经有人开始往堤下走去。就在这时候，花茉莉住室的房门打开了。两个人影，一高一低——苗条丰满的花茉莉和小巧玲珑的小瞎子走到院子里来，花茉莉摆好了她平常坐的折叠椅，招呼着小瞎子坐上去，自己则坐在一把低矮的小凳上，双肘支颐，面对着小瞎子。人们都大睁开惊愕的眼睛，注视着两个男女。大堤上异常安静，连一直喋喋不休的三斜也闭住了嘴巴。八隆河清脆细微的流水声从人们耳畔流过，间或有几只青蛙"嘎嘎"叫几声，然后又是寂静。突然，从院子里响起了一种马桑镇居民多少年没听过的声音，这是小瞎子在吹箫！那最初吹出的几声像是一个少妇深沉而轻软的叹息，接着，叹息声变成了委婉曲折的呜咽，呜咽声像八隆河水与天上的流云一样舒展从容，这声音逐渐低落，仿佛沉入了悲哀的无边大海……忽而，凄楚婉转一变又为悲壮苍凉，声音也愈来愈大，仿佛有滔滔洪水奔涌而来，堤上人的感情在音乐的波浪中起伏。这时，瘸子方六仰着脸，眼睛似闭非闭；黄眼把头低垂着，"呼哧呼哧"喘着粗气；麻子杜双手捂着眼睛；三斜的眼睛睁得比平时大了一倍……箫声愈加苍凉，竟有穿云裂石之声。这声音有力地拨动着最纤细最柔和的人心之弦，使人们沉浸在一种迷离恍惚的感觉之中。

箫声停止了，袅袅余音萦回不绝。人们怀着一种甜蜜的惆怅，悄悄地走下堤去，消失在小镇的四面八方。

第二天，淅淅沥沥地下起雨来，人们无法下地干活，便不约而同地聚拢到小镇的"商业中心"消磨时光。而一大清早，茉莉花酒店就店门大开，花茉莉容光焕发地当垆①卖酒，柜台里摆着几十只油汪汪的烧鸡和几十盘深红色的油氽花生米，小酒店里香气扑鼻，几十个座位很快就坐满了。人们多半怀着鬼胎，买上两毛钱的酒和二两花生米慢慢啜着，嚼着，眼睛却瞥着花茉莉。花茉莉仿佛全无觉察，毫不吝啬地将她的满面笑容奉献给每一个注视着她的人。

终于，有个人熬不住了，他走上前去，吞吞吐吐地说："花大姐……"

"怎么？来只烧鸡？"

"不，不……"

"怕你老婆罚你跪是不？男子汉大丈夫，连只小烧鸡都不敢吃，窝囊！那些票子放久了要发霉的！"

"来只就来只！花大姐，别把人看扁了。"

"好！这才是男子汉的气魄。"

花茉莉夹过一只鸡往小台秤上一放，麻利地约约②斤两，随口报出钱数：

---

① 垆：lú。
② 约约：yāoyāo。

"二斤七两，四块零五分，五分钱饶你，给四块钱。"

那人付了钱，却不拿鸡离开，他很硬气地说道："花大姐，听说你家来了个吹箫的，能不能请出来让俺们见识见识？"

"花大姐，把你的可心人小宝贝请出来让爷们看看，捂在被窝里也会发霉的。"不知什么时候钻进酒店的三斜阴阳怪气地说。

花茉莉满脸通红，两道细眉竖了起来，这是她激怒的象征。人们生怕她冲出柜台把三斜用刀劈了，便一齐好言劝解，花茉莉这才渐渐平静下来。

那买鸡汉子又说："花大姐，俺们被他的箫声给迷住了，你让他给乡亲们吹一段，咱请他吃顿烧鸡。"

花茉莉慢腾腾地用毛巾擦净油腻的手，意味深长地点点头，便向后屋走去。好大一会儿，她才牵着小瞎子的手，穿过飘落着细雨的小院，来到酒客们面前。

三斜惊异地发现，小瞎子已经完全不是前天晚上那副埋汰样子了。他浑身上下的衣服洗得干干净净，熨得平平展展，头发梳理得蓬松而不紊乱，好像还涂了一层薄薄的发蜡。

马桑镇上的人从来没有见过如此体面的瞎子。

小瞎子优雅地对着众人鞠了一躬，用悦耳的男中音说："我是半路眼瞎，学习民乐是瞎眼之后开始的，时间还不长，勉强会几个曲子，不像样。不过乡亲们一片盛情难却，我也就不避谫①陋，甘愿献丑。只是那洞箫要在月夜呜咽，方显得意境幽远，情景交融。白天吹箫，当然也可，但意趣就差多了。幸而本人还可拉几下二胡，就以此谢乡亲们一片真情吧！"

这一番话说得温文尔雅，更显得小瞎子来历不凡。早有人搬过来一只方凳，小瞎子端坐下来，调了调弦，屏住呼吸默想片刻，便以极其舒缓的动作运起弓来，曲子轻松明丽，细腻多情，仿佛春暖花开的三月里柔媚的轻风吹拂着人们的脸庞。年轻的可以从曲子里想象到缱绻②缠绵的温存，年老的可以从曲子里回忆起如梦如烟的往事，总之是有一股甜蜜的感觉在人们心中融化。人们忘了天，忘了地，忘了一切烦恼与忧愁。花茉莉俯身在柜台上，双手捧着腮，眼睛迷离着，面色如桃花般鲜艳。后来，小瞎子眼前幻化出枯树寒鸦，古寺疏

---

①　谫：jiǎn。

②　缱绻：qiānquǎn。

钟，平沙落雁，残月似弓，那曲子也就悲怆起来，马桑镇的听众们突然想起苍茫的深秋原野与在秋风中瑟瑟发抖的槐树枯枝……小瞎子的二胡又拉出了几个波澜起伏的旋律之后，人们的思维就会被音乐俘虏，他们的心随着小瞎子的手指与马尾弓子跳跃……

一曲终了，小瞎子端坐不动，微闭着黯淡无光的眼睛，额头白得像纸一样，两只大得出奇的耳朵神经质地抖动着。每一个人的眼睛都潮湿起来，花茉莉则将两滴泪珠挂在长长的睫毛上，她面色苍白，凝目痴望着麻石街上的蒙蒙细雨。

当小瞎子的二胡拉响时，方六茶馆、黄眼饭铺、杜双小卖部里的顾客就像铁屑寻找磁石一样跑进了酒店。窄窄的麻石街上阒①无人迹。雨丝落到麻石板上，溅起小小的银色水珠。偶尔有几只羽毛蓬松的家燕掠着水汪飞过去。间或一阵风起，八隆河堤上开始凋谢的槐花瓣儿纷纷跌落在街道上。方六、黄眼、杜双都寂寞地坐在门口，目光呆滞地瞅着挤满人的酒店，谁也猜不透他们心里想的是什么。

自从下雨那天小瞎子再次大展奇才后，镇上那些污言秽语便销声匿迹了。连那些好奇心极重、专以搬弄口舌为乐的娘儿们也不去议论小瞎子与花茉莉之间是否有风流韵事。因为这些娘儿们在最近的日子里也都有幸聆听了小瞎子魅力无穷的音乐，小瞎子魔鬼般地拨动着她们的柔情，使她们一个个眼泪汪汪，如怨如慕。一句话，小瞎子已经成了马桑镇上一个神秘莫测高不可攀的人物，人们欣赏畸形与缺陷的邪恶感情已经不知不觉地被净化了。

在这些日子里，八隆公路的路胎已被隆隆的压路机压得十分坚硬，铺敷路面的工程开始了。一批从农村临时抽调的铺路工驻进了马桑镇，马桑镇上，整天都可听到镇后公路上铺路工粗犷的笑骂声，空气中弥漫着熔化沥青的刺鼻臭味。到了晚上，铺路工们把整个镇子吵得鸡飞狗叫，喧嚷异常。这帮子铺路工多半是正处在精力过剩阶段的毛头小伙，腰里又有票子，于是在晚饭后便成群结队的在街上瞎逛，善于做买卖的"商业中心"主人们，便一改黑天关门的旧俗，把主要精力放到做夜市上来。花茉莉当然不会错过这赚钱的良机，她买卖不错，小酒店每晚上都满座，每天烧二十只鸡，一忽儿就被抢光。

---

① 阒：qù。

在夜市乍开的一段时间里，"商业中心"的其他三家主儿生意也是不错的。方六、黄眼也开始兼营酒菜，酒的质量与菜的味道也不比茉莉花酒店差，因此，每天晚上他们的客座上也几乎是满的。后来，局面却发生了根本性的变化。原因是在一天晚上，俏丽的茉莉花酒店主人正在明亮的柜台里做着买卖的时候，从幽静的后院里石破天惊般地响起了琵琶声。小瞎子独坐梧桐树下，推拉吟揉，划拨扣扫，奏出了银瓶乍裂，铁骑突出，珠落玉盘，间关莺语般的乐音。从此，茉莉花酒店生意空前兴隆，花茉莉不得不把后院拉起大灯泡，露天摆起桌子，或者干脆打地摊，以容纳热心的听众兼酒徒。而小瞎子也施展开了他的十八般武艺，将他的洞箫、横笛、琵琶、二胡、唢呐通通从布袋里拿出来，轮番演奏，每夜都要闹腾到十二点才睡。几十个有一点音乐细胞的小伙子，就连中午休息那一点时间也要跑到茉莉花酒店来，听小瞎子讲几段乐理，讲几个譬如《阳春白雪》、《大浪淘沙》之类的古曲。

与此同时，茉莉花酒店的营业额直线上升，麻子杜双小卖部积压日久的三百瓶白酒被花茉莉连箱搬过，也不过维持了半个月光景，杜双赶紧又去县城进了五百瓶白酒，又被茉莉花一下趸①了过来。顾客们对花茉莉的烧鸡、油氽花生也是大加赞赏，花茉莉白日里马不停蹄地忙碌一天，到晚上还是供不应求。

铺路工已经在镇上住了两个月，虽然他们的工作点离小镇越来越远，很有搬迁的必要了，但他们得拖就拖，宁愿多跑点路也心甘情愿。

现在该回过头来说一说爱情这个永恒的主题了。究竟是什么原因促使花茉莉甘冒流言蜚语败坏声誉的危险收留下小瞎子的呢？这在当时确实是一个谜，只是当有一天晚上茉莉花酒店关门挂锁，花茉莉与小瞎子双双匿迹之后，马桑镇的人们才省悟到这是出于爱情的力量。

像花茉莉这样一个泼辣漂亮决不肯依附别人的女人，常常会突如其来的作出一些连她自己都会感到吃惊的决定。当然，这些决定更令旁观者瞠目结舌。譬如她与前夫的离婚就是这样。那天晚上，当她领着小瞎子走下河堤时，是否就爱上了他呢？这个问题谁也说不清。不过根据常理分析，促使她那样做的恐怕主要是同情心和恻隐心；假如这个分析是对的，那么这种同情、恻隐之心是

---

① 趸：dǔn。

怎样发展何时发展成为爱情的呢？这个问题我想就不必解释了。反正，她被一种力量彻底改造了确是无疑的。从前的花茉莉是令人望而生畏的，她风流刻薄，伶牙俐齿，工于心计，常常想出一些刁钻古怪的主意整治那些得罪了她的人。连她的笑容，也是令人不寒而栗的。自从小瞎子进店之后，花茉莉的笑容才真正带出了女人的温情，她微微斜视的眼睛里消失了嘲弄人的意味，连说话的调门也经常降低一个八度。对待顾客是这样，而她对待小瞎子的态度，更是能把三斜之流的人物折磨得神经错乱。当一天的紧张劳动结束后，她常常和小瞎子在院子里对面而坐，眼睛紧盯着他，半天也不说一句话。小瞎子的脸尤其是那两只充满感情色彩的大耳朵使她心旌摇荡。小瞎子对花茉莉来说，好像是挂在八月枝头上一颗成熟的果子，她随时都可以把它摘下来一口吞掉。然而她不愿意这样做。她更愿意看着这颗果子挂在枝头闪烁诱人的光彩，她欣赏着这颗果子并且耐心地等待着，一直等到这颗熟透的果子散发着扑鼻的清香自动向地面降落时，她再伸手把它接住。那么，现在最重要的任务就是要保护这颗果子，以免落入他人之手。

修筑八隆公路的筑路工们，终于不得不卷起铺盖搬家了。他们的施工点已距马桑镇二十华里，再这样来回跑势必大大窝工，因此，筑路队领导下了强制性命令。

筑路工走了，但开了头的马桑镇"商业中心"夜市却继续了下来。镇上劳动了一天的人们并不想吃过晚饭倒头就睡，他们需要精神上的安慰与享受，他们需要音乐。当然，从收音机里也可以听到音乐，但那与小瞎子的演奏简直不能比。虽然小瞎子能够演奏的乐曲他们都已听过，但这些曲子他们百听不厌，每听一遍都使他们感叹、唏嘘不止。对此，小瞎子开始良心不安起来，演奏前，他总是满面羞愧地说："这怎么好意思，老是这几个曲子……我的脑子空空了，我需要补充，我要去搜集新的东西……"然而，那些他的崇拜者却安慰道："兄弟，你别犯傻，到哪儿去？到哪儿去找花大姐这样一个女菩萨？再说，你会的这些曲子就尽够俺们享用了，好东西百听不厌。就像花大姐卖的烧酒，俺们天天喝，从来没烦过，每一次喝都那么上劲，一口下去，浑身舒坦，你这些曲子呀，嗨嗨，就跟花大姐的烧酒一样……"当听到酒徒们把自己的音乐与花大姐的烧酒相提并论时，小瞎子的脸变得十分难看，他的两扇大耳朵扭动着，仿佛两个生命在痛苦地呻吟。那晚上的演奏也极不成功，拉出的曲子像掺了沙子的米饭难以入口一样难以入耳。

时间飞驰前进，不觉已是农历八月尽头。秋风把成熟的气息从田野里吹来，马桑镇四周的旷野上，青翠的绿色已逐渐被苍褐的黄色代替。八隆河堤上的槐叶滴零零地打着旋飘落，飘落在河中便起起伏伏地顺水流去。自从那次失败的演出之后，小瞎子仿佛添了心事，他的饭量大减，有时还呆坐着发愣。花茉莉施出全副本领为他改善伙食。为了替他解闷，还经常拉着他的手到八隆河堤上散步。当她和他漫步大堤时，镇上的一些娘儿们就指指点点地说："瞧啊，这是多么般配的一对！小瞎子胜过副科长一百倍哩……"听到这些议论，花茉莉总是心满意足地笑着，脸上浮现出痴迷迷的神情；但小瞎子却往往变得惶惶不安起来，赶紧找上个借口让花茉莉领他回家。

九月初头，马桑镇后县里兴建的榨糖厂、帆布厂厂房建成，不几天，就有成群的卡车满载着机器沿着新修的八隆公路开来，随着机器的到来，大群的工人也来了。这对于马桑镇"商业中心"来说，无疑是一个重大的喜讯。还有更加惊人的消息呢，据说，马桑镇周围的地层下，蕴藏着丰富的石油，不久就要派钻井队来开采，只要这里变成大油田，那小小的马桑镇，很可能就是未来的马桑市的前身……对于这些，花茉莉做出了快速反应，她到县木器厂订购了一批桌椅，又购了一批砖瓦木料，准备在院子里盖一个简易大餐厅，进一步扩大经营规模，她还托人去上海给瞎子买花呢西服黑皮鞋——这是为小瞎子晚上演奏准备的礼服。最后，她请镇上最有名的书法家写了一块"茉莉花音乐酒家"的匾额，高高地挂在了瓦檐之下。宏伟的计划使花茉莉生动的面孔闪烁着魅人的光彩。她毫无保留地把自己的计划说给小瞎子听，语言中已经不分你我，一概以我们称之。小瞎子对花茉莉的计划感到惊叹不已，认为这个女人确实不简单。而听到自己将在这个安乐窝里永远充当乐师时，他的脸上出现了踌躇不快的神情。花茉莉推他一把，娇嗔道："瞧你这个人，又犯哪家子愁！你说，你还有什么事不顺心……"

关于马桑镇光辉前景的传说，自然也在方、黄、杜三人心中激起了波澜，他们看到花茉莉一系列轰轰烈烈的举动，尤其是看到那块"茉莉花音乐酒家"大匾额，心里酸溜溜的不是滋味。他们自信本事都不在花茉莉之下，而花茉莉能够如此猖獗，挤得他们生意萧条，实在是借助了小瞎子的力量。至此，他们不由地都后悔当初没把小瞎子领回家中，而让花茉莉捡了个便宜。据麻子杜双计算，四个月来，花茉莉少说也净赚了三千元，而小瞎子仅仅是吃点鸡杂碎。

这小瞎子简直就是棵摇钱树，而一旦马桑镇上机器轰鸣起来，这棵摇钱树更将大显神通，这个女人不久就会成为十万元户主的。

这天下午，方、黄、杜聚在茶馆里谈论这件事情。方六建议三人一起去跟花茉莉公开谈判。杜双起初犹豫不决，生怕得罪了花茉莉无法处理积压白酒，但又一想，去探探口风，伺机行事，料也无妨，也免得得罪方、黄，于是就答应了。

三人商议停当，便跨过麻石街，走进了"茉莉花音乐酒家"。正是农忙季节，店里没有顾客。花茉莉正在灶上忙着，为晚上的营业做准备。一看到方、黄、杜到，她连忙停下活儿相迎。她一边敬烟一边问："三位掌柜屈驾光临，小店增辉哪！不知三位老哥哥有啥吩咐！"

"花大姐，"方六捻着老鼠胡子说："你这四个月，可是大发了！"

"那也比不上您呐，方掌柜！"

"嘻嘻，花大姐挤兑人喽，俺这三家捆在一起也没有您粗呐！"

"花大姐，"黄眼道，"您这全沾了小瞎子的光哟！"

"此话不假。"花茉莉撇撇嘴，挑战似的说。

"花大姐，您看是不是这样，让小瞎子在咱们四家轮流坐庄，要不，您这边丝竹一响，俺那边空了店堂。"方六说。

"什么？哈哈哈……真是好主意，亏你们想得出，想把人从我这挖走？明告你们吧，没门！"

"花大姐，说实话难听——这小瞎子可是咱四个人一块发现的，你不能独占花魁哪！"

"放屁！"花茉莉柳眉倒竖，骂了一声，"想起那天晚上，你们三个人支支吾吾，一个个滑得赛过泥鳅，生怕他腌臜了你们那臭店，连个宿都不留。是我把他领回家中，热酒热饭招待。这会儿看他有用处了，又想来争，怎么好意思张你们那张臭嘴！呸！"

"花大姐，说话别那么难听。俗话说，'有饭大家吃，有钱大家赚'，好说好商量，撕破了脸子你也不好看。"

"你能怎么着我姑奶奶？"

"花大姐，你与小瞎子非亲非故，留他长住家中，有伤风化。再说，现如今是社会主义，不兴剥削劳动力，你让小瞎子为你赚钱，却分文不给他，这明明就是剥削，法律不允许……"

"你怎么知道我跟他非亲非故？"

"难道你真想嫁给他不成？"

"我就是要嫁给他！我马上就去跟他登记结婚。他是我的男人，我们两口子开个夫妻店，不算剥削了吧？你们还有什么屁放？"

"我每月出一百元雇他！"

"我出二百！"

"滚你们的蛋吧，一千我也不卖！"

花茉莉干净利索地骂走了方、黄、杜，独自一人站在店堂里生气。她万没想到，三个老滑头竟想把熟透的果子摘走。是时候了，该跟小瞎子挑明了。

她顾不得干活了，一把撕下围裙，推开了虚掩着的后门。

她愣住了。

小瞎子直挺挺地站在门外，像哲学家一样苦思冥想，明净光洁的额头上竟出现了一道深深的皱纹。

他那两只耳朵、两只洞察秋毫之末的耳朵，在可怕地扭动着。

好戏就要开场。

"你全听到了？"

小瞎子点点头。

花茉莉一下子把他紧紧搂在怀里，用火热的双唇亲吻着那两只大耳朵，嘴里喃喃地说着："我的好人儿，果子熟了，该摘了……"

小瞎子坚决地从花茉莉怀里挣脱出来，他的嘴唇哆嗦着，呜呜咽咽地哭起来。

"好人儿，你把我的心哭碎了，"花茉莉掏出手绢揩着他的泪水，"咱们结婚吧……"

"不、不、不！"小瞎子猛地昂起头，斩钉截铁地说。

"为什么？！"

"不知道……"

"难道我配不上你？难道我有什么地方对不起你？我的小瞎子……你看不见我，你可以伸手摸摸我，从头顶摸到脚后跟，你摸我身上可有半个疤？可有半个麻？自从你进了我的家门，你可曾受了半点委屈？我是一个女人，我想男人，但我不愿想那些乌七八糟的男人，我天天找啊，寻啊，终于，你像个梦一样的来了，第一眼看到你，我就想，这就是我的男人，我的亲人，你是老天给我的宝贝……我早就想把一切都给了你，可是我又怕强扭的瓜不甜，我怕浇水多了反把小芽芽淹死，我等啊等啊，一点一点地爱着你，可你，竟是这般绝情……"花茉莉哽咽起来。

"花大姐，你很美——这我早就听出来了，不是你配不上我，而是我配不上你。你对我的一片深情，我永远刻在心上，可是……我该走了……我一定要走了……我这就走……"

小瞎子摸摸索索地收拾行李去了。花茉莉跟进屋，看着他把大小口袋披挂上身，心里疼痛难忍，眼前一黑，便晕了过去。

等花茉莉醒来时，小瞎子已经走了。

当天晚上，茉莉花音乐酒家一片漆黑。借着朦胧的月光，人们看到酒家大门上挂着一把大铁锁，谁也不知道发生了什么事。三斜在人堆里神秘地说，傍黑时，他亲眼看见小瞎子沿着河堤向西走了，不久，又看到花茉莉沿着河堤向西追去。追上了没有呢？不知道。最后结局呢？

……

八隆公路从马桑镇后一直向东延伸着，新铺敷的路面像镜子一样泛着光。如果从马桑镇后沿着公路一直往东走出四十里，我们就会重新见到那帮子铺路工，马桑镇的老朋友。他们的沥青锅依然散发着刺鼻的臭气，他们劳动时粗鲁的笑骂依然是那么优美动听。

这天中午，十月的太阳毫不留情地抚摸着大地，抚摸着躺在八隆公路道沟里休息的铺路工们。西南风懒洋洋地吹过来，卷起一股股弥漫的尘土，气氛沉闷得令人窒息。忽然，一个嘶哑的嗓子哼起了一支曲子，这支曲子是那样耳熟，那样撩人心弦。过了一会儿，几十个嗓子一起哼起来。又过了一会儿，所有的嗓子一齐哼起来。在金灿灿的阳光下，他们哼了一支曲子又哼另一支曲子。这些曲子有的高亢，有的低沉，有的阴郁，有的明朗。这就是民间的音乐吗？这民间音乐不断膨胀着，到后来，声音已仿佛不是出自铺路工之口，而是来自无比深厚凝重的莽莽大地。

（选自莫言：《民间音乐》，沈阳，春风文艺出版社，2004 年。）

练习与思考

1. 小瞎子为什么拒绝花茉莉的爱情？

2. 为什么听了小瞎子的演奏后，"人们欣赏畸形与缺陷的邪恶感情已经不

知不觉地被净化了"？

　　3. 试分析小瞎子和花茉莉的人物形象。

　　4. 小说通过哪些细节建构了一个北方乡村小镇的典型故事环境？

　　5. 小说以写铺路工们不约而同地哼起了曲子而结束，这样的结尾有什么寓意？

▏赏析

　　《民间音乐》最初于1983年发表在河北地方刊物《莲池》第五期。2004年与莫言其他经典中短篇小说《透明的红萝卜》《红高粱》《白狗秋千架》等一起共十一篇结集为同名小说集《民间音乐》。

　　《民间音乐》引起了老作家孙犁的注意，认为"小说的写法，有些欧化，基本上还是现实主义的。主题有些艺术至上的味道，小说的气氛，还是不同一般的，小瞎子的形象，有些飘飘欲仙的空灵之感。"[①] 1984年，错过了解放军艺术学院报考时间的莫言带着《民间音乐》和孙犁的评价文章去见系主任徐怀中，这篇小说为莫言敲开了解放军艺术学院的大门。

　　《民间音乐》是莫言文学创作从传统写实手法向现代派转变的转折点。此前莫言作品被认为有水乡之风，是白洋淀风格的延续。但《民间音乐》的莫言已经不再完全依赖传统的写实手法，而是将视野放得更宽，开始了自觉的艺术探索。后来，莫言自己也认为，其成名作《透明的红萝卜》，在风格上是《民间音乐》的延续。[②]

　　《民间音乐》讲述了一个传奇式的故事：一位年轻的盲人流落到马桑镇，镇上的风云人物之一、茉莉花酒店的店主花茉莉收留了他，由此惹来镇上人们的流言蜚语。善于演奏乐器的小瞎子用他的音乐感染了人们，使人们的心灵得到净化。花茉莉爱上了小瞎子，但她的爱却促使小瞎子坚决地离开了。小瞎子走了，而他的音乐却留在了马桑镇。

　　《民间音乐》体现了莫言小说的一个突出特点，即深深的民间意识。

　　莫言构建了一个介于想象与现实之间的故事场景——马桑镇，这是一个典型的乡间小镇，傍河而立，有三五间小店组成的"商业中心"。小瞎子是位民

————————————

①　孙犁《读小说札记》，1984年4月14日《天津日报》。

②　莲池周刊电子版《莫言获奖是"水到渠成"》，http：//news. bdall. com/epaper/lczk/html/2012-10/19/content _ 295596. htm。

间艺人。他不卑不亢，求人而不贱己，举止有礼，言语得体。他会演奏各种传统民间乐器。其他人物如花茉莉、三斜，哪怕是着墨不多的方六、黄眼、杜双，也都惟妙惟肖，活脱脱的乡间商人、村里混混的形象。作者采用了中国传统小说的叙事方式，以第三人称讲述。行文带有民间说书艺术的特点，叙述如流水，插叙生枝节，娓娓道来，从容不迫，使得小说中的人物与故事具有一种神秘、传奇和洒脱。

《民间音乐》的主题是音乐与人的关系。故事是从小瞎子带着他的音乐于4月的一个晚上来到马桑镇开始，寻找落宿求助众人无果，小酒铺的女老板花茉莉收留了他。镇上那些自私而又庸俗的人们低俗趣味的猎奇心理被撩动了起来，他们本来就有着对某些事情怀有亢奋甚至恶意的好奇心的本能。风姿绰约而又离了婚的花茉莉收留了年轻男人小瞎子，这是一个极易滋生各种想象的话题。随着话题的发酵，镇里的舆论对音乐人小瞎子十分不利。在这种环境中小瞎子的音乐显示出无与伦比的净化人心的威力。月夜中小瞎子的箫声"有力地拨动着最纤细最柔和的人心之弦，使人们沉浸在一种迷离恍惚的感觉之中"，"人们怀着一种甜蜜的惆怅，悄悄地走下堤去，消失在小镇的四面八方"。雨天里的二胡曲"有一股甜蜜的感觉在人们心中融化。人们忘了天，忘了地，忘了一切烦恼与忧愁"。镇上的污言秽语销声匿迹了，"人们欣赏畸形与缺陷的邪恶感情已经不知不觉地被净化了"。

音乐在作者笔下无疑已成为真、善、美的代表，与世俗欲望对立着。小瞎子俨然就是音乐的化身。"当听到酒徒们把自己的音乐与花大姐的烧酒相提并论时，小瞎子的脸变得十分难看，他的两扇大耳朵扭动着，仿佛两个生命在痛苦地呻吟。"他不能容许把纯美高雅的音乐世俗化。音乐就是他的生命。大兴土木、商业气息逐渐浓厚的马桑镇代表了正在发生巨变的世俗民间。在这个环境中人们的心理也在悄然发生着变化，情欲、贪欲、占有欲等各种欲望的追求越来越强烈。花茉莉是一个精明强干的女性。她以富于同情心的善良接纳了孤苦流浪的小瞎子，对不期而至、寄人篱下，却又纯朴而富于才气、外陋而内秀的他表现出了由衷的好感。当发现了小瞎子的音乐天赋能集聚人气带来财气后又有意识地加以利用。在拒绝了方六等人争抢小瞎子的"轮流坐庄"建议后，果断对小瞎子表白了自己的爱慕之心。可被当作挣钱工具争抢的事实促使小瞎子决意离开。他拒绝了花茉莉的求婚，坚决地表示"我该走了……我一定要走了……我这就走……"小瞎子离开了马桑镇，花茉莉把酒店关门挂锁去追赶小瞎子了。故事没有给我们结局，却让我们对主人公的命运与前途充满了挂念和遐想。小瞎子离开了，他的音乐却留了下来。"这民间音乐不断膨胀着，到后来，声音已仿佛不是出自铺路工之口，而是来自无比深厚凝重的莽莽大地。"

莫言曾在小说《檀香刑》后记里说过，自己"写的是声音"。而《民间音乐》则是真正以"声音"为题。作者用音乐般的语言写出了箫、琵琶、二胡的音乐之魂，如描写雨中的音乐，写出了二胡声里的枯树寒鸦、古寺疏钟、苍茫的深秋原野、麻石板上溅起的银色水珠、掠着水汪飞过的家燕及正在凋落的槐花瓣儿，这一切构成了一幅幅绝美的画面。这来自民间的音乐净化了人们的心灵。当各种欲望与丑恶也随着社会的发展变化被激起的时候，拨开浮于表面的尘埃，原来真正的音乐——善与美存在于民间。

四、本章参考答案

散文的形制与艺术特点

"一个人平平常常走在路上——就像散文。

一个人忽然被推到水里——就成了小说。

一个人给大地弹射到月亮里——那是诗歌。"

有朋友曾经问著名作家冯骥才①"散文到底是什么"？他玩笑似的回答正好揭示了这个问题的本质。散文不用"绞尽脑汁、费劲设计"，写起来不刻意、不矫情。大体就是平常生活中那么一点感觉、一点情境、一点滋味……可这一点总归是难忘的、有所指的、娓娓道来的。

———————————

① 冯骥才（1942— ），当代著名作家、文学家、艺术家。多篇文章入选中小学、大学课本，如散文《珍珠鸟》。现任中国文学艺术界联合会执行副主席，中国小说学会会长，中国民间文艺家协会主席。是"文革"后崛起的"伤痕文学运动"代表作家，1985年后以"文化反思小说"对文坛产生深远影响。

一、散文的形制

其实，这看上去随意而成的文字最难定义。当代散文家秦牧[①]曾就散文与其他文体的比较说过这样的譬喻："散文与社科论文住隔壁，与报告文学、通讯、特写比邻而居。它还有个邻居叫诗歌，有个兄弟叫短篇小说，有个堂兄弟叫小品文……"如果再加上散文诗、散文小说，散文到底跟谁近跟谁远有时还真是难以分辨。概而论之的话，似乎除了诗歌、小说、戏剧文学之外的一切文字，都可以放入散文的大筐里。

能划归散文形制的文字种类很多。大都有着现实的功用，即那点现实记录和心灵感悟之间的微妙平衡。你想要用文字来记录难忘的生活轨迹时，有叙述、抒情、议论三种功能，散文因此而可分为记叙散文、抒情散文和议论散文。记叙散文叙述事件完整，描写人物形象鲜明，写景讲究情感倾注。抒情散文则以抒发主观情感为主，借景抒情和托物言志是常用手法。议论散文以议论为主，也有抒发情感的内容，但议论散文的情感是理智分析，抒情散文的情感是感悟触动。

当你想要用文字来记录不同内容时，散文因此而可分出文艺随笔、政论作品、读书笔记、日记书简、游记感录、知识小品、风土人物志……谈天说地是本色，抒情写趣是神采。凡能给人以思想启迪、美感体悟、情操陶冶，使人开阔视野、丰富知识、心旷神怡的，都可选作散文的题材。

二、散文的艺术特点

散文这种随性的气质很难用一种标准去看待它的艺术特点，大约就跟豆腐在中国菜里的功效相仿。豆腐的味道要看跟什么内容搭配，高低不论，荤素不忌，万种食材千般滋味都可以容纳升华。当散文撰写的内容、主旨不同时，娓娓道来的方式也就不同。与骈文相对时，散文是自由散

---

① 秦牧（1911—1992），中国作家、曾为中华书局广州编辑主任、《羊城晚报》副总编辑、暨南大学中文系主任、中国当代文学研究会副会长等。其文学活动涉及很多领域，主要有散文、小说、诗歌、儿童文学和文学理论等。

漫、务实功利；与诗歌相对时，散文是随性自然、舒展奔放；与小说相对时，散文又是本色示人、绘事后素①。

相较其他文体，散文总是素面朝天、不着妆色。因此它自由、现实、随性、自然、本色，能够真实地反映作者的性情，读者通过散文与作者发生的是不加掩饰的心灵沟通。沟通起点在真实，过程有知性与感性的差别，有短小灵活的表现，最终都会归结于一个"美"的最高点。

1. 真实性与纪实性

散文总是跟作者的个人生活密切相关的，真实是散文的出发点和根本点。散文中的情感流露总是真实经历的自然表现，因此散文的随性、不经意、不矫情都来源于真实这个最根本的特点。这种真实性要求散文在创作时带有纪实性的一面，同时作为艺术作品也不排斥细节的虚构性，"大实小虚"，即保持题材上的大体真实，也不排斥小细节上的部分虚构。

巴金如果没有对那段历史的真实体验，就不会有《巴金随想录》的问世，在与妻子相濡以沫的几十年风雨历程中，他的爱与痛都是真实发生如实记录的，至于《怀念萧珊》到底是看了哪张报纸的哪个版面这个细节倒可不必较真。如果没有（中国）台湾、德国两地的生活历练，龙应台也不会发出《重回旷野》的呼吁，骑楼的占地现象不仅台湾可见，厦门也随处可见，至于到底是被哪条路哪条街到底是哪家占道了，相信读者也不会在意。真实性是散文的出发点，落实成文便是纪实为主的特色，同时它又是艺术作品，虚实之间的把握便是散文感动你我的界限所在。

2. 知性与感性

诗人余光中在岳麓书院的演讲中曾谈道："一位真正的散文家必须兼具心肠与头脑，笔下才能兼具感性与知性"。散文如果没有知性或感性这两颗性格明珠，无异于日常流水账。小时候曾经学过的"形散神不散"，其中的"神"其实就是我们看文章时能与作者共鸣的知性或感性情感，这就是散文之所谓"文"的重要品质：理与趣。总要有所得，总要有些意思，这艺术品才称得上是艺术。

---

① 绘事后素，成语，出自《论语·八佾》："子夏问曰：'巧笑倩兮，美目盼兮，素以为绚兮，何谓也？'子曰：'绘事后素。'"本义是指美丽的姑娘是要打扮的，但打扮得出色是因为有比较好的底子。后比喻行事先简单浅近，后复杂深入。

　　胡适的《容忍与自由》条分缕析地告诉我们，自由能真正实现的前提是容忍，这里的"头脑"是对自由的理性分析，知性的美感行文之间俯仰皆是。《提醒幸福》里毕淑敏用独特的视角感触幸福、捕捉幸福、提醒幸福，这里的"心肠"是对身边点滴幸福的感性展现。林语堂论述《中国人的德性》时，历史政治人物的分析用"头脑"，清晰有力；性格风俗逸事的讲述则用"心肠"，幽默灵性。好的散文，总是能看到一个完整的作者，这个完整包括他作为人的"心肠与头脑"两个部分。

　　3. 短小篇幅与灵活形式

　　秦牧在 1957 年曾经这么概括过散文："散文一般篇幅较短，篇幅短，写起来虽然有它方便的地方，但要写得短而又好，又不可避免有它的独特的要求。一座大山上有小堆的乱石，时常无损于大山的壮观。但如果一个小园中有一堆乱石，就很容易破坏园林之美。同样道理，短小的文章特别需要写得简洁和优美，任何的败笔冗笔在篇幅短小的文章中，时常显得格外刺眼和难于掩饰。"要想在方寸之间做好功夫，对材料、结构的把握就要格外用心。散文一般来说不长，80 年代以来的大散文、文化散文的风潮过去后，散文又开始回归它应有的清秀本色。因为短小，必须精致，其结构形式就要求灵活多样。

　　散文取材广泛、功能繁多，可以以事件、人物、环境、情感等多角度为中心结构；也可以采取多种表达手段，叙述、描写、议论、抒情、说明、暗示、象征、比兴、联想等是常用手法。一部《论语》中有中国成语的半壁江山，到今天它依然是言简意赅的典型代表，《又是一年芳草绿》简略几笔通感便带出了老舍对幽默的看法。散文正是用这种四两拨千斤的表达手段，使得诗意和理趣盎然呈现在尺幅之间。

　　4. 美，必须美

　　生活里谁没有感悟和触动，谁不会写个把文字段子？若想成就一篇好散文，有生活是基础，有感悟是起点，有方法手段是条件，最后还是要看它美不美，才能上升为艺术作品。

　　美学大师宗白华[①]先生这样总结如何认识美：你如果要进一步认识美，你可以分析她的结构、形象、组成的各部分，得出"谐和"的规律、

[①]　宗白华（1897—1986），中国现代新道家代表人物、哲学家、美学大师、诗人，南大哲学系代表人物。他把中国体验美学推向了极致，著有《美学散步》《艺境》。

"节奏"的规律、表现的内容、丰富的启示，而不必顾到你自己的心的活动。你越能忘掉自我，忘掉你自己的情绪波动，思维起伏，你就会像一面镜子，照见了一个世界，丰富了自己，也丰富了文化。

散文美也如出一辙，从形式上你可以看到语言的美、结构的美；从内容上你可以看到正义的美、善良的美；从风格上你可以看到知性的美、感性的美；从意境上你可以看到写实的美、写意的美。但这些并不够，散文的美要如何理解？梭罗独居瓦尔登湖两年两个月，远离工业文明，青山静湖岁月年景，他说"一个人若生活得诚恳，必然得生活在远方"。如果你也被大小屏幕主宰的日常生活追逐得身心疲惫，读到这里也必定心有戚戚。《湖心亭看雪》全文百余字，却勾勒出旷古奇景、天地有大美不言的意境。张岱一生的崎岖坎坷化为湖心亭雪景里的一痕、一点、一芥，举重若轻、翩若游鸿，散文里的人事景都让位于这份气度与神韵，此乃大美。

散文之美大抵也在此，关键在于文中的那点感觉、那点情绪、那点滋味有没有勾起你的难忘，有没有点燃你的思索。它有没有带你照见了世界，有没有丰富了阅读中的每一个"你"。若有，散文之美便落实了。

参考文献

1. 朱自清：《谈经典》，沈阳，万卷出版公司，2008 年。

2. 文畅、孙武臣：《80 名家谈散文创作》，载《文学自由谈》，2002（5）。

3. 宗白华：《美学散步》，上海，上海人民出版社，1981 年。

4. 秦牧：《艺海拾贝》，上海，上海文艺出版社，1962 年。

练习与思考

1. 散文的定义和种类。

2. 散文有几个艺术特点？最根本的是哪个？谈谈自己的看法。

3. 尝试写两篇散文，一篇浓烈的感性散文，一篇清秀的知性散文。

五、理想希望

【单元题记】

　　理想是人生的灵魂和精神支柱，是人生体验的最高升华。我们总是在追求和实现理想中展现人生的价值。可以说，不同的理想和抱负，决定着不一样的人生目标，决定着不同的人生轨迹。

　　理想有大也有小，小至个人的愿望，大至国家的命运。托尔斯泰将理想分成一辈子的理想，一个阶段的理想，一年的理想，一个月的理想，甚至一天、一小时、一分钟的理想。理想其实就存在于我们生活的分秒之间。它是屈原《涉江》中"余幼好此奇服兮，年既老而不衰"的人生宣言，是李白在《梁甫吟》中虽遭挫折但不言败、积极进取的精神，是毛泽东《沁园春·长沙》中"问苍茫大地，谁主沉浮"的伟大抱负，是丰子恺《渐》一文给我们关于时间与生命的提醒，是舒婷《致橡树》中对女性独立人格的急切追求，也是卢梭《忏悔录》里高傲的自省、自重和自信。

　　现实生活中，有的人缺乏理想，在充满迷茫和诱惑的世界里裹足不前，甚至迷途忘返；有的人在琐碎生活中，在"今朝有酒今朝醉"中消磨光阴、虚度年华；也有的人高谈阔论，满眼春光，壮志不已，但在挫折面前经受不了考验，最终以失败结束。

　　人的一生不可能总是一帆风顺的。历数古今，无数成功人士的达顶之路都会遇到各种各样的挫折。但是，成功的希望总能给他们以巨大的力量。心中有希望，胸中有理想，脑中有信念，正如习近平总书记《高举中国特色社会主义伟大旗帜 为全面建设社会主义现代化国家而团结奋斗——在中国共产党第二十次全国代表大会上的报告》中所说，推动理想信念教育常态化制度化。艾青说过："梦里走了许多路，醒来还是在床上。"别让自己永远躺在梦幻式的理想中生活。

涉　江①

屈　原

　　【解题】屈原（约公元前340—前278），名平，字原，战国后期楚国丹阳

---

①　本篇选自屈原《九章》。叙述了诗人被放逐江南由汉水过长江、溯沅水入溆浦的历程和心情，申述志行高洁和对时俗的愤慨与遭受打击而仍要坚持理想的决心。涉江：渡江。

（今湖北秭归县）人，诗人、政治家。出身于楚国贵族，早年受楚怀王信任，任左徒、三闾大夫等职。提倡"美政"，善于外交辞令。后受小人诬陷，两次被放逐。公元前278年，秦国攻破了楚都郢城，屈原因政治理想破灭而绝望，在流放地汨罗江投水自杀，以身殉国。屈原是我国文学史上第一个伟大的爱国诗人。他开创了诗歌从集体歌唱到个人独立创作的时代，其人品及作品对后世影响极大。主要作品有《离骚》《天问》《九歌》《九章》等。

　　余幼好此奇服兮，年既老而不衰。带长铗之陆离兮，冠切云之崔嵬。^① 被明月兮佩宝璐^②。世溷浊而莫余知兮，吾方高驰而不顾。^③ 驾青虬兮骖白螭，吾与重华游兮瑶之圃。^④ 登昆仑兮食玉英，与天地兮同寿，与日月兮齐光。^⑤ 哀南夷之莫吾知兮，旦余济乎江湘。

　　乘鄂渚而反顾兮，欸秋冬之绪风。^⑥ 步余马兮山皋，邸余车兮方林。^⑦ 乘舲船余上沅兮，齐吴榜以击汰。^⑧ 船容与而不进兮，淹回水而疑滞。^⑨ 朝发枉陼兮，夕宿辰阳。^⑩ 苟余心其端直兮，虽僻远之何伤！^⑪

　　入溆浦余儃佪兮，^⑫ 迷不知吾所如。深林杳以冥冥兮，猿狖之所居。^⑬ 山

---

① 长铗（jiá）：长剑。铗，剑柄，代指剑。陆离：闪光的样子。切云：帽子名，取高触云霄之意。崔嵬（cuīwéi）：高貌。

② 被：同"披"。明月：珠名，即夜光珠。璐（lù）：美玉。

③ 溷（hún）浊：混乱，污浊。高驰：高高飞驰，意为远远地离开。顾：回头看。

④ 虬：传说中有角的龙。螭（chī）：传说中无角的龙。重华：帝舜的别号。瑶：美玉。圃：园圃。瑶之圃：仙宫，即下句的"昆仑"。

⑤ 昆仑：昆仑山。在古代神话中，昆仑是神仙居住之所，也以产玉著名，被说成是上帝的园圃。玉英：玉树的花。同寿，一本作"比寿"。齐光，一本作"同光"。

⑥ 乘：登。鄂渚：洲名，在今湖北省武汉市附近长江中。反顾：回顾，回头看。欸（āi）：叹气。绪风：余风。

⑦ 邸（dǐ）：本指住旅馆，这里指停留。方林：地名。

⑧ 舲船：有窗户的小船。上：溯流而上。沅：沅水。齐：并举。吴榜：指吴地制造的船桨。汰：水波。

⑨ 容与：船行迟缓貌。淹：停留。回水：回旋的水流。疑滞：凝滞，停留不进。

⑩ 枉陼：地名，在今湖南省常德市附近，沅水流经此地。辰阳：古辰阳在今湖南辰溪县潭湾镇西，沅水的支流辰水北。

⑪ 端直：正直。僻远：偏僻荒远。伤：妨害。

⑫ 溆浦：沅水的支流溆水之滨，今湖南溆浦县境内。儃佪（chánhuí）：徘徊不前。

⑬ 杳：深远貌。冥冥：昏暗貌。猿狖：泛指猿猴。

峻高以蔽日兮，下幽晦以多雨。① 霰雪纷其无垠兮，云霏霏而承宇。② 哀吾生之无乐兮，幽独③处乎山中。吾不能变心而从俗兮，固将愁苦而终穷！

接舆髡首兮，桑扈裸行。④ 忠不必用兮，贤不必以。伍子逢殃兮，比干菹醢。⑤ 与⑥前世而皆然兮，吾又何怨乎今之人？余将董道而不豫兮，固将重昏而终身。⑦

乱⑧曰：鸾鸟凤皇，日以远兮。⑨ 燕雀乌鹊，巢堂坛兮。露申辛夷，死林薄兮。⑩ 腥臊并御，芳不得薄兮。阴阳易位，时不当兮。怀信侘傺，忽乎吾将行兮！⑪

（选自马茂元选注：《楚辞选》，北京，人民文学出版社，1983 年。注释略有增删。）

| 练习与思考

1. 这是一首抒情诗，为什么要从"余幼好此奇服"写起？
2. 《涉江》表现出屈原怎样的人生理想及价值观念。
3. 诗人在诗中是怎样一步步地坚定自己信念的？
4. 屈原开创了我国诗歌浪漫主义传统，试分析《涉江》中浪漫主义色彩的表现。

| 赏析

《涉江》写于诗人第二次被放逐期间，既有行程的记叙也有心情的抒发。全篇可以分五节。开篇是诗人自我形象的展示。但虽写奇装异服而意非在服

---

① 峻：高而陡峭。蔽日：遮蔽太阳。幽晦：深暗。以：而且。
② 霰（xiàn）：小雪粒。垠：边际。霏霏：盛多貌。承宇：上接屋檐。山区有的房屋建在半山腰，从下看如在云端。
③ 幽独：寂寞独居。幽，静寂。
④ 接舆：春秋时楚国的隐士。髡（kūn）：削去头发，古代的一种刑罚。相传接舆曾自刑身体，避世不仕。桑扈：古代隐士。
⑤ 伍子：即伍子胥。逢殃：遇难。伍子胥本是春秋时楚人，因报父仇而投吴，后为吴所杀。比干：商纣王时贤臣，因屡谏被纣王所杀。菹醢（zūhǎi）：古代酷刑，把人剁成肉酱。
⑥ 与：通"举"，全，整个。
⑦ 董道：坚守正道。豫：犹豫。重昏：犹言处于层层黑暗之中。
⑧ 乱：尾章，辞赋篇末总括全篇要旨的部分，犹歌曲尾声。
⑨ 鸾：传说中凤凰一类的鸟。鸾鸟凤皇，比喻忠臣贤士。
⑩ 露申、辛夷：皆为芳香植物，比喻贤能之人。林薄：草木杂生的地方。
⑪ 怀信：怀抱忠信。侘傺（chàchì）：失神，失意的样子。忽：飘忽。

装，其意在彰显与众不同的独立人格，强调到老仍坚持自己的操守。诗人通过奇装异服以及与虞舜同游仙境，表明不肯与世同流合污，不肯随波逐流。杜甫《自京赴奉先县咏怀五百字》开篇"杜陵有布衣，老大意转拙。……盖棺事则已，此志常觊豁"应是受了此篇的影响。

接下来诗人写涉江行程的同时也披露了自己的心路历程。第二节一开始，诗人满怀依恋向故土眺望最后一眼，在秋冬间萧索的寒风里悲叹一声，举步踏上未知的前路，心绪亦如秋冬肆虐的寒风，凄凉、落寞。而路途是那样的遥远，水陆兼行，备尝艰辛。流放地的自然环境是如此的恶劣，不是人类可以生存之地。或许，面对如此恶劣的自然环境，没有任何人能够泰然处之，贵族出身、从小养尊处优的诗人内心似乎有了忧惧和动摇，发出了"哀吾生之无乐兮，幽独处乎山中"的悲叹。

但坚强的意志以及对理想的不懈追求使诗人从短暂的彷徨和忧惧中坚定下来，他很快否定了自己的动摇，并列举伍子胥、比干等四个榜样，用以作为精神上的支持，帮助自己坚定信念。纵览古今，他看到了忠臣贤士的下场，明白自己也终会"愁苦而终穷"。认清了自己的路后，诗人反而平静下来，坦然接受，内心一片澄明，甚至没有了怨与恨。

最后一节尾声，诗人进一步联想到现实，指出小人当道，忠贤远离的现状。作为一个正直的爱国者，满怀忠信，却屡遭失意打击，只能飘然远行。末句"忽乎吾将行兮"照应开头"吾方高驰而不顾"。

文章结构上，诗人层层推进，写出了自己意志逐渐坚定的过程。诗人在第二节水陆兼行的描写中用"苟余心其端直兮，虽僻远之何伤"，表明心志，此处诗人用假设句式，设想自己如果正直无私，不怕流放偏远；第三节，诗人面临恶劣环境产生了短暂的忧惧彷徨，他发出了"吾不能变心而从俗兮，固将愁苦而终穷"的宣言，否定句式的使用恰恰表明了诗人曾经的动摇，他用这个否定句式来否定自己的动摇；引入精神上的榜样后，诗人用肯定句式斩钉截铁地宣誓"余将董道而不豫兮，固将重昏而终身！"表明了诗人完全抛开了犹豫彷徨，果决地坚持自己的志向，正道直行。由假设到否定变心从俗再到完全肯定正道直行，一个内心强大的诗人形象在层层推进中逐渐丰满起来。

屈原发展了《诗经》的比兴手法，"善鸟香草，以配忠贞；恶禽臭物，以比谗佞"。《涉江》末章是这种写法的典型代表，推进了我国积极浪漫主义诗歌传统的形成和发展。鲁迅在《汉文学史纲要》评价道：屈原作品"逸响伟辞，

卓绝一世"，"其影响于后来之文章，乃甚或在'三百篇'以上"。

名篇朗诵

梁　甫　吟①

李　白

【解题】李白（701—762），字太白，号青莲居士。祖籍陇西成纪。幼时随父迁居绵州昌隆（今四川江油）青莲乡。成年后长期在各地漫游，对社会生活多有体验。天宝元年（742）被召至长安，供奉翰林。仅一年余即离开长安继续游历。公元756年参加了永王李璘的幕府。因受永王争夺帝位失败牵累，流放夜郎（今贵州境内），中途遇赦东还。晚年漂泊东南一带，卒于当涂（今属安徽）。李白是屈原之后最具个性特色、最伟大的浪漫主义诗人，达到盛唐诗歌艺术的巅峰。有"诗仙"之美誉，与杜甫并称"李杜"。

> 长啸梁甫吟，何时见阳春？
> 君不见朝歌屠叟②辞棘津，八十西来钓渭滨！
> 宁羞白发照清水，逢时壮气思经纶③。
> 广张三千六百钓④，风期⑤暗与文王亲。
> 大贤虎变⑥愚不测，当年颇似寻常人。

---

① 《梁甫吟》亦作《梁父吟》，是古代用作葬歌的一支民间曲调，音调悲切凄苦。古辞今已不传，宋郭茂倩所编《乐府诗集》收有诸葛亮所作一首，写春秋时齐相晏子"二桃杀三士"事，通过对死者的伤悼，谴责谗言害贤的阴谋。

② 朝歌屠叟：指吕尚（即吕望、姜太公）。姜太公五十岁在棘津当小贩，七十岁在朝歌当屠夫，八十岁时垂钓于渭水之滨，九十岁遇文王，为天子师。

③ 经纶：《易经·屯卦》："君子以经纶。"喻治理国家。

④ 三千六百钓：指吕尚在渭河边垂钓十年，共三千六百日。

⑤ 风期：风度和谋略。

⑥ 大贤：指吕尚。虎变：喻大人物行为变化莫测，骤然得志，非常人所能料。

君不见高阳酒徒①起草中，长揖山东隆准公②。

入门不拜骋雄辩，两女辍洗来趋风。

东下齐城七十二，指挥楚汉如旋蓬③。

狂客④落魄尚如此，何况壮士当群雄！

我欲攀龙见明主，雷公砰訇震天鼓，帝旁投壶多玉女。⑤

三时大笑开电光，倏烁晦冥起风雨。

阊阖九门不可通，以额扣关阍者怒。⑥

白日不照吾精诚，杞国无事忧天倾。

猰㺄磨牙竞人肉，⑦骓虞⑧不折生草茎。

手接飞猱搏雕虎，侧足焦原⑨未言苦。

智者可卷愚者豪，世人见我轻鸿毛。⑩

力排南山三壮士，齐相杀之费二桃。

吴楚弄兵无剧孟，亚夫哈尔为徒劳。

梁甫吟，声正悲。

张公　两龙剑，神物合有时。

---

① 高阳酒徒：西汉人郦食其，自称高阳酒徒。《史记·郦生陆贾列传》载：楚、汉在荥阳、成皋一带相持，郦生建议刘邦联齐孤立项羽。他受命到齐国游说，齐王田广表示愿以所辖七十余城归汉。

② 隆准公：指刘邦。隆准，高鼻子。

③ 旋蓬：在空中飘旋的蓬草。

④ 狂客：指郦食其。

⑤ 帝旁投壶多玉女：《神异经·东荒经》载：东王公常与一玉女玩投壶的游戏，每次投一千二百支，不中则天为之笑。天笑时，流火闪耀，即为闪电。这里暗指皇帝整天寻欢作乐。

⑥ 阊阖：神话中的天门。阍者：看守天门的人。《离骚》："吾令帝阍开关兮，倚阊阖而望予。"这两句指唐玄宗昏庸无道，宠信奸佞，使有才能的人报国无门。

⑦ 猰㺄：古代神话中一种吃人的野兽。这里比喻阴险凶恶的人物。竞人肉：争吃人肉。

⑧ 骓虞：古代神话中一种仁兽，白质黑纹，不伤人畜，不践踏生草。这里李白以骓虞自比，表示不与奸人同流合污。

⑨ 焦原：传说春秋时莒国有一块约五十步方圆的大石，名叫焦原，下有百丈深渊，只有无畏的人才敢站上去。

⑩ 智者二句：智者可忍一时之屈，而愚者只知一味骄横。世俗人看不起我。

⑪ 力排二句：《晏子春秋》内篇卷二《谏》下载：齐景公手下有公孙接、田开疆、古冶子三勇士，皆力能搏虎，却不知礼义。相国晏婴便向齐景公建议除掉他们。他建议景公用两只桃子赏给有功之人。于是三勇士争功，然后又各自羞愧自杀。

⑫ 张公：指西晋张华。据《晋书·张华传》载：西晋时丰城（今江西省丰城）县令雷焕掘地得双剑，即古代名剑干将和莫邪。雷把干将送给张华，自己留下莫邪。后来张华被杀，干将失落。雷焕死后，他的儿子雷华有一天佩带着莫邪经过延平津（今福建南平市东），突然，剑从腰间跳进水中，与早已在水中的干将会合，化作两条蛟龙。

风云感会起屠钓，大人岷岷当安之。①

（选自《唐诗鉴赏辞典》，上海，上海辞书出版社，1983 年。）

练习与思考

1. 作者开篇两句抒发了什么样的情感？

2. "朝歌屠叟辞棘津""高阳酒徒起草中"提到哪两个人？作者为什么要把他们写进诗中？

3. 课外阅读李白的其他歌行体作品，分析作者的诗歌特点。

赏析

《梁甫吟》这首诗大概写于李白刚离开长安之后，"五噫出西京"，情绪低落，似乎看不到出路。诗人内心的失望化成两句长啸："长啸梁甫吟，何时见阳春？"诗篇一开始就陡起壁立，让久久郁积在内心里的感受喷发而出，让读者立即联想到诗人《行路难》中"大道如青天，我独不得出"的诗句。"长啸"显示诗人此时心情极不平静，为全诗定下了感情的基调。

虽然失望乃至于怀疑，但诗人却并未绝望，接下来连用两组"君不见"提出两个历史故事。一是西周吕望（即姜太公）长期埋没民间，当过小贩，当过屠夫，垂钓渭水，直到九十岁才遇文王，遂展平生之志。一是秦末自称"高阳酒徒"的儒生郦食其，凭雄辩使刘邦改变了轻视他的态度，后说服齐王率七十二城降汉，成为楚汉相争中的风云人物。诗人引用这两个历史人物，表现出作者的自负与自信。"大贤虎变愚不测，当年颇似寻常人"。他相信自己和吕、郦二人一样，甚至还更强："狂客落魄尚如此，何况壮士当群雄！"

自"我欲攀龙见明主"句起，诗人一下子从乐观陷入了痛苦。此部分诗人用浪漫的手法揭露残酷的现实。诗人驭龙上天求见"明主"，遭到雷公的阻吓，而那位"明主"，也只顾同一班女宠游乐。他们喜怒无常，使天地间变幻多端，忽而电闪雷鸣，忽而天昏地暗，令人恐怖。尽管如此，诗人还是以额叩关，冒死求见。在这段描写中，诗人感情强烈，尽情倾诉着胸中的愤懑与不平。

接下来诗人通过各种典故抒写了内心的忧虑，激烈抨击了现实中的丑恶。

---

① 风云感会：即风云际会。古人认为云从龙，风从虎，常以风云际会形容君臣相得，成就大业。大人：有才干的人。岷岷：不安，此指暂遇坎坷。

统治者把诗人对国家的精诚，说成是"杞人忧天"。权奸们像恶兽狻猊一样残害人民。诗人以勇士和仁兽自况，自信可安天下。可现实是，庸碌当道，有才能者被看轻。

从"梁甫吟，声正悲"往下，回答"何时见阳春"，照应开头。诗人坚信，自己一定会有风云际会，建立功勋之日。目前应该安时俟命，等待风云际会的那天到来。饱受挫折的诗人虽然发出迷惘和痛苦的质问，却始终没有放弃对理想的追求。这正是诗人的伟大之处，也透映出积极进取的盛唐气象。

从写作技巧上看，随着感情的变化，诗歌用韵也发生了变化，平声韵与仄声韵交替使用，有力地配合了诗人情感的抒发。通过变化起伏的语言节奏，诗人强烈的思想感情得到淋漓尽致的表现。另诗歌通篇用典，巧妙地将众多典故糅合在一起，各起所用。诗歌内容和形式做到了完美结合。歌行体诗歌最能体现李白豪放诗风与成就，《梁甫吟》正是诗人的代表作之一。

沁园春·长沙①

毛泽东

【解题】毛泽东（1893—1976），字润之（润芝）。伟大的革命家、政治家，也是成就极高的诗人和书法家。他的诗歌创作延续于整个生涯，在各个重要的革命阶段都有重要诗作问世，表现出浓郁的诗味和博大的胸怀。《沁园春·长沙》为毛泽东1925年重游旧地所作。

独立寒秋，湘江北去，橘子洲②头。看万山红遍，层林尽染；漫江碧透，百舸③争流。鹰击长空，鱼翔浅底④，万类霜天竞自由。⑤ 怅寥廓⑥，问苍茫大地，谁主沉浮？

---

① 长沙：作者青少年时代，曾在长沙学习和进行革命活动。词中所说的"百侣"和"同学少年"，即作者1914年至1918年在长沙湖南省立第一师范学校读书时的革命好友。
② 橘子洲：一名水陆洲，是长沙城西湘江中的一个狭长的小岛，西面靠近著名的风景区岳麓山。
③ 舸（gě）：大船。
④ 浅底：指清澈可见的水下。
⑤ 万类霜天竞自由：众多动物都在深秋的自然环境中争着自由地活动。
⑥ 寥廓：广远空阔。这里用来描写宇宙之大。

携来百侣曾游，忆往昔峥嵘岁月稠。恰同学少年，风华正茂；书生意气，挥斥方遒。① 指点江山，激扬文字，粪土当年万户侯。曾记否，到中流击水②，浪遏飞舟？

（选自毛泽东：《毛泽东诗词选》，北京，人民文学出版社，1986年。注释略有增删。）

练习与思考

1. 分析诗中修饰词语的使用与表现力。

2. 背诵全词。

3. 将课文与下面两首词对比阅读，感受其不同的意境。

（1）毛泽东《忆秦娥·娄关山》：西风烈，长空雁叫霜晨月。霜晨月，马蹄声碎，喇叭声咽。　　雄关漫道真如铁，而今迈步从头越。从头越，苍山如海，残阳如血。

（2）毛泽东《菩萨蛮·黄鹤楼》：茫茫九派流中国，沉沉一线穿南北。烟雨莽苍苍，龟蛇锁大江。　　黄鹤知何去？剩有游人处。把酒酹滔滔，心潮逐浪高！

赏析

读《沁园春·长沙》，最喜"恰同学少年，风华正茂；书生意气，挥斥方遒。指点江山，激扬文字，粪土当年万户侯"几句。这样的文字，常常能激荡起那早已渐行渐远的少年意气。那是跳跃的心，是狂热的情，是无惧无畏的勇往直前。那似乎与宇宙同律动的生命力沸腾着整个身躯，乃至让脚步都变得如此铿锵有力。

创作这首词时，作者正处于青年时期，正是昂扬奋发、追逐梦想的时代。豪迈的胸襟和锐意进取的精神，使整首词洋溢着恢宏的气魄。作为读者的我们，很容易为其中的凌云壮志和磅礴气概所感动。

首句"独立寒秋"，一个"独"字将个体置于苍茫天地间，其清冷的气氛和坚定的志向勾勒出沉毅的抒情形象。之后的"湘江北去，橘子洲头。看万山红遍，层林尽染；漫江碧透，百舸争流"，语词干净利落，场景极为壮阔。在词语的选择上，作者连用了"万""遍""尽""漫""透""百""争"等表示程

---

① 挥斥方遒（qiú）：挥斥，奔放。遒，强劲。挥斥方遒，是说热情奔放，劲头正足。

② 击水：作者自注："击水：游泳。那时初学，盛夏水涨，几死者数。一群人终于坚持，直到隆冬，犹在江中。当时有一篇诗，都忘记了，只记得两句：自信人生二百年，会当水击三千里。"

度更深的修饰语，在推向极致词意的过程中表达了内心涌动的激情和壮志。是"万山"，是"红遍"，是"尽染"，是"漫江"，是"碧透"，是"百舸"，是"争流"，在近乎夸张的形容之中，是积聚到非常饱满乃至一触即发的力量和生命激情。而这一切视角，又可以逆回到站在高处的抒情主体。正是"天地秋色，尽收眼底"，其胸怀实非常人所有！有了这样的视野，下面的感慨便呼之即出——"怅寥廓，问苍茫大地，谁主沉浮"！

在上半阕中，作者以一个"看"字领出壮阔的秋景，气势恢宏。而下半阕则以"忆"字舒缓而又充满深情地引出当年的峥嵘岁月。风华正茂，踌躇满志，那是充满生命激情的岁月，那是少年不知道愁滋味的岁月，那是大笔如椽、挥写青春的岁月！往日如昨，人生几何？在徐徐展开的记忆画面里，没有常见的惆怅与感伤，喷薄而出的是"中流击水，浪遏飞舟"的豪迈气象，是"自信人生二百年，会当水击三千里"的昂扬情怀。这是激情对坚韧的召唤，这是胸怀对理想的呼应。

人生何处不少年？纵然不能"挥斥方遒"，何妨来些"书生意气"！

名篇朗诵

渐

丰子恺

【解题】丰子恺（1898—1975），浙江崇德（今桐乡）人。中国现代画家、作家、翻译家和美术与音乐教育家。漫画有《子恺画全集》。译著有日本厨川白村的《苦闷的象征》、俄国屠格涅夫的《初恋》和日本古典名著《源氏物语》等。文学创作以散文为主。出版有《丰子恺文集》（7卷）。

使人生圆滑进行的微妙的要素，莫如"渐"；造物主骗人的手段，也莫如"渐"。在不知不觉之中，天真烂漫的孩子"渐渐"变成野心勃勃的青年；慷慨豪侠的青年"渐渐"变成冷酷的成人；血气旺盛的成人"渐渐"变成顽固的老头子。因为其变更是渐进的，一年一年地、一月一月地、一日一日地、一时一时地、一分一分地、一秒一秒地渐进，犹如从斜度极缓的长远的山坡上走下来，使人不察其递降的痕迹，不见其各阶段的境界，而似乎觉得常在同样的地位，恒久不变，又无时不有生的意趣与价值，于是人生就被确实肯定，而圆滑进行了。假使人生的进行不像山坡而像风琴的键板，由 do 忽然移到 re，即如昨夜的孩子今朝忽然变成青年；或者像旋律"接离进行"地由 do 忽然跳到 mi，即如朝为青年而夕暮忽成老人，人一定要惊讶、感慨、悲伤，或痛感人生的无常，而不乐为人了。故可知人生是由"渐"维持的。这在女人恐怕尤为必要：歌剧中，舞台上的如花的少女，就是将来火炉旁边的老婆子，这句话，骤听使人不能相信，少女也不肯承认，实则现在的老婆子都是由如花的少女"渐渐"变成的。

人之能堪受境遇的变衰，也全靠这"渐"的助力。巨富的纨袴子弟因屡次破产而"渐渐"荡尽其家产，变为贫者；贫者只得做佣工，佣工往往变为奴隶，奴隶容易变为无赖，无赖与乞丐相去甚近，乞丐不妨做偷儿……这样的例，在小说中，在实际上，均多得很。因为其变衰是延长为十年二十年而一步一步地"渐渐"地达到的，在本人不感到什么强烈的刺激。故虽到了饥寒病苦刑笞交迫的地步，仍是熙熙然贪恋着目前的生的欢喜。假如一位千金之子忽然变了乞丐或偷儿，这人一定愤不欲生了。

这真是大自然的神秘的原则，造物主的微妙的工夫！阴阳潜移，春秋代序，以及物类的衰荣生杀，无不暗合于这法则。由萌芽的春"渐渐"变成绿阴的夏，由凋零的秋"渐渐"变成枯寂的冬。我们虽已经历数十寒暑，但在围炉拥衾的冬夜仍是难于想象饮冰挥扇的夏日的心情；反之亦然。然而由冬一天一天地、一时一时地、一分一分地、一秒一秒地移向夏，由夏一天一天地、一时一时地、一分一分地、一秒一秒地移向冬，其间实在没有显著的痕迹可寻。昼夜也是如此：傍晚坐在窗下看书，书页上"渐渐"地黑起来，倘不断地看下去（目力能因了光的渐弱而渐渐加强），几乎永远可以认识书页上的字迹，即不觉昼之已变为夜。黎明凭窗，不瞬目地注视东天，也不辨自夜向昼的推移的痕迹。儿女渐渐长大起来，在朝夕相见的父母全不觉得，难得见面的远亲就相见不相识了。往年除夕，我们曾在红蜡烛底下守候水仙花的开放，真是痴态！倘水仙花果真当面开放给我们看，便是大自然的原则的破坏，宇宙的根本的摇动，世界人类的末日临到了！

"渐"的作用，就是用每步相差极微极缓的方法来隐蔽时间的过去与事物的变迁的痕迹，使人误认其为恒久不变。这真是造物主骗人的一大诡计！这有一件比喻的故事：某农夫每天朝晨抱了犊而跳过一沟，到田里去工作，夕暮又抱了它跳过沟回家。每日如此，未尝间断。过了一年，犊已渐大，渐重，差不多变成大牛，但农夫全不觉得，仍是抱了它跳沟。有一天他因事停止工作，次日再就不能抱了这牛而跳沟了。造物的骗人，使人留连于其每日每时的生的欢喜而不觉其变迁与辛苦，就是用这个方法的。人们每日在抱了日重一日的牛而跳沟，不准停止。自己误以为是不变的，其实每日在增加其苦劳！

我觉得时辰钟是人生的最好的象征了。时辰钟的针，平常一看总觉得是"不动"的；其实人造物中最常动的无过于时辰钟的针了。日常生活中的人生也如此，刻刻觉得我是我，似乎这"我"永远不变，实则与时辰钟的针一样地无常！一息尚存，总觉得我仍是我，我没有变，还是留连着我的生，可怜受尽"渐"的欺骗！

"渐"的本质是"时间"。时间我觉得比空间更为不可思议，犹之时间艺术的音乐比空间艺术的绘画更为神秘。因为空间姑且不追究它如何广大或无限，我们总可以把握其一端，认定其一点。时间则全然无从把握，不可挽留，只有过去与未来在渺茫之中不绝地相追逐而已。性质上既已渺茫不可思议，分量上在人生也似乎太多。因为一般人对于时间的悟性，似乎只够支配搭船乘车的短时间；对于百年的长期间的寿命，他们不能胜任，往往迷于局部而不能顾及全体。试看乘火车的旅客中，常有明达的人，有的宁牺牲暂时的安乐而让其坐位于老弱者，以求心的太平（或博暂时的美誉）；有的见众人争先下车，而退在后面，或高呼"勿要轧，总有得下去的！""大家都要下去的！"然而在乘"社会"或"世界"的大火车的"人生"的长期的旅客中，就少有这样的明达之人。所以我觉得百年的寿命，定得太长。像现在的世界上的人，倘定他们搭船乘车的期间的寿命，也许在人类社会上可减少许多凶险残惨的争斗，而与火车中一样的谦让，和平，也未可知。

然人类中也有几个能胜任百年的或千古的寿命的人。那是"大人格"，"大人生"。他们能不为"渐"所迷，不为造物所欺，而收缩无限的时间并空间于方寸的心中。故佛家能纳须弥于芥子①。中国古诗人（白居易）说："蜗牛角上争何事？石火光中寄此身。"英国诗人（Blake②）也说："一粒沙里见世界，一朵花里见天国；手掌里盛住无限，一刹那便是永劫。"

一九二八年芒种

（丰陈宝、丰一吟编：《丰子恺散文全编》上册，杭州，浙江文艺出版社，1992年。）

练习与思考

1. 这篇文章给了你哪些启示？
2. 作者所说的"大人格""大人生"指的是什么？
3. 请再举出生活中几种"渐"的例子。

赏析

文章题目为"渐"，"渐"是什么呢？作者告诉我们"渐"的本质是时间。"渐"字揭示了一个永恒的真理：一切皆流，无物永驻。人，只不过是跌入时间流里的匆匆过客，人生的沉浮恰似溺者的挣扎，早晚被时间的长河吞噬。

文章前面部分，作者用具体的人生现象和社会故事来说明一个抽象的道理。人生像在走一个坡度极缓的长远的山坡，童颜鹤发的转变，四季的交替，都在"渐"中不知不觉地进行着。"'渐'的作用，就是用每步相差极微极缓的方法来隐蔽时间的过去与事物的变迁的痕迹，使人误认其为恒久不变。"使我们猛然醒悟甚而至于惊出一身冷汗：于"渐"中，我们的生命在时刻不停地悄然流逝！我们往往扮演着温水里青蛙的角色。"渐"的欺骗性使我们在"渐"中蹉跎，感受不到生命渐渐被时间夺走。

生命在"渐"中流逝，而时间永不停息，短暂的生命与无尽的时间形成鲜明的对比，引发出一个永恒的命题：人生该如何度过？深受佛教影响的作者强调，能不为"渐"所迷，不为造物所欺，而收缩无限的时间和空间于方寸之心的人，才是真正的"大人格""大人生"。换言之，作者认为要能够把握时间的

---

① 须弥：须弥山，梵语 Sumeru 的音译。须弥山是古印度神话传说中的名山。在佛教中，它是诸山之王，是众生所住世界的中心，三界诸天依其层层建立。芥子：芥菜的种子，极其微小。纳须弥于芥子，意思是整个宇宙可以包容在极微小的芥子之中，暗喻佛法之精妙，无处不在。

② 威廉·布莱克（William Blake，1757—1827）：英国诗人、画家、版画家，主要诗作有诗集《天真与经验之歌》《永恒的福音》《诗的素描》等。

本质，跳出时间的桎梏，不被时间所左右，采取明达洒脱的人生态度，从而主宰自己的生命，追求一种超越，达到觉悟的境界，完成自己的大人格。

然而，对我们而言，珍惜时间有所作为何尝不也是生命的要义。这也是《渐》给我们的另一种启发吧。正如李白诗云："恨不得挂长绳于青天，系此西飞之白日。"又让人想起朱自清的《匆匆》。如果说《匆匆》用一连串的问句似惊雷般震醒我们，使我们行动起来去把握时间的话，丰子恺的《渐》则娓娓道来恰如醍醐灌顶，告诉我们时间的秘密，在恬淡语言中透露出的人生智慧，令人玩味不已。

致　橡　树①

舒　婷

【解题】舒婷，原名龚佩瑜，当代著名女诗人，祖籍福建泉州，1952 年生于福建石码镇，初中未毕业即"插队落户"。1969 年开始写作，1979 年始在民间刊物《今天》发表诗作，同年在《诗刊》正式发表作品，是 20 世纪 70 年代末崛起于中国诗坛的朦胧诗派的代表诗人之一。两次获全国性诗歌奖。代表作品有诗集《双桅船》《会唱歌的鸢尾花》，散文集《心烟》等。

我如果爱你——

绝不像攀援的凌霄花②，

借你的高枝炫耀自己；

我如果爱你——

绝不学痴情的鸟儿，

为绿荫重复单调的歌曲；

也不止像泉源，

常年送来清凉的慰藉；

也不止像险峰，

增加你的高度，衬托你的威仪。

---

① 橡树：原产北印度、马来西亚及印度尼西亚一带。树形优美，高大，树冠塔形。
② 凌霄花：藤本植物，攀援茎，花鲜红色。也叫鬼目、紫葳。

甚至日光。

甚至春雨。

不，这些都还不够！

我必须是你近旁的一株木棉[①]，

作为树的形象和你站在一起。

根，紧握在地下，

叶，相触在云里。

每一阵风过，

我们都互相致意，

但没有人

听懂我们的言语。

你有你的铜枝铁干，

像刀，像剑，

也像戟，

我有我红硕的花朵，

像沉重的叹息，

又像英勇的火炬，

我们分担寒潮、风雷、霹雳；

我们共享雾霭、流岚[②]、虹霓[③]。

仿佛永远分离，

却又终身相依，

这才是伟大的爱情，

坚贞就在这里：

爱——

不仅爱你伟岸的身躯，

也爱你坚持的位置，脚下的土地。

1977.3.27

（舒婷：《一种演奏风格：舒婷自选诗集》，98～99页，北京，作家出版社，2009年。）

---

①　木棉：又称攀枝花、英雄花。落叶大乔木。早春先叶开花，形大，红色。产于中国南方各地。

②　流岚：岚，山间雾气。流岚指山间流动的雾气。

③　虹霓：彩虹。

练习与思考

1. 结合诗作理解朦胧诗的特点。

2. 查找资料，了解我国传统诗词中表达爱情的意象主要有哪些。

3. 谈谈你对诗作表达的爱情观的理解及其现实意义。

赏析

创作于 1977 年的《致橡树》是朦胧诗派的代表诗作之一，被视为新时期女性情爱意识觉醒的第一篇宣言。

新颖的意象，别致的构思令人耳目一新。虚实相生，以象征手法表现主题是朦胧诗派的追求。全诗采用对话体，选取"木棉"与"橡树"两个中心意象，以"木棉"的独白完成与"橡树"的对话，抒写对象明为橡树，实为木棉。以"木棉""橡树"表达爱情，突破了我国传统诗词中关于爱情多以"红豆""连理枝""比翼鸟"为意象表达的传统，使"木棉""橡树"成为一组别致、新颖的象征形象。有着"红硕的花朵"的木棉象征了已摆脱旧式女子纤柔特点，具有新的审美气质的现代女性；而充满阳刚之美的刚硬的"橡树"象征着诗人理想中的爱人。

诗作开篇即以两个假设和六个否定性比喻抛却了传统的爱情观念，提出全新的现代女性爱情观。木棉所代表的女性，打破世俗羁绊，既不慕浮华光影，不求青藤缠树式的妻凭夫贵，像攀援的凌霄花，借依附橡树的高枝而沾沾自喜；也不愿做整天为绿荫鸣唱的小鸟、一厢情愿奉献的源泉，也不愿做衬托橡树高度、威仪的险峰，而是以一株独立地与橡树并排站立的木棉的形象，渴求比肩并立、同甘共苦、彼此尊重、互相倾慕、永不分离的理想境界。这种爱情追求体现了诗人对女性独立人格、男女平等地位的深切理解。

20 世纪初伴随着"人"的发现，在男性先觉者的启蒙之下，中国女性中的一小部分开始觉醒，萌生了女性意识。在 20 世纪 20 年代中期后的一轮轮政治、革命浪潮中，女性意识逐渐消减、沉寂。此时诗人发表要求男女平等、彼此尊重、相互理解的女性声音无疑具有新的社会意义。

忏悔录（节选）

[法] 卢　梭

黎　星　范希衡　译

【解题】 让-雅克·卢梭（Jean-Jacques Rousseau，1712—1778），法国 18 世纪伟大的启蒙思想家、哲学家、教育家、文学家，18 世纪法国大革命的思想先驱，杰出的民主政论家和浪漫主义文学流派的开创者，启蒙运动最卓越的代表人物之一。主要著作有《论人类不平等的起源和基础》《社会契约论》《爱弥儿》《忏悔录》《新爱洛漪丝》《植物学通信》等。

第　一　章

Intus et in cute①

我现在要做一项既无先例，将来也不会有人仿效的艰巨工作。我要把一个人的真实面目赤裸裸地揭露在世人面前。这个人就是我。

只有我是这样的人。我深知自己的内心，也了解别人。我生来便和我所见到的任何人都不同；甚至于我敢自信全世界也找不到一个生来像我这样的人。虽然我不比别人好，至少和他们不一样。大自然塑造了我，然后把模子打碎了，打碎了模子究竟好不好，只有读了我这本书以后才能评定。

不管末日审判的号角什么时候吹响，我都敢拿着这本书走到至高无上的审判者面前，果敢地大声说："请看！这就是我所做过的，这就是我所想过的，我当时就是那样的人。不论善和恶，我都同样坦率地写了出来。我既没有隐瞒丝毫坏事，也没有增添任何好事；假如在某些地方作了一些无关紧要的修饰，那也只是用来填补我记性不好而留下的空白。其中可能把自己以为是真的东西当真的说了，但绝没有把明知是假的硬说成真的。当时我是什么样的人，我就写成什么样的人：当时我是卑鄙龌龊的，就写我的卑鄙龌龊；当时我是善良忠

---

① 这几个拉丁字是卢梭从古罗马讽刺诗人波尔斯（34—62）的一句诗里摘引来的（《讽刺诗》第 3 首第 30 句），意思是"深入肺腑和深入肌肤"；卢梭把这几个字放在本书第一部和第二部的前面，是为了表明他借自己这部《忏悔录》把内心深处的隐私披露出来的愿望。

厚、道德高尚的，就写我的善良忠厚和道德高尚。万能的上帝啊！我的内心完全暴露出来了，和您亲自看到的完全一样，请您把那无数的众生叫到我跟前来！让他们听听我的忏悔，让他们为我的种种堕落而叹息，让他们为我的种种恶行而羞愧。然后，让他们每一个人在您的宝座前面，同样真诚地披露自己的心灵，看看有谁敢于对您说：'我比这个人好！'"

（[法]卢梭.《忏悔录》，黎星、范希衡译，北京，人民文学出版社，1992年。）

练习与思考

1. 为什么卢梭认为这是一项"既无先例，将来也不会有人仿效"的工作？
2. 第3自然段那"无数的众生"指的是哪些人？
3. 试作人生小传一则，回顾和总结自己已经经历的人生。

赏析

卢梭通过这部自传推动和启发了一个新的时代，以其思想、艺术和风格上的重要意义成为"自巴斯喀以来最大的革命"[①]，成为历史上难以超越的奠定了撰写者文学史地位的自传作品。在其悲惨晚年颠沛流离的逃亡生活中，卢梭断断续续完成了这部自传《忏悔录》。《爱弥儿》（1762年）的出版惹怒了大理院，他们下令焚烧这部触怒了封建统治阶级的作品，并通缉作者。自此，卢梭开始了逃亡生活。同时，市面上出现了一本小册子，对卢梭的个人生活和人品进行攻击，于是当他流亡在普鲁士的莫蒂埃时，悲愤的卢梭开始书写自传。

本节选段为其著名的开篇，显示出令人震撼的对人世挑战的强大力量。已经年过半百的卢梭在回顾自己一生时，他遭遇过的种种无耻谰言，那些污蔑、谴责以及他所经历过的来自敌人或亲友的中伤或误解，似乎都摊开在眼前，他需要为自己辩护，他悲愤，他需要厘清残酷人生中他所做的一切。于是他挑战，向一切的迫害者和攻击者挑战："看看有谁敢于对您说：'我比这个人好！'"因此，从这一段宣言开始，《忏悔录》展开了一个平民知识分子在封建专制下维护自己作为人的尊严的辩护，是对迫害和污蔑的反击，是对自己一生的功过善恶的自省和自重、自信，甚至是自傲，是高傲的人的精神的书写！

卢梭以下层人民的出身走入法兰西思想界，他的《论人类不平等的起源和

①　圣-勃夫：《让-雅克·卢梭的〈忏悔录〉》，见《月曜日丛谈》，第3卷，78页，巴黎 Garnier Freres 出版。

基础》（1755 年）和《社会契约论》（1762 年）是对社会不平等和奴役的批判，对自由、平等的歌颂，它们都体现了 18 世纪平民阶层的要求和理想。到了《忏悔录》，卢梭更是致力于将平民的精神世界中一切有价值、有意义的东西展示出来，他通过自己的形象和周围人的生活将 18 世纪平民生态带入了文学世界，他赞美自然淳朴的人性，值得歌颂的道德情操、聪明才智和亲切宁静的人间柔情。在这本自传中，他告诉读者，他贫穷但他有着丰富的精神生活，他博览群书，读书唤起了他"更高尚的感情"；他勤奋好学，有着"难以置信的毅力"，"死亡的逼近不但没有削弱我研究学问的兴趣，似乎反而更使我兴致勃勃地研究起学问来"；他清高，"从没有过因为考虑贫富问题而令我心花怒放或忧心忡忡的时候"；他具有"倔强豪迈以及不肯受束缚受奴役的性格"……

《忏悔录》使读者看到了一个站在时代潮流之上的平民思想家的成长、发展，看到了敢于面对真实自我的卢梭。于是，当卢梭以藐视的姿态和自豪，宣布："我现在要做一项既无先例，将来也不会有人效仿的艰巨工作。我要把一个人的真实面目赤裸裸地揭露在世人面前。这个人就是我。"当他如此宣布的时候，他同样如此真诚地实践了自己的诺言，最终使得《忏悔录》的坦率和真诚达到了令人惊奇的程度，成为了文学史上的一部闪耀着真实世界与诗意世界光芒的奇书。

五、本章参考答案

戏剧的源流与发展

　　谈起戏剧，您首先想到的会是什么呢？是"to be, or not to be"的哈姆雷特，还是"原来姹紫嫣红开遍，似这般都付与断井颓垣"的杜丽娘？是古典的唱、念、做、打，还是现代的实验与先锋？是戈多那发人深思的等待，还是李香君那承载着爱情与历史意识的桃花扇？或者，是更为具象的舞台，或真实或虚幻地演绎着我们似曾相似的人生，抒发着我们潜藏于内心的感慨？很显然，这些都是戏，不管是戏如人生，还是人生如戏。

一、什么是戏剧

亚里士多德说："悲剧是对一个严肃、完整、有一定长度的行动的摹仿。"王国维认为，中国传统戏剧是"以歌舞演故事"。故事，是戏剧表演所依托的文本；剧本，是可供独立阅读的叙事文学。舞台上的戏剧，则是立体的文学，是演员用自己的身体（或操控手中偶人的身体）来表演故事的一门综合艺术。

通常情况下，一部戏的展演，至少需要一个故事——剧本，一个物理空间——剧场，一些表演故事的人——演员，一些观看故事表演的人——观众。东西方不同的文化，诞生了不同艺术表现的戏剧形式，相应地，也诞生了不同审美情趣的剧本文学。

二、中国戏剧

1. 宋元戏剧

中国传统戏剧形成于宋末元初。当时，在中国的南方与北方，分别有一种戏剧形式在民间流行。南方的为南曲戏文（简称"南戏"或"戏文"），北方的为北曲杂剧（简称"北杂剧"）。

南戏。目前我们能看到的最古老剧本，是属于南戏系统的宋代剧本《张协状元》。这个描述负心汉故事的古老剧本，其存在本身就颇具戏剧性。明初，这个剧本被收录于《永乐大典》，后数百年间无人知晓。幸运的是，当它辗转流落在伦敦街头时，收有《张协状元》及其他两个早期南戏剧本的《永乐大典》残卷，被中国学者叶恭绰发现并购买回国。这便是后来的《永乐大典戏文三种》。

在南戏发展史上，被誉为"南戏之祖"的剧目是高明的《琵琶记》。高明在创作此剧时坚持戏剧的教育功能，提出"不关风化体，纵好也徒然"的创作主张，创造了一位符合人们道德理想的女性形象——赵五娘。她在丈夫进京赴试而后音信全无的情况下，含辛茹苦，任劳任怨，独立支撑起一个家。灾荒之年，糟糠自餍，只为留着粮食给公婆；公婆过世时，祝发买葬，罗裙包土，自筑坟墓。赵五娘的孝亲形象在戏剧文学史上留下极为深刻的一笔。

　　戏剧史上还有"元代四大南戏"之说，它们分别是《荆钗记》《刘知远白兔记》《拜月亭》《杀狗记》，简称"荆、刘、拜、杀"，其中《荆钗记》与《拜月亭》成就较高。《荆钗记》描写了一个忠贞的爱情故事。男女主角均不为富贵所动，忠贞于爱情与婚姻，表现出与其他"婚变戏"主角很不一样的高洁品格。《拜月亭》跳出了一般才子佳人的叙事模式，将男女主角置放于战乱年代，让他们在流离颠沛中共患难、同生死，从而产生了不一样的深厚情谊。

　　北杂剧。在元代的中国北方，杂剧掀起了中国戏剧创作的第一个高峰。历史有时候会很诡异地跟世人开玩笑。元代突然中止了已实行数百年的科举制度，使众多书生瞬间不知所措。一些书生为了谋生，不得不"自降身份"，与倡伶为伍，成为了杂剧作家。他们大概不曾料到，当年他们的无奈与悲凉，竟成就了中国戏剧的辉煌。

　　元代杂剧作家队伍庞大，创作了数量可观的杂剧作品。不少作品故事曲折动人，至今活跃在戏剧舞台上。如纪君祥的《赵氏孤儿》，塑造了舍生取义、慷慨赴死的英雄形象，不仅为不同戏曲剧种所搬演，还为话剧、歌剧、电影、电视等不同艺术形式所移植和改编。甚至在 18 世纪中期还传入欧洲各国，成为欧洲人眼中的中国英雄。号称元曲四大家的"关、白、马、郑"，其作品更为文学史所看重。关汉卿堪称元曲第一家，其作品题材广泛，人物类型众多，故事张弛有致，语言兼具文采与本色，是中国戏剧史上响当当的大腕级剧作家。他一生共创作了 60 多种戏剧作品，人们熟知的《窦娥冤》便是其中之一。白朴与马致远，作品风格一清丽，一苍凉，却同以诗意的抒情戏剧留名史册。白朴的《梧桐雨》、马致远的《汉宫秋》，皆以帝王家爱情为故事题材，在抒情诗歌与叙事戏剧的结合上为后人树立了楷模。郑光祖，以《倩女离魂》闻名于戏剧史。这个缠绵悱恻的故事，改编自唐代小说《离魂记》，与《西厢记》《拜月亭》《墙头马上》一起，被誉为元代四大爱情戏。

　　这里，我们需要关注一下《西厢记》与它的作者王实甫。学界常为王实甫没进入"四大家"打抱不平。实际上，"元曲四大家"的提法历来颇多争议。除上述说法外，还有一种观点认为"四大家"应该是"关、白、马、王"。不管"四大家"如何认定，元末明初的戏剧家贾仲明，就坚持认为《西厢记》是"天下夺魁"的伟大作品。这部彪炳千古的爱情剧，以"愿普天下有情的都成了眷属"为创作主旨，塑造了志诚多情的疯魔秀才张生、美丽矜持的多情小姐莺莺，以及热情狡黠的"擎天柱"丫鬟红娘。剧中人物形象鲜明生动，语言与人物身份相配合，或典雅蕴藉，或幽默风趣，美不胜收。此后，可与《西厢记》相提并论的，则要到明代的《牡丹亭》了。

2. 明清传奇

中国明清时代，原先占据着剧坛盟主地位的北杂剧，逐渐让位给了由南戏发展而来的戏剧新形式——传奇。虽然还有不少人继续创作杂剧剧本，但上演的机会越来越少，更多时候只是仅供阅读的案头文学。值得注意的是，明代奇才徐渭创作了一些艺术成就很高的作品，如《四声猿》。清代则有杨潮观的《吟风阁杂剧》。

汤显祖与他的"临川四梦"。明清传奇呈现出蓬勃的生机。首先应当提及的自然是汤显祖与他的戏剧作品。汤显祖是江西临川人，他的四部戏剧作品中各有一梦，所以一般以"临川四梦"来概称其作品，即《紫钗记》《牡丹亭》《南柯记》和《邯郸记》。

《紫钗记》和《牡丹亭》同属于爱情题材剧。《紫钗记》改编自唐代小说《霍小玉传》，女主角霍小玉对爱情的执着与痴迷至今令有情人感慨。《牡丹亭》获得的声誉，明显在其他三部作品之上。作家以非凡的故事构思诠释了人间至情，那便是"情不知所起，一往而深。生者可以死，死可以生"。爱上了梦中人的女主角杜丽娘，和爱上了画中美人的男主角柳梦梅，都是中国戏剧史上光辉亮丽的艺术形象。其间的浪漫想象，不能自由爱恋的人最能体会。

《南柯记》与《邯郸记》也是极好的作品。《邯郸记》对官场的揭露与讽刺，可谓入木三分。《南柯记》对生命孤独本质的感慨令人动容，尽管汤显祖最后以宗教的形式解决了这场人生困扰，但关于生命本质的哲思使得这部戏剧作品获得了一般作品难以获得的艺术魅力。

"南洪北孔"。洪昇的《长生殿》与孔尚任的《桃花扇》，被人称为清代传奇的"双子星座"，有"南洪北孔"之称。这两部作品结合了很受观众喜爱的两种题材——爱情与历史，借男女离合之情写历史兴亡之感，赢得了很高赞誉。《长生殿》写唐代李隆基与杨玉环的爱情故事，在寄托了爱情理想的同时，也批判了李隆基"弛了朝纲，占了情场"。《桃花扇》以南明王朝为背景，描述了明末复社文人侯方域与秦淮名妓李香君的爱情故事。二人将国家利益置于个人情爱之上，在国破家亡之后，二人顿悟"皮之不存，毛将焉附"，于是相约出家。

令人喟叹的是，这两位剧作家皆因作品而在仕途上遭受挫折。洪昇因在皇后治丧期演出《长生殿》而受到革除国子监学籍的处分，从此仕途无望，悲愤苦闷，醉溺而亡。时人常慨"可怜一出《长生殿》，断送功名到白头"。孔尚任则在《桃花扇》问世不久突遭罢官，不少人认为，他的罢官与此剧有关。

清中叶前后，各地新兴的地方戏蓬勃发展，在晚清时形成了中国传统戏剧艺术的集大成者——京剧。20世纪初，西方戏剧经日本传入中国，中国戏剧又增添了新成员——话剧，戏剧表演也呈现出新的形式。

二、西方戏剧

1. 古希腊戏剧

欧洲戏剧史是从古希腊戏剧开始的。在阳光普照的爱琴海边上，健朗的古希腊人似乎对戏剧有着浓郁的兴趣。雅典政府为了鼓励更多的公民参与戏剧活动，还会发"观剧津贴"。

古希腊戏剧分悲剧与喜剧两大类。按照《诗学》的解释，悲剧和史诗一样，同属严肃的艺术，其目的在于模仿"能引发恐惧和怜悯的事件"，从而净化人的灵魂。悲剧表现那些"比今天的人好的人"，即那些出身高贵，声名显赫，富有英雄气概的人。他们"不具十分的美德，也不是十分的公正，他们之所以遭受不幸，不是因为本身的罪恶或邪恶，而是因为犯了某种错误"。悲剧常以严肃的、重大的问题来教育、引导城邦里的公民，发挥了戏剧重要的社会功能。喜剧模仿"比今天的人差的人"，即那些低劣小人——"不是无恶不作的歹徒"。滑稽是他们丑陋的一种表现，他们的行为，"或包含谬误，或其貌不扬，但不会给人造成痛苦或带来伤害"。

古希腊的三大悲剧作家是埃斯库罗斯、索福克勒斯和欧里庇得斯。埃斯库罗斯的《被缚的普罗米修斯》中的神话英雄普罗米修斯，勇敢坚韧，秉持正义，为了帮助人类获得火种，敢于得罪象征最高权威的宙斯，在遭受残酷惩罚的时候，也决不屈服。索福克勒斯的《俄狄浦斯王》，被誉为"全世界两千多年以来影响最大的一部人类悲剧"。剧中英雄俄狄浦斯王无论如何努力，也逃脱不了"弑父娶母"的悲惨命运。但在代表着不可抗争的强大力量的命运面前，悲剧英雄进行了不屈的抗争，他勇敢地承担起罪责，用最严酷的手段来惩罚自己，用最高贵的痛苦与忏悔来维护人的尊严。悲剧英雄的傲慢，也同样引起人们深深的思考。出自欧里庇得斯之手的《美狄亚》，是对"痴心女子负心汉"故事母题的第一次演绎，美狄亚那炽热的爱与同样炽热的恨，至今闪烁在世界戏剧史上。

2. 莎士比亚戏剧

时光穿过幽暗深邃的中世纪，来到了"人的觉醒"的文艺复兴时期。莎士比亚的戏剧作品在给英国人带来荣耀的时候，也给世界戏剧乃至世界文学带来了无限辉煌。不管是充满青春浪漫气息的爱情悲剧《罗密欧与朱丽叶》，还是取材于历史传说的厚重深沉的四大悲剧作品《哈姆雷特》《奥赛罗》《李尔王》和《麦克白》，都是经得住时间磨砺的经典之作。

《哈姆雷特》中被称为"忧郁王子"的哈姆雷特，承载着作家深沉的人文主义理想。在《奥赛罗》中美丽善良、天真痴情的苔丝德蒙娜，无辜地死在自己心爱的丈夫手中，而根本的原因却是那看不见的却又具有无穷力量的人性弱点——自卑，还有嫉妒。

也许是刚愎自用，或者，只是因为年迈而使原本充满理性的眼睛开始变得浑浊，《李尔王》中那曾经令无数人崇敬的高贵国王，竟为假象所迷惑。在华美的虚浮面前，朴实而真挚的情感被忽视，诚实而高贵的灵魂被践踏。而这样的错误，何止只发生在李尔王身上？《麦克白》中那可怕的欲望，燃起了生命虚弱的斗志，当一切似乎尘埃落定的时候，那未泯的良知却在幽暗中泛着光，令原本残暴的灵魂战栗不安，乃至噩梦连连。清冷的水可以洗去沾在手上的罪恶的血，却减不去生命中不能承受之重。这一切，从"恐怖的"和引起"怜悯"的事件中走来，在正义、良知、邪恶、褊狭、欲望之间发人深思。这不仅是文艺复兴的时代命题，也是人性永恒的困境。

3. 走向现代的西方戏剧

文艺复兴时期之后的西方戏剧，从古典主义到启蒙主义，从浪漫主义到现实主义，从现代主义到后现代主义，在走向现代的进程中，涌现了许多伟大的剧作家。

古典主义时期的戏剧作家高乃依、莫里哀、拉辛等，他们既遵循"三一律"，又有所突破。其戏剧作品《熙德》《贺拉斯》《伪君子》《吝啬鬼》《昂朵马格》等，都是值得细细品读的佳作。

启蒙主义在反思古典主义的基础上与曾经的文艺复兴相呼应，以新的

"理性"思考人的尊严与价值。伏尔泰的《查伊尔》、狄德罗的《私生子》、博马舍的《费加罗的婚礼》《有罪的母亲》、莱辛的《爱米丽雅·迦洛蒂》等戏剧作品，以不同的故事共同诠释着对自由、平等、博爱，以及民主主义、人道主义的理解。

与启蒙主义一脉相承的浪漫主义，在反对古典主义上有着不同的路线。之后又有现实主义和反思现实主义的现代主义，以及再后的后现代主义。西方戏剧在不断反思与建构的过程中，将戏剧的生命力延续着。戏剧的表演形式在变化，戏剧的创作理念在变化，但戏剧作为人的一种生存方式、一种思考方式，从来不曾变化。

参考文献

1. 董健、马俊山：《戏剧艺术十五讲》，北京，北京大学出版社，2004 年。

2. 廖奔、刘彦君：《中国戏曲发展史》，太原，山西教育出版社，2000 年。

3. 郑尚宪：《梨园之美耀神州》，沈阳，辽海出版社，2001 年。

4. 廖可兑：《西欧戏剧史》，北京，中国戏剧出版社，2002 年。

5. [古希腊] 亚里士多德著，陈中梅译注：《诗学》，北京，商务印书馆，1996 年。

练习与思考

1. 什么是戏剧？

2. 请简要描述中国传统戏剧发展简史。

3. 选读一部古希腊悲剧作品，谈谈你对悲剧艺术的理解。

六、礼仪天下

【单元题记】

礼仪是文明区别于蒙昧的标志之一。它渗透在人类社会生活的各个方面，为典章制度、观念认识，也为风俗习惯、言谈举止。于个人，礼仪是思想道德、文化修养、交际能力的外在表现；于社会，礼仪是社会文明、道德风尚和风土人情的反映。

《诗经·蓼莪》表现了父母、子女这对最基本的人伦关系。哀哀父母，生我育我，何其不易！无父无母，又何所怙恃？父母之恩，浩瀚无边。加强家庭家教家风建设，加强和改进未成年人思想道德建设，孝亲，是人之为人的基本道德，也是其他德行的重要起点。

荀子说"人无礼则不生""国无礼则不宁"。司马迁说"缘人情而制礼，依人性而作仪"。礼仪对规范人们的社会行为、协调人际关系、促进人类社会发展有着积极作用。《礼记·大学》有言："物格而后知至；知至而后意诚；意诚而后心正；心正而后身修；身修而后家齐；家齐而后国治；国治而后天下平。"欲治国治家，先修身；欲修身，先正心诚意。礼于外，心于内。

《史记·报任安书》中司马迁恪尽人臣之礼却遭腐刑，然仍以顽强的意志、自强的精神发奋著书，其胸襟之宏阔、人格之高尚，早已超越有形有制之"礼"，树立起了古代士人另一种礼的典范，将"人固有一死，或重于泰山，或轻于鸿毛"的远大抱负贯彻在实在行为的每一取舍、动静之间。

《俞伯牙摔琴谢知音》反映了俞伯牙与锺子期的旷世情谊。钟期既死，伯牙终身不复鼓琴，感动了多少渴求知己的心灵。这种建立在灵魂平等基础之上的友谊，是对凡世俗礼的升华与超越，表现出了更高层次的平等之礼。

《鸣机夜课图记》以为母亲写小像为核心，展现了母亲辛勤育儿的一生，也展现了她在道德人生上的执着追求。在各种人伦关系中，母亲用她的勇敢、勤劳与智慧，坚守并实现自己的道德理想。

《哈姆雷特》中的哈姆雷特以高贵而优雅对待背叛了他的两个朋友。他努力寻求真相，为父报仇是要尽为子之礼，但更要紧的是他必须担负起重整乾坤的责任，这是他的使命之礼。

"礼之用，和为贵。"无论在历史还是现实，礼仪文化对社会和谐、稳定与发展，提高全社会文明程度，都具有难以估量的内约内敛之功。诚然，礼仪是要与时俱进的。在新时期实施公民道德建设工程，弘扬中华传统美德的过程中，对古今中外的礼仪我们要做到有鉴别地扬弃。继承与发展传统之礼，丰富、发展、推广当代之礼，是值得我们长期思考与实践的。如是，才能更好地推动明大德、守公德、严私德，提高人民道德水准和文明素养。

诗经·蓼莪

【解题】《诗经》为我国最早的一部诗歌总集，收录了西周初年至春秋中叶时期的诗歌305篇，所以又称"诗三百""诗""三百篇"。西汉时被尊为儒家经典，所以始称《诗经》并沿用至今。《诗经》的内容丰富，反映了周代社会生活的方方面面，是当时社会的一面镜子，被誉为中国古代社会的百科全书。它的内容上分为风、雅、颂三部分，表现手法主要为赋、比、兴。《诗经》在中国文学史上具有崇高的地位和深远的影响，孔子曾说："不学诗，无以言"，它奠定了中国诗歌的优良传统，中国诗歌艺术的民族特色也由此而形成。

蓼蓼①者莪，匪莪伊蒿。哀哀②父母，生我劬劳③！
蓼蓼者莪，匪莪伊蔚④。哀哀父母，生我劳瘁！
瓶之罄矣⑤，维罍⑥之耻。鲜民⑦之生，不如死之久矣！无父何怙⑧？无母何恃？出则衔恤⑨，入则靡至。
父兮生我，母兮鞠⑩我。拊我蓄我⑪，长我育我，顾我复我⑫，出入腹我⑬。

---

① 蓼（lù）蓼：长又大的样子。莪（é）：即莪蒿。李时珍《本草纲目》："莪抱根丛生，俗谓之抱娘蒿。"
② 哀哀：可怜，可叹。
③ 劬（qú）劳：劳累之意。下章"劳瘁"意同。
④ 蔚：即牡蒿。
⑤ 瓶：汲水器具。罄：尽。
⑥ 罍（léi）：盛水器具。
⑦ 鲜：指寡、孤。民：人。
⑧ 怙（hù）：依靠。
⑨ 衔恤：含忧。
⑩ 鞠：养。
⑪ 拊：通"抚"。蓄：通"慉"，喜爱。
⑫ 顾：顾念。复：返回，指不忍离去。
⑬ 腹：指怀抱。

欲报之德。昊天罔极①！

南山烈烈②，飘风发发③。民莫不穀④，我独何害⑤！

南山律律，飘风弗弗⑥。民莫不穀，我独不卒⑦！

练习与思考

1. 背诵整首诗。

2. 在理解诗意的基础上把诗作译成白话文。

3. 结合此诗意，理解"孝"与加强家庭家教家风建设，即可逐步提高人民道德水准和文明素养之间的关系，并以此撰写一篇感想。

赏析

赡养父母，孝敬父母，是中华民族的传统美德之一。《蓼莪》即是我国表现这一美德的最早的文学作品，对后世产生了极大影响。

这首诗出自《诗经·小雅·谷风之什》，全诗一共分六章三层，抒发了不能终养父母的哀痛之情。前两章为第一层，写父母生养我们的辛劳。以既可食用又环根丛生的抱娘蒿和散生不可食用的蒿以及既不能食用又结子的蔚作比，比喻成才又孝顺与不成才且不孝顺的人，诗人由此有感而发，自责自己的不成才和无法给父母养老送终尽孝，而父母在抚养自己的时候，却费心劳力，十分辛苦。第三第四章是第二层，分写自己失去双亲的哀痛和父母养育自己长大的过程中对自己的照顾与呵护。第三章依然用比的手法，以瓶喻父母，以罍喻自己。因瓶从罍中汲水，瓶子空是因为罍没有水可供其可汲，所以深感为耻，以此比喻自己因为没有赡养父母、没有尽到应有的孝心而感到羞愧。失去父母之后，孤苦伶仃，无所依傍，虽有家也似无家。第四章一连用了生、鞠、拊、畜、长、育、顾、复、腹等九个动词和九个"我"字造成急促效果，在情绪激昂中铺陈了父母对自己的养育抚爱之情，使之前的"劬劳"和"劳瘁"得以形象化、具体化。一心想报答父母的生养之恩，可是天道无常，夺去了父母的生

① 昊天：广大的天。罔：无。极：准则。

② 烈烈：通"颲颲"，山风大的样子。

③ 飘风：同"飙风"。发发：读如"拨拨"，风声。

④ 穀：善。

⑤ 害：忧虑。

⑥ 律律：同"烈烈"。弗弗：同"发发"。

⑦ 卒：终，指养老送终。

命，令自己痛不欲生。第三层为最后两章，承前一章的后两句，写遭遇的不幸。以南山高峻难以逾越、飙风呼呼刮起起兴，营造出悲凉凄怆的气氛，又辅以烈烈、发发、律律、弗弗等四个叠字加以渲染，象征自己失去父母的巨大伤痛和内心的哀凉。"民莫不穀，我独何害""民莫不穀，我独不卒"为诗人无可奈何的伤叹。如清人方玉润所言："以众衬己，见己之抱恨独深。"

　　赋、比、兴是《诗经》的表现手法，这一特征在《蓼莪》中使用也很明显。丰坊在《诗说》中谈道："是诗前三章皆先比而后赋也；四章赋也；五、六章皆兴也。"三者交替出现，灵活使用，在回旋往复中道尽了孤子的思亲之情和哀伤之意。

　　人生短暂，世事无常。就像毕淑敏在《孝心无价》中呼吁的那样："天下的儿女们，一定要抓紧啊！趁你父母健在的光阴。"这首被誉为千古孝思之作的《蓼莪》，也启迪我们孝敬父母要尽早，不要给自己留下"子欲养而亲不在"的遗憾。

名篇朗诵

礼记·大学（节选）

戴　德　　戴　圣

　　【解题】《礼记》，是中国古代一部重要的典章制度书籍。编订者是西汉礼学家戴德和他的侄子戴圣。戴德选编的八十五篇本叫《大戴礼记》，在后来的流传过程中若断若续，到唐代只剩下了三十九篇。戴圣选编的四十九篇本叫《小戴礼记》。这两种书各有侧重和取舍，各有特色。东汉末年，著名学者郑玄为《小戴礼记》作了注解。《大学》篇重在论学。

　　大学之道，在明明德，在亲民，在止于至善。① 知止而后有定，定而后能

---

① 郑玄《礼记目录》云："名曰'大学'者，以其记博学可以为政也。"释"大学"为"博学"，即广泛大量地学习。明明德：显现人之本性。对己言，为自新；新民，对人言，为新人。止于至善：坚定地达到最美好的境界。

静，静而后能安，安而后能虑，虑而后能得。物有本末，事有终始，知所先后，则近道矣。

古之欲明明德于天下者，先治其国；欲治其国者，先齐其家；欲齐其家者，先修其身；欲修其身者，先正其心；欲正其心者，先诚其意；欲诚其意者，先致其知。致知在格物。①

物格而后知至，知至而后意诚，意诚而后心正，心正而后身修，身修而后家齐，家齐而后国治，国治而后天下平。自天子以至于庶人，壹是皆以修身为本。其本乱而末治者，否矣。其所厚者薄，而其所薄者厚，未之有也。

（潜苗金译注：《礼记译注》，736 页，杭州，浙江古籍出版社，2007 年。注释略有增删。）

练习与思考

1. 结合你的学习经历，谈谈对"止于至善"的理解。
2. 请比较当代"大学"的内涵与《礼记·大学》中的"大学"异同是什么？
3. 背诵课文。

赏析

《大学》是《礼记》第四十二篇。因篇首有"大学之道"四字，故名"大学"。这是一篇论述人生哲学和国家治理之道的文章。本课文为节选，主要思想有以下两个方面：

第一，文章指出学习所要达到的最高境界。此处"大学"有多种解释。如汉·郑玄认为"大学者以其记博学可以为政也"，释"大学"为"博学"，即广泛大量的学习；也有人认为大学即古代天子设立的学校。尽管解释各不相同，但"大学之道，在明明德，在亲民，在止于至善"皆认为要追求最美好、最高的境界。"知止而后有定，定而后能静，静而后能安，安而后能虑，虑而后能得"，则告诉我们"止于至善"的方法和途径。每一个人只有希望走向最美好的境界，然后志有定向；志有定向，然后心不妄动；心不妄动，然后安定自在；安定自在，然后智慧明澈；智慧明澈，才会考虑周全。如此，懂得事物的先后、缓急和轻重，才可能走向"止于至善"。

第二，文章指出修身、齐家、治国、平天下之间的相互关系。人们在日常琐细生活中要懂得去体察和认识事物，而后认识良知，认识良知而后内心充

---

① 致知：推及之于良知。格物：在日常生活的琐细事物中体察认识。格：度量。

实，内心充实而后动机端正，动机端正而后提高自身修养，而后家庭幸福和谐，国家安康，天下太平。而"先诚其意"要求人们坦然地做人做事，如此，方可不断提高自身修养，这也是为人的根本——"以修身为本"也。

通过《大学》，我们可以了解到古代的为学之道、处世之学。

名篇朗诵　　　　　琴歌《大学之道》

报 任 安 书①

司马迁

【解题】司马迁，字子长，龙门（今陕西韩城县北）人，生于公元前145年，卒年不详。中国古代伟大的史学家、文学家，后人尊称为"史圣"。司马迁10岁开始学习古文书传。20岁时，从京师长安南下漫游，足迹遍及江淮流域和中原地区，所到之处考察风俗，采集传说。元封三年（前108），司马迁继承其父司马谈之职，任太史令，此后，司马迁开始撰写《史记》。后因替投降匈奴的李陵辩护，获罪下狱，受腐刑。出狱后任中书令，继续发愤著书，终于在公元前91年完成了《史记》的撰写。这是中国第一部纪传体通史，对后世史学影响深远，被鲁迅誉为"史家之绝唱，无韵之《离骚》"。《报任安书》记述了他下狱受刑的经过和著书的抱负，为历代传颂。

太史公②牛马走③司马迁再拜言。少卿足下④：曩⑤者辱赐书，教以慎于接

---

① 报：答。任安，字少卿，西汉荥阳人。
② 太史公：司马迁所任官职。
③ 牛马走：像牛马一样替人奔走的仆役，此处为谦词。
④ 足下：古代对人的敬称。
⑤ 曩（nǎng）：从前。

物，推贤进士为务。意气勤勤恳恳，若望①仆②不相师③，而用流俗人之言。仆非敢如此也。仆虽罢驽④，亦尝侧闻⑤长者之遗风矣；顾⑥自以为身残处秽，动而见尤⑦，欲益反损，是以独郁悒⑧而谁与语。谚曰："谁为为之？孰令听之？"盖锺子期死，伯牙终身不复鼓琴。何则？士为知己者用，女为说⑨己者容。若仆大质⑩已亏缺矣，虽才怀随和⑪，行若由夷⑫，终不可以为荣，适足以见笑而自点⑬耳。书辞宜答，会东从上来⑭，又迫贱事⑮，相见日浅，卒卒⑯无须臾之间，得竭指意。今少卿抱不测之罪⑰，涉旬月⑱，迫季冬⑲，仆又薄从上雍⑳，恐卒然不可为讳㉑，是仆终已不得舒愤懑以晓左右㉒，则是长逝者㉓魂魄私恨无穷。请略陈固陋㉔。阙然㉕久不报，幸勿为过㉖。

---

① 望：怨恨、遗憾，以……为遗憾。
② 仆：司马迁对自己的谦称。
③ 相师：效法他人的意见行事。师，效法。
④ 罢：通"疲"。驽：劣马。罢驽：这里比喻才能庸劣。
⑤ 侧闻：在一旁听到。这是自谦之词。
⑥ 顾：只是。
⑦ 尤：罪过。用如动词，这里是指责的意思。
⑧ 郁悒（yì）：愁闷。
⑨ 说：后来写作"悦"。
⑩ 大质：身体。
⑪ 随和：指随侯之珠与和氏之璧，是春秋时期著名的宝物。随侯之珠，传说春秋随国国君曾救活了一条受了伤的大蛇，后来大蛇衔来一颗明珠报答他，因称随侯之珠；和氏之璧，见《史记·廉颇蔺相如列传》。
⑫ 由夷：指许由和伯夷，两人都是被人称颂的品德高尚之人。许由，尧时的高士，相传尧想把天下让给他，他不接受，其事参见《庄子·逍遥游》；伯夷，商孤竹君之子，周灭商后，与其弟叔齐耻食周粟，饿死首阳山。见《史记·伯夷列传》。
⑬ 点：污。
⑭ 会：正赶上。上：皇上，即武帝。
⑮ 又迫贱事：又被贱事所迫。贱事：谦词，指烦琐的事务。
⑯ 卒卒（cùcù）：同猝猝，匆忙急迫的样子。
⑰ 不测之罪：指被处腰斩。
⑱ 旬月：满一个月。
⑲ 季冬：冬季的最末一个月，即阴历十二月。汉朝法律规定，每年十二月处决罪犯，所以这句的意思是说，快到处决罪犯的时候了。
⑳ 薄：迫近。雍：地名。
㉑ 不可为讳：死的委婉说法。
㉒ 左右：原意是左右侍奉的人。这里是古代书信中常用的谦词，不直称对方，以表尊敬。
㉓ 长逝者：死者，指任安。
㉔ 固陋：偏狭浅陋的见解。
㉕ 阙然：相隔很久。
㉖ 过：责怪。

仆闻之：修身者，智之符①也；爱施者，仁之端也；取与者，义之表②也；耻辱者，勇之决也；立名者，行之极也③。士有此五者，然后可以讬于世，列于君子之林矣。故祸莫憯④于欲利，悲莫痛于伤心，行莫丑于辱先，诟⑤莫大于宫刑。刑余之人⑥，无所比数⑦，非一世也，所从来远矣。昔卫灵公与雍渠载，孔子适陈⑧；商鞅因景监见，赵良寒心⑨；同子参乘，袁丝变色⑩：自古而耻之。夫以中才之人，事有关于宦竖⑪，莫不伤气⑫，而况于慷慨之士乎？如今朝廷虽乏人，奈何令刀锯之余⑬，荐天下豪俊哉！仆赖先人绪业⑭，得待罪辇毂下⑮，二十余年矣。所以自惟，上之不能纳忠效⑯信，有奇策才力之誉，自结明主；次之又不能拾遗补阙⑰，招贤进能，显岩穴之士⑱；外之不能备行伍⑲，攻城野战，有斩将搴⑳旗之功；下之不能积日累劳，取尊官厚禄，以为宗族交游光宠。四者无一遂，苟合取容㉑，无所短长之效㉒，可见于此矣。向

---

① 符：凭证，标志。

② 表：标志，表现。

③ 行（xìng）：品行。极：指最高的境界。

④ 憯：通"惨"。

⑤ 诟：耻辱。

⑥ 刑余之人：受刑后得到余生的人。特指受过宫刑的人，或虽非受刑而被阉割的人。

⑦ 无所比数：没有把他们放在一起来计算的，即不能和任何人相比。

⑧ 卫灵公和他的夫人同车出游，让宦者雍渠参乘，孔子为次乘。孔子感到很耻辱，说："我没见过像好色那样好德的。"于是离开了卫国，到陈国去。

⑨ 商鞅是靠着秦孝公宠信的宦官景监引见而得官的。赵良，当时秦之贤者。他认为商鞅得官的方法不当，而且伤王族过甚，曾劝说商鞅引退，商鞅不听。

⑩ 同子，指汉文帝的宦官赵谈，司马迁为避父讳，改称他为同子。袁丝，姓袁名盎，丝是字。汉文帝时人，官至太常，以敢于直谏闻名，后来被梁王派人刺死。在他任中郎时，见赵谈参乘，就伏在汉文帝的车前谏阻说："我听说天子只和天下的豪杰英雄同车。现在汉虽缺乏人才，陛下怎么偏偏和宦者同车呢？"事详《史记·袁盎列传》。

⑪ 竖：宫廷供役使的小臣。宦竖，等于说宦官。

⑫ 伤气：等于说挫伤了志气。

⑬ 刀锯之余：指受过刑的人。

⑭ 绪业：遗业。侍罪：做官的谦词。

⑮ 辇毂（niǎngǔ）下：代指京城。辇，皇帝乘坐的车；毂，车轮中心插入车轴的圆木，常代指车轮。

⑯ 效：献出。

⑰ 拾遗补阙：指帮助皇帝弥补失误。阙，通"缺"。

⑱ 岩穴之士：指隐居山野的贤士。

⑲ 备：充任，充数。行伍：古代军队的编制，五人为伍，二十五人为行。备行伍，等于说备数于行伍之中。等于说军队。

⑳ 搴：拔取。

㉑ 苟：苟且。合：指合于时。取容：指取得皇帝的收容。

㉒ 效：效验，贡献。

者仆常厕下大夫①之列，陪外廷末②议，不以此时引纲维③，尽思虑，今已亏形为扫除之隶④，在阘茸⑤之中，乃欲仰首伸眉，论列是非，不亦轻朝廷，羞当世之士邪？嗟乎！嗟乎！如仆尚何言哉！尚何言哉！

　　且事本末未易明也。仆少负不羁之才，长无乡曲⑥之誉。主上幸以先人之故，使得奏薄技，出入周卫⑦之中。仆以为戴盆何以望天⑧，故绝宾客之知，忘室家之业，日夜思竭其不肖之才力，务一心营职，以求亲媚于主上。而事乃有大谬不然者！夫仆与李陵俱居门下，素非能相善也。趣舍⑨异路，未尝衔杯酒，接殷勤之余懽。然仆观其为人，自守奇士：事亲孝，与士信，临财廉，取与义，分别有让，恭俭下人，常思奋不顾身，以徇⑩国家之急。其素所蓄积也，仆以为有国士之风。夫人臣出万死不顾一生之计，赴公家之难，斯已奇矣。今举事一不当，而全躯保妻子之臣，随而媒孽⑪其短，仆诚私心痛之。且李陵提步卒不满五千，深践戎马之地，足历王庭，垂饵虎口，横挑强胡，仰亿万之师，与单于连战十有余日，所杀过当。虏救死扶伤不给，旃裘之君长咸震怖，乃悉征左右贤王⑫，举引弓之民，一国共攻而围之。转斗千里，矢尽道穷，救兵不至，士卒死伤如积。然陵一呼劳军，士无不起，躬自流涕，沫血⑬饮泣，更张空拳，冒白刃，北向争死敌者。陵未没时，使有来报，汉公卿王侯皆奉觞⑭上寿。后数日，陵败书闻，主上为之食不甘味，听朝不怡，大臣忧惧，不知所出。仆窃不自料其卑贱，见主上惨怆怛悼，诚欲效其款款之愚，以为李陵素与士大夫绝甘分少，能得人之死力，虽古名将，不能过也。身虽陷败，彼观其意，且欲得其当而报于汉。事已无可奈何，其所摧败，功亦足以暴

---

① 厕：夹杂，处于，谦词。下大夫：按周代官制，太史属下大夫这一级别，作者这里也是用为谦词。

② 外廷：即外朝。汉代把官员分为外朝与中朝，外朝是丞相以下的正规行政官员。国家疑难大事由外朝官员讨论。末：微末。

③ 纲维：指国家的法令。

④ 亏形：形体残缺。扫除之隶：喻地位卑下如役隶。

⑤ 阘茸（tàrǒng）：卑贱，指下贱之人。

⑥ 乡曲：乡里。

⑦ 周卫：指防卫周密的宫禁。

⑧ 戴盆望天，比喻二者不可得兼。这里作者以喻自己忙于职守，无暇他顾。

⑨ 趣舍：进取或退止。趣，同"趋"。

⑩ 徇：通"殉"。

⑪ 媒孽：酿酒的酒曲。这里引申为扩大，夸大。孽：同"蘖"。

⑫ 左右贤王：匈奴的最高官位。

⑬ 沫（huì）血：用血洗脸，指血流满面。沫，洗脸。

⑭ 奉觞（shāng）上寿：捧着酒杯向皇上祝贺。觞，酒器。

于天下矣。仆怀欲陈之，而未有路，适会召问，即以此指，推言陵之功。欲以广主上之意，塞睚眦^①之辞。未能尽明，明主不晓，以为仆沮贰师^②，而为李陵游说，遂下于理。拳拳之忠，终不能自列，因为诬上，卒从吏议。家贫，货赂不足以自赎；交游莫救，左右亲近不为一言。身非木石，独与法吏为伍，深幽囹圄^③之中，谁可告愬者！此真少卿所亲见，仆行事岂不然乎？李陵既生降，隤^④其家声，而仆又佴之蚕室^⑤，重为天下观笑。悲夫！悲夫！事未易一二为俗人言也。

　　仆之先非有剖符丹书^⑥之功；文史星历^⑦，近乎卜祝^⑧之间，固主上所戏弄，倡优畜之^⑨，流俗之所轻也。假令仆伏法受诛，若九牛亡^⑩一毛，与蝼蚁何以异？而世又不与能死节者比，特以为智穷罪极，不能自免，卒就死耳。何也？素所自树立使然也。人固有一死，或重于泰山，或轻于鸿毛，用之所趋异也。太上^⑪不辱先，其次不辱身，其次不辱理色^⑫，其次不辱辞令，其次诎体^⑬受辱，其次易服^⑭受辱，其次关木索、被箠楚^⑮受辱，其次剔毛发^⑯、婴金铁^⑰受辱，其次毁肌肤、断肢体^⑱受辱，最下腐刑^⑲极矣！传曰："刑不上大夫。"

---

① 睚眦（yázì）：怒目而视。
② 沮：败坏，中伤。贰师：指贰师将军李广利。李广利是武帝宠妃李夫人之兄，武帝为提拔他，派他征匈奴，李陵协助。李陵被围，李广利坐视不救。司马迁替李陵说话，所以武帝认为他有意中伤贰师将军。
③ 囹圄（língyǔ）：监狱。
④ 隤（tuí）：毁坏，败坏。
⑤ 佴：推入。蚕室：养蚕的房屋。这里指受了宫刑的人居住的房屋，因受宫刑后不可受风寒，要住进像蚕室那样温暖密封的房屋，因而叫作蚕室。
⑥ 剖符：汉代皇帝给功臣的一种凭信。符，竹制，上写永不改变爵位的誓言，剖分为二，皇帝与功臣各存其一。丹书：即丹书铁券，铁制的券契，用朱砂书写誓词，故称丹书。得剖符丹书的功臣，子孙有罪可以赦免。
⑦ 文史、星历：文献史籍和天文历法，这些都是太史令掌管的事务。
⑧ 卜祝：负责占卜和祭祀的官职。
⑨ 倡优畜之：被当作乐工和伶人来蓄养。倡优，是古代被人轻贱的下等人。
⑩ 亡：丢失。
⑪ 太上：最上、第一位。
⑫ 理色：脸面。理，纹理，指皮肤。色，脸色。
⑬ 诎体：指身体被捆绑。诎，通"屈"。
⑭ 易服：指换上罪人的衣服。
⑮ 箠楚：木杖和荆杖，都是刑具。
⑯ 剔毛发：把头发剃光，即所谓髡（kūn）刑。剔，通"剃"。
⑰ 婴金铁：指颈上套着铁圈，即所谓钳刑。婴，缠绕。
⑱ 毁肌肤、断支体：指毁伤肉体的刑罚。如脸上刺字的黥（qíng）刑、砍去双脚的刖（yuè）刑、割掉鼻子的劓（yì）刑、剔去膝盖骨的膑（bìn）刑、割掉耳朵的刵（èr）刑等。支，通"肢"。
⑲ 腐刑：即宫刑。仅次于死刑。

此言士节不可不勉励也。猛虎在深山，百兽震恐，及在槛穽之中，摇尾而求食，积威约①之渐也。故士有画地为牢，势不可入；削木为吏，议不可对②，定计于鲜也③。今交手足④，受木索，暴肌肤，受榜⑤箠，幽于圜墙⑥之中。当此之时，见狱吏则头抢⑦地，视徒隶则心惕息⑧。何者？积威约之势也。及已至是，言不辱者，所谓强颜耳，曷⑨足贵乎？且西伯⑩，伯⑪也，拘于羑里⑫；李斯⑬，相也，具于五刑；淮阴⑭，王也，受械于陈；彭越、张敖⑮，南面称孤，系狱抵罪；绛侯⑯诛诸吕，权倾五伯⑰，囚于请室⑱；魏其⑲，大将也，衣赭衣⑳，关三木㉑；季布㉒为朱家钳奴；灌夫㉓受辱于居室㉔。此人皆身至王侯将相，声闻邻国，及罪至罔加㉕，不能引决自裁㉖，在尘埃之中。古今一体，

---

① 积威约：(人对虎) 长期 (施加的) 威力的约束。积，积累。
② 削木为吏，议不可对：哪怕用木制的狱吏来审案，大家也都说不能去对质。言牢狱的恐怖。
③ 定计于鲜：指早拿定主意，即自杀。鲜，指态度鲜明。或解为夭亡、不得寿终。
④ 交手足：手脚被捆绑。交，交叉，这里可译为捆绑。
⑤ 榜：鞭打。
⑥ 圜 (yuán) 墙：指监狱。圜，通 "圆"。
⑦ 抢：撞、触。
⑧ 惕息：不敢喘息，形容极其恐惧。惕，害怕。
⑨ 曷：即 "何"，表示疑问。
⑩ 西伯：周文王的封号。
⑪ 伯：方伯，即一方诸侯之长。殷纣时他是西方诸侯之长，故称。
⑫ 拘于羑 (yǒu) 里：据《史记·殷本纪》《史记·周本纪》载，周文王曾被殷纣王拘禁。羑里，今河南汤阴县北牖城。
⑬ 李斯：战国末年上蔡 (今河南上蔡县西) 人。帮助秦始皇统一全国，任秦丞相。秦二世时，李斯被赵高陷害，最后被腰斩、灭三族。
⑭ 淮阴：淮阴侯韩信。韩信先被刘邦封为楚王，后有人告他谋反，刘邦假做南游，到陈地，韩信来见，被逮捕。后被赦，封为淮阴侯。
⑮ 彭越、张敖：彭越，汉初功臣，封梁王。张敖，汉初功臣，张耳之子，父死，袭为赵王。二人都因被诬告谋反，下狱定罪。
⑯ 绛侯：西汉功臣周勃的封号。吕后死，吕禄等人谋反，周勃与陈平等诛灭吕氏亲族，迎立文帝。
⑰ 伯，通 "霸"。
⑱ 请室：汉代囚禁有罪官吏的监狱。周勃后来被诬告谋反，下狱治罪。
⑲ 魏其 (jī)：窦婴，西汉大臣，字王孙，清河观津 (今河北衡水东) 人，是汉文帝皇后窦氏堂兄之子，以军功封魏其侯。
⑳ 衣 (yì) 赭 (zhě) 衣：穿红褐色的衣服。古代囚服为赭色。衣，名词用如动词，穿。
㉑ 三木：指加在颈、手、足三处的刑具，即枷和桎梏。
㉒ 季布：季布原为项羽将领，屡次困辱刘邦。项羽死后，刘邦悬赏捉拿季布。季布剃光了头，颈带铁圈，改变姓名，卖身为鲁人朱家的奴隶。
㉓ 灌夫：汉景帝时，灌夫平七国之乱有功，为中郎将。武帝时被诬下狱、灭族。
㉔ 居室：少府所属的官署名，是当时贵族犯罪后的拘留之所。
㉕ 罪至罔 (wǎng) 加：罪名临头，法网加在身上。罔，同 "网"。
㉖ 引决、自裁：都是自杀。

安在其不辱也^①？由此言之，勇怯，势也；强弱，形也。审矣^②，何足怪乎？夫人不能早自裁绳墨^③之外，以^④稍^⑤陵迟^⑥，至于鞭箠之间，乃欲引节^⑦，斯不亦远乎！古人所以重施刑于大夫者，殆^⑧为此也。夫人情莫不贪生恶死，念父母，顾妻子^⑨。至激于义理者不然^⑩，乃有不得已也。今仆不幸，早失父母，无兄弟之亲，独身孤立，少卿视仆于妻子何如哉？且勇者不必死节，怯夫慕义，何处不勉焉？仆虽怯懦，欲苟活，亦颇识去就之分矣，何至自沉溺缧绁^⑪之辱哉！且夫臧获^⑫婢妾，犹能引决，况仆之不得已乎？所以隐忍苟活，幽^⑬于粪土之中而不辞者，恨^⑭私心有所不尽，鄙陋没世^⑮，而文采不表于后也。

古者富贵而名摩^⑯灭，不可胜记，唯倜傥^⑰非常之人称焉。盖文王拘而演《周易》；仲尼厄而作《春秋》；屈原放逐，乃赋《离骚》；左丘失明，厥有《国语》；孙子膑脚，兵法修列；不韦迁蜀，世传《吕览》；韩非囚秦，《说难》《孤愤》；《诗》三百篇，大底圣贤发愤之所为作也。此人皆意有所郁结，不得通其道，故述往事，思来者。乃如^⑱左丘无目，孙子断足，终不可用，退而论书策^⑲，以舒其愤，思垂^⑳空文以自见^㉑。仆窃不逊^㉒，近自托于无能之辞，网罗

---

① 安在其不辱也："其不辱也安在"的倒装。
② 审矣：明白了。
③ 绳墨：木匠画直线用的工具，喻规矩和法度。这里指法律。
④ 以：通"已"，已经。
⑤ 稍：渐渐。
⑥ 陵迟：卑下，衰颓。
⑦ 引节：引决从节、自杀殉节。
⑧ 殆：副词，大概、恐怕。
⑨ 顾：顾念。妻子：妻子和孩子。
⑩ 不然：不这样。
⑪ 缧绁（léixiè）：捆绑犯人的绳索，引申为牢狱。
⑫ 臧（zāng）获：古代对奴婢的贱称。
⑬ 幽：包围、囚禁。
⑭ 恨：遗憾。
⑮ 鄙陋没世：到死都是卑微无名。鄙，鄙陋、鄙薄。没世，终结一世，即死。
⑯ 摩：通"磨"。
⑰ 倜傥（tìtǎng）：卓越豪迈，才华不凡。
⑱ 乃如：连词，至于。
⑲ 书策：写作、著书。策，竹简。
⑳ 垂：流传。
㉑ 自见（xiàn）：显示自己的。
㉒ 不逊：不谦逊、不自量。

天下放失旧闻①，略考其行事，综其终始，稽②其成败兴坏之纪，上计轩辕，下至于兹，为十表，本纪十二，书八章，世家三十，列传七十，凡百三十篇。亦欲以究天人之际③，通古今之变④，成一家之言。草创未就，会遭此祸。惜其不成，是以就极刑而无愠色⑤。仆诚以著此书，藏之名山，传之其人，通邑大都，则仆偿前辱之责⑥，虽万被戮，岂有悔哉？然此可为智者道，难为俗人言也！

且负下未易居⑦，下流⑧多谤议。仆以口语⑨遇遭此祸，重为乡党⑩所笑，以污辱先人，亦何面目复上父母之丘墓⑪乎？虽累百世⑫，垢⑬弥甚⑭耳！是以肠一日而九回⑮，居则忽忽若有所亡⑯，出则不知其所往。每念斯耻，汗未尝不发背沾衣也！身直⑰为闺阁之臣⑱，宁得自引于深藏岩穴邪⑲？故且从俗浮沉⑳，与时俯仰㉑，以通其狂惑㉒。今少卿乃教以推贤进士，无乃㉓与私心㉔刺

---

① 放失旧闻：散乱失传的文献。失，通"佚"，散失。
② 稽：考察、考订。
③ 究天人之际：探究天道与人事的关系。
④ 通古今之变：沟通从古至今的无数变化，意思是寻找复杂现象后面的共同点。
⑤ 愠色（yùn）：怨怒的脸色。
⑥ 责（zhài）：后来写作"债"。这里应理解为所耽误的时间。
⑦ 未易居：不容易处世。
⑧ 下流：身处下流，指地位卑微，名声不好。
⑨ 口语：指为李陵辩护。
⑩ 乡党：泛指乡里、同乡人。
⑪ 复上父母之丘墓：死后葬在祖宗的墓地里。
⑫ 累百世：经过上百代。
⑬ 垢：耻辱。
⑭ 弥甚：更厉害。
⑮ 肠一日而九回：比喻自己内心极为痛苦，愁思缠结。回，曲折环绕。
⑯ 亡：丢掉、失去。
⑰ 直：只不过。
⑱ 闺阁（gé）之臣：指宦官一类的官职。闺阁，宫中的小门，借指宫中深密之处。
⑲ 宁得自引于深藏岩穴邪：已经是卑微下贱的人了，怎么还能效仿贤者去隐居呢？宁得，哪能。自引，引退。深藏岩穴，指退居归隐。
⑳ 从俗浮沉：随波逐流。
㉑ 俯仰：应付、周旋。
㉒ 狂惑：痛苦和矛盾。
㉓ 无乃：岂不、难道不是……吗？
㉔ 私心：自己的内心。

谬①乎？今虽欲自雕琢②，曼辞③以自饰，无益，于俗不信④，适足取辱耳。要之，⑤死日然后是非乃定⑥。书不能悉意⑦，略陈固陋。谨再拜。

（王力主编：《古代汉语》（第三册），北京，中华书局，2010年。注释略有增删。）

练习与思考

1. 这篇回信的写作背景是什么？司马迁为何要写这篇回信？

2. 找出这篇课文具体语段，朗读并揣摩作者遭受奇耻大辱后的精神痛苦与著书雪耻的顽强意志。

3. 中国有句俗话："士可杀，不可辱。"请收集相关材料，通过自己的分析，以"'士可杀，不可辱'之我见"为题，写一篇短文。

赏析

司马迁的《报任安书》是一篇千古名篇。文章纵横跌宕，慷慨淋漓地将他对世情的感慨，对人生的悲愤，对理想的追求如泣如诉地加以抒发。是保持名节，慕义而死，还是忍辱负重，自奋立名？司马迁提出："人固有一死，或重于泰山，或轻于鸿毛，用之所趋异也。"若仅以一死来对抗现实，则"若九牛亡一毛，与蝼蚁何异"？他引古人自况，以文王演《周易》，左丘明作《国语》，仲尼作《春秋》，屈原赋《离骚》，孙子修《兵法》，不韦传《吕览》，韩非作《说难》《孤愤》，说明从古至今，那些能够经受得起艰难环境磨炼的人才能做出一番事业，只有卓越超群的人才为后人所称道。所以，他受辱不死的原因是在于要使"文采表于后世"，于是"退论书策，以舒其愤，思垂空文以自见"。他在忍辱与生死的痛苦中选择坚强地活下来，并以惊人的毅力完成《史记》。

全文虽充盈着无限的痛苦与悲凉，但在文字背后有一股无坚不摧、不达目的决不罢休的力量。在看似"感愤伤激"消极情绪中，迸发出积极向上的生命激情。中国几千年来的古代士人在"遇"与"不遇"、"仕"与"不仕"、"达"与"不达"两种路径间徘徊，他们或是心怀天下，或是忧其黎民，几乎人人都

---

① 刺谬：冲突、违背。

② 自雕琢：修饰、美化自己。意谓故意做出不感到耻辱的样子（去举贤荐能）。

③ 曼辞：美丽动听的言辞。

④ 不信：不会被俗世之人信任。

⑤ 要之：总之。

⑥ 死日然后是非乃定：到死的那一天之后，一生的是非对错才能有定论。

⑦ 悉意：完全表达出我的心意。

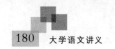

怀抱匡时救世的社会使命。然而，正直之士却仕途多舛，壮志难酬。司马迁以其刚健自强的精神、志存高远的胸怀，以及高尚的人生理想与人格追求，早已超越伦理道德关于"礼"之所谓"孝、慈、恭、顺、敬、和、仁、义"等范畴，不愧为古代士人另一种礼之典范！

俞伯牙摔琴谢知音

冯梦龙

【解题】冯梦龙（1574—1646），明代文学家、戏曲家。他出身于书香门第，但关心通俗文学的发展，先后编著《喻世明言》《警世通言》《醒世恒言》三部短篇小说集，通称"三言"，是宋元明三代最重要的一部白话短篇小说的总集。本文叙写了一个关于知音的动人故事。作为话本小说，本文在语言上也有诸多特色。

　　浪说曾分鲍叔金，谁人辨得伯牙琴？
　　于今交道奸如鬼，湖海空悬一片心。
　　古来论交情至厚，莫如管鲍。管是管夷吾，鲍是鲍叔牙。他两个同为商贾，得利均分。时管夷吾多取其利，叔牙不以为贪，知其贫也。后来管夷吾被囚，叔牙脱之，荐为齐相。这样朋友，才是个真正相知。这相知有几样名色：恩德相结者，谓之知己；腹心相照者，谓之知心；声气相求者，谓之知音；总来叫作相知。今日听在下说一桩俞伯牙的故事。列位看官们，要听者，洗耳而听。不要听者，各随尊便。正是：
　　知音说与知音听，不是知音不与谈。
　　话说春秋战国时，有一名公，姓俞名瑞，字伯牙，楚国郢都人氏，即今湖广荆州府之地也。那俞伯牙身虽楚人，官星却落于晋国，仕至上大夫之位。因奉晋主之命，来楚国修聘。伯牙讨这个差使，一来，是个大才，不辱君命，二来，就便省视乡里，一举两得。当时从陆路至于郢都。朝见了楚王，致了晋主之命。楚王设宴款待，十分相敬。那郢都乃是桑梓之地，少不得去看一看坟墓，会一会亲友。然虽如此，各事其主，君命在身，不敢迟留。公事已毕，拜辞楚王。楚王赠以黄金采缎，高车驷马。伯牙离楚一十二年，思想故国江山之胜，欲得恣情观览，要打从水路大宽转①而回。乃假奏楚王道："臣不幸有犬马之疾，不胜车马驰骤。乞假臣舟楫，以便医药。"楚王准奏。命水师拨大船二只，一正一副。正船单坐晋国来使，副船安顿仆从行李。都是兰桡画桨，锦帐高帆，甚是齐整。群臣直送至江头而别。

> 只因览胜探奇，不顾山遥水远。

伯牙是个风流才子。那江山之胜，正投其怀。张一片风帆，凌千层碧浪，看不尽遥山叠翠，远水澄清。不一日，行至汉阳江口。时当八月十五日，中秋之夜。偶然风狂浪涌，大雨如注，舟楫不能前进，泊于山崖之下。不多时，风恬浪静，雨止云开，现出一轮明月。那雨后之月，其光倍常。伯牙在船舱中，独坐无聊。命童子焚香炉内，"待我抚琴一操。以遣情怀。"童子焚香罢，捧琴囊置于案间。伯牙开囊取琴，调弦转轸，弹出一曲。曲犹未终，指下"刮喇"的一声响，琴弦绝了一根。伯牙大惊，叫童子去问船头②："这住船所在是甚么去处？"船头答道："偶因风雨，停泊于山脚之下，虽然有些草树，并无人家。"伯牙惊讶。想道："是荒山了。若是城郭村庄，或有聪明好学之人，盗听吾琴，所以琴声忽变，有弦断之异。这荒山下，那得有听琴之人？哦，我知道了，想是有仇家差来刺客，不然，或是贼盗伺候更深，登舟劫我财物。"叫左右："与我上崖搜检一番。不在柳阴深处，定在芦苇丛中。"左右领命，唤齐众人，正欲搭跳③上崖。忽听岸上有人答应道："舟中大人，不必见疑。小子并非奸盗之流，乃樵夫也。因打柴归晚，值骤雨狂风，雨具不能遮蔽，潜身岩畔。闻君雅操，少住听琴。"伯牙大笑道："山中打柴之人，也敢称听琴二字！此言未知真伪，我也不计较了。左右的，叫他去罢。"那人不去，在崖上高声说道："大人出言谬矣！岂不闻'十室之邑，必有忠信。''门内有君子，门外君子至。'大人若欺负山野中没有听琴之人，这夜静更深，荒崖下也不该有抚琴之客了。"伯牙见他出言不俗，或者真是个听琴的，亦未可知。止住左右不

---

① 大宽转：绕路，迂回。

② 船头：掌船的头目。

③ 跳：跳板。

要罗唣①，走近舱门，回嗔作喜的问道："崖上那位君子，既是听琴，站立多时，可知道我适才所弹何曲？"那人道："小子若不知，却也不来听琴了。方才大人所弹，乃孔仲尼叹颜回，谱入琴声。其词云：'可惜颜回命蚤②亡，教人思想鬓如霜。只因陋巷箪瓢乐，'——到这一句，就绝了琴弦，不曾抚出第四句来。小子也还记得：——'留得贤名万古扬。'"

伯牙闻言，大喜道："先生果非俗士，隔崖弔远③，难以问答。"命左右："掌跳，看扶手，请那位先生登舟细讲。"左右掌跳，此人上船，果然是个樵夫。头戴箬笠，身披草衣，手持尖担，腰插板斧，脚踏芒鞋。手下人那知言谈好歹，见是樵夫，下眼相看。"咄，那樵夫！下舱去，见我老爷叩头。问你甚么言语，小心答应。官尊着哩。"樵夫却是个有意思的，道："列位不须粗鲁，待我解衣相见。"除了斗笠，头上是青布包巾；脱了蓑衣，身上是蓝布衫儿；搭膊④拴腰，露出布裈下截。那时不慌不忙，将蓑衣、斗笠、尖担、板斧，俱安放舱门之外。脱下芒鞋，踱去泥水，重复穿上，步入舱来。官舱内公座上灯烛辉煌。樵夫长揖而不跪，道："大人施礼了。"俞伯牙是晋国大臣，眼界中那有两接⑤的布衣。下来还礼，恐失了官体，既请下船，又不好叱他回去。伯牙没奈何，微微举手道："贤友免礼罢。"叫童子看坐的。童子取一张机坐儿置于下席。伯牙全无客礼，把嘴向樵夫一努道："你且坐了。"你我之称，怠慢可知。那樵夫亦不谦让，俨然坐下。伯牙见他不告而坐，微有嗔怪之意。因此不问姓名，亦不呼手下人看茶。默坐多时，怪而问之："适才崖上听琴的，就是你么？"樵夫答言："不敢。"伯牙道："我且问你，既来听琴，必知琴之出处。此琴何人所造？抚他有甚好处？"正问之时，船头来禀话，风色顺了，月明如昼，可以开船。伯牙分付："且慢些！"樵夫道："承大人下问。小子若讲话絮烦，恐担误顺风行舟。"伯牙笑道："惟恐你不知琴理。若讲得有理，就不做官，亦非大事，何况行路之迟速乎！"樵夫道："既如此，小子方敢僭谈⑥。此琴乃伏羲氏所琢，见五星之精，飞坠梧桐，凤皇来仪。凤乃百鸟之王，非竹实

----

① 罗唣：吵闹寻事。多见于早期白话。

② 蚤：同"早"。

③ 弔（diào）远：（距离）遥远。

④ 搭膊：即褡膊，又称褡裢，布制的长方形的口袋，中央开口，两端各成一个袋子，装钱物用，一般分大小两种，大的可以搭在肩上，小的可以挂在腰带上。

⑤ 两接：即两截。指穿的衫和裤，这是古时普通老百姓的穿着。

⑥ 僭谈：谦词，越分妄谈。

不食，非梧桐不栖，非醴泉不饮。伏羲知梧桐乃树中之良材，夺造化之精气，堪为雅乐，令人伐之。其树高三丈三尺，按三十三天之数，截为三段，分天、地、人三才。取上一段叩之，其声太清，以其过轻而废之；取下一段叩之，其声太浊，以其过重而废之；取中一段叩之，其声清浊相济，轻重相兼。送长流水中，浸七十二日，按七十二候之数。取起阴干，选良时吉日，用高手匠人刘子奇斲[1]成乐器。此乃瑶池之乐，故名瑶琴。长三尺六寸一分，按周天三百六十一度。前阔八寸，按八节；后阔四寸，按四时；厚二寸，按两仪。有金童头，玉女腰，仙人背，龙池，凤沼，玉轸，金徽。那徽有十二，按十二月；又有一中徽，按闰月。先是五条弦在上，外按五行金木水火土，内按五音宫商角徵羽。尧舜时操五弦琴，歌'南风'诗，天下大治。后因周文王被囚于羑里[2]，吊子伯邑考，添弦一根，清幽哀怨，谓之文弦。后武王伐纣，前歌后舞，添弦一根，激烈发扬，谓之武弦。先是宫商角徵羽五弦，后加二弦，称为文武七弦琴。此琴有六忌，七不弹，八绝。何为六忌？

一忌大寒，二忌大暑，三忌大风，四忌大雨，五忌迅雷，六忌大雪。

何为七不弹？

闻丧者不弹，奏乐不弹，事冗不弹，不净身不弹，衣冠不整不弹，不焚香不弹，不遇知音者不弹。

何为八绝？总之清奇幽雅，悲壮悠长。此琴抚到尽美尽善之处，啸虎闻而不吼，哀猿听而不啼。乃雅乐之好处也。"伯牙听见他对答如流，犹恐是记问之学。又想道："就是记问之学，也亏他了。我再试他一试。"此时已不似在先你我之称了。又问道："足下既知乐理，当时孔仲尼鼓琴于室中，颜回自外入。闻琴中有幽沉之声，疑有贪杀之意。怪而问之。仲尼曰：'吾适鼓琴，见猫方捕鼠，欲其得之，又恐其失之。此贪杀之意，遂露于丝桐。'始知圣门音乐之理，入于微妙。假如下官抚琴，心中有所思念，足下能闻而知之否？"樵夫道："《毛诗》云：'他人有心，予忖度之。'大人试抚弄一过，小子任心猜度。若猜不着时，大人休得见罪。"伯牙将断弦重整，沉思半晌。其意在于高山，抚琴一弄。樵夫赞道："美哉洋洋乎，大人之意，在高山也。"伯牙不答。又凝神一会，将琴再鼓，其意在于流水。樵夫又赞道："美

① 斲：砍，削。
② 羑（yǒu）里：古城名。一作牖里。在今河南汤阴北。

哉汤汤乎，志在流水！"只两句道着了伯牙的心事。伯牙大惊，推琴而起，与子期施宾主之礼。连呼："失敬失敬！石中有美玉之藏。若以衣貌取人，岂不误了天下贤士！先生高名雅姓？"樵夫欠身而答："小子姓锺，名徽，贱字子期。"伯牙拱手道："是锺子期先生。"子期转问："大人高姓？荣任何所？"伯牙道："下官俞瑞，仕于晋朝，因修聘上国而来。"子期道："原来是伯牙大人。"伯牙推子期坐于客位，自己主席相陪。命童子点茶。茶罢，又命童子取酒共酌。伯牙道："借此攀话，休嫌简亵。"子期称："不敢。"童子取过瑶琴，二人入席饮酒。伯牙开言又问："先生声口是楚人了，但不知尊居何处？"子期道："离此不远，地名马安山集贤村，便是荒居。"伯牙点头道："好个集贤村。"又问："道艺何为？"子期道："也就是打柴为生。"伯牙微笑道："子期先生，下官也不该僭言，似先生这等抱负，何不求取功名，立身于廊庙，垂名于竹帛，却乃赍志林泉，混迹樵牧，与草木同朽？窃为先生不取也。"子期道："实不相瞒，舍间上有年迈二亲，下无手足相辅。采樵度日，以尽父母之余年。虽位为三公之尊，不忍易我一日之养也。"伯牙道："如此大孝，一发难得。"二人杯酒酬酢了一会。子期宠辱无惊，伯牙愈加爱重。又问子期："青春多少？"子期道："虚度二十有七。"伯牙道："下官年长一旬①。子期若不见弃，结为兄弟相称，不负知音契友。"子期笑道："大人差矣。大人乃上国名公，锺徽乃穷乡贱子，怎敢仰扳，有辱俯就！"伯牙道："相识满天下，知心能几人？下官碌碌风尘，得与高贤结契，实乃生平之万幸。若以富贵贫贱为嫌，觑俞瑞为何等人乎！"遂命童子重添炉火，再爇名香，就船舱中与子期顶礼八拜。伯牙年长为兄，子期为弟。今后兄弟相称，生死不负。拜罢，复命取暖酒再酌。子期让伯牙上坐。伯牙从其言。换了杯箸，子期下席。兄弟相称，彼此谈心叙话。正是：

合意客来心不厌，知音人听话偏长。

谈论正浓，不觉月淡星稀，东方发白。船上水手都起身收拾篷索，整备开船。子期起身告辞。伯牙捧一杯酒递与子期。把子期之手叹道："贤弟，我与你相见何太迟，相别何太早！"子期闻言，不觉泪珠滴于杯中。子期一饮而尽。斟酒回敬伯牙。二人各有眷恋不舍之意。伯牙道："愚兄余情不尽，意欲曲延贤弟同行数日，未知可否？"子期道："小弟非不欲相从。怎奈二亲年老，'父

---

① 一旬：这里指十岁。

母在，不远游。'"伯牙道："既是二位尊人在堂，回去告过二亲，到晋阳来看愚兄一看，这就是'游必有方'了。"子期道："小弟不敢轻诺而寡信，许了贤兄，就当践约。万一禀命于二亲，二亲不允，使仁兄悬望于数千里之外，小弟之罪更大矣。"伯牙道："贤弟真所谓至诚君子。也罢，明年还是我来看贤弟。"子期道："仁兄明岁何时到此？小弟好伺候尊驾。"伯牙屈指道："昨夜是中秋节，今日天明，是八月十六日了。贤弟，我来仍在仲秋中五六日奉访。若过了中旬，迟到季秋月分，就是爽信，不为君子。"叫童子："分付记室①将锺贤弟所居地名及相会的日期，登写在日记簿上。"子期道："既如此，小弟来年仲秋中五六日准在江边侍立拱候，不敢有误。天色已明，小弟告辞了。"伯牙道："贤弟且住。"命童子取黄金二笏②，不用封帖，双手捧定道："贤弟，些须薄礼，权为二位尊人甘旨之费。斯文骨肉，勿得嫌轻。"子期不敢谦让，即时收下。再拜告别，含泪出舱，取尖担挑了蓑衣斗笠，插板斧于腰间，掌跳搭扶手上崖。伯牙直送至船头，各各洒泪而别。

不题子期回家之事。再说俞伯牙点鼓开船，一路江山之胜，无心观览，心心念念，只想着知音之人。又行了几日。舍舟登岸。经过之地，知是晋国上大夫，不敢轻慢，安排车马相送。直至晋阳，回复了晋主，不在话下。

光阴迅速，过了秋冬，不觉春去夏来。伯牙心怀子期。无日忘之。想着中秋节近，奏过晋主，给假还乡。晋主依允。伯牙收拾行装，仍打大宽转，从水路而行。下船之后，分付水手，但是湾泊所在，就来通报地名。事有偶然，刚刚八月十五夜，水手禀复，此去马安山不远。伯牙依稀还认得去年泊船相会子期之处。分付水手，将船湾泊，水底抛锚，崖边钉橛。其夜晴明，船舱内一线月光，射进朱帘。伯牙命童子将帘卷起，步出舱门，立于船头之上，仰观斗柄。水底天心，万顷茫然，照如白昼。思想去岁与知己相逢，雨止月明。今夜重来，又值良夜。他约定江边相候，如何全无踪影，莫非爽信！又等了一会，想道："我理会得了。江边来往船只颇多。我今日所驾的，不是去年之船了。吾弟急切如何认得？去岁我原为抚琴惊动知音。今夜仍将瑶琴抚弄一曲。吾弟闻之，必来相见。"命童子取琴桌安放船头，焚香设座。伯牙开囊，调弦转轸，才泛音律，商弦中有哀怨之声。伯牙停琴不操。"呀！

---

① 记室：从前掌管章表、书记的官，相当于现今秘书一类的人员。

② 笏：古代使用黄金的单位称为镒，一镒为二十四两，因铸成笏形，故一镒又称一笏。

商弦哀声凄切，吾弟必遭忧在家。去岁曾言父母年高。若非父丧，必是母亡。他为人至孝，事有轻重，宁失信于我，不肯失礼于亲，所以不来也。来日天明，我亲上崖探望。"叫童子收拾琴桌，下舱就寝。伯牙一夜不睡。真个巴明不明，盼晓不晓。看看月移帘影，日出山头。伯牙起来梳洗整衣，命童子携琴相随，又取黄金十镒带去。"傥吾弟居丧，可为赙礼①。"踉跄登崖，行于樵径，约莫十数里，出一谷口。伯牙站住。童子禀道："老爷为何不行？"伯牙道："山分南北，路列东西。从山谷出来，两头都是大路，都去得。知道那一路往集贤村去？等个识路之人，问明了他，方才可行。"伯牙就石上少憩，童儿退立于后。不多时，左手官路上有一老叟，髯垂玉线，发挽银丝，篛冠野服，左手举藤杖，右手携竹篮，徐步而来。伯牙起身整衣，向前施礼。那老者不慌不忙，将右手竹篮轻轻放下，双手举藤杖还礼，道："先生有何见教？"伯牙道："请问两头路，那一条路，往集贤村去的？"老者道："那两头路，就是两个集贤村。左手是上集贤村，右手是下集贤村。通衢三十里官道。先生从谷出来，正当其半。东去十五里，西去也是十五里。不知先生要往那一个集贤村？"伯牙默默无言，暗想道："吾弟是个聪明人，怎么说话这等糊涂！相会之日，你知道此间有两个集贤村，或上或下，就该说个明白了。"伯牙却才沉吟。那老者道："先生这等吟想，一定那说路的，不曾分上下，总说了个集贤村，教先生没处抓寻了。"伯牙道："便是。"老者道："两个集贤村中，有一二十家庄户，大抵都是隐遁避世之辈。老夫在这山里，多住了几年，正是'土居三十载，无有不亲人'。这些庄户，不是舍亲，就是敝友。先生到集贤村必是访友。只说先生所访之友，姓甚名谁，老夫就知他住处了。"伯牙道："学生要往锺家庄去。"老者闻锺家庄三字，一双昏花眼内，扑簌簌掉下泪来，道："先生别家可去，若说锺家庄，不必去了。"伯牙惊问："却是为何？"老者道："先生到锺家庄，要访何人？"伯牙道："要访子期。"老者闻言，放声大哭道："子期锺徽，乃吾儿也。去年八月十五采樵归晚，遇晋国上大夫俞伯牙先生。讲论之间，意气相投。临行赠黄金二笏。吾儿买书攻读，老拙无才，不曾禁止。旦则采樵负重，暮则诵读辛勤，心力耗废，染成怯疾，数月之间，已亡故了。"伯牙闻言，五内崩裂，泪如涌泉，大叫一声，傍山崖跌倒，昏绝于地。锺公用手搀扶，回顾小

---

① 赙礼：向办丧事的人家送的礼。

童道："此位先生是谁？"小童低低附耳道："就是俞伯牙老爷。"锺公道："原来是吾儿好友。"扶起伯牙苏醒。伯牙坐于地下，口吐痰涎，双手捶胸，恸哭不已。道："贤弟呵，我昨夜泊舟，还说你爽信，岂知已为泉下之鬼！你有才无寿了！"锺公拭泪相劝。伯牙哭罢起来，重与锺公施礼。不敢呼老丈，称为老伯，以见通家兄弟之意。伯牙道："老伯，令郎还是停枢在家，还是出瘗①郊外了？"锺公道："一言难尽。亡儿临终，老夫与拙荆坐于卧榻之前。亡儿遗语嘱付道：'修短由天，儿生前不能尽人子事亲之道，死后乞葬于马安山江边。与晋大夫俞伯牙有约，欲践前言耳。'老夫不负亡儿临终之言。适才先生来的小路之右，一丘新土，即吾儿锺徽之冢。今日是百日之忌，老夫提一陌纸钱，往坟前烧化，何期与先生相遇！"伯牙道："既如此，奉陪老伯，就坟前一拜。"命小童"代太公提了竹篮"。锺公策杖引路，伯牙随后，小童跟定。复进谷口。果见一丘新土，在于路左。伯牙整衣下拜："贤弟，在世为人聪明，死后为神灵应。愚兄此一拜，诚永别矣！"拜罢，放声又哭。惊动山前山后，山左山右，黎民百姓，不问行的住的，远的近的，闻得朝中大臣来祭锺子期，回绕坟前，争先观看。伯牙却不曾摆得祭礼，无以为情。命童子把瑶琴取出囊来，放于祭石台上，盘膝坐于坟前，挥泪两行，抚琴一操。那些看者，闻琴韵铿锵，鼓掌大笑而散。伯牙问："老伯，下官抚琴，吊令郎贤弟，悲不能已，众人为何而笑？"锺公道："乡野之人，不知音律。闻琴声以为取乐之具，故此长笑。"伯牙道："原来如此。老伯可知所奏何曲？"锺公道："老夫幼年也颇习。如今年迈，五官半废，模糊不懂久矣。"伯牙道："这就是下官随心应手一曲短歌以吊令郎者。口诵于老伯听之。"锺公道："老夫愿闻。"伯牙诵云：

"忆昔去年春，江边曾会君。今日重来访，不见知音人！但见一抔土，惨然伤我心。伤心伤心复伤心，不忍泪珠纷！来欢去何苦，江畔起愁云。

子期子期兮，你我千金义，历尽天涯无足语，此曲终兮不复弹，三尺瑶琴为君死！"

伯牙于衣夹间取出解手刀②，割断琴弦，双手举琴，向祭石台上，用力一摔，摔得玉轸抛残，金徽零乱。锺公大惊，问道："先生为何摔碎此琴？"伯牙道：

---

① 瘗：掩埋。
② 解手刀：日常手边应用的小刀。

"摔碎瑶琴凤尾寒，子期不在对谁弹！

春风满面皆朋友，欲觅知音难上难。"

锺公道："原来如此，可怜可怜！"伯牙道："老伯高居，端的在上集贤村，还是下集贤村？"锺公道："荒居在上集贤村第八家就是。先生如今又问他怎的？"伯牙道："下官伤感在心，不敢随老伯登堂了。随身带得有黄金二镒，一半代令郎甘旨之奉，一半买几亩祭田，为令郎春秋扫墓之费。待下官回本朝时，上表告归林下。那时却到上集贤村，迎接老伯与老伯母同到寒家，以尽天年。吾即子期，子期即吾也。老伯勿以下官为外人相嫌。"说罢，命小僮取出黄金，亲手递与锺公，哭拜于地。锺公答拜。盘桓半晌而别。

这回书，题作《俞伯牙摔琴谢知音》。后人有诗赞云：

势利交怀势利心，斯文谁复念知音！

伯牙不作锺期逝，千古令人说破琴。

〔选自（明）冯梦龙编，严敦易校注：《警世通言》，1～12页，北京，人民文学出版社，1984年。注释略有增删。〕

| 练习与思考

1. 请仔细阅读锺子期登船入舱前的一系列动作，并以此分析锺子期的性格。

2. 请就"知音"话题，谈谈自己的感想。

3. 请在课后选择阅读冯梦龙"三言"中的其他小说，感受话本小说的语言特色。

| 赏析

关于"知音""高山流水"的典故，许多人并不陌生。人生而孤独，俞伯牙与锺子期的旷世情谊，感动了多少渴求知己的心灵。在这个故事中，琴是神妙的，俞伯牙、锺子期能根据琴声判断现实生活中的人与事，也是令人惊异的。而剥离了这层充满想象力的神幻，人们不难发现其中的另一种真实，那便是对灵魂平等与相知的向往。这种建立在灵魂平等基础上的知己，超越了形式上的礼节，而在心灵深处实现了最动人的礼。

从社会身份上看，俞伯牙与锺子期，一个是显赫的高官，一个是卑微的樵夫，在维护社会秩序的礼节上，二人极易被外在的高低等级所束缚，即便有相敬之意，也很难达成无障碍的交互式的交流。因而，小说首先要抗拒的便是这个形式上的礼。这样的意图先是借伯牙手下之口表达出来："咄！那樵夫！下舱去，见我老爷叩头。问你甚么言语，小心答应。官尊着哩。"说话者并无恶意，他运用的也无非是普通人惯有的思维方式。但樵夫钟子期却有礼有节，不卑不亢。登船之后，摘下斗笠，脱了蓑衣，不慌不忙，将斗笠、蓑衣和砍柴用的板斧等放在舱门之外，而后"脱下芒鞋，跐去泥水，重复穿上，步入舱来"，向伯牙长揖而不跪，只说道："大人施礼了。"钟子期岂是粗俗之人！除去外服，将利器置于门外，再清理好鞋上的泥水，然后再入舱行礼，这一系列动作所表现出的高贵与尊严感何异于王公贵族？更为可贵的是，这种尊严和礼节，是作为人本身的尊严，是超越了社会等级的礼节。换言之，钟子期此时拜访的即便不是俞伯牙，而是跟他一样的渔人樵夫，他也是这些动作。而这，才是弥足珍贵的礼！

俞伯牙在初见钟子期时，尚不能摆脱固有礼节对自己的束缚，因而对钟子期的"礼节"甚为不满，二人竟默坐多时。后来俞伯牙主动打破僵局，但也是居高临下式的一问一答。然而，当俞伯牙发现钟子期能在代表最高精神追求的音乐上与自己惺惺相惜时，便彻底抛开社会身份的束缚，引为知音！之后，二人重新行礼，乃至结拜为兄弟等行为，这已超越了社会上一般重阶层、重等级的礼制，而变成了心灵契友之间的相互尊重和珍惜。这便是作者对礼的理想化阐释。

图片摄影：苏新春

古琴独奏《流水》

鸣机夜课图记

蒋士铨

【解题】 蒋士铨（1725—1785），字心余，一字苕生，江西铅山人，著名文学家、戏曲家。《鸣机夜课图记》是作者记叙母亲生平的文章。文章笔触细腻，言辞恳切，读来不胜唏嘘，为怀念母亲的佳作。

吾母姓钟氏，名令嘉，字守箴，出南昌名族，行九。幼与诸兄从先外祖滋生公读书，十八归先府君。时府君年四十余，任侠好客，乐施与，散数千金，囊箧萧然，宾从辄满座，吾母脱簪珥治酒浆，盘罍间未尝有俭色。越二载生铨。家益落，历困苦穷乏人所不能堪者，吾母怡然无愁蹙状，戚党人争贤之。府君由是计复游燕、赵间，而归吾母及铨寄食外祖家。

铨四龄，母日授四子书数句①，苦儿幼不能执笔，乃镂竹枝为丝断之，诘屈作波磔点画，合而成字，抱铨坐膝上教之，既识即拆去。日训十字，明日令铨持竹丝合所识字，无误乃已。至六龄，始令执笔学书。先外祖家素不润②，历年饥大凶，益窘乏。时铨及小奴衣服冠履，皆出于母。母工纂绣组织，凡所为女红，令小奴携于市，人辄争购之，以是铨及小奴无褴褛状。

先外祖长身白髯，喜饮酒，酒酣辄大声吟所作诗，令吾母指其疵。母每指一字，先外祖则满引一觥，数指之后，乃陶然捋须大笑，举觞自呼曰："不意阿丈乃有此女！"既而摩铨顶曰："好儿子，尔他日何以报尔母？"铨稚不能答③，投母怀，泪涔涔下，母亦抱儿而悲。檐风几烛，若愀然助人以哀者。

记母教铨时，组绣绩纺之具，毕陈左右，膝置书，令铨坐膝下读之。母手任操作，口授句读，咿唔之声，轧轧相间。儿怠则少加夏楚，旋复持儿泣曰：

---

① 四子书，指《论语》《大学》《中庸》《孟子》四部儒家经典。因此四书为孔子、曾子、子思、孟子的言行录，故合称为"四子书"。

② 润，丰厚，富足。

③ 稗，同稚。

"儿及此不学，我何以见汝父？"至夜分寒甚，母坐于床，拥被覆双足，解衣以胸温儿背，共铨朗诵之。读倦睡母怀，俄而母摇铨曰："可以醒矣。"铨张目视母面，泪方纵横落，铨亦泣；少间复令读，鸡鸣卧焉。诸姨尝谓母曰："妹一儿也，何苦乃尔！"对曰："子众可矣，儿一不肖，妹何托焉？"

庚戌，外祖母病且笃，母侍之，凡汤药饮食，必亲尝之而后进，历四十昼夜无倦容。外祖母濒危，泣曰："女本弱，今劳瘁过诸兄，惫矣！他日婿归，为言我死无恨，恨不见汝子成立，其善诱之。"语讫而卒。母哀毁骨立，水浆不入口者七日。间党姻亚，一时咸为孝女称，至今弗衰也。

铨九龄，母授以《礼记》、《周易》、《毛诗》，皆成诵。暇更录唐、宋人诗，教之为吟哦声。母与铨皆弱而多病，铨每病，母即抱铨行一室中，未尝寝。少痊，辄指壁间诗歌，教儿低吟之以为戏。母有病，铨则坐枕侧不去，母视铨辄无言而悲，铨亦凄楚依恋之。尝问曰："母有忧乎？"曰："然。""然则何以解忧？"曰："儿能背诵所读书，斯解也。"铨诵声琅琅然，争药鼎沸。母微笑曰："病少差矣！"由是母有病，铨即持书诵于侧，而病辄能愈。

十岁父归。越一载，复携母及铨偕游燕、秦、赵、魏、齐、梁、吴、楚间。先府君苟有过，母必正色婉言规；或怒不听，则屏息，俟怒少解，复力争之，听而后止。先府君每决大狱，母辄携儿立席前曰："幸以此儿为念！"府君数颔之。先府君在客邸，督铨学甚急，稍怠，即怒而弃之，数日不及一言。吾母垂涕扑之①，令跪读至熟乃已，未尝倦也，铨故不能荒于嬉，而母教由是益以严。

又十载归，卜居于鄱阳②。铨年且二十，明年娶妇张氏，母女视之，训以纺绩织纴事，一如教儿时。铨生二十有二年，未尝去母前，以应童子试，归铅山，母略无离别可怜之色。旋补弟子员，明年丁卯，食廪饩③，秋荐于乡。归拜母，母色喜。依膝下廿日，遂北行。母念儿辄有诗，未一寄也。明年落第，九月归。十二月先府君即世④，母哭而濒死者十余次。自为文祭之，凡百余言，朴婉沉痛，闻者无亲疏老幼皆呜咽失声，时行年四十有三也。

---

① 《忠雅堂集校笺》本为"朴"，疑有误，故改为"扑"。
② 卜居，择地而居。
③ 廪饩，指科举时代由公家发给在学生员的膳食津贴。
④ 即世，去世。

己巳，有南昌老画师游番阳①，八十余，白发垂耳，能图人状貌。铨延之为母写小像，因以位置景物请于母，且问母何以行乐，当图之以为娱。母愀然曰："呜呼！自为蒋氏妇，常以不及奉舅姑盘匜为恨②。而处忧患哀恸间数十年，凡哭母、哭父、哭儿、哭女夭折，今且哭夫矣。未亡人欠一死耳，何乐为？"铨跪曰："虽然，母志有乐得未致者，请寄斯图也可乎？"母曰："苟吾儿及新妇能习于勤，不亦可乎？鸣机课夜，老妇之愿足矣，乐何有焉！"

铨于是退而语画士，乃图秋夜之景：虚堂四厂③，一灯荧荧，高梧萧疏，影落檐际。堂中列一机，画吾母坐而织之，妇执纺车坐母侧。檐底横列一几，剪烛自照，凭画栏而读者，则铨也。阶下假山一，砌花盘兰，婀娜相倚，动摇于微风凉月中。其童子蹲树根捕促织为戏，及垂短发，持羽扇煮茶石上者，则奴子阿同、小婢阿昭也。图成，母视之而欢。

铨谨按吾母生平勤劳，为之略，以进求诸大人先生之立言而与人为善者。

〔（清）蒋士铨著，邵海清校，李梦生笺：《忠雅堂集校笺》，2046～2051 页，上海，上海古籍出版社，1993 年。〕

| **练习与思考**

1. 翻译句子"母工纂绣组织，凡所为女红，令小奴携于市，人辄争购之，以是铨及小奴无襁褛状"。

2. 文中有许多细节描写，找出一处，并分析之。

3. 谈谈您对家庭教育的认识。

| **赏析**

《鸣机夜课图记》一文，作于乾隆十四年（1749），当时，作者蒋士铨 25 岁，丁父忧居鄱阳。文章以为母亲钟氏写小像为核心，展现了母亲辛勤育儿的一生，也展现了她在道德人生上的执着追求。在各种人伦关系中，母亲用她的勇敢、勤劳与智慧，坚守并实现自己的道德理想。

———————————————

① 番阳，湖名，鄱阳湖。
② 盘匜（yí），古代盥洗器皿。盘用以承水，匜用以注水。
③ 厂，同"敞"。

钟氏嫁为人妇，竭尽全力支持丈夫，没有任何怨言。丈夫"任侠好客，乐施与"，在家里经济状况越来越窘迫的情况下，她变卖自己的首饰支持丈夫，"盎罍间未尝有俭色"，乃至"戚党人争贤之"。

父亲决定出门去，照顾、教育幼子的责任就全部落在母亲一人身上。当时的情景正是"桁无悬衣釜无米。风萧萧兮岁寒，夫恃令妻子恃母"（见杨垕《耻夫诗钞》卷下《鸣机夜课图为友人蒋莘畬作》）。她带着幼小的蒋士铨寄食于自己娘家，含辛茹苦教孩子识字读书，遇凶年，辛勤劳作，以精巧的女红为家庭减轻负担。母亲生病，她不顾自己体弱多病，坚持汤药殷勤侍奉，"历四十昼夜无倦容"，"间党姻亚，一时咸为孝女称，至今弗衰也"。

在教育孩子方面，作者更是用了许多非常细腻的笔触，再现了母亲在育儿过程中所体现出的细心、爱心、耐心和恒心，她不仅仅教给孩子知识，更教给孩子学会体察他人的感情，学会爱人、理解人、支持人，以及在困苦中不应忘却的智慧与坚韧。

蒋士铨的好友汪轫在他的《课儿图为友人蒋心余母钟孺人赋》中说"明道皆母功"，诚然如是。

哈姆雷特（节选）

[英] 莎士比亚

朱生豪　译

【解题】莎士比亚（1564—1616），是英国文学史上最杰出的戏剧家，全世界最卓越的文学家之一。本·琼森称他为"时代的灵魂"，马克思称他和古希腊的埃斯库罗斯为"人类最伟大的戏剧天才"。流传下来的作品包括 38 部戏剧、154 首十四行诗、两首长叙事诗和其他诗歌。他的戏剧被翻译成所有主要使用的语言，并且表演次数远远超过其他任何戏剧家。创作于 1601—1602 年的《哈姆雷特》一直以来被誉为莎士比亚的巅峰之作，为莎士比亚四大悲剧之一。

（第二幕　第二场　城堡中一室）

吉尔登斯吞　我的尊贵的殿下！

罗森格兰兹　我的最亲爱的殿下！

哈姆雷特　我的好朋友们！你好，吉尔登斯吞？啊，罗森格兰兹！好孩子们，你们两人都好？

罗森格兰兹　不过像一般庸庸碌碌之辈，在这世上虚度时光而已。

吉尔登斯吞　无荣无辱便是我们的幸福；我们高不到命运女神帽子上的钮扣。

哈姆雷特　也低不到她的鞋底吗？

罗森格兰兹　正是，殿下。

哈姆雷特　那么你们是在她的腰上，或是在她的怀抱之中吗？

吉尔登斯吞　说老实话，我们是在她的私处。

哈姆雷特　在命运身上秘密的那部分吗？啊，对了；她本来是一个娼妓。你们听到什么消息没有？

罗森格兰兹　没有，殿下，我们只知道这世界变得老实起来了。

哈姆雷特　那么世界末日快到了；可是你们的消息是假的。让我再仔细问问你们；我的好朋友们，你们在命运手里犯了什么案子，她把你们送到这儿牢狱里来了？

古尔登斯吞　牢狱，殿下！

哈姆雷特　丹麦是一所牢狱。

罗森格兰兹　那么世界也是一所牢狱。

哈姆雷特　一所很大的牢狱，里面有许多监房、囚室、地牢；丹麦是其中最坏的一间。

罗森格兰兹　我们倒不这样想，殿下。

哈姆雷特　啊，那么对于你们它并不是牢狱；因为世上的事情本来没有善恶，都是各人的思想把它们分别出来的；对于我它是一所牢狱。

罗森格兰兹　啊，那是因为您的雄心太大，丹麦是个狭小的地方，不够给您发展，所以您把它看成一所牢狱啦。

哈姆雷特　上帝啊！倘不是因为我总作恶梦，那么即使把我关在一个果壳里，我也会把自己当作一个拥有着无限空间的君王的。

吉尔登斯吞　那种恶梦便是您的野心；因为野心家本身的存在，也不过是一个梦的影子。

哈姆雷特　一个梦的本身便是一个影子。

罗森格兰兹　不错，因为野心是那么空虚轻浮的东西，所以我认为它不过是影子的影子。

哈姆雷特　那么我们的乞丐是实体，我们的帝王和大言不惭的英雄，却是乞丐的影子了。我们进宫去好不好？因为我实在不能陪着你们谈玄说理。

罗森格兰兹、吉尔登斯吞　我们愿意侍候殿下。

哈姆雷特　没有的事，我不愿把你们当作我的仆人一样看待；老实对你们说吧，在我旁边侍候我的人全很不成样子。可是，凭着我们多年的交情，老实告诉我，你们到艾尔西诺来有什么贵干？

罗森格兰兹　我们是来拜访您来的，殿下；没有别的原因。

哈姆雷特　像我这样一个叫化子，我的感谢也是不值钱的，可是我谢谢你们；我想，亲爱的朋友们，你们专诚而来，只换到我的一声不值半文钱的感谢，未免太不值得了。不是有人叫你们来的吗？果然是你们自己的意思吗？真的是自动的访问吗？来，不要骗我。来，来，快说。

吉尔登斯吞　叫我们说些什么话呢，殿下？

哈姆雷特　无论什么话都行，只要不是废话。你们是奉命而来的；瞧你们掩饰不了你们良心上的惭愧，已经从你们的脸色上招认出来了。我知道是我们这位好国王和好王后叫你们来的。

罗森格兰兹　为了什么目的呢，殿下？

哈姆雷特　那可要请你们指教我了。可是凭着我们朋友间的道义，凭着我们少年时候亲密的情谊，凭着我们始终不渝的友好的精神，凭着比我口才更好的人所能提出的其他一切更有力量的理由，让我要求你们开诚布公，告诉我究竟你们是不是奉命而来的？

罗森格兰兹　（向吉尔登斯吞旁白）你怎么说？

哈姆雷特　（旁白）好，那么我看透你们的行动了。——要是你们爱我，别再抵赖了吧。

吉尔登斯吞　殿下，我们是奉命而来的。

哈姆雷特　让我代你们说明来意，免得你们泄漏了自己的秘密，有负国王、王后的付托。我近来不知为了什么缘故，一点兴致都提不起来，什么游乐的事都懒得过问；在这一种抑郁的心境之下，仿佛负载万物的大地，这一座美好的框架，只是一个不毛的荒岬；这个覆盖众生的苍穹，这一顶壮丽的帐幕，这个金黄色的火球点缀着的庄严的屋宇，只是一大堆污浊的瘴气的集合。人类是一件多么了不得的杰作！多么高贵的理性！多么伟大的力量！多么优美的仪表！多么文雅的举动！在行为上多么像一个天使！在智慧上多么像一个天神！宇宙的精华！万物的灵长！可是在我看来，这一个泥土塑成的生命算得了什么？人类不能使我发生兴趣；不，女人也不能使我发生兴趣，虽然从你现在的微笑之中，我可以看到你在这样想。

（莎士比亚：《哈姆雷特》，载朱生豪译：《莎士比亚全集》第五卷，北京，人民文学出版社，1994 年。）

练习与思考

1. 在哈姆雷特看来为人的标准是什么？
2. 哈姆雷特的烦恼是什么？
3. 哈姆雷特的烦恼来源于何处？
4. 拓展阅读莎士比亚四大悲剧全本：《哈姆雷特》（Hamlet）、《奥赛罗》（Othello）、《李尔王》（King Lear）、《麦克白》（Mac Beth）。

赏析

这部作品取材于一个王子阿姆莱斯（Prince Amleth）的故事，故事来源可追溯到 12 世纪。早在 16 世纪 80 年代，由托马斯·基德（Thomas Kyd）创作的同名戏剧就已闻名英国社会，不过基德版本的《哈姆雷特》剧本已经失传。在莎翁的笔下，这个中世纪英国的故事被赋予了新的意义和重要性。本节选是王子与他两个同学的对话，二人试图从哈姆雷特口中探出他是否对新国王克劳迪斯有所怀疑。

哈姆雷特的悲剧让每个读者叹息，在此段其后的篇章中，我们会读到从快乐王子转变为忧郁王子的他所面临的难以抉择的犹豫，以及最终完成复仇王子的角色转换所付出的惨痛代价。这一切的痛苦实际上在此段选文中已经开始，紧接着哈姆雷特倾听父亲鬼魂带来的震惊事实，逐步揭示快乐王子忧郁情绪的生成。

新国王克劳迪斯派了哈姆雷特的同学二人来刺探，王子与他们的对话巧妙的展开了莎士比亚对于现实局势的分析，于是哈姆雷特开始忧郁，除了父亲被谋害的意外和鬼魂对真相的叙述所带来的震撼以外，他意识到天下的困顿来自庸庸碌碌不求清醒的人自身，于是在回忆中将父亲老哈姆雷特作为人的楷模梳理出了高尚的标准。这一标准就是莎士比亚在文艺复兴时期他所倡导的人文主义的核心："宇宙的精华！万物的灵长！"——这就是人之为人所应该遵从的自我意识。以人为本，反抗愚昧和黑暗，哈姆雷特要寻求真相，他不敢轻信鬼魂更不相信篡位娶嫂的新王，他随之而来的一切都建立在对事实本身的真相清理之上，所以看不清的世界让他痛苦，而被改朝换代民不聊生的社会现状更让他痛心，作为王子他曾经要担当这个国家的未来，他意识到自己的使命，这使命让他必须面对艰险之路，更必须要迎头而上。逝去的老哈姆雷特的风采使得王子念念不忘，他回忆他的神采，回忆他的风姿，回忆他的仪态，所有的一切都展示了人类高于一切生灵、忠于自我、心灵如神一般崇高的存在姿态——高贵的理性、伟大的力量、优美的仪表、文雅的举动、行为像天使、智慧像天神！

六、本章参考答案

一、戏剧的形制

戏剧可分为话剧、歌剧、舞剧、戏曲等。中国传统的戏剧就是戏曲，为中华文化的瑰宝，是世界三大古老戏剧之一。下面只对中国传统戏剧作些介绍。

1. 剧本结构体制

中国古代戏剧，最早成熟的是南戏和北杂剧。南戏的故事情节较为曲折，剧本篇幅较长，往往数倍于杂剧。长的可达五十多出，短的也有二三十出。

在第一出前有"副末开场"，一般用四句诗交代创作宗旨和剧情大意，并引出正戏。第二出，正戏开始，重要角色陆续出场，情节逐步展开。

北杂剧的剧本结构体制则是"四折"加"一楔子"。四折，就是四个剧情段落，大致相当于戏剧冲突的开端、发展、高潮、结局。为了交代情节或贯穿线索，北杂剧在四折戏外，常在第一折之前或折与折之间加上一小段独立的戏，称为"楔子"。在第一折之前的为开场楔子，交代故事情节的背景或剧中主要人物及相互关系。位于折与折之间的，称为过场楔子。楔子的作用是使前后折之间更为绵密紧凑，对整个剧情的内在结构起到了调节作用。

北杂剧的一个剧本通常就是一部戏，如果情节过长，会分成多本。如王实甫的《西厢记》，共五本二十一折，但每本戏仍是四折。北杂剧在剧本的结尾处，还有"题目正名"，用两句或四句的对偶句总结全剧内容，交代剧本名称。题目正名的功能类似广告，可由演员念出，也可写在戏报上。题目正名的最后一句往往就包含有剧名。如关汉卿《窦娥冤》的题目正名为"秉鉴持衡廉访法，感天动地窦娥冤"，末句"感天动地窦娥冤"为该剧全名，最后三字"窦娥冤"为该剧简名。

2. 脚色行当

中国传统戏剧中常见的脚色行当有生、旦、净、丑四种类型。

生，扮演的是男性角色，分为老生、小生、武生、红生、娃娃生等，是戏曲脚色行当的主要类型之一。老生，多挂髯口（胡须），因此又称须生，扮演中年或老年男性。小生，可分为翎子生（带雉翎的大将、王侯等）、纱帽生（官生）、扇子生（书生）、穷生（穷酸文人）等。武生，扮演戏中的武打角色，穿厚底靴的叫长靠（墩子）武生，穿薄底靴的叫短打（撇子）武生。红生，指勾红脸的须生。娃娃生，专门扮演儿童一类的角色。

旦，扮演的是女性角色，分为正旦、小旦、花旦、武旦、刀马旦、老旦、彩旦等，也是主要的戏剧脚色行当。正旦，因常穿青色褶衣，又称青衣，以唱为主，扮演的多是正派、端庄的人物，以贤妻良母或贞节烈女类的角色为多。小旦，常扮演爱情戏中的女主角。花旦，因服装花艳，又称花衫，多扮演皇后、公主、贵夫人、女将、小贩、村姑等角色，表演上重做功和念白。武旦、刀马旦，扮演以武功见长的女性。老旦，多扮演中老年妇女，重唱功。彩旦，扮演女性的丑角，又称丑旦，年龄较老的也叫丑婆子。

净，俗称花脸、花面，分为大花脸、二花脸、武净、武二花、油毛脸等。

大花脸，多扮演地位较高、举止稳重的男性角色。二花脸，也称副净，多扮演性格粗犷、勇猛刚烈的角色。武净，又称武花脸，以武打为主。武二花，以跌扑摔打为主，又称摔打花脸。油毛脸，使用喷火等特技，又称毛净。

丑，喜剧角色，正反面人物都可扮演。分为文丑、武丑、丑旦等，不重唱功，讲究念白的清脆流利。

3. 戏剧的表演

中国传统戏剧是以唱、念、做、打的表演为中心的综合舞台艺术样式。唱、念、做、打是戏剧演员表演的四种基本功，通常称为"四功"。"唱"，指按照一定的声腔演唱曲文，这是戏剧中最为重要的部分，过去俗称戏曲演出为"唱戏"，看戏为"听戏"。"念"，指念白。"白"也叫道白或说白，包括人物的对白和独白，由白话和部分韵语组成，又称散白和韵白。念白与唱互相补充、配合，是展现人物个性和矛盾冲突，表达思想感情的重要手段。"做"，即做功，泛指表演技巧，一般又特指舞蹈化的形体动作，是戏剧与其他表演艺术相区别的主要标志之一。演员在演绎角色时，综合运用手、眼、身、步等多种程式，髯口、翎子、甩发、水袖等多种技法，对这些程式化的舞蹈语言加以灵活运用，以突出人物的个性特征，成功塑造艺术形象。"打"，是传统武术的舞蹈化。唱、念、做、打四者有机结合，成为戏剧表演的特殊艺术手段，也是戏剧有别于其他舞台艺术的重要标志。

二、 中国传统戏剧的艺术特点

中国传统戏剧以其典型的民族形式，展现了中华民族的思想情感和艺术追求，具有鲜明的艺术特点。

1. 高度综合性的艺术

中国传统戏剧集文学、音乐、美术、舞蹈于一身，融唱、念、做、打于一体，综合运用歌、舞、说、表等艺术表现手法，充分利用各种舞台手段，表现人物形象和舞台效果，综合化程度高，构成要素复杂。各种艺术要素紧密结合，极具节奏感，体现和谐之美。赏戏，于视觉，最直观的是演员的表演，人物的动作、身段、表情，一招一式尽含艺术美。舞台的设计和布景也给人以视觉享受。于听觉，有歌唱和乐队伴奏，富有音乐和语言艺术之美。

戏曲吸收了各种艺术之长，塑造各类舞台形象，反映多彩的社会生活，表达复杂的思想感情。著名戏剧理论家余上沅曾说："在视觉方面，它能用舞去感动肉体的人；在听觉方面，它能用乐去感动情感的人；在想象方面，它能用歌去感动智识的人；而这三者又能同时感动人的内外全体。"

2. 虚拟性特征

戏剧是对生活的艺术体现，其手段主要是虚拟。虚拟性成为中国传统戏剧反映生活的基本手法。有时空上的虚拟，也有自然现象、地理环境、物体、行为动作的虚拟。一出戏的演出时间只有短短数小时，但它所展现的剧情时间却要超过演出时间，短则数天，长则数年，"顷刻间千秋事业"。戏剧舞台只有方寸大小，却可以根据所要展现的情境，突破物理空间的局限，达到"三五步行遍天下"的效果。中国传统戏剧善于从侧面入手，通过剧中人物的反应等间接将自然现象体现出来。如以发抖示寒冷，以舞袖示刮风。戏剧表演还常涉及地理环境，为了烘托舞台气氛，便需要结合简单的道具及演员的虚拟性动作来呈现。如行舟，舞台上既没有河流，也没有舟，但通过演员手持船桨的一系列虚拟性动作，却能将行船水中的情景形象地展现在观众眼前。生活中的各种物体，可无实物，而以特定的程式化动作来表现，如门，可通过开门关门的动作来表示；也可配以简单的实物予以代替，如以鞭代马。这种虚拟性是追求神似、以形写神的民族传统美学思想的产物，使得作家、舞台艺术家的创造力得到了最大限度的释放，也激发了观众的艺术想象力，提高了戏剧的审美价值。

3. 程式化特征

戏剧表演中的生活动作皆有固定的格式，舞蹈化的表演会被重复使用。此外，戏剧在剧本形式、角色行当、音乐唱腔、化妆服饰等各方面，皆有一定的程式。程式是一种典范美，也是观众欣赏和解读戏剧的途径。程式是规范化的形式，但规范不等于无生气。优秀的戏剧演员能够在继承的基础上，突破某些程式的局限，创造出个性化的规范艺术。

中国传统戏剧程式化的范围非常广泛，但凡舞台上表现的一切，都可程式化。如演员的行当化，西方戏剧中，由演员直接扮演剧中人物，而中国传统戏剧则按性别、性格等对脚色进行分类，即生、旦、净、末、丑等行当。每种脚色下又有特定的化妆服饰、舞台动作，形象鲜明，特征突出。戏剧中的唱、念、做、打等表演样式，音乐、道具等呈现形式，无一不讲究程式。程式化使得戏剧表演更具表现力和形式美。

中国传统戏剧的特点，凝聚了中国传统文化的美学思想精髓，形成独具一格的戏剧观，使中国戏剧成为世界戏剧舞台上的一颗闪耀的明珠，大放异彩。

参考文献

1. 陈多：《戏曲美学》，成都，四川人民出版社，2001年。

2. 董健、马俊山：《戏剧艺术十五讲》，北京，北京大学出版社，2004年。

3. 廖奔、刘彦君：《中国戏曲发展史》，太原，山西教育出版社，2000年。

4. 廖可兑：《西欧戏剧史》，北京，中国戏剧出版社，2002年。

1. 简要叙述南戏和北杂剧在剧本结构体制上的区别。

2. 中国传统戏剧的艺术特点有哪些？

3. 阅读一部戏剧作品，分析其结构特点。

七、仁者之道

【单元题记】

人生天地之间，若白驹过隙，倏然而已。在有限的时空维度中，该如何践行仁者之道？千百年来，对这一追问无数哲人智者都有过深深的思考。《易经》云，"天行健，君子以自强不息"（乾卦），"地势坤，君子以厚德载物"（坤卦）。《论语》道："夫仁者，己欲立而立人，己欲达而达人。"《孟子》曰："天将降大任于斯人也，必先苦其心志，劳其筋骨，饿其体肤，空乏其身，行拂乱其所为，所以动心忍性，曾益其所不能。"又曰："我善养吾浩然之气。"这些先哲原典，都从不同的角度探讨了通向仁者之道的路径。

当今之世，机遇与挑战并存，发展面向现代化、面向世界、面向未来的，民族的科学的大众的社会主义文化，全面建设社会主义现代化国家，坚持中国特色社会主义文化发展道路，已成为普世关注的焦点。现在我们通过文学的形式来领略前人对仁者之道、君子之风的张扬，学习在实践中坚持仁者之道，传承中华优秀传统文化。

本单元选取的六篇经典论仁载道主题的文章，既横亘历史铺陈道义理想、又符合社会主义核心价值观引领下，人民日益增长的精神文化需求的现实指导。孔子从多个角度阐发了他对"仁"的解释；胡适以大半生的经历总结出"容忍比自由还更重要"的结论；苏轼的《定风波》诠释了古代仁者那种"旷达超脱"的胸襟；韩语的《进学解》以儒家之大仁教诲学生"业精于勤，荒于嬉；行成于思，毁于随"；毕淑敏提醒着每个人都应关注着幸福的每一缕阳光；通过普希金那不朽诗句，我们可以来静静瞻仰、细细领略那"非人工的纪念碑"。

论语·颜渊第十二

【解题】 孔子（前551—前479），名丘，字仲尼，鲁国诹邑（今山东曲阜东南）人。春秋末期著名思想家、教育家，儒家学派的创始人。

《论语》记载孔子及其弟子的言行，由孔子弟子及再传弟子篡录而成。《论语》编辑成书在战国初年，其每篇标题取自首章首句中的两个字，各篇之间没有时间的先后顺序，每篇内各章之间也没有共同的主题。《论语》言近旨远、词约义丰，语言形象隽永，在对孔子言行举止、生活习惯的记载中，再现了一个亲切感人的文化巨人形象。此外，孔子弟子的形象在《论语》中也有反映，如耿直鲁莽的子路、安贫乐道的颜回、聪明机智的子贡等。选文节选自《论语·颜渊第十二》（樊迟、仲弓等问仁），主要探讨了关于"仁"的内涵。

　　颜渊①问仁。子曰："克己复礼为仁。一日克己复礼，天下归仁焉。为仁由己，而由人乎哉？"颜渊曰："请问其目②？"子曰："非礼勿视，非礼勿听，非礼勿言，非礼勿动。"颜渊曰："回虽不敏，请事③斯④语矣！"

　　仲弓⑤问仁。子曰："出门如见大宾，使民如承大祭。己所不欲，勿施于人。在邦无怨，在家无怨。"仲弓曰："雍虽不敏，请事斯语矣！"

　　司马牛⑥问仁。子曰："仁者，其言也讱⑦。"曰："斯言也讱，斯谓之仁已乎？"子曰："为之难，言之得无讱乎？"

　　樊迟⑧问仁。子曰："爱人。"问知⑨。子曰："知人。"樊迟未达。子曰："举直错诸枉，能使枉者直。"樊迟退，见子夏⑩曰："乡⑪也，吾见于夫子而问知，子曰：'举直错⑫诸枉，能使枉者直。'何谓也？"子夏曰："富哉言乎！舜有天下，选于众，举皋陶，不仁者远矣；汤有天下，选于众，举伊尹，不仁者远矣。"

（杨伯峻译注：《论语译注》，123页、124页、131页，北京，中华书局，1980年。注释有增删。）

| 练习与思考

　　1. 课文中孔子对"仁"谈了哪些看法，有何异同点？

　　2. 除了"己所不欲，勿施于人"，孔子也说过："夫仁者，己欲立而立人，

---

① 颜回，孔子学生，名回，字子渊，
② 目：条件。
③ 事：从事，做。
④ 斯：代词，指孔子说的四点内容。
⑤ 冉雍，孔子学生，名雍，字仲弓。
⑥ 司马牛，孔子学生，名耕，字子牛。
⑦ 讱（rèn）：话难说出口，引申为说话谨慎。
⑧ 樊迟，孔子学生，名须，字子迟，亦称樊须。
⑨ 知：通"智"，智慧、聪明。
⑩ 卜商，孔子学生，名商，字子夏。
⑪ 乡：通"向"，刚才。
⑫ 错：通"措"，废置不用。

己欲达而达人"（《论语·雍也》），那么在生活中我们是否应该"己所欲，施于人"？为什么？

3. 请结合习近平总书记《高举中国特色社会主义伟大旗帜 为全面建设社会主义现代化国家而团结奋斗——在中国共产党第二十次全国代表大会上的报告》中对于"中国传统文化"的论述，谈谈在当前背景下"仁"包含哪些品质与精神。

| 赏析

关于什么是"仁"，历来都有多种说法。而要探本溯源，则必须通过对原典的直接解读来领悟。《论语·颜渊第十二》多角度地阐释了"仁"的内涵。针对不同弟子对"仁"的询问，孔子的回答不尽相同，往往随着问话的情景和问话的人而变化。如回答颜渊时说"仁"是"克己复礼"，回答仲弓时则说"仁"是"行为恭敬"，回答司马牛时又说"仁"是"说话谨慎"，而对樊迟的回答则与以上又有所不同，鲜明地指出了"仁"的核心是"爱人"。通过对这些原典记录的解读，可以更好地把握"仁者之道"的原初意义，尤其是"己所不欲，勿施于人"甚至被称为中国版的"黄金法则"。

孔子未给"仁"下一个固定不变的定义。我们今天在论述"仁"的内涵时也不宜武断做出结论，而应细致领会原典，全面了解与把握"仁"的本质，这对当下的"国学"复兴及文化建设都有着现实而深远的意义。

进 学 解

韩 愈

【解题】 韩愈（768—824），字退之，唐代文学家、哲学家、思想家，河阳（今河南省焦作孟州市）人，汉族。祖籍河北昌黎，世称韩昌黎。贞元进士，曾任国子博士、刑部侍郎、潮州刺史等职，后官至吏部侍郎，又称韩吏部。卒谥"文"，又称韩文公。倡导古文运动，主张学习先秦两汉的散文语言，与柳宗元并称"韩柳"。与杜甫并提，称"杜诗韩文"。宋代苏轼称他"文起八代之衰"，明人推他为"唐宋八大家"之首。有"文章巨公"和"百代文宗"之名。其诗力求新奇，有时流于险怪，对宋诗影响颇大。散文题材广泛，内容深刻，形式多样，语言质朴，气势雄壮。有《昌黎先生集》四十卷。

　　本文是元和七、八年间韩愈再任国子博士时所作。进学，意谓勉励生徒刻苦学习，求取进步。解，解说，分析。全文假托先生劝学、生徒质问、先生再予解答，故名"进学解"；实际上是感叹不遇、自抒愤懑之作。"愈自以才高，屡被摈黜，作《进学解》以自喻。"(《旧唐书·韩愈传》)文中通过学生之口，形象地突出了自己学习、捍卫儒道以及从事文章写作的努力与成就，有力地衬托了遭遇的不平。文中"业精于勤，荒于嬉；行成于思，毁于随"等语，凝聚着作者治学、修德的经验结晶。文中有许多创造性的语句，后代沿用为成语。

　　国子先生晨入太学，招诸生立馆下，诲之曰①："业精于勤，荒于嬉；行成于思，毁于随。方今圣贤相逢，治具毕张②。拔去凶邪，登崇俊良③。占小善者率以录，名一艺者无不庸④。爬罗剔抉，刮垢磨光⑤。盖有幸而获选，孰云多而不扬？诸生业患不能精，无患有司之不明；行患不能成，无患有司之不公⑥。"

　　言未既，有笑于列者曰："先生欺余哉！弟子事先生，于兹有年矣。先生口不绝吟于六艺之文，手不停披于百家之编⑦。纪事者必提其要，纂言者必钩其玄⑧。贪多务得，细大不捐。焚膏油以继晷，恒兀兀以穷年⑨。先生之业，可谓勤矣。觝排异端，攘斥佛老⑩。补苴罅漏，张皇幽眇⑪。寻坠绪之茫茫⑫，

---

①　国子先生：韩愈自称。国子指国子学，唐代的教育管理机关和最高学府，隶属国子监。韩愈当时任国子学博士。太学：这里指国子学。

②　治具：治理的工具，主要指法令。《史记·酷吏列传》："法令者，治之具。"毕：全部。张：指建立、确立。

③　登崇：举用推尊。

④　率：都。庸：用。

⑤　爬：爬梳，整理。抉(jué)：选择。

⑥　有司：负有专责的部门及其官吏。

⑦　六艺：指儒家六经，即《诗》《书》《礼》《乐》《易》《春秋》六部儒家经典。百家之编：指儒家经典以外各学派的著作。春秋战国时期，各种学派兴起，著书立说，故有"百家争鸣"之称。

⑧　纂：编集。纂言者，指言论集、理论著作。

⑨　膏油：油脂，指灯烛。晷(guǐ)：日影。恒：经常。兀兀：辛勤不懈的样子。穷：终、尽。

⑩　异端：儒家称儒家以外的学说、学派为异端。攘：排除。老：老子，道家的创始人，这里借指道家。

⑪　苴(jū)：鞋底中垫的草，这里作动词用，是填补的意思。罅(xià)：裂缝。皇：大。幽：深。眇：微小。

⑫　绪：前人留下的事业，这里指儒家的道统。韩愈《原道》认为，儒家之道从尧舜传到孔子、孟轲，以后就失传了，而他以继承这个传统自居。

独旁搜而远绍。障百川而东之，回狂澜于既倒。先生之于儒，可谓劳矣。沉浸醲郁，含英咀华，作为文章，其书满家①。上规姚、姒，浑浑无涯；周《诰》殷《盘》，佶屈聱牙；《春秋》谨严，《左氏》浮夸；《易》奇而法，《诗》正而葩；下逮《庄》、《骚》，太史所录；子云、相如，同工异曲②。先生之于文，可谓闳其中而肆其外矣。少始知学，勇于敢为；长通于方，左右具宜，先生之于为人，可谓成矣。然而公不见信于人，私不见助于友③，跋前疐后，动辄得咎④。暂为御史，遂窜南夷⑤。三年博士，冗不见治⑥。命与仇谋，取败几时⑦。冬暖而儿号寒，年丰而妻啼饥。头童齿豁，竟死何裨？不知虑此，反教人为⑧？"

先生曰："吁，子来前⑨！夫大木为杗，细木为桷，欂栌、侏儒，椳、闑、扂、楔，各得其宜，施以成室者，匠氏之工也⑩。玉札、丹砂、赤箭、青芝，牛溲、马勃、败鼓之皮，俱收并蓄，待用无遗者，医师之良也⑪。登明选公，杂进巧拙，纡余为妍，卓荦为杰，校短量长，惟器是适者，宰相之方也⑫。昔者孟轲好辩，孔道以明，辙环天下，卒老于行⑬。荀卿守正，大论是弘，逃谗

---

① 英、华：都是花的意思，这里指文章中的精华。
② 姚、姒（sì）：相传虞舜姓姚，夏禹姓姒，此处指《尚书》中的《虞书》《夏书》。周《诰》：《尚书·周书》中有《大诰》《康诰》《酒诰》《召诰》《洛诰》等篇。诰是古代一种训诫勉励的文告。殷《盘》：《尚书》的《商诰》中有《盘庚》三篇。佶屈聱牙：文字晦涩难解，不通顺。子云：汉代文学家扬雄，字子云。相如：汉代辞赋家司马相如。
③ 见信、见助：被信任、被帮助。"见"在动词前表示被动。
④ 跋（bá）前疐（zhì）后：语出《诗经·豳风·狼跋》："狼跋其胡，载疐其尾。"意思说，狼向前走就踩着颔下的肉，后退就绊倒在尾巴上。形容进退都有困难。跋：踩。疐：绊。
⑤ 窜：窜逐，贬谪。南夷：韩愈于贞元十九年（803）授四门博士，次年转监察御史，冬，上书论宫市之弊，触怒德宗，被贬为连州阳山令。阳山在今广东，故称南夷。
⑥ 三年博士：韩愈在宪宗元和元年（806）六月至四年任国子博士。一说"三年"当作"三为"。韩愈此文为第三次博士时所作（元和七年二月至八年三月）。冗：闲散。见：通"现"。表现，显露。
⑦ 几时：不时，不一定什么时候，也即随时。
⑧ 为：语助词，表示疑问、反诘。
⑨ 吁：叹词。
⑩ 杗（máng）：屋梁。桷（jué）：屋椽。欂栌（bólú）：斗栱，柱顶上承托栋梁的方木。侏（zhū）儒：梁上短柱。椳（wēi）：门枢臼。闑（niè）：门中央所竖的短木，在两扇门相交处。扂（diàn）：门闩之类。楔（xiè）：门两旁长木柱。
⑪ 玉札：地榆。丹砂：朱砂。赤箭：天麻。青芝：龙芝。以上四种都是名贵药材。牛溲：牛尿，一说为车前草。马勃：马屁菌。以上两种及"败鼓之皮"都是普通药材。
⑫ 纡（yū）余：委婉从容的样子。妍：美。卓荦（luò）：突出，超群出众。
⑬ 孟轲好辩：《孟子·滕文公下》载，孟子有好辩的名声，他说："予岂好辩哉！予不得已也。"意思说：自己因为捍卫圣道，不得不展开辩论。

于楚，废死兰陵①。是二儒者，吐辞为经，举足为法，绝类离伦，优入圣域，其遇于世何如也②？今先生学虽勤而不由其统，言虽多而不要其中③，文虽奇而不济于用，行虽修而不显于众。犹且月费俸钱，岁縻廪粟；子不知耕，妇不知织；乘马从徒，安坐而食④。踵常途之役役，窥陈编以盗窃⑤。然而圣主不加诛，宰臣不见斥，非其幸欤？动而得谤，名亦随之。投闲置散，乃分之宜。若夫商财贿之有亡，计班资之崇庳，忘己量之所称，指前人之瑕疵，是所谓诘匠氏之不以杙为楹，而訾医师以昌阳引年，欲进其豨苓也⑥。"

（钟基、李先银、王身钢译注：《古文观止》（下），487～493 页，北京，中华书局，2009 年。注释有增删。）

练习与思考

1. 请总结出由《进学解》衍生出的成语。
2. 文章表现出的韩愈的教育理念是什么？
3. 阅读韩愈其他散文作品，了解韩愈的散文特点。

赏析

韩愈《进学解》，旧说作于唐宪宗元和八年（813）。是年韩愈 46 岁，在长安任国子博士。进学，意谓勉励生徒刻苦学习，求取进步。解，解说，分析。全文假托先生劝学、生徒质问、先生再予解答，故名《进学解》。

文章第一段是国子先生勉励生徒的话。劝勉诸生要在"业"和"行"两方面刻苦努力。"业"指学业、读书，即治学这一方面。"行"指道德修养。韩愈教育诸生"治学"与"修德"是主观修养的重要方面。"业精于勤，荒于嬉；行成于思，毁于随。""业患不能精，无患有司之不明；行患不能成，无患有司之不公。"作为教育者，提出了对生徒的要求，要在主观上进德修业，不要老

---

① 荀卿：即荀况，战国后期时儒家大师。曾在齐国做祭酒，被人逸毁，逃到楚国。楚国春申君任他做兰陵（今山东枣庄）令。春申君死后，被废，死在兰陵，著有《荀子》。

② 绝类离伦：超越同类。

③ 要：求。

④ 縻：浪费，消耗。廪（lǐn）：粮仓。

⑤ 踵（zhǒng）：脚后跟，这里是跟随的意思。役役：拘谨局促的样子。陈编：古旧的书籍。

⑥ 财贿：财物，这里指俸禄。亡：通"无"。班资：等级、资格。庳（bì）：低。杙（yì）：小木桩。楹（yíng）：柱子。訾（zǐ）：毁谤指责。昌阳：昌蒲。药材名，相传久服可以长寿。豨（xī）苓：又名猪苓，利尿药。

从客观上抱怨不公。从整篇文章看，文章既抒发不遇之感，也有作者治学、修德的经验结晶。本节关于"业"和"行"的教诲都非欺哄生徒的泛泛之语，而确是韩愈所执著的立身处世之大端。

第二段是生徒对上述教诲提出质问。先借生徒之口大段铺写先生治学之能、修德之成。语言汪洋恣肆、浩瀚奔放。"口不绝吟于六艺之文，手不停披于百家之编""焚膏油以继晷，恒兀兀以穷年""闳其中而肆其外""先生之于为人，可谓成矣。"形象地突出了先生治学、卫道以及从事文章写作的努力与成就，韩愈可谓"业""行"均有成。再借学生之口指出韩愈遭际坎坷、困窘不遇之状，"跋前踬后，动辄得咎"，仕途失意和体力衰退，令人愤慨而悲哀。则业精行成又有何用呢？生徒的这一大段话，其实正是韩愈"不平而鸣"，借他人之言一吐胸中块垒而已。语气强烈，气势酣畅淋漓。

第三段是先生回答生徒的话。用一个浅显的建造房屋的道理，即不同的木材有不同的用处，延伸到选拔人才要"量材适用"，不同性格特征、不同能力的人要委以不同的重任。说明"宰相之方"在于用人能兼收并蓄、量才录用。然后以孟轲、荀况这样的人尚且不遇于世，来自我安慰，即使被投闲置散，也没有什么可抱怨的。带有自我贬抑的解释，表面心平气和，似乎火气消尽，但字里行间却充满了郁勃之气。细味之下，又感到有愤懑、无奈、嘲讽种种情绪包孕其中。其文气与第二段形成对比。

《进学解》借鉴赋体常见的问答形式结构全文，先生谆谆教诲，生徒嬉笑以对；先生解答生徒质疑，无奈痛自贬抑。全篇结构精巧，文意变换自然。文章语言精美，很多贴切凝练而富于独创性的表达，如"细大不捐""含英咀华""佶屈聱牙""同工异曲""动辄得咎""俱收并蓄"等，在今天都已成为常用成语。

定风波（莫听穿林打叶声）

苏　轼

【解题】　苏轼（1037—1101），字子瞻，号东坡居士，今四川眉山人。苏轼在文、诗、词三方面都取得杰出成就。作品视野开阔，风格豪迈，个性鲜明，逸趣横生。有《苏东坡集》《东坡乐府》。

《定风波》，唐玄宗时教坊曲名。此词是作者宋神宗元丰五年（1082）在黄州所作。

三月七日，沙湖道中遇雨。雨具先去，同行皆狼狈，余不觉。已而遂晴。故作此。

莫听穿林打叶声，何妨吟啸且徐行①。竹杖芒鞋轻胜马②，谁怕？一蓑烟雨任平生。

料峭春风吹酒醒③，微冷，山头斜照却相迎。回首向来萧瑟处，归去，也无风雨也无晴④。

（朱东润：《中国历代文学作品选》中编第二册，386页，上海，上海古籍出版社，2007年。注释略有增删。）

练习与思考

1. 简述词中的主人公形象。
2. 结合苏轼的人生经历，谈谈你对苏轼其人的理解。
3. 苏轼开豪放词派，试结合你熟悉的苏轼词作，理解其豪放词风。

赏析

苏轼一生仕途沉浮。44岁时的乌台诗案，险遭不测，后贬至黄州。此词作于苏轼贬黄州后的第三个春天。它通过野外途中偶遇风雨这一生活中的小事，于简朴中见深意，于寻常处生奇警，表现出旷达超脱的胸襟。

雨骤风狂之时，主人公照常舒徐行步，徐行而又吟啸"竹杖芒鞋轻胜马"，写词人竹杖芒鞋，披风冒雨，从容前行，"轻胜马"的自我感受，传达出一种搏击风雨、笑傲人生的轻松、喜悦和豪迈之情。"一蓑烟雨任平生"，此句更进一步，由眼前风雨推及整个人生，有力地强化了作者面对人生的风风雨雨而我行我素、不畏坎坷的超然情怀。词的末句"回首向来萧瑟处，归去，也无风雨也无晴"，是词人在大自然微妙的一瞬所获得的顿悟和启示：自然界的雨晴既属寻常，毫无差别，社会人生中的政治风云、荣辱得失又何足挂齿？句中"萧瑟"二字，

---

① 吟啸：吟诗、长啸。表示意态闲适。陶渊明《归去来兮辞》："登东皋以舒啸，临清流而赋诗。"
② 芒鞋：即草鞋。
③ 料峭：形容风寒。
④ 回首三句：表示心境平淡、闲适。萧瑟处，指遇雨的处所。萧瑟，风雨吹打树林的声音。苏轼在其《独觉》诗中亦有"回首向来萧瑟处，也无风雨也无晴"。

意谓风雨之声，与上片"穿林打叶声"相应和。"风雨"二字，一语双关，既指野外途中所遇风雨，又暗指几乎置他于死地的政治"风雨"和人生险途。读罢全词，人生沉浮、情感忧乐，在我们的理念中自有一番全新体悟。

苏轼受到人们的喜欢，不仅仅是由于其文学成就突出，更是由于他的精神。他坚定、沉着、乐观、旷达的精神，是中国知识分子的精神楷模。人的一生，短暂而永恒。有些时候，生活会把你打到谷底，让你手足无措。在你不断跌倒爬起的过程中，如果你的心态是积极的，你就会感悟到很多，把生活的历练收藏起来。

苏轼留给我们的不仅是无数美文，还有一份至情生活的态度。回首向来萧瑟处，归去，也无风雨也无晴。

名篇朗诵

容忍与自由

胡　适

【解题】 胡适（1891—1962），祖籍安徽，出生于上海。现代著名学者、诗人、历史学家、文学家、哲学家，新文化运动的领袖之一。以"自由、民主、科学、理性、温和"为标志的思想在中国文坛乃至世界文化发展史上都占有重要地位。在中国从封建王朝转向现代国家转变出现断层的时候，胡适中学西学兼通，成为影响力长且久的知识界领袖。

胡适作品以其思想而著称。在文学、哲学、史学、考据学、教育学、伦理学等诸多领域均有开创性作品，《尝试集》是中国第一部白话诗集，《中国哲学史大纲》（上卷）首次采用了西方近代哲学的体系和方法来研究中国先秦哲学，《中国章回小说考证》汇集了对中国十二部古典小说独辟蹊径的研究成果，其中对《红楼梦》的研究被认为是新红学的开山之作，《白话文学史》（上卷）在20世纪中国文学史上有里程碑意义。有《胡适文存》《胡适全集》。

十七八年前，我最后一次会见我的母校康耐儿大学的史学大师布尔先生（George Lincoln Burr）。我们谈到英国文学大师阿克顿（Lord Acton）一生准备要著作一部《自由之史》，没有写成他就死了。布尔先生那天谈话很多，有一句话我至今没有忘记。他说，"我年纪越大，越感觉到容忍（tolerance）比自由更重要。"

布尔先生死了十多年了，他这句话我越想越觉得是一句不可磨灭的格言。我自己也有"年纪越大，越觉得容忍比自由还更重要"的感想。有时我竟觉得容忍是一切自由的根本：没有容忍，就没有自由。

我十七岁的时候（1908）曾在《竞业旬报》上发表几条《无鬼丛话》，其中有一条是痛骂小说《西游记》和《封神榜》的，我说：

《王制》有之："假于鬼神时日卜筮以疑众，杀。"吾独怪夫数千年来之排治权者，之以济世明道自期者，乃懵然不之注意，惑世诬民之学说得以大行，遂举我神州民族投诸极黑暗之世界！

这是一个小孩子很不容忍的"卫道"态度。我在那时候已是一个无鬼论者、无神论者，所以发出那种摧除迷信的狂论，要实行《王制》（《礼记》的一篇）的"假于鬼神时日卜筮以疑众，杀"的一条经典！

我在那时候当然没有梦想到说这话的小孩子在十五年后（1923）会很热心的给《西游记》作两万字的考证！我在那时候当然更没有想到那个小孩子在二、三十年后还时时留心搜求可以考证《封神榜》的作者的材料！我在那时候也完全没有想想《王制》那句话的历史意义。那一段《王制》的全文是这样的：

析言破律，乱名改作，执左道以乱政，杀。作淫声异服奇技奇器以疑众，杀。行伪而坚，言伪而辩，学非而博，顺非而泽以疑众，杀。假于鬼神时日卜筮以疑众，杀。此四诛者，不以听。

我在五十年前，完全没有懂得这一段话的"诛"正是中国专制政体之下禁止新思想、新学术、新信仰、新艺术的经典的根据。我在那时候抱着"破除迷信"的热心，所以拥护那"四诛"之中的第四诛："假于鬼神时日卜筮以疑众，杀。"我当时完全没有想到第四诛的"假于鬼神……以疑众"和第一诛的"执左道以乱政"的两条罪名都可以用来摧残宗教信仰的自由。我当时也完全没有注意到郑玄注里用了公输般作"奇技异器"的例子；更没有注意到孔颖达《正义》里举了"孔子为鲁司寇七日而诛少正卯"的例子来解释"行伪而坚，言伪而辩，学非而博，顺非而泽以疑众，杀"。故第二诛可以用来禁绝艺术创作的自由，也可以用来"杀"许多发明"奇技异器"的科学家。故第三诛可以用来摧残思想的自由，言论的自由，著作出版的自由。

我在五十年前引用《王制》第四诛，要"杀"《西游记》《封神榜》的作者。那时候我当然没有梦想到十年之后我在北京大学教书时就有一些同样"卫道"的正人君子也想引用《王制》的第三诛，要"杀"我和我的朋友们。当年我要"杀"人，后来人要"杀"我，动机是一样的：都只因为动了一点正义的火气，就都失掉容忍的度量了。

我自己叙述五十年前主张"假于鬼神时日卜筮以疑众，杀"的故事，为的是要说明我年纪越大，越觉得"容忍"比"自由"还更重要。

我到今天还是一个无神论者，我不信有一个有意志的神，我也不信灵魂不朽的说法。但我的无神论与共产党的无神论有一点根本的不同。我能够容忍一切信仰有神的宗教，也能够容忍一切诚心信仰宗教的人。共产党自己主张无神论，就要消灭一切有神的信仰，要禁绝一切信仰有神的宗教，——这就是我五十年前幼稚而又狂妄的不容忍的态度了。

我自己总觉得，这个国家、这个社会、这个世界，绝大多数人是信神的，居然能有这雅量，能容忍我的无神论，能容忍我这个不信神也不信灵魂不灭的人，能容忍我在国内和国外自由发表我的无神论的思想，从没有人因此用石头掷我，把我关在监狱里，或把我捆在柴堆上用火烧死。我在这个世界里居然享受了四十多年的容忍与自由。我觉得这个国家、这个社会、这个世界对我的容忍度量是可爱的，是可以感激的。

所以我自己总觉得我应该用容忍的态度来报答社会对我的容忍，所以我自己不信神，但我能诚心的谅解一切信神的人，也能诚心的容忍并且敬重一切信仰有神的宗教。

我要用容忍的态度来报答社会对我的容忍，因为我年纪越大，我越觉得容忍的重要意义。若社会没有这点容忍的气度，我决不能享受四十多年大胆怀疑的自由，公开主张无神论的自由。

在宗教自由史上，在思想自由史上，在政治自由史上，我们都可以看见容忍的态度是最难得，最稀有的态度。人类的习惯总是喜同而恶异的，总不喜欢和自己不同的信仰、思想、行为。这就是不容忍的根源。不容忍只是不能容忍和我自己不同的新思想和新信仰。一个宗教团体总相信自己的宗教信仰是对的，是不会错的，所以它总相信那些和自己不同的宗教信仰必定是错的，必定是异端，邪教。一个政治团体总相信自己的政治主张是对的，是不会错的，所以它总相信那些和自己不同的政治见解必定是错的，必定是敌人。

一切对异端的迫害，一切对"异己"的摧残，一切宗教自由的禁止，一切思想言论的被压迫，都由于这一点深信自己是不会错的心理。因为深信自己是不会错的，所以不能容忍任何和自己不同的思想信仰了。

试看欧洲的宗教革新运动的历史。马丁·路德（Martin Luther）和约翰·高尔文（John Calvin）等人起来革新宗教，本来是因为他们不满意于罗马旧教的种种不容忍，种种不自由。但是新教在中欧北欧胜利之后，新教的领袖们又都渐渐走上了不容忍的路上去，也不容许别人起来批评他们的新教条了。高尔文在日内瓦掌握了宗教大权，居然会把一个敢独立思想，敢批评高尔文的教条的学者塞维图斯（Servetus）定了"异端邪说"的罪名，把他用铁链锁在木桩上，堆起柴来，慢慢的活烧死。这是1553年10月23日的事。

这个殉道者塞维图斯的惨史，最值得人们的追念和反省。宗教革新运动原来的目标是要争取"基督教的人的自由"和"良心的自由"。何以高尔文和他的信徒们居然会把一位独立思想的新教徒用慢慢的火烧死呢？何以高尔文的门徒（后来继任高尔文为日内瓦的宗教独裁者）柏时（de Beze）竟会宣言"良心的自由是魔鬼的教条"呢？

基本的原因还是那一点深信我自己是"不会错的"的心理。像高尔文那样虔诚的宗教改革家，他自己深信他的良心确是代表上帝的命令，他的口和他的笔确是代表上帝的意志，那末他的意见还会错吗？他还有错误的可能吗？在塞维图斯被烧死之后，高尔文曾受到不少人的批评。1554年，高尔文发表一篇文字为他自己辩护，他毫不迟疑的说："严厉惩治邪说者的权威是无可疑的，因为这就是上帝自己说话。……这工作是为上帝的光荣战斗。"

上帝自己说话，还会错吗？为上帝的光荣作战，还会错吗？这一点"我不会错"的心理，就是一切不容忍的根苗。深信我自己的信念没有错误的可能（infallible），我的意见就是"正义"，反对我的人当然都是"邪说"了。我的意见代表上帝的意旨，反对我的人的意见当然都是"魔鬼的教条"了。

　　这是宗教自由史给我们的教训：容忍是一切自由的根本；没有容忍"异己"的雅量，就不会承认"异己"的宗教信仰可以享受自由。但因为不容忍的态度是基于"我的信念不会错"的心理习惯，所以容忍"异己"是最难得，最不容易养成的雅量。

　　在政治思想上，在社会问题的讨论上，我们同样的感觉到不容忍是常见的，而容忍总是很稀有的。我试举一个死了的老朋友的故事作例子。四十多年前，我们在《新青年》杂志上开始提倡白话文学的运动，我曾从美国寄信给陈独秀，我说：

　　此事之是非，非一朝一夕所能定，亦非一二人所能定。甚愿国中人士能平心静气与吾辈同力研究此问题。讨论既熟，是非自明。吾辈已张革命之旗，虽不容退缩，然亦决不敢以吾辈所主张为必是而不容他人之匡正也。

独秀在《新青年》上答我道：

　　鄙意容纳异议，自由讨论，固为学术发达之原则，独于改良中国文学当以白话为正宗之说，其是非甚明，必不容反对者有讨论之余地；必以吾辈所主张者为绝对之是，而不容他人之匡正也。

我当时看了就觉得这是很武断的态度。现在在四十多年之后，我还忘不了独秀这一句话，我还觉得这种"必以吾辈所主张者为绝对之是"的态度是很不容忍的态度，是最容易引起别人的恶感，是最容易引起反对的。

　　我曾说过，我应该用容忍的态度来报答社会对我的容忍。我现在常常想我们还得戒律自己：我们着想别人容忍谅解我们的见解，我们必须先养成能够容忍谅解别人的见解的度量。至少至少我们应该戒约自己决不可"以吾辈所主张者为绝对之是"。我们受过实验主义的训练的人，本来就不承认有"绝对之是"，更不可以"以吾辈所主张者为绝对之是"。

四八·三·十二晨

（原载 1959 年 3 月 16 日台北《自由中国》第 20 卷第 6 期）

（欧阳哲主编：《胡适文集 11　胡适时论集》，北京，北京大学出版社，1998 年。原文与注释略有增删。）

练习与思考

　　1. 什么是自由？谈谈你的看法。

　　2. 容忍比自由更重要吗？你的理由是什么？

3. 本篇文章中你不同意的观点有哪些？谈谈你的理解。

| 赏析

关于胡适的评价，这一个世纪就没有消停过。他先是被誉为引路、开河之人，后来变成唯心论自由派的箭垛、靶心。现在他的"自由、民主、科学、理性、温和"又被人们重新认识，再度成为我们视野里的"应时之人物"。

胡适的名言是"有几分证据说几分话""大胆假设，小心求证"，这种实证的思想和路数印证在胡适学术的方方面面，即便是在"容忍与自由"的演讲中，也老老实实跟着自己的证据说话。说起年轻时的轻狂，中老年后的修整，跟谁有过哪般争执，结果如何，都温文尔雅有凭有据说来，便不由得让人未卒其文先信三分。这种脚踏实地的"研究些问题"的态度很应该要得。

秉持着这种治学和做人的态度，我们看到的胡适总是和煦、温文尔雅的。他一面解构着古典中华文明，一面建构着现代中华文明。好多学者喜欢把胡适和鲁迅一起比较，说他们是烛光与闪电的对比。闪电旨在劈开这荒谬的世界，带出一个新的天地来；烛光则尽力照明这个世界里不曾多看的角落，纵使是在照耀的同时也和煦而不耀眼，不至于使原本生活在那里的人们惊慌失措。烛光有烛光可爱的一面，为其光明、温和和持久。这篇文章中最著名的观点是"容忍比自由更重要"，大体能上溯到胡适到美国康奈尔（文中译为"康耐儿"）大学的留学时期。当时他选修了布尔教授的"容忍史"课，反对暴力革命，主张渐进改良。只是当时能听进去这一套理论的人不多，能执行的更是寥寥。今天看来，很多问题都先与"容忍"有关，再跟"自由"有联系。人人都有存在的权利，不把自己的意识形态强套于别人头脑里，尊重每个人的选择和想法，固守自己的信仰和理想，仍有无与伦比的现实意义。

提 醒 幸 福

毕淑敏

【解题】毕淑敏（1952—　），女，汉族，山东省文登人。我国当代著名作家、心理学家，作品质朴清新，具有思辨意味，对生活充满热情，其作品在国内享有很高的知名度。从事医学工作 20 年后，开始专业写作。作品很多都与医生这个职业有关。1987 年开始共发表作品 200 余万字。著有《毕淑敏文集》十二卷。代表作有《孝心无价》《昆仑殇》《阿里》《红处方》《血玲珑》《女人之约》《婚姻鞋》等。

　　我们从小就习惯了在提醒中过日子。天气刚有一丝风吹草动，妈妈就说，别忘了多穿衣服。才相识了一个朋友，爸爸就说，小心他是个骗子。你取得了一点成功，还没容得乐出声来，所有关切着你的人一起说，别骄傲！你沉浸在欢快中的时候，自己不停地对自己说：千万不可太高兴，苦难也许马上就要降临……

　　我们已经习惯了在提醒中过日子。看得见的恐惧和看不见的恐惧始终像乌鸦盘旋在头顶。

　　在皓月当空的良宵，提醒会走出来对你说：注意风暴。于是我们忽略了皎洁的月光，急急忙忙做好风暴来临前的一切准备。当我们大睁着眼睛枕戈待旦①之时，风暴却像迟归的羊群，不知在哪里徘徊。当我们实在忍受不了等待灾难的煎熬时，我们甚至会恶意地祈盼风暴早些到来。

　　风暴终于姗姗地来了。我们怅然发现，所做的准备多半是没有用的。事先能够抵御的风险毕竟有限，世上无法预计的灾难却是无限的。战胜灾难靠的更多的是临门一脚，先前的惴惴不安②帮不上忙。

　　当风暴的尾巴终于远去，我们守住零乱的家园。气还没有喘匀，新的提醒又智慧地响起来，我们又开始对未来充满恐惧的期待。

　　人生总是有灾难。其实大多数人早已练就了对灾难的从容，我们只是还没有学会珍惜灾难间隙的快活。我们太注重了自己警觉苦难，我们太忽视提醒幸福。

　　请从此注意幸福！

　　幸福也需要提醒吗？

　　提醒注意跌倒……提醒注意路滑……提醒受骗上当……提醒荣辱不惊……先哲们提醒了我们一万零一次，却不提醒我们幸福。

　　也许他们认为幸福不提醒也跑不了的。也许他们以为好的东西你自会珍

---

①　枕戈待旦：戈，古代的一种兵器，和"矛"相似；旦：天亮。枕着武器躺着，等待天亮。

②　惴惴不安：忧愁、恐惧。形容因害怕或担心而不安。

惜，犯不上谆谆告诫①。也许他们太崇尚血与火，觉得幸福无足挂齿。他们总是站在危崖上，指点我们逃离未来的苦难。

但避去苦难之后的时间是什么？

那就是幸福啊！

享受幸福是需要学习的，当幸福即将来临的时刻需要提醒。人可以自然而然地学会感官的享乐，人却无法天生地掌握幸福的韵律。灵魂的快意同器官的舒适像一对孪生兄弟，时而相傍相依，时而南辕北辙②。

幸福是一种心灵的震颤。它像会倾听音乐的耳朵一样，需要不断的训练。

简言之，幸福就是没有痛苦的时刻。它出现的频率并不像我们想象的那样少。

人们常常只是在幸福的金马车已经驶过去很远，捡起地上的金鬃毛说，原来我见过它。

人们喜爱回味幸福的标本，却忽略幸福披着露水散发清香的时刻。那时候我们往往步履匆匆，瞻前顾后不知在忙着什么。

世上有预报台风的，有预报蝗虫的，有预报瘟疫的，有预报地震的。没有人预报幸福。

其实幸福和世界万物一样，有它的征兆。

幸福常常是朦胧的，很有节制地向我们喷洒甘霖。你不要总希冀轰轰烈烈的幸福，它多半只是悄悄地扑面而来。你也不要企图把水龙头拧得更大，使幸福很快地流失。而需静静地以平和之心，体验幸福的真谛。

幸福绝大多数是朴素的。它不会像信号弹似的，在很高的天际闪烁红色的光芒。它披着本色外衣，亲切温暖地包裹起我们。

幸福不喜欢喧嚣浮华，常常在暗淡中降临。贫困中相濡以沫的一块糕饼，患难中心心相印的一个眼神，父亲一次粗糙的抚摸，女友一个温馨的字条……这都是千金难买的幸福啊。像一粒粒缀在旧绸子上的红宝石，在凄凉中愈发熠熠夺目。

幸福有时会同我们开一个玩笑，乔装打扮而来。机遇、友情、成功、团

---

① 谆谆告诫：谆谆，教诲不倦的样子；告诫，规劝。恳切耐心地劝告。

② 南辕北辙：想往南而车子却向北行。比喻行动和目的正好相反。

圆……它们都酷似幸福，但它们并不等同于幸福。幸福会借了它们的衣裙，袅袅婷婷①而来，走得近了，揭去帏幔，才发觉它有钢铁般的内核。幸福有时会很短暂，不像苦难似的笼罩天空。如果把人生的苦难和幸福分置天平两端，苦难体积庞大，幸福可能只是一块小小的矿石。但指针一定要向幸福这一侧倾斜，因为它有生命的黄金。

幸福有梯形的切面，它可以扩大也可以缩小，就看你是否珍惜。

我们要提高对于幸福的警惕，当它到来的时刻，激情地享受每一分钟。据科学家研究，有意注意的结果比无意要好得多。

当春天来临的时候，我们要对自己说，这是春天啦！心里就会泛起茸茸的绿意。

幸福的时候，我们要对自己说，请记住这一刻！幸福就会长久地伴随我们。那我们岂不是拥有了更多的幸福！

所以，丰收的季节，先不要去想可能的灾年，我们还有漫长的冬季来得及考虑这件事。我们要和朋友们跳舞唱歌，渲染喜悦。既然种子已经回报了汗水，我们就有权沉浸幸福。不要管以后的风霜雨雪，让我们先把麦子磨成面粉，烘一个香喷喷的面包。

所以，当我们从天涯海角相聚在一起的时候，请不要踌躇片刻后的别离。在今后漫长的岁月里，有无数孤寂的夜晚可以独自品尝愁绪。现在的每一分钟，都让它像纯净的酒精，燃烧成幸福的淡蓝色火焰，不留一丝渣滓。让我们一起举杯，说：我们幸福。

所以，当我们守候在年迈的父母膝下时，哪怕他们鬓发苍苍，哪怕他们垂垂老矣，你都要有勇气对自己说：我很幸福。因为天地无常，总有一天你会失去他们，会无限追悔此刻的时光。

幸福并不与财富地位声望婚姻同步，这只是你心灵的感觉。

所以，当我们一无所有的时候，我们也能够说：我很幸福。因为我们还有健康的身体。当我们不再享有健康的时候，那些最勇敢的人可以依然微笑着说：我很幸福。因为我还有一颗健康的心。甚至当我们连心也不再存在的时候，那些人类最优秀的分子仍旧可以对宇宙大声说：我很幸福。因为我曾经生活过。

常常提醒自己注意幸福，就像在寒冷的日子里经常看看太阳，心就不知不

---

① 袅袅婷婷：袅袅，柔美貌；婷婷，美好貌。形容女子姿态柔美。

觉暖洋洋亮光光。

（毕淑敏：《毕淑敏专集·提醒幸福》，北京，同心出版社，2012 年。）

| 练习与思考

1. "如果把人生的苦难和幸福分置天平两端，苦难体积庞大，幸福可能只是一块小小的矿石。但指针一定要向幸福这一侧倾斜，因为它有生命的黄金。"谈谈你对这句话的理解与认识。

2. 你心中的"幸福"是什么？回忆自己最幸福的时光，并用简短的语言写一个小故事。

3. 你是一个经常提醒自己正面思考、达观积极的人，还是警觉苦难，未雨绸缪的人？请尝试从性格与成长环境的角度分析。

| 赏析

毕淑敏散文以独到精微的笔触，直抵生命内核。她的幸福系列作品，如《提醒幸福》《幸福的七种颜色》《毕淑敏破解幸福密码》《幸福是一种没有速度的慢条斯理》，都能另辟蹊径，选择独特的视觉来审视与探索幸福的本源。

我们已经习惯了在提醒中过日子。看得见的恐惧和看不见的恐惧始终像乌鸦盘旋在头顶。我们太多注重自己警觉苦难，我们太忽视提醒幸福。因为太多的注意力被警觉苦难所占有，我们往往非常忽视幸福。

幸福是一种心灵的震颤。它像会倾听音乐的耳朵一样，需要不断的训练。请从此注意幸福，请从此提醒幸福，请从此享受幸福！幸福是朦胧的，幸福是朴素的。幸福并不与财富地位声望婚姻同步，这只是你心灵的感觉。让我们尽情地享受丰收的幸福、欢聚的幸福、天伦之乐的幸福。

幸福是一只蝴蝶，你要追逐它的时候，总是追不到；但是如果你悄悄地坐下来，它也许会飞落到你身上。幸福是一个抽象概念，从来不是一个事实。幸福是一种能力。内心世界的丰富、敏感和活跃与否决定了一个人感受幸福的能力。幸福盲如同色盲，把绚烂的世界还原成了模糊的黑白照片。拭亮你幸福的瞳孔吧，就会看到被潜藏、被遮掩、被蒙昧、被混淆的幸福，就如美人鱼一般从深海中升起，哺育着我们。

幸福不是一种颜色，也不是七种颜色，甚至也不是一百种颜色，幸福比所有这些相加还要多，幸福是无限的。曾几何时，"幸福"是百度词条中最炙手可热的宠儿，"幸福指数""幸福城市排行榜"……我们"被幸福"着，也在探寻与深思。我们要有一颗发现幸福、抓住幸福的心。每个人是自己幸福的设计者。我们不仅仅要提醒幸福，更要用自己的智慧来彩绘幸福的版图，让人生以最美的姿势绽放盛开！

文章短小精悍，在朴实的语言中娓娓道出了幸福的真谛。

纪　念　碑

〔俄〕普希金

戈宝权　译

【解题】普希金（1799—1837）是俄罗斯著名的文学家、最伟大的诗人及现代俄国文学的始创人，同时也是现代标准俄语的创始人，被誉为"俄国文学之父"、"俄国诗歌的太阳"（高尔基语）。普希金的诗和剧本为通俗语言进入俄罗斯文学铺平了道路。他的叙述风格结合戏剧性、浪漫主义和讽刺于一体。这个风格对后来许多俄罗斯诗人有深刻影响，成为后世俄罗斯文学的一个重要因素。这首诗是普希金1836 年 8 月 21 日在彼得堡的石岛写成的，距离他因决斗而死，只有半年多的时间。他在这首诗中写出了自己的崇高志向和使命，为自己一生的诗歌创作活动作了一个最后的总结，而且预言他的名字将永远不会被人们遗忘。[①]

我建立了一座纪念碑[②]

我为自己建立了一座非人工的纪念碑，

在人们走向那儿的路径上，青草不再生长

它抬起那颗不肯屈服的头颅

---

① 这首诗在普希金逝世以后不能按原文发表，而是经诗人茹科夫斯基修改过的，如"亚历山大的纪念石柱"改成了"拿破仑的石柱"；如"在我这残酷的时代，我歌颂过自由"，就改成为"是因为我的诗歌的生动的优美对人民有益"，从而贬低了普希金原诗的革命战斗精神。

② 原文为拉丁文 Exegi monumentum：我建立了一座纪念碑。引自古罗马大诗人贺拉斯的一首颂歌（《致司悲剧的缪斯默尔波墨涅》）的第一句。

高耸在亚历山大的纪念石柱①之上。

不，我不会完全死亡——我的灵魂在遗留下的诗歌当中，
将比我的灰烬活得更久长和逃避了腐朽灭亡，——
我将永远光荣不朽，直到还只有一个诗人
活在月光下的世界上。
我的名声将传遍整个伟大的俄罗斯，
它现存的一切语言，都会讲着我的名字，
无论是骄傲的斯拉夫人的子孙，是芬兰人，
甚至现在还是野蛮的通古斯人，和草原上的朋友卡尔梅克人。

我所以永远能为人民敬爱，
是因为我曾用我的诗歌，唤起人们的善良的感情，
在这残酷的时代，我歌颂过自由，
并且还为那些倒下去了的人们，祈求过宽恕同情。②

哦，诗神缪斯，听从上帝的意旨吧，
既不要畏惧侮辱，也不要希求桂冠，
赞美和诽谤，都平心静气地容忍，
更无须去和愚妄的人空作争论。

一八三六年

（［俄］普希金：《普希金诗集》，戈宝权译，北京，北京出版社，1987 年。注释略有增删）

练习与思考

1. 诗人为什么要为自己建一座纪念碑？

---

① 亚历山大的纪念石柱：高 27 米，1832 年建于彼得堡的冬宫广场，至今犹存。当 1834 年 11 月举行揭幕典礼时，普希金因为不愿参加，前五天曾避离彼得堡。

② 这四行诗的初稿是："我所以永远能为人民敬爱，是因为我给诗歌获得了新的声音，我追随拉季谢夫之后歌颂过自由，并且赞扬过宽恕同情。"这里提到的拉季谢夫（1749—1802），是俄国 18 世纪后半叶的革命作家，以《从彼得堡到莫斯科的旅行记》一书闻名。他曾因此书被流放到西伯利亚去。就在这本书中他写了一首《自由颂》，指出俄国的主人不是沙皇，而是人民。

2. "非人工的纪念碑"是用什么建成的？

3. "它抬起那颗不肯屈服的头颅，高耸在亚历山大的纪念石柱之上"，有什么样的寓意？请谈谈你的看法。

4. 比较并鉴赏陈守成的译本（附录）与戈宝权的译本。

赏析

五个小节，二十行诗，一个词，一个灵魂彻底的解剖，一个生命真实的总结，一段事业崇高的丰碑。

普希金那错综复杂的因素造就的、谜一般的决斗发生的前半年，仿佛是对于冥冥中将来的感应，灿烂闪耀的灵感概括了他那神圣的理想和崇高的使命。普希金毕生是矛盾的，他出身于贵族，却又同情人民；他追求至上的爱情，甚至可以为之献出生命，却又将国家前途、民众命运、民族幸福置于个人情感之上；他珍惜自由，却年纪轻轻就被变相流放置于荒野边境；他倡导人道主义，却最终陷入政治圈套、无辜牺牲于等级所必需的决斗。在他的时代，专制是桎梏，皇权是绝对，等级是牢笼，因此他高呼"我要对全世界歌唱自由，声讨那皇位上的人"。他的勇敢使"世间的暴君！去发抖吧"，同时激励着："而你们倒下的奴隶们，鼓足勇气，集中精神，奋起吧！"（《自由颂》）

普希金的高贵绝不来自他的出身和家世，他的高贵来自他是"时代的儿子"（别林斯基语）。他开篇即宣称："我为自己建立了一座非人工的纪念碑"，是"我自己"而非他人。在这个时代，扼杀天才培养傻瓜，熄灭光明制造黑暗是惯有的伎俩，傻瓜是辨别不出诗人"我"的价值的，而瞎子是看不到非人工的纪念碑的。于是，只有"我自己"，只能"我自己"。因为在蒙蔽双眼的时代，当有一个人双目明亮指引方向时，他会告诉这个时代：在将来你们才会意识到你们曾经错过，你们才会意识到，这座看不见的纪念碑其实一直都在那高耸的亚历山大石柱上，在那神圣的纪念柱上是我高耸的"不肯屈服的头颅"；而你们将会不断纪念。如果你以为是因为死亡才需要一座纪念碑，那么你错了，"我不会完全死亡——我的灵魂在遗留下的诗歌当中，将比我的骨灰活得更久长和逃避了腐朽灭亡……"诗歌不灭，灵魂永在，所以"我将永远光荣不朽"。普希金期望"用语言去把人们的心灵照亮"（普希金《先知》）。他做到了，他预见到"他的名声将传遍整个伟大的俄罗斯"，"是因为我曾用诗歌"将俄罗斯各民族的同胞们，"无论是骄傲的斯拉夫人的子孙，是芬兰人，甚至现在还是野蛮的通古斯人，和草原上的朋友卡尔梅克人"，通通联系在一起。因为他们"都会讲着我的名字"。他的诗歌"唤起人们善良的感情""歌颂过自由""祈求过宽恕同情"，对人性的尊重和关爱、对自由的追求和仰望、对下层民众的同情，还有悲悯的心怀……于是"永远能为人民敬爱"。而有了这来自人民的敬爱，管它什么侮辱，管它什么桂冠，"赞美和诽谤，都平心静气地宽容"，至于那些"愚妄的人"啊，更无须"空作争论"。

赫尔岑说普希金的诗歌"象海一样咆哮，象风暴掀动森林一样的呼啸……"那阴谋的子弹击中了诗人的肉身，但他的灵魂在歌唱。他的灵魂"在圣洁的诗歌中"，建造了一座纪念碑！

附录：纪念碑（陈守成译本）

我给自己建起了一座非手造的纪念碑，
人民走向那里的小径永远不会荒芜，
它将自己坚定不屈的头颅高高昂起，
　　　高过亚历山大的石柱。

不，我绝不会死去，心活在神圣的竖琴中，
它将比我的骨灰活得更久，永不消亡，
只要在这个月照的世界上还有一个诗人，
　　　我的名声就会传扬。

整个伟大的俄罗斯都会听到我的传闻，
各种各样的语言都会呼唤我的姓名，
无论骄傲的斯拉夫人的子孙，还是芬兰人、
山野的通古斯人、卡尔梅克人。

我将长时期地受到人民的尊敬和爱戴：
因为我用竖琴唤起了人民善良的感情，
因为我歌颂过自由，在我的残酷的时代，
我还曾为死者呼吁同情。

啊，我的缪斯，你要听从上天的吩咐，
既不怕受人欺侮，也不希求什么桂冠，

什么诽谤，什么赞扬，一概视若粪土，

也不必理睬那些笨蛋。

（选自普希金：《自由颂》，北京，人民文学出版社，1987 年。）

七、本章参考答案

小说以刻画人物性格、塑造人物形象为中心，通过叙述故事和描写环境，反映社会生活，表达思想感情，从而发挥娱乐和教育的功能。中国小说和外国小说都走过了漫长的发展道路，形成了不同的叙事传统，取得了丰富的文学成果。下面主要对中国小说作一简单介绍。

从语言形式的角度考察，古代小说经过文言和白话两个阶段。文言小说从上古神话开始，经过六朝志怪和唐代传奇，体式完备，代有创制，始终以搜奇述异为能。白话小说则在宋元以后兴起，并于明清达到巅峰，短篇有话本，长篇有章回，对世态人情的审美兴味日益浓厚。五四以来，现代小说输入新知、革新观念，改造叙事方式、锤炼语体风格，形成了现代小说的基本范式。

一、古代文言小说

"小说"初指背离时代思想主流的琐屑之言或寓言杂记，历来容易与史部和杂家的著作混淆，汉唐正史一般在志书子部列出小说家的著作。它们或托古人、记古事，或记谈笑应对、叙艺术器物，或志神怪、明因果，或垂教训、数典故、纠讹谬、叙服用，显得颇为庞杂非类。明清时期，杂录、志怪和传奇最终被确定为文言小说的三种基本类型。

1. 神话、史传和寓言

小说源于神话，在形成过程中受到史传和寓言的影响。上古先民用神话来解释各种自然和社会的现象，盘古开天、女娲造人、夸父逐日、精卫填海、后羿射日、大禹治水等神话故事，表达了人类改造自然的决心与勇气。由于中华古代主流思想重实际、黜玄想，中国神话未成体系，仅散见于《山海经》《淮南子》等古籍中。春秋战国时期，史传和寓言特别发达。《左传》《战国策》等历史散文善于叙述战争故事、描写行人辞令，《孟子》《庄子》等诸子散文则出于形象说理的目的，虚构了揠苗助长、庖丁解牛、郑人买履、守株待兔、自相矛盾、刻舟求剑等寓言故事。这些都为小说的形成打下了基础。

2. 六朝志怪、志人小说

六朝出现内容繁杂、篇幅短小的笔记体小说，主要有志怪和志人两种。由于儒学衰微，鬼神志怪之书特别流行。记录殊方异物的有西晋张华的《博物志》，叙述神祇灵异的有东晋干宝的《搜神记》，还有《列异传》《幽明录》等。其中，宗定伯卖鬼、干将莫邪、韩凭夫妇、董永、白衣素女、阳羡书生、刘阮入天台等故事比较知名。六朝时期盛行人物品鉴和谈玄说理。南朝宋临川王刘义庆召集门下宾客编撰《世说新语》，记述嵇阮、王谢等魏晋名士的言行，记言玄远冷峻，记行高简瑰奇，虽丛残小语，却逃离志怪牢笼。笔记体小说缺乏小说创作的自觉意识，明显受到强大的历史叙事传统的影响。

3. 唐代传奇

唐传奇源自六朝志怪，也以搜奇记逸为能，但重视文采和意想，具有文辞华艳、叙述宛转、篇幅曼长的特点。传奇始于初唐，盛于中唐，主要有志怪、爱情、历史和侠义四种类型。志怪题材的《枕中记》和《南柯太守传》，以鬼神或冥界为寄托，虚构黄粱美梦和南柯一梦的故事，在讽刺士人心态的同时，也无情揭露了官场的黑暗。爱情题材的《李娃传》《莺莺传》和《霍小玉传》讲述青年男女之间的爱情横遭社会家庭干涉的故事，带有鲜明的批判封建门第制度、主张恋爱婚姻自由的思想倾向。历史题材的《长恨歌传》叙述了安史之乱背景下的李杨爱情故事，虽立意惩劝，却饶富情韵。在时局动荡的晚唐，出现了侠义题材的《虬髯客传》和《聂隐娘》等作品。唐传奇有意作奇，体现了小说创作的自觉意识，代表着文言小说的成熟形态。

4. 宋元明清文言小说

宋代以后，随着白话小说兴起，文言小说退居相对次要的地位，但仍然代有创制。在儒学复兴的宋代，志怪多平实而乏文采，传奇多拟古而少创新，如《夷坚志》和《绿珠传》等。宋代官修的大型类书《太平广记》，是汇编古代文言小说的一部总集。元代比较出色的传奇有《娇红传》。明代的文言小说，传奇方面有结集的《剪灯新话》和单篇的《中山狼传》，笔记方面有志怪的《耳谈》和志人的《菽园杂记》等。笑话作品在晚明也曾经风靡一时。清代，文言小说复兴，蒲松龄的《聊斋志异》兼有志怪取材虚幻和传奇描写委曲的特点，写鬼写妖高人一等，刺贪刺虐入木三分，直接带动了《子不语》《阅微草堂笔记》等一批追随仿效之作。

二、 古代白话小说

宋元以来，随着社会的世俗化，用口语白话讲述古今故事和市井生活的说话艺术获得了长足的发展。说话有讲史、说经和小说三类。讲史说前代兴废争战，如《全相三国志平话》；说经即演说佛书，如《大唐三藏取经诗话》；小说讲烟粉、灵怪、传奇、公案，如《错斩崔宁》和《大宋宣和遗事》。当故事从口传到写定时，就问世了短篇话本小说和长篇章回小说。

1. 短篇话本小说

明代后期，冯梦龙、凌濛初等文人作家整理旧本，创作新篇，编著出版了《喻世明言》《警世通言》《醒世恒言》和《初刻拍案惊奇》《二刻拍案惊奇》五部汇集宋、元、明三代话本、拟话本短篇小说的作品集，简称"三言二拍"。其中名篇如《蒋兴哥重会珍珠衫》《卖油郎独占花魁》《杜十娘怒沉百宝箱》《玉堂春落难寻夫》等，或塑造商人形象，或维护女性尊严，或揭露社会黑暗，极摹人情世态之歧，备写悲欢离合之致，可谓市民社会的风情长卷。清代前期，追求世俗趣味的作家李渔，还独立完成了拟话本小说集《无声戏》和《十二楼》。

2. 长篇章回小说

元明以来，长篇章回小说逐渐成型，出现了以历史小说《三国演义》、侠义小说《水浒传》、神魔小说《西游记》和世情小说《金瓶梅》为代表的"四大奇书"。它们经历了创作主体从世代集体编著到文人作者独创，创作意识从借史演义、寓言寄托到面对现实、关注人生，创作题材从兴废争战、国家大事到日常生活、家庭琐事，描写人物从非凡的英雄怪杰到寻常的平民百姓，形象塑造从突出特征性格到刻画人物个性，情节结构从线形到网状，小说语言从半文半白到口语方言等一系列明显的变化和发展的过程。"四大奇书"确立了明清小说的基本类型，带来了大量续仿之作，其中，《隋唐演义》《封神演义》等作品的质量比较可观，影响较为深远。

清代的长篇章回小说以描摹世态人情为主，或叙儒林百态、官场见闻，或写家庭纠纷、青楼艳情。前者如吴敬梓的讽刺小说《儒林外史》，成功塑造了不学无术、心灵扭曲的士林群丑形象，批判的矛头直指科举制度。后者如曹雪芹的家族小说《红楼梦》，在贾家由盛而衰、好就是了的家族悲剧中，同时叙述了伤金悼玉的爱情悲剧、千红一窟的女性悲剧和色即是空的人生悲剧，将社会黑暗暴露无遗。作为盛世危言，两部小说也表达了作者对社会人生理想的探求。鼓吹郎才女貌的《玉娇梨》和表达遗民心态的《水浒后传》、探讨家庭矛盾的《醒世姻缘传》、炫鬻才华学问的《镜花缘》等中长篇章回小说，也是清代小说的重要收获。

近代以来，小说出现思想回归正统、趣味迎合世俗的趋向。《三侠五义》等侠义公案小说，将侠客们纳入体制，用恋主情结取代江湖义气，并赋予英雄儿女情长。《海上花列传》等市井风情小说，旧称狭邪，展现的是青楼风月、梨园春秋、京华尘污、洋场喧阗乃至官幕两途、绅商二界的众生法相。清代末年，小说作为针砭时弊、开启民智的利器，一度备受瞩目，《新中国未来记》等政治小说和《官场现形记》等谴责小说，都曾以其干预现实、踔厉风发的思想锋芒而震撼文坛。民国初年，鸳鸯蝴蝶派作家创作了揭发社会黑暗的《歇浦潮》等黑幕小说和书写男女爱情的《玉梨魂》等言情小说。

三、现代白话小说

五四运动以民主和科学为思想武器，批判传统文化中的消极因素，伸张个体价值，表达社会关怀。文学创作的对象和方法，遂从贵族、古典和山林的传统形态，转变为国民、写实和社会的现代形态。在艺术表现上，也更强调横的移植而非纵的继承。这样，现代小说的题材、主题、叙事、语言，都呈现出明显有别于古代小说的新质。

（一）现代严肃小说

1. 乡土小说

鲁迅的《狂人日记》《阿Q正传》等，以黑暗无声的浙东水乡象征积弱积贫的现代中国，以启蒙的立场关注农民、妇女、青年等社会各个群体的悲剧命运，哀其不幸，怒其不争，振聋发聩地批判了愚昧迷信、冷漠自私、麻木卑怯、精神胜利等民族劣根性。沈从文的《边城》《长河》等，在自然质朴的湘西苗疆发现乐天知命的人生形态，发扬古典诗文含蓄蕴藉的美学风范，哀而不伤，乐而不淫，俨然一支现代社会的田园牧歌。

中国革命的实质是农民革命。新中国成立以后，革命历史和农村合作化运动成为长篇小说的主要题材，从中涌现出许多被称为红色经典的作品。《红旗谱》《青春之歌》等叙述了中国社会各阶层从自发反抗到自觉革命的艰苦历程，《红岩》《林海雪原》等表现了革命战士忠于信念、不畏牺牲、勇于斗争的英雄气概，《创业史》《山乡巨变》等反映了广大农民翻身解放之后热心投身于社会主义建设事业的精神风貌。

改革开放以来，在翻云覆雨、波诡云谲的政治风云中，在席卷一切的城市化、工业化浪潮下，反映现代化的艰难历程和中国人的世纪苦难，表现中国农民的坚韧意志与孤独灵魂，表达对于农村社会机体瓦解和乡土文化花果飘零的隐忧，成为许多小说的自觉追求，例如陈忠实的《白鹿原》、余华的《活着》、莫言的《丰乳肥臀》、韩少功的《马桥词典》、贾平凹的《秦腔》和刘震云的《一句顶一万句》等。

2. 都市小说

在反映城市生活方面，老舍的《骆驼祥子》和茅盾的《子夜》，分别揭示了京城务工农民人生毁灭的悲剧和上海滩实业家理想破灭的悲剧，开创了京味和海派的传统。此后，张爱玲的《倾城之恋》写沪港两地世家新贵红男绿女的爱情，邓友梅的《烟壶》写皇城根下八旗子弟社会沉降的轨迹，王朔的《动物凶猛》写北京大院子弟的不羁青春，王安忆的《长恨歌》写沪上名媛精打细算的人生。

台港两地的小说作家，善于感受和表现现代都市的繁华和现代人的孤绝。在浮光掠影的都市生活中，他们捕捉已婚男女的暗通款曲，如刘以鬯的《对倒》，袒露边缘人群的情欲纠葛，如白先勇的《孽子》，反思中产阶级的价值虚无，如陈映真的《赵南栋》，描摹时尚女性的物质耽溺，如朱天文的《世纪末的华丽》，总体上深化了现代小说对于城市生活的反映。

此外，钱锺书的《围城》和王蒙的《活动变人形》等，揭示了知识分子的困境；巴金的《家》和路遥的《平凡的世界》等，表达了中国青年的苦闷；

丁玲的《莎菲女士的日记》和林白的《一个人的战争》等，体现了时代女性的追求。

（二）现代通俗小说

通俗小说虽然思想比较保守，形式比较传统，却也吸收了一些现代小说的观念和技巧，在民国时期就出现了张恨水的《金粉世家》、刘云若的《红杏出墙记》、李寿民的《蜀山剑侠传》和王度庐的《卧虎藏龙》等名家名作。20世纪下半叶，台港两地又涌现琼瑶、高阳、倪匡等言情、历史、推理名家，至于金庸、古龙创作的武侠小说如《天龙八部》《多情剑客无情剑》等，更是在思想和艺术上全面刷新了武侠小说的面貌。

21世纪以来，通俗小说的创作空前繁荣，同时活跃着官场、职场、校园、都市、青春、爱情、历史、穿越、仙侠、玄幻、灵异、盗墓、耽美、同人等新旧小说类型，满足了网络时代的消费需求。2012年，中国作家莫言因其创作"将魔幻现实主义与中国民间故事、现代历史与当代社会融合在一起"而获得诺贝尔文学奖，这是对树立民族传统、传播现代文明的中国小说的致敬。

参考文献

1. 鲁迅：《中国小说史略》，上海，上海古籍出版社，2006年。

2. 袁行霈：《中国文学史》，北京，高等教育出版社，2014年。

3. 夏志清：《中国现代小说史》，北京，复旦大学出版社，2005年。

4. 洪子诚：《中国当代文学史》，北京，北京大学出版社，2010年。

5. 吕正惠：《战后台湾文学经验》，北京，生活·读书·新知三联书店，2010年。

练习与思考

1. 小说分类的依据有哪些？

2. 影响小说发展的内外因素有哪些？

3. 举例说明网络小说存在着哪些长处和不足？

八、萌动青春

【单元题记】

往往开始懂事时，就步入了青春；往往步入青春后，却无法理解世界，或者无法让世界理解我们。成长的烦恼源源不断，来自对一切未知的渴望；萌动的心绪连绵无期，来自对人生前路的欲念。那些关于爱情的困惑和寻觅，那些关于事业人生的未知规划，那些在盲目热闹人群中的孤独，它们抓牢了我们，从内心开始撕裂梦想。于是我们呼喊：该怎么办？去到哪里？做什么？和谁在一起？会成功吗？

周围人来人往，我们看见成年人脸上的坚定神情——他们知道去哪儿——这是幸福；小孩子脸上的无忧无虑——他们不用焦虑去哪儿——这是快乐。再转头看见镜子里的自己——漠然、惶恐、无助。我们知道人生可以"面朝大海，春暖花开"①，我们或许应该"相信未来，热爱生命"②，我们也知道"哪个少年不钟情，哪个少女不怀春"③，我们还向往"生如夏花之灿烂"④ 的理想存在！

然而，爱情甜蜜却磕磕绊绊，未来在前一片光明却岔路无数。我们伸出双手，我们需要搀扶，曾经青春过的人们啊，你们是如何面对这惶惶然万千道的青春。于是我们看到少年维特的烦恼。我们哀叹，浸溺在爱情、交际、事业三重沼泽中的他，那不就是我们自己吗？挣扎着，试图改变地位、身份，试图创造一切的可能，更试图用自己去改变哪怕一点点的世界和他人……

读到了霍小玉的坚持，我们伤心，爱情的背叛是如此刻骨铭心！体会着那"海水梦悠悠，君愁我亦愁"的哀怨，我们感叹大肚能容开颜一笑的弥勒佛容下了明子和小英子懵懂俗缘；我们惊讶世间原来有不纯洁的诱惑和不天真的歌唱，萧萧只是在重复每一个纯洁人生的坠落而已；我们也一样无力面对子君和涓生的真实人生与理想爱情的焦灼，他们以自由的名义相爱，却陷落到庸俗的人情世故中，渐渐淡漠彼此。

原来他们那么辛苦，原来他们和我们一样，原来他们曾经是我们，原来我

---

① 　出自《面朝大海，春暖花开》，诗人海子的抒情名篇，写于 1989 年 1 月 13 日，两个月后，海子在山海关附近卧轨自杀。

② 　出自《相信未来》，诗人食指的名篇，写于 1968 年。

③ 　歌德诗句，出自《少年维特之烦恼》篇首。

④ 　"生如夏花般灿烂，死若秋叶般静美"出自泰戈尔《飞鸟集》第 82 首。

们可以困惑、痛苦、迷茫、纠结如同他们一样。在阅读完他们的命运之后，我们可以不必重蹈覆辙，我们清楚地发现人生或许没有一条捷径直接通向青春的胜利。所有的青春萌动其实仅仅是一个稍高的草垛，庞大却无害且轻盈，它假装山般坚强，其实着火便逝。我们可以更淡然地面对前路，昂首微笑：我们或许可以不用嚎叫①，我们永远在路上②！

西 洲 曲

南朝民歌

【解题】《西洲曲》是南朝乐府民歌中的名篇，是南朝乐府民歌中最长的抒情诗篇。诗中描写了一位少女从初春到深秋，从现实到梦境，对钟爱之人的苦苦思念，洋溢着浓厚的生活气息和鲜明的感情色彩。

忆梅下西洲，折梅寄江北。单衫杏子红，双鬓鸦雏色③。西洲在何处，两桨桥头渡。日暮伯劳④飞，风吹乌臼树⑤。树下即门前，门中露翠钿⑥。开门郎不至，出门采红莲。采莲南塘秋，莲花过人头。低头弄莲子，莲子青如水。置莲怀袖中，莲心彻底红⑦。忆郎郎不至，仰首望飞鸿。鸿飞满西洲，望郎上青楼⑧。楼高望不见，尽日栏杆头。栏杆十二曲，垂手明如玉。卷帘天自高，海水摇空绿。⑨ 海水梦悠悠，君愁我亦愁。南风知我意，吹梦到西洲。

（朱东润：《中国历代文学作品选》上编第二册，386 页，上海，上海古籍出版社，2007 年。注释略有增删。）

---

① 《嚎叫》（*Howl*）：艾伦·金斯伯格（Allen Ginsberg, 1926—1997），美国"垮掉一代"代表诗人代表作。
② 《在路上》（*On the Road*）：是美国"垮掉的一代"作家杰克·凯鲁亚克创作于 1957 年的小说。
③ 鸦雏色：像小乌鸦一样的颜色。言其发乌黑发亮。
④ 伯劳：鸟名。仲夏始鸣，好单栖。这里一方面用来表示仲夏的季节，一方面也暗喻女子孤单的处境。
⑤ 乌臼树：落叶乔木，高约二丈。夏月开花，种子多脂肪，可制肥皂及蜡烛。
⑥ 翠钿：用翠玉镶嵌的首饰。
⑦ 莲心：谐怜心，就是爱怜之心。彻底红，隐喻怜爱之深透。
⑧ 青楼：以青色涂饰之楼，为古代女子居处的通称。
⑨ 卷帘两句：这两句当是承接上面的"楼高望不见，尽日栏杆头"而来。情郎不至，则登楼而望，然楼虽高而望仍不见，卷帘所见，惟有碧天自高，海水空自摇绿而已。海水即指江水。（江水很大，给人以如海的感觉。）

| 练习与思考

1. "一方水土一方人"，文学和地域之间有紧密关系。试体味该文和北朝民歌《木兰诗》的不同表达方式。

2. 描绘你脑海中《西洲曲》的女子形象。

3. 简述《西洲曲》的修辞方法。

| 赏析

南朝民歌《西洲曲》和北朝民歌中的叙事长诗《木兰诗》，分别代表着南北朝民歌的最高成就。南朝民歌大多是情歌，格调缠绵哀怨，婉转悱恻，大部分保存在郭茂倩所编《乐府诗集·清商曲词》中。

这首《西洲曲》描写细致，感情真挚。开篇"忆梅"两句以折梅表达深情，并以"西洲""江北"点名女子所居与钟爱之人所处的地方。"单衫"两句则点明女子的衣着等形象，描绘出一位美丽动人的女子形象。当然，对于女子的服饰、仪容和活动的描写，皆是为了一层胜过一层地展示人物的内心情思——女子从春到秋、从早到晚的无尽相思之情。诗中有多处表明季节，如"折梅"表早春，"单衫"表春夏之交，"采红莲"应在六月，"南塘秋"该是早秋。淡淡相思，萦绕于女子心间，季节景物改变了，而她无尽的相思却愈加浓厚，"南风知我意，吹梦到西洲"。

全诗基本上是四句一换韵，从而形成了回环婉转的旋律，造成一种似断似续的效果，声情摇曳，余味无穷。所以沈德潜说此诗"续续相生，连跗接萼，摇曳无穷，情味愈出"。另外，诗歌成功运用了传统的民歌表现手法。借用双关手法，以"莲子"（怜子）、"莲心"（怜心）表达情感。这些巧妙的双关语的运用，不仅使得语言更加活泼，而且在情感表达上也显得含蓄委婉。

图片摄影：苏新春

霍 小 玉 传

蒋 防

【解题】蒋防（约 792—？），字子徵（一作子微），常州义兴（今江苏宜兴）人。唐代文学家，有文集 1 卷，赋集 1 卷，《全唐诗》录存其诗 12 首，《全唐文》收录其赋 20 篇及杂文 6 篇，其中传奇《霍小玉传》尤为著名。

　　唐传奇代表了中国小说的成熟阶段，在中国小说发展史上具有重要的地位。而代表着唐传奇的最高成就的作品当属《霍小玉传》。小说中成功塑造了霍小玉、李益等一批人物形象，尤其是霍小玉这一经典女性形象。《霍小玉传》本是传统的爱情主题，描写名士李益与歌伎霍小玉之间的感情纠葛，却因为李益的始乱终弃、小玉的以身殉情而获得了永恒的悲剧价值。

　　大历①中，陇西李生名益，年二十，以进士擢第。其明年，拔萃②，俟试于天官。夏六月，至长安，舍于新昌里。生门族清华③，少有才思，丽词嘉句，时谓无双，先达丈人④，翕然⑤推伏。每自矜风调⑥，思得佳偶，博求名妓，久而未谐。

　　长安有媒鲍十一娘者，故薛驸马家青衣⑦也，折券从良，十余年矣。性便僻⑧，巧言语，豪家戚里，无不经过，追风挟策，推为渠帅。⑨ 常受生诚托厚赂，意颇德之⑩。经数月，李方闲居舍之南亭，申未间，忽闻扣门甚急，云是

---

① 大历：唐代宗李豫的年号（766—779）。
② 拔萃：唐代科举及第后，算是取得了做官的资格，但还要经过一定的期限才可以选任为官。如果要马上得官，可以参加另一种考试。这种考试，如果试文三篇，叫"宏词"；如果撰拟判词三条，叫作"拔萃"。这种考试是由吏部主持的，所以下文说"俟试于天官"（天官，吏部的别称）。
③ 门族清华：出身高贵的意思。
④ 先达丈人：有地位、有声望的前辈。
⑤ 翕然：一致的样子。
⑥ 自矜风调：自以为有才貌、风流自赏。
⑦ 青衣：婢女。古时青衣是卑贱者的服装，故称婢女为"青衣"。
⑧ 便（pián）僻：机灵，能说会道。
⑨ 追风挟策，推为渠帅：意思是凡是想追求女人的，她都可以代为设法，因此大家推她做一个头儿。追风，指追求女人的行为。挟策，有主意，有办法。渠帅，盗贼的首领。
⑩ 德之：感激他。

鲍十一娘至。摄衣从之，迎问曰："鲍卿今日何故忽然而来？"鲍笑曰："苏姑子①作好梦也未？有一仙人，谪在下界，不邀②财货，但慕风流。如此色目，③共十郎相当矣。"生闻之惊跃，神飞体轻，引鲍手且拜且谢曰："一生作奴，死亦不惮。"因问其名居。鲍具说曰："故霍王④小女，字小玉，王甚爱之。母曰净持，净持即王之宠婢也。王之初薨，诸弟兄以其出自贱庶，不甚收录。因分与资财，遣居于外，易姓为郑氏，人亦不知其王女。资质秾艳，一生未见；高情逸态，事事过人；音乐诗书，无不通解。昨遣某求一好儿郎格调相称者。某具说十郎。他亦知有李十郎名字，非常欢惬。住在胜业坊古寺曲⑤，甫上车门宅⑥是也。已与他作期约。明日午时，但至曲头觅桂子⑦，即得矣。"

鲍既去，生便备行计。遂令家僮秋鸿，于从兄京兆参军尚公处，假青骊驹，黄金勒。其夕，生浣衣沐浴，修饰容仪，喜跃交并，通夕不寐。迟明⑧，巾帻⑨，引镜自照，惟惧不谐也。徘徊之间，至于亭午⑩。遂命驾疾驱，直抵胜业。

至约之所，果见青衣立候，迎问曰："莫是李十郎否？"即下马，令牵入屋底，急急锁门。见鲍果从内出来，遥笑曰："何等儿郎，造次入此？"生调诮⑪未毕，引入中门。庭间有四樱桃树，西北悬一鹦鹉笼，见生入来，即语曰："有人入来，急下帘者。"生本性雅淡，心犹疑惧，忽见鸟语，愕然不敢进。逡巡，鲍引净持下阶相迎，延入对坐。年可四十余，绰约多姿，谈笑甚媚。因谓生曰："素闻十郎才调风流，今又见容仪雅秀，名下固无虚士。某有一女子，虽拙教训⑫，颜色不至丑陋，得配君子，颇为相宜。频见鲍十一娘说意旨，今

---

① 苏姑子："书罐子"的音变，当时对书生的谑称。
② 不邀：不贪求。
③ 如此色目：这等样人。色目，角色、人才的意思。
④ 霍王：唐高祖的儿子李轨封为霍王，这里指他的后代。
⑤ 曲：里巷。
⑥ 甫上车门宅：巷头上车门旁的宅院。
⑦ 桂子：霍小玉的婢女。
⑧ 迟明：黎明。
⑨ 巾帻：戴上头巾。巾，这里用做动词。
⑩ 亭午：正午。
⑪ 调诮：打趣，说俏皮话。
⑫ 拙教训：教育得不好的意思。

亦便令永奉箕帚①。"生谢曰："鄙拙庸愚，不意顾盼，② 倘垂采录，生死为荣。"遂命酒馔，即令小玉自堂东阁子③中而出。生即拜迎。但觉一室之中，若琼林玉树，互相照曜，转盼精彩射人。既而遂坐母侧，母谓曰："汝尝爱念'开帘风动竹，疑是故人来。'④ 即此十郎诗也。尔终日吟想，何如一见？"玉乃低鬟微笑，细语曰："见面不如闻名。⑤ 才子岂能无貌？"生遂连起拜曰："小娘子爱才，鄙夫重色。两好相映，才貌相兼。"母女相顾而笑，遂举酒数巡⑥。生起，请玉唱歌，初不肯，母固强之。发声清亮，曲度精奇。

　　酒阑，及暝，鲍引生就西院憩息。闲庭邃宇，帘幕甚华。鲍令侍儿桂子、浣沙，与生脱靴解带。须臾玉至，言叙温和，辞气宛媚。解罗衣之际，态有余妍⑦，低帏昵枕，极其欢爱。生自以为巫山、洛浦不过也。中宵之夜，玉忽流涕观生曰："妾本倡家，自知非匹。今以色爱，托其仁贤⑧。但虑一旦色衰，恩移情替，使女萝⑨无托，秋扇见捐。⑩ 极欢之际，不觉悲至。"生闻之，不胜感叹，乃引臂替枕，徐谓玉曰："平生志愿，今日获从，粉骨碎身，誓不相舍。夫人何发此言！请以素缣，著之盟约。"玉因收泪，命侍儿樱桃褰幄⑪执烛，授生笔研⑫。玉管弦之暇，雅好诗书，筐箱笔研，皆王家之旧物。遂取绣囊，出越姬⑬乌丝栏⑭素缣三尺以授生。生素多才思，援笔成章，引谕山河，指诚日月，⑮ 句句恳切，闻之动人。染毕，⑯ 命藏于宝箧之内。自尔婉娈相得，若翡翠之在云路也。⑰ 如此二岁，日夜相从。

---

① 奉箕帚：做洒扫一类的事情，是做妻子的谦词。
② 不意顾盼：没有想到承蒙看得中。
③ 阁子：小门。阁，同"阁"，也作小楼解。
④ 开帘风动竹，疑是故人来：这是李益《竹窗闻风早发寄司空曙》诗中的诗句。
⑤ 见面不如闻名：此句似应为"闻名不如见面"。
⑥ 数巡：几遍。
⑦ 余妍：美艳至极。余，饶足。
⑧ 仁贤：对李益的尊称。
⑨ 女萝：松萝，一种蔓生植物，多攀附在别的树上生长。比喻女子对丈夫的依附。
⑩ 秋扇见捐：扇子到了秋天，就没有用了。比喻女子因年老色衰而被弃。
⑪ 褰幄：揭起帷帐。
⑫ 研：通"砚"。
⑬ 越姬：越地妇女。
⑭ 乌丝栏：一种织有或画有黑色竖格的绢质卷轴或纸卷。
⑮ 引谕山河，指诚日月：引山河来比喻恩情的深厚，指着日月发誓，表明相爱的诚挚。
⑯ 染毕：写完。
⑰ 自尔婉娈相得，若翡翠之在云路也：意思是从此以后，彼此恩爱称心，如同翠鸟高飞云端一样。婉娈，亲热、恩爱的意思。云路，云端。

　　其后年春，生以书判拔萃登科，授郑县主簿。至四月，将之官，便拜庆于东洛。① 长安亲戚，多就筵饯。时春物尚余，夏景初丽，酒阑宾散，离恶萦怀。玉谓生曰："以君才地名声，人多景慕，愿结婚媾，固亦众矣。况堂有严亲，室无冢妇②，君之此去，必就佳姻，盟约之言，徒虚语耳。然妾有短愿③，欲辄指陈，永委君心，复能听否？"生惊怪曰："有何罪过，忽发此辞？试说所言，必当敬奉。"玉曰："妾年始十八，君才二十有二。迨君壮室之秋，犹有八岁。一生欢爱，愿毕此期，然后妙选高门，以谐秦晋④，亦未为晚。妾便舍弃人事，剪发披缁。⑤ 夙昔之愿，于此足矣。"生且愧且感，不觉涕流，因谓玉曰："皎日之誓，⑥ 死生以之。与卿偕老，犹恐未惬素志⑦，岂敢辄有二三。固请不疑，但端居相待。至八月，必当却到⑧华州⑨，寻使奉迎，相见非远。"更数日，生遂诀别东去。

　　到任旬日，求假往东都觐亲⑩。未至家日，太夫人已与商量表妹卢氏，言约已定。太夫人素严毅，生逡巡不敢辞让，遂就礼谢，便有近期。⑪ 卢亦甲族也，嫁女于他门，聘财必以百万为约，不满此数，义在不行。生家素贫，事须求贷，便托假故，远投亲知，涉历江淮，自秋及夏。生自以孤负盟约，大愆⑫回期，寂不知闻，欲断其望，遥托亲故，不遗漏言。

　　玉自生逾期，数访音信。虚词诡说，日日不同。博求师巫，遍询卜筮，怀忧抱恨，周岁有余，嬴卧空闺，遂成沈疾。虽生之书题⑬竟绝，而玉之想望不移，赂遗亲知，使通消息，寻求既切，资用屡空。往往私令侍婢潜卖箧中服玩之物，多托于西市寄附铺⑭侯景先家货卖。曾令侍婢浣沙将紫玉钗一只，诣景

---

① 便拜庆于东洛：回到洛阳看望父母。拜庆，"拜家庆"的简称。回家探望父母。东洛，指东都洛阳。
② 冢妇：主妇，正妻。
③ 短愿：小小的愿望。
④ 谐秦晋：结婚的意思。谐，和合。秦晋，春秋时，秦晋两国交好，彼此世世约为婚姻，后世就称缔结婚约为"秦晋之好"。
⑤ 剪发披缁：即出家当尼姑。缁，缁衣，僧尼所穿的黑色僧服。
⑥ 皎日之誓：指着太阳发的誓。皎日，白日。语出《诗经·王风·大车》："谓予不信，有如皎日。"
⑦ 未惬素志：不能满足向来的心愿。
⑧ 却到：再回到。
⑨ 华州：现在陕西华县。
⑩ 觐亲：探望父母。
⑪ 遂就礼谢，便有近期：于是到卢家去谢婚，并且商定了在短期内举行婚礼。
⑫ 愆：错过，延误。
⑬ 书题：指书信。
⑭ 寄附铺：也称"柜房"，唐时多设在西市，是一种代人保管或出售珍贵物品的商行。

先家货之。路逢内作^①老玉工，见浣沙所执，前来认之曰："此钗吾所作也。昔岁霍王小女，将欲上鬟，^② 令我作此，酬我万钱，我尝不忘。汝是何人，从何而得？"浣沙曰："我小娘子即霍王女也。家事破散，失身于人。夫婿昨向东都，更无消息。悒怏成疾，今欲二年。令我卖此，赂遗于人，使求音信。"玉工凄然下泣曰："贵人男女，失机落节^③，一至于此。我残年向尽，见此盛衰，不胜伤感。"遂引至延光公主^④宅，具言前事。公主亦为之悲叹良久，给钱十二万焉。

时生所定卢氏女在长安，生既毕于聘财，还归郑县。其年腊月，又请假入城就亲，潜卜静居，不令人知。有明经^⑤崔允明者，生之中表弟也，性甚长厚。昔岁常与生同欢于郑氏之室，杯盘笑语，曾不相同。每得生信，必诚告于玉。玉常以薪刍^⑥衣服，资给于崔。崔颇感之。生既至，崔具以诚告玉，玉恨叹曰："天下岂有是事乎？"遍请亲朋，多方召致。生自以愆期负约，又知玉疾候沈绵，惭耻忍割，终不肯往。晨出暮归，欲以回避。玉日夜涕泣，都忘寝食，期一相见，竟无因由。冤愤益深，委顿床枕。自是长安中稍有知者，风流之士，共感玉之多情；豪侠之伦，皆怒生之薄行。

时已三月，人多春游。生与同辈五六人诣崇敬寺玩牡丹花，步于西廊，递吟诗句。有京兆韦夏卿者，生之密友，时亦同行，谓生曰："风光甚丽，草木荣华。伤哉郑卿，衔冤空室！足下终能弃置，实是忍人^⑦。丈夫之心，不宜如此，足下宜为思之。"叹让^⑧之际，忽有一豪士，衣轻黄纻^⑨衫，挟弓弹，丰神隽美，衣服轻华，唯有一剪头胡雏^⑩从后，潜行而听之，俄而前揖生曰："公非李十郎者乎？某族本山东，姻连外戚。^⑪ 虽乏文藻，心尝乐贤^⑫。仰公声华，

---

① 内作：皇家的工匠。

② 上鬟：古时女子十五及笄，要举行一个仪式，把披散的头发梳上去，可以插簪子，表示已经成人待嫁了，称为"上鬟"。

③ 失机落节：倒霉，落魄。

④ 延光公主：就是郜国公主，唐肃宗的女儿。

⑤ 明经：唐代考选制度，曾经分为秀才、明经、进士等科。由考察经义取中的为"明经"。

⑥ 薪刍：柴草，泛指生活用品。

⑦ 忍人：狠心的人。

⑧ 让：责备。

⑨ 纻（zhù）：苎麻纤维织的布。

⑩ 胡雏：卖身为奴的幼年胡人。

⑪ 姻连外戚：和外地的人结为亲戚。

⑫ 乐贤：喜欢与贤人交往。

常思觑止①。今日幸会，得睹清扬②。某之敝居，去此不远，亦有声乐，足以娱情。妖姬八九人，骏马十数匹，唯公所欲。但愿一过。"生之侪辈共聆斯语，更相叹美。因与豪士策马同行，疾转数坊，遂至胜业。生以近郑之所止，意不欲过。便托事故，欲回马首。豪士曰："敝居咫尺，忍相弃乎？"乃挽挟其马，牵引而行。迁延之间，已及郑曲。生神情恍惚，鞭马欲回。豪士遽命奴仆数人，抱持而进，疾走推入车门，便令锁却。报云："李十郎至也！"一家惊喜，声闻于外。

先此一夕，玉梦黄衫丈夫抱生来，至席，使玉脱鞋。惊寤而告母，因自解曰："'鞋'者，'谐'也。夫妇再合。'脱'者，'解'也，既合而解，亦当永诀。由此征③之，必遂相见，相见之后，当死矣。"凌晨，请母妆梳。母以其久病，心意惑乱，不甚信之。黾勉④之间，强为妆梳。妆梳才毕，而生果至。玉沈绵日久，转侧须人，⑤忽闻生来，欻然自起，更衣而出，恍若有神。遂与生相见，含怒凝视，不复有言。羸质娇姿，如不胜致，时复掩袂，返顾李生。感物伤人，坐皆欷歔。顷之，有酒肴数十盘，自外而来。一坐惊视，遽问其故，悉是豪士之所致也。因遂陈设，相就而坐。玉乃侧身转面，斜视生良久，遂举杯酒酬地⑥曰："我为女子，薄命如斯！君是丈夫，负心若此！韶颜稚齿，饮恨而终。慈母在堂，不能供养。绮罗弦管，从此永休。征痛黄泉，⑦皆君所致。李君李君，今当永诀！我死之后，必为厉鬼，使君妻妾，终日不安！"乃引左手握生臂，掷杯于地，长恸号哭数声而绝。母乃举尸，寘⑧于生怀，令唤之，遂不复苏矣。生为之缟素，且夕哭泣甚哀。将葬之夕，生忽见玉繐帷⑨之中，容貌妍丽，宛若平生。著石榴裙，紫褑裆⑩，红绿帔子，⑪斜身倚帷，手引绣带，顾谓生曰："愧君相送，尚有余情。幽冥之中，能不感叹。"言毕，遂

---

① 觑止：遇见，相会。止，语助词。
② 清扬：本指人眉清目秀的样子，引申作为对人的褒扬之辞，犹如说"尊容"。
③ 征：证明，征验。
④ 黾（mǐn）勉：勉强。
⑤ 转侧须人：转侧身体都需要别人帮助才行。
⑥ 酬地：浇酒在地。
⑦ 征痛黄泉：造成死亡的痛苦。征，招致。
⑧ 寘（zhì）：安置，安放。
⑨ 繐（suì）帷：灵帐。
⑩ 褑（kè）裆：唐时妇女穿的一种外袍。
⑪ 红绿帔（pèi）子：唐时妇女披于肩背的一种纱巾，多为薄质纱罗所制。长的叫披帛，短的叫帔子。

不复见。明日，葬于长安御宿原①，生至墓所，尽哀而返。

后月余，就礼于卢氏。伤情感物，郁郁不乐。夏五月，与卢氏偕行，归于郑县。至县旬日，生方与卢氏寝，忽帐外叱叱作声。生惊视之，则见一男子，年可二十余，姿状温美，藏身暎②幔，连招卢氏。生惶遽走起，绕幔数匝，倏然不见。生自此心怀疑恶，猜忌万端，夫妻之间，无聊生③矣。或有亲情，曲相劝喻。生意稍解。

后旬日，生复自外归，卢氏方鼓琴于床，忽见自门抛一斑犀钿花合子④，方圆一寸余，中有轻绡，作同心结，坠于卢氏怀中。生开而视之，见相思子⑤二、叩头虫一、发杀觜⑥一、驴驹媚⑦少许。生当时愤怒叫吼，声如豺虎，引琴撞击其妻，诘令实告。卢氏亦终不自明。尔后往往暴加捶楚，备诸毒虐，竟讼于公庭而遣⑧之。

卢氏既出⑨，生或侍婢媵妾之属，暂同枕席，便加妒忌。或有因而杀之者。生尝游广陵，得名姬曰营十一娘者，容态润媚，生甚悦之。每相对坐，尝谓营曰："我尝于某处得某姬，犯某事，我以某法杀之。"日日陈说，欲令惧己，以肃清闺门。出则以浴斛⑩覆营⑪于床，周回⑫封署，归必详视，然后乃开。又畜一短剑，甚利，顾谓侍婢曰："此信州葛溪铁⑬，唯断作罪过头。"大凡生所见妇人，辄加猜忌，至于三娶，率皆如初焉。

（选自张文潜等编：《唐宋传奇选》，福州，福建教育出版社，1983年。注释略有增删。）

| 练习与思考

1. 作者是如何刻画霍小玉形象的？

---

① 御宿原：在长安城南，是古时埋葬死者的地方。
② 暎：通"映"，遮蔽。
③ 无聊生：毫无生趣的样子。
④ 斑犀钿花合子：杂色犀牛角雕刻成的、嵌有金花的盒子。
⑤ 相思子：就是红豆。
⑥ 发杀觜（zī）：可能是一种媚药。
⑦ 驴驹媚：《物类相感志》云："凡驴驹初生，未堕地，口中有一物，如肉，名'媚'，妇人带之能媚。"这是一种迷信说法。
⑧ 遣：把妻子休掉。
⑨ 出：被丈夫休掉。
⑩ 浴斛：澡盆之类。
⑪ 营：环绕，围绕。
⑫ 周回：周围。
⑬ 信州葛溪铁：信州，约辖江西贵溪以东、怀玉山以南地区，州治在现在上饶。上饶葛溪铁精而工细。

2.你如何认识李益这个人物形象?

3.试概括本文的写作特色。

4.谈谈你对爱情中承诺的看法。

赏析

唐传奇中成就最高的是爱情小说,而在所有描写爱情的唐小说中,《霍小玉传》无疑是最感人的。《霍小玉传》的故事情节并不复杂,出身高贵的进士李益在长安等待"拔萃"考试,对娼妓霍小玉一见倾心,欢爱之际信誓旦旦,愿永相厮守。考试通过被任命官职后,李益回家省亲,却一去不回,另娶贵族之女为妻。霍小玉相思成疾,李益终不愿见。在黄衫客的帮助下,小玉终于见到了负心的李益,弥留之际发下誓愿,死后化鬼,让他妻妾不安。最终,在小玉鬼魂的报复下,李益猜忌妻妾,家庭终日不宁。

小说中对人物的塑造是非常成功的,作者在人物语言描写、细节刻画、气氛渲染等方面都有独到之处。霍小玉是小说中描写最生动、最有光彩的人物形象。身为霍王之女而沦为妓女的经历和社会现实使她对爱情保持着清醒的头脑。她认识到"一旦色衰,恩移情替",因此只求与李益共度八年幸福生活,此后自己则甘愿出家为尼。然而,残酷的现实即使连这样一点微小的心愿也难以让她达到。李益负约避而不见。最后在黄衫豪士帮助下,小玉于弥留之际见到李益。她最后对李益的怒斥,既是血泪控诉又是心有不甘的反抗。这个温柔多情又备受欺凌的弱女子最终凄怨地死去。在对霍小玉悲剧命运的展开中作者牢牢把握着她的情绪,使其全部言行举止情态都内化为感情活动。无论清醒还是怨愤,霍小玉始终爱着李益,死了还说"愧君相送,尚有余情。幽冥之中,能不感叹?"其多情相比于李益的薄情,令人潸然泪下。

小说对李益的刻画也非常成功。对李益这一负心人物,作者没有简单地将其脸谱化,而是通过对具体事情的叙述描写,写出他的转变。一开始李益是爱着小玉的,甚至真诚地发下誓愿。但家长意志和社会现实以及他本身的自私、软弱促成了悲剧的发生。

小说即使对配角人物的描写也很传神,比如鲍十一娘的花言巧语、幽默世故;黄衫豪士的俊爽潇洒、正义多谋。寥寥数语就抓住了人物的特征,既体现出不同人物的身份、地位、教养、思想,又充分体现着各自独特的气质、禀性,刻画得栩栩如生。

鲁迅先生说唐人始有意为小说，《霍小玉传》明显带有小说成熟期由史传类向有意为小说的虚构过渡的特点。李益现实中实有其人，小说中的一些人物也是现实中存在的，似乎作者就是要让人相信故事是真实的。也因此引起对作者创作意图的猜测，作者与李益是政敌？仇敌？不管怎样，毕竟是小说，比如霍小玉的出身、比如黄衫豪客的人物形象，都在告诉我们这是小说家语。

作者在小说中以其冷静甚至残酷的笔锋写出了那个时代底层女子的命运现实。《霍小玉传》中没有给出大团圆结局。因为这在唐代几乎不可能发生，《霍小玉传》深刻再现了真实的现实生活，相对于同时代的作品，其社会批判意义是最强的。千载之后，霍小玉的爱情悲剧仍震撼着我们，为她扼腕叹息，一掬同情之泪。胡应麟评《霍小玉传》是"尤为唐人最精彩动人之传奇"，明代戏剧大师汤显祖把其改编为"临川四梦"之一的《紫钗记》。《霍小玉传》无疑是中唐传奇的压卷之作。

伤逝——涓生的手记

鲁　迅

【解题】鲁迅（1881—1936），原名周樟寿，字豫山、豫亭，后改名周树人，字豫才。浙江绍兴人。中国文学家、思想家和革命家。出身于破落封建家庭，青年时代受进化论、尼采超人哲学和托尔斯泰博爱思想的影响。1904 年年初，入仙台医科专门学医，后从事文艺创作，希望以此改变国民精神。1918 年第一次用笔名"鲁迅"发表了中国现代文学史上第一篇白话小说《狂人日记》，奠定了新文学运动的基石。鲁迅先生一生写作计有 600 万字，其中著作约 500 万字，辑校和书信约 100 万字。作品包括杂文、短篇小说、评论、散文、翻译作品。对于五四运动以后的中国文学产生了深刻的影响。1936 年 10 月 19 日因肺结核病逝于上海。

本篇写于 1925 年，是鲁迅唯一一篇以爱情为主题的小说，翌年收入《彷徨》集。

如果我能够，我要写下我的悔恨和悲哀，为子君，为自己。

会馆里的被遗忘在偏僻里的破屋是这样地寂静和空虚。时光过得真快，我爱子君，仗着她逃出这寂静和空虚，已经满一年了。事情又这么不凑巧，我重来时，偏偏空着的又只有这一间屋。依然是这样的破窗，这样的窗外的半枯的槐树和老紫藤，这样的窗前的方桌，这样的败壁，这样的靠壁的板床。深夜中独自躺在床上，就如我未曾和子君同居以前一般，过去一年中的时光全被消灭，全未有过，我并没有曾经从这破屋子搬出，在吉兆胡同创立了满怀希望的小小的家庭。

不但如此。在一年之前，这寂静和空虚是并不这样的，常常含着期待；期待子君的到来。在久待的焦躁中，一听到皮鞋的高底尖触着砖路的清响，是怎样地使我骤然生动起来呵！于是就看见带着笑涡的苍白的圆脸，苍白的瘦的臂膊，布的有条纹的衫子，玄色的裙。她又带了窗外的半枯的槐树的新叶来，使我看见，还有挂在铁似的老干上的一房一房的紫白的藤花。

然而现在呢，只有寂静和空虚依旧，子君却决不再来了，而且永远，永远地！……

子君不在我这破屋里时，我什么也看不见。在百无聊赖中，顺手抓过一本书来，科学也好，文学也好，横竖什么都一样；看下去，看下去，忽而自己觉得，已经翻了十多页了，但是毫不记得书上所说的事。只是耳朵却分外地灵，仿佛听到大门外一切往来的履声，从中便有子君的，而且橐橐地逐渐临近，——但是，往往又逐渐渺茫，终于消失在别的步声的杂沓中了。我憎恶那不像子君鞋声的穿布底鞋的长班①的儿子，我憎恶那太像子君鞋声的常常穿着新皮鞋的邻院的搽雪花膏的小东西！

莫非她翻了车么？莫非她被电车撞伤了么？……

我便要取了帽子去看她，然而她的胞叔就曾经当面骂过我。

蓦然，她的鞋声近来了，一步响于一步，迎出去时，却已经走过紫藤棚下，脸上带着微笑的酒窝。她在她叔子的家里大约并未受气；我的心宁帖了，默默地相视片时之后，破屋里便渐渐充满了我的语声，谈家庭专制，谈打破旧习惯，谈男女平等，谈伊孛生，谈泰戈尔，谈雪莱②……她总是微笑点头，两

---

① 长班：旧时官员的随身仆人，也用来称呼一般的"听差"。

② 伊孛生（1828—1906）：通译易卜生，挪威剧作家。泰戈尔（1861—1941）：印度诗人。1924 年曾来过我国。当时他的诗作译成中文的有《新月集》《飞鸟集》等。雪莱（1792—1822）：英国诗人。曾参加爱尔兰民族独立运动，因传播革命思想和争取婚姻自由屡遭迫害。后在海里覆舟淹死。他的《西风颂》《云雀颂》等著名短诗，"五四"后被介绍到我国。

眼里弥漫着稚气的好奇的光泽。壁上就钉着一张铜板的雪莱半身像，是从杂志上裁下来的，是他的最美的一张像。当我指给她看时，她却只草草一看，便低了头，似乎不好意思了。这些地方，子君就大概还未脱尽旧思想的束缚，——我后来也想，倒不如换一张雪莱淹死在海里的记念像或是伊孛生的罢；但也终于没有换，现在是连这一张也不知那里去了。

"我是我自己的，他们谁也没有干涉我的权利！"

这是我们交际了半年，又谈起她在这里的胞叔和在家的父亲时，她默想了一会之后，分明地，坚决地，沉静地说了出来的话。其时是我已经说尽了我的意见，我的身世，我的缺点，很少隐瞒；她也完全了解的了。这几句话很震动了我的灵魂，此后许多天还在耳中发响，而且说不出的狂喜，知道中国女性，并不如厌世家所说那样的无法可施，在不远的将来，便要看见辉煌的曙色的。

送她出门，照例是相离十多步远；照例是那鲇鱼须的老东西的脸又紧帖在脏的窗玻璃上了，连鼻尖都挤成一个小平面；到外院，照例又是明晃晃的玻璃窗里的那小东西的脸，加厚的雪花膏。她目不邪视地骄傲地走了，没有看见；我骄傲地回来。

"我是我自己的，他们谁也没有干涉我的权利！"这彻底的思想就在她的脑里，比我还透澈，坚强得多。半瓶雪花膏和鼻尖的小平面，于她能算什么东西呢？

我已经记不清那时怎样地将我的纯真热烈的爱表示给她。岂但现在，那时的事后便已模胡，夜间回想，早只剩了一些断片了；同居以后一两月，便连这些断片也化作无可追踪的梦影。我只记得那时以前的十几天，曾经很仔细地研究过表示的态度，排列过措辞的先后，以及倘或遭了拒绝以后的情形。可是临时似乎都无用，在慌张中，身不由己地竟用了在电影上见过的方法了。后来一想到，就使我很愧恧，但在记忆上却偏只有这一点永远留遗，至今还如暗室的孤灯一般，照见我含泪握着她的手，一条腿跪了下去……。

不但我自己的，便是子君的言语举动，我那时就没有看得分明；仅知道她已经允许我了。但也还仿佛记得她脸色变成青白，后来又渐渐转作绯红，——没有见过，也没有再见的绯红；孩子似的眼里射出悲喜，但是夹着惊疑的光，虽然力避我的视线，张皇地似乎要破窗飞去。然而我知道她已经允许我了，没有知道她怎样说或是没有说。

她却是什么都记得：我的言辞，竟至于读熟了的一般，能够滔滔背诵；我的举动，就如有一张我所看不见的影片挂在眼下，叙述得如生，很细微，自然连那使我不愿再想的浅薄的电影的一闪。夜阑人静，是相对温习的时候了，我常是被质问，被考验，并且被命复述当时的言语，然而常须由她补足，由她纠正，像一个丁等的学生。

这温习后来也渐渐稀疏起来。但我只要看见她两眼注视空中，出神似的凝想着，于是神色越加柔和，笑窝也深下去，便知道她又在自修旧课了，只是我很怕她看到我那可笑的电影的一闪。但我又知道，她一定要看见，而且也非看不可的。

然而她并不觉得可笑。即使我自己以为可笑，甚而至于可鄙的，她也毫不以为可笑。这事我知道得很清楚，因为她爱我，是这样地热烈，这样地纯真。

去年的暮春是最为幸福，也是最为忙碌的时光。我的心平静下去了，但又有别一部分和身体一同忙碌起来。我们这时才在路上同行，也到过几回公园，最多的是寻住所。我觉得在路上时时遇到探索，讥笑，猥亵和轻蔑的眼光，一不小心，便使我的全身有些瑟缩，只得即刻提起我的骄傲和反抗来支持。她却是大无畏的，对于这些全不关心，只是镇静地缓缓前行，坦然如入无人之境。

寻住所实在不是容易事，大半是被托辞拒绝，小半是我们以为不相宜。起先我们选择得很苛酷，——也非苛酷，因为看去大抵不像是我们的安身之所；后来，便只要他们能相容了。看了二十多处，这才得到可以暂且敷衍的处所，是吉兆胡同一所小屋里的两间南屋；主人是一个小官，然而倒是明白人，自住着正屋和厢房。他只有夫人和一个不到周岁的女孩子，雇一个乡下的女工，只要孩子不啼哭，是极其安闲幽静的。

我们的家具很简单，但已经用去了我的筹来的款子的大半；子君还卖掉了她唯一的金戒指和耳环。我拦阻她，还是定要卖，我也就不再坚持下去了；我知道不给她加入一点股分去，她是住不舒服的。

和她的叔子，她早经闹开，至于使他气愤到不再认她做侄女；我也陆续和几个自以为忠告，其实是替我胆怯，或者竟是嫉妒的朋友绝了交。然而这倒很清静。每日办公散后，虽然已近黄昏，车夫又一定走得这样慢，但究竟还有二人相对的时候。我们先是沉默的相视，接着是放怀而亲密的交谈，后来又是沉默。大家低头沉思着，却并未想着什么事。我也渐渐清醒地读遍了她的身体，她的灵魂，不过三星期，我似乎于她已经更加了解，揭去许多先前以为了解而现在看来却是隔膜，即所谓真的隔膜了。

子君也逐日活泼起来。但她并不爱花，我在庙会时买来的两盆小草花，四天不浇，枯死在壁角了，我又没有照顾一切的闲暇。然而她爱动物，也许是从官太太那里传染的罢，不一月，我们的眷属便骤然加得很多，四只小油鸡，在小院子里和房主人的十多只在一同走。但她们却认识鸡的相貌，各知道那一只是自家的。还有一只花白的叭儿狗，从庙会买来，记得似乎原有名字，子君却给它另起了一个，叫作阿随。我就叫它阿随，但我不喜欢这名字。

这是真的，爱情必须时时更新，生长，创造。我和子君说起这，她也领会地点点头。

唉唉，那是怎样的宁静而幸福的夜呵！

安宁和幸福是要凝固的，永久是这样的安宁和幸福。我们在会馆里时，还偶有议论的冲突和意思的误会，自从到吉兆胡同以来，连这一点也没有了；我们只在灯下对坐的怀旧谭中，回味那时冲突以后的和解的重生一般的乐趣。

子君竟胖了起来，脸色也红活了；可惜的是忙。管了家务便连谈天的工夫也没有，何况读书和散步。我们常说，我们总还得雇一个女工。

这就使我也一样地不快活，傍晚回来，常见她包藏着不快活的颜色，尤其使我不乐的是她要装作勉强的笑容。幸而探听出来了，也还是和那小官太太的暗斗，导火线便是两家的小油鸡。但又何必硬不告诉我呢？人总该有一个独立的家庭。这样的处所，是不能居住的。

我的路也铸定了，每星期中的六天，是由家到局，又由局到家。在局里便坐在办公桌前钞，钞，钞些公文和信件；在家里是和她相对或帮她生白炉子，煮饭，蒸馒头。我的学会了煮饭，就在这时候。但我的食品却比在会馆里时好得多了。做菜虽不是子君的特长，然而她于此却倾注着全力；对于她的日夜的操心，使我也不能不一同操心，来算作分甘共苦。况且她又这样地终日汗流满面，短发都粘在脑额上；两只手又只是这样地粗糙起来。况且还要饲阿随，饲油鸡，……都是非她不可的工作。我曾经忠告她：我不吃，倒也罢了；却万不可这样地操劳。她只看了我一眼，不开口，神色却似乎有点凄然；我也只好不开口。然而她还是这样地操劳。

我所豫期的打击果然到来。双十节的前一晚，我呆坐着，她在洗碗。听到打门声，我去开门时，是局里的信差，交给我一张油印的纸条。我就有些料到了，到灯下去一看，果然，印着的就是：奉局长谕史涓生着毋庸到局办事秘书处启十月九日。

这在会馆里时，我就早已料到了；那雪花膏便是局长的儿子的赌友，一定要去添些谣言，设法报告的。到现在才发生效验，已经要算是很晚的了。其实这在我不能算是一个打击，因为我早就决定，可以给别人去钞写，或者教读，或者虽然费力，也还可以译点书，况且《自由之友》的总编辑便是见过几次的熟人，两月前还通过信。但我的心却跳跃着。那么一个无畏的子君也变了色，尤其使我痛心；她近来似乎也较为怯弱了。

"那算什么。哼，我们干新的。我们……"她说。

她的话没有说完；不知怎地，那声音在我听去却只是浮浮的；灯光也觉得格外黯淡。人们真是可笑的动物，一点极微末的小事情，便会受着很深的影响。我们先是默默地相视，逐渐商量起来，终于决定将现有的钱竭力节省，一面登"小广告"去寻求钞写和教读，一面写信给《自由之友》的总编辑，说明我目下的遭遇，请他收用我的译本，给我帮一点艰辛时候的忙。

"说做，就做罢！来开一条新的路！"

我立刻转身向了书案，推开盛香油的瓶子和醋碟，子君便送过那黯淡的灯来。我先拟广告；其次是选定可译的书，迁移以来未曾翻阅过，每本的头上都满漫着灰尘了；最后才写信。

我很费踌蹰，不知道怎样措辞好，当停笔凝思的时候，转眼去一瞥她的脸，在昏暗的灯光下，又很见得凄然。我真不料这样微细的小事情，竟会给坚决的，无畏的子君以这么显著的变化。她近来实在变得很怯弱了，但也并不是今夜才开始的。我的心因此更缭乱，忽然有安宁的生活的影像——会馆里的破屋的寂静，在眼前一闪，刚刚想定睛凝视，却又看见了昏暗的灯光。

许久之后，信也写成了，是一封颇长的信；很觉得疲劳，仿佛近来自己也较为怯弱了。于是我们决定，广告和发信，就在明日一同实行。大家不约而同地伸直了腰肢，在无言中，似乎又都感到彼此的坚忍崛强的精神，还看见从新萌芽起来的将来的希望。

外来的打击其实倒是振作了我们的新精神。局里的生活，原如鸟贩子手里的禽鸟一般，仅有一点小米维系残生，决不会肥胖；日子一久，只落得麻痹了翅子，即使放出笼外，早已不能奋飞。现在总算脱出这牢笼了，我从此要在新的开阔的天空中翱翔，趁我还未忘却了我的翅子的扇动。

小广告是一时自然不会发生效力的；但译书也不是容易事，先前看过，以为已经懂得的，一动手，却疑难百出了，进行得很慢。然而我决计努力地做，一本半新的字典，不到半月，边上便有了一大片乌黑的指痕，这就证明着我的工作的切实。《自由之友》的总编辑曾经说过，他的刊物是决不会埋没好稿子的。

可惜的是我没有一间静室，子君又没有先前那么幽静，善于体帖了，屋子里总是散乱着碗碟，弥漫着煤烟，使人不能安心做事，但是这自然还只能怨我自己无力置一间书斋。然而又加以阿随，加以油鸡们。加以油鸡们又大起来了，更容易成为两家争吵的引线。

加以每日的"川流不息"的吃饭；子君的功业，仿佛就完全建立在这吃饭中。吃了筹钱，筹来吃饭，还要喂阿随，饲油鸡；她似乎将先前所知道的全都忘掉了，也不想到我的构思就常常为了这催促吃饭而打断。即使在坐中给看一点怒色，她总是不改变，仍然毫无感触似的大嚼起来。

使她明白了我的作工不能受规定的吃饭的束缚，就费去五星期。她明白之后，大约很不高兴罢，可是没有说。我的工作果然从此较为迅速地进行，不久就共译了五万言，只要润色一回，便可以和做好的两篇小品，一同寄给《自由之友》去。只是吃饭却依然给我苦恼。菜冷，是无妨的，然而竟不够；有时连饭也不够，虽然我因为终日坐在家里用脑，饭量已经比先前要减少得多。这是先去喂了阿随了，有时还并那近来连自己也轻易不吃的羊肉。她说，阿随实在瘦得太可怜，房东太太还因此嗤笑我们了，她受不住这样的奚落。

于是吃我残饭的便只有油鸡们。这是我积久才看出来的，但同时也如赫胥黎的论定"人类在宇宙间的位置"一般，自觉了我在这里的位置：不过是叭儿狗和油鸡之间。

后来，经多次的抗争和催逼，油鸡们也逐渐成为肴馔，我们和阿随都享用了十多日的鲜肥；可是其实都很瘦，因为它们早已每日只能得到几粒高粱了。从此便清静得多。只有子君很颓唐，似乎常觉得凄苦和无聊，至于不大愿意开口。我想，人是多么容易改变呵！

但是阿随也将留不住了。我们已经不能再希望从什么地方会有来信，子君也早没有一点食物可以引它打拱或直立起来。冬季又逼近得这么快，火炉就要成为很大的问题；它的食量，在我们其实早是一个极易觉得的很重的负担。于是连它也留不住了。

倘使插了草标到庙市去出卖，也许能得几文钱罢，然而我们都不能，也不愿这样做。终于是用包袱蒙着头，由我带到西郊去放掉了，还要追上来，便推在一个并不很深的土坑里。

我一回寓，觉得又清静得多多了；但子君的凄惨的神色，却使我很吃惊。那是没有见过的神色，自然是为阿随。但又何至于此呢？我还没有说起推在土坑里的事。

到夜间，在她的凄惨的神色中，加上冰冷的分子了。

"奇怪。——子君，你怎么今天这样儿了？"我忍不住问。

"什么？"她连看也不看我。

"你的脸色……。"

"没有什么，——什么也没有。"

我终于从她言动上看出，她大概已经认定我是一个忍心的人。其实，我一个人，是容易生活的，虽然因为骄傲，向来不与世交来往，迁居以后，也疏远了所有旧识的人，然而只要能远走高飞，生路还宽广得很。现在忍受着这生活压迫的苦痛，大半倒是为她，便是放掉阿随，也何尝不如此。但子君的识见却似乎只是浅薄起来，竟至于连这一点也想不到了。

我拣了一个机会，将这些道理暗示她；她领会似的点头。然而看她后来的情形，她是没有懂，或者是并不相信的。

天气的冷和神情的冷，逼迫我不能在家庭中安身。但是，往那里去呢？大道上，公园里，虽然没有冰冷的神情，冷风究竟也刺得人皮肤欲裂。我终于在通俗图书馆里觅得了我的天堂。

那里无须买票；阅书室里又装着两个铁火炉。纵使不过是烧着不死不活的煤的火炉，但单是看见装着它，精神上也就总觉得有些温暖。书却无可看：旧的陈腐，新的是几乎没有的。

好在我到那里去也并非为看书。另外时常还有几个人，多则十余人，都是单薄衣裳，正如我，各人看各人的书，作为取暖的口实。这于我尤为合式。道路上容易遇见熟人，得到轻蔑的一瞥，但此地却决无那样的横祸，因为他们是永远围在别的铁炉旁，或者靠在自家的白炉边的。

那里虽然没有书给我看，却还有安闲容得我想。待到孤身枯坐，回忆从前，这才觉得大半年来，只为了爱，——盲目的爱，——而将别的人生的要义全盘疏忽了。第一，便是生活。人必生活着，爱才有所附丽。世界上并非没有为了奋斗者而开的活路；我也还未忘却翅子的扇动，虽然比先前已经颓唐得多……。

屋子和读者渐渐消失了，我看见怒涛中的渔夫，战壕中的兵士，摩托车中的贵人，洋场上的投机家，深山密林中的豪杰，讲台上的教授，昏夜的运动者和深夜的偷儿……。子君，——不在近旁。她的勇气都失掉了，只为着阿随悲愤，为着做饭出神；然而奇怪的是倒也并不怎样瘦损……。

冷了起来，火炉里的不死不活的几片硬煤，也终于烧尽了，已是闭馆的时候。又须回到吉兆胡同，领略冰冷的颜色去了。近来也间或遇到温暖的神情，但这却反而增加我的苦痛。记得有一夜，子君的眼里忽而又发出久已不见的稚气的光来，笑着和我谈到还在会馆时候的情形，时时又很带些恐怖的神色。我知道我近来的超过她的冷漠，已经引起她的忧疑来，只得也勉力谈笑，想给她一点慰藉。然而我的笑貌一上脸，我的话一出口，却即刻变为空虚，这空虚又即刻发生反响，回向我的耳目里，给我一个难堪的恶毒的冷嘲。

子君似乎也觉得的，从此便失掉了她往常的麻木似的镇静，虽然竭力掩饰，总还是时时露出忧疑的神色来，但对我却温和得多了。

我要明告她，但我还没有敢，当决心要说的时候，看见她孩子一般的眼色，就使我只得暂且改作勉强的欢容。但是这又即刻来冷嘲我，并使我失却那冷漠的镇静。

她从此又开始了往事的温习和新的考验，逼我做出许多虚伪的温存的答案来，将温存示给她，虚伪的草稿便写在自己的心上。我的心渐被这些草稿填满了，常觉得难于呼吸。我在苦恼中常常想，说真实自然须有极大的勇气的；假如没有这勇气，而苟安于虚伪，那也便是不能开辟新的生路的人。不独不是这个，连这人也未尝有！

子君有怨色，在早晨，极冷的早晨，这是从未见过的，但也许是从我看来的怨色。我那时冷冷地气愤和暗笑了；她所磨练的思想和豁达无畏的言论，到底也还是一个空虚，而对于这空虚却并未自觉。她早已什么书也不看，已不知道人的生活的第一着是求生，向着这求生的道路，是必须携手同行，或奋身孤往的了，倘使只知道捶着一个人的衣角，那便是虽战士也难于战斗，只得一同灭亡。

我觉得新的希望就只在我们的分离；她应该决然舍去——我也突然想到她的死，然而立刻自责，忏悔了。幸而是早晨，时间正多，我可以说我的真实。我们的新的道路的开辟，便在这一遭。

我和她闲谈，故意地引起我们的往事，提到文艺，于是涉及外国的文人，文人的作品：《诺拉》，《海的女人》。称扬诺拉的果决……。也还是去年在会馆的破屋里讲过的那些话，但现在已经变成空虚，从我的嘴传入自己的耳中，时时疑心有一个隐形的坏孩子，在背后恶意地刻毒地学舌。

她还是点头答应着倾听，后来沉默了。我也就断续地说完了我的话，连余音都消失在虚空中了。

"是的。"她又沉默了一会，说，"但是，……涓生，我觉得你近来很两样了。可是的？你，——你老实告诉我。"

我觉得这似乎给了我当头一击，但也立即定了神，说出我的意见和主张来：新的路的开辟，新的生活的再造，为的是免得一同灭亡。

临末，我用了十分的决心，加上这几句话：

"……况且你已经可以无须顾虑，勇往直前了。你要我老实说；是的，人是不该虚伪的。我老实说罢：因为，因为我已经不爱你了！但这于你倒好得多，因为你更可以毫无挂念地做事……。"

我同时豫期着大的变故的到来，然而只有沉默。她脸色陡然变成灰黄，死了似的；瞬间便又苏生，眼里也发了稚气的闪闪的光泽。这眼光射向四处，正如孩子在饥渴中寻求着慈爱的母亲，但只在空中寻求，恐怖地回避着我的眼。

我不能看下去了，幸而是早晨，我冒着寒风径奔通俗图书馆。

在那里看见《自由之友》，我的小品文都登出了。这使我一惊，仿佛得了一点生气。我想，生活的路还很多，——但是，现在这样也还是不行的。

我开始去访问久已不相闻问的熟人，但这也不过一两次；他们的屋子自然是暖和的，我在骨髓中却觉得寒冽。夜间，便蜷伏在比冰还冷的冷屋中。

冰的针刺着我的灵魂，使我永远苦于麻木的疼痛。生活的路还很多，我也还没有忘却翅子的扇动，我想。——我突然想到她的死，然而立刻自责，忏悔了。

在通俗图书馆里往往瞥见一闪的光明，新的生路横在前面。她勇猛地觉悟了，毅然走出这冰冷的家，而且，——毫无怨恨的神色。我便轻如行云，漂浮空际，上有蔚蓝的天，下是深山大海，广厦高楼，战场，摩托车，洋场，公馆，晴明的闹市，黑暗的夜……。

而且，真的，我豫感得这新生路便要来到了。

我们总算度过了极难忍受的冬天，这北京的冬天；就如蜻蜓落在恶作剧的坏孩子的手里一般，被系着细线，尽情玩弄，虐待，虽然幸而没有送掉性命，结果也还是躺在地上，只争着一个迟早之间。

写给《自由之友》的总编辑已经有三封信，这才得到回信，信封里只有两张书券：两角的和三角的。我却单是催，就用了九分的邮票，一天的饥饿，又都白挨给于己一无所得的空虚了。

然而觉得要来的事，却终于来到了。

这是冬春之交的事，风已没有这么冷，我也更久地在外面徘徊；待到回家，大概已经昏黑。就在这样一个昏黑的晚上，我照常没精打采地回来，一看见寓所的门，也照常更加丧气，使脚步放得更缓。但终于走进自己的屋子里了，没有灯火；摸火柴点起来时，是异样的寂寞和空虚！

正在错愕中，官太太便到窗外来叫我出去。

"今天子君的父亲来到这里，将她接回去了。"她很简单地说。

这似乎又不是意料中的事，我便如脑后受了一击，无言地站着。

"她去了么？"过了些时，我只问出这样一句话。

"她去了。"

"她，——她可说什么？"

"没说什么。单是托我见你回来时告诉你，说她去了。"

我不信；但是屋子里是异样的寂寞和空虚。我遍看各处，寻觅子君；只见几件破旧而黯淡的家具，都显得极其清疏，在证明着它们毫无隐匿一人一物的能力。我转念寻信或她留下的字迹，也没有；只是盐和干辣椒，面粉，半株白菜，却聚集在一处了，旁边还有几十枚铜元。这是我们两人生活材料的全副，现在她就郑重地将这留给我一个人，在不言中，教我借此去维持较久的生活。

　　我似乎被周围所排挤，奔到院子中间，有昏黑在我的周围；正屋的纸窗上映出明亮的灯光，他们正在逗着孩子玩笑。我的心也沉静下来，觉得在沉重的迫压中，渐渐隐约地现出脱走的路径：深山大泽，洋场，电灯下的盛筵；壕沟，最黑最黑的深夜，利刃的一击，毫无声响的脚步……。

　　心地有些轻松，舒展了，想到旅费，并且嘘一口气。

　　躺着，在合着的眼前经过的豫想的前途，不到半夜已经现尽；暗中忽然仿佛看见一堆食物，这之后，便浮出一个子君的灰黄的脸来，睁了孩子气的眼睛，恳托似的看着我。我一定神，什么也没有了。

　　但我的心却又觉得沉重。我为什么偏不忍耐几天，要这样急急地告诉她真话的呢？现在她知道，她以后所有的只是她父亲——儿女的债主——的烈日一般的严威和旁人的赛过冰霜的冷眼。此外便是虚空。负着虚空的重担，在严威和冷眼中走着所谓人生的路，这是怎么可怕的事呵！而况这路的尽头，又不过是——连墓碑也没有的坟墓。

　　我不应该将真实说给子君，我们相爱过，我应该永久奉献她我的说谎。如果真实可以宝贵，这在子君就不该是一个沉重的空虚。谎语当然也是一个空虚，然而临末，至多也不过这样地沉重。

　　我以为将真实说给子君，她便可以毫无顾虑，坚决地毅然前行，一如我们将要同居时那样。但这恐怕是我错误了。她当时的勇敢和无畏是因为爱。

　　我没有负着虚伪的重担的勇气，却将真实的重担卸给她了。她爱我之后，就要负了这重担，在严威和冷眼中走着所谓人生的路。

　　我想到她的死……。我看见我是一个卑怯者，应该被摈于强有力的人们，无论是真实者，虚伪者。然而她却自始至终，还希望我维持较久的生活……。

　　我要离开吉兆胡同，在这里是异样的空虚和寂寞。我想，只要离开这里，子君便如还在我的身边；至少，也如还在城中，有一天，将要出乎意表地访我，像住在会馆时候似的。

　　然而一切请托和书信，都是一无反响；我不得已，只好访问一个久不问候的世交去了。他是我伯父的幼年的同窗，以正经出名的拔贡，寓京很久，交游也广阔的。

　　大概因为衣服的破旧罢，一登门便很遭门房的白眼。好容易才相见，也还相识，但是很冷落。我们的往事，他全都知道了。

　　"自然，你也不能在这里了，"他听了我托他在别处觅事之后，冷冷地说，

"但那里去呢？很难。——你那，什么呢，你的朋友罢，子君，你可知道，她死了。"

我惊得没有话。

"真的？"我终于不自觉地问。

"哈哈。自然真的。我家的王升的家，就和她家同村。"

"但是，——不知道是怎么死的？"

"谁知道呢。总之是死了就是了。"

我已经忘却了怎样辞别他，回到自己的寓所。我知道他是不说谎话的；子君总不会再来的了，像去年那样。她虽是想在严威和冷眼中负着虚空的重担来走所谓人生的路，也已经不能。她的命运，已经决定她在我所给与的真实——无爱的人间死灭了！

自然，我不能在这里了；但是，"那里去呢？"

四围是广大的空虚，还有死的寂静。死于无爱的人们的眼前的黑暗，我仿佛一一看见，还听得一切苦闷和绝望的挣扎的声音。

我还期待着新的东西到来，无名的，意外的。但一天一天，无非是死的寂静。

我比先前已经不大出门，只坐卧在广大的空虚里，一任这死的寂静侵蚀着我的灵魂。死的寂静有时也自己战栗，自己退藏，于是在这绝续之交，便闪出无名的，意外的，新的期待。

一天是阴沉的上午，太阳还不能从云里面挣扎出来；连空气都疲乏着。耳中听到细碎的步声和咻咻的鼻息，使我睁开眼。大致一看，屋子里还是空虚；但偶然看到地面，却盘旋着一匹小小的动物，瘦弱的，半死的，满身灰土的……。

我一细看，我的心就一停，接着便直跳起来。

那是阿随。它回来了。

我的离开吉兆胡同，也不单是为了房主人们和他家女工的冷眼，大半就为着这阿随。但是，"那里去呢？"新的生路自然还很多，我约略知道，也间或依稀看见，觉得就在我面前，然而我还没有知道跨进那里去的第一步的方法。

经过许多回的思量和比较，也还只有会馆是还能相容的地方。依然是这样

的破屋，这样的板床，这样的半枯的槐树和紫藤，但那时使我希望，欢欣，爱，生活的，却全都逝去了，只有一个虚空，我用真实去换来的虚空存在。

新的生路还很多，我必须跨进去，因为我还活着。但我还不知道怎样跨出那第一步。有时，仿佛看见那生路就像一条灰白的长蛇，自己蜿蜒地向我奔来，我等着，等着，看看临近，但忽然便消失在黑暗里了。

初春的夜，还是那么长。长久的枯坐中记起上午在街头所见的葬式，前面是纸人纸马，后面是唱歌一般的哭声。我现在已经知道他们的聪明了，这是多么轻松简截的事。

然而子君的葬式却又在我的眼前，是独自负着虚空的重担，在灰白的长路上前行，而又即刻消失在周围的严威和冷眼里了。

我愿意真有所谓鬼魂，真有所谓地狱，那么，即使在孽风怒吼之中，我也将寻觅子君，当面说出我的悔恨和悲哀，祈求她的饶恕；否则，地狱的毒焰将围绕我，猛烈地烧尽我的悔恨和悲哀。

我将在孽风和毒焰中拥抱子君，乞她宽容，或者使她快意……。

但是，这却更虚空于新的生路；现在所有的只是初春的夜，竟还是那么长。我活着，我总得向着新的生路跨出去，那第一步，——却不过是写下我的悔恨和悲哀，为子君，为自己。

我仍然只有唱歌一般的哭声，给子君送葬，葬在遗忘中。

我要遗忘；我为自己，并且要不再想到这用了遗忘给子君送葬。

我要向着新的生路跨进第一步去，我要将真实深深地藏在心的创伤中，默默地前行，用遗忘和说谎做我的前导……。

一九二五年十月二十一日毕。

（鲁迅：《彷徨》，北京，人民文学出版社，2006 年。）

| 练习与思考

1. 论述主人公悲剧的原因。

2. 怎样理解"人必生活着，爱才有所附丽"？

3. 分析《伤逝》的艺术特色。

4.《伤逝》超出"五四"时期同类爱情题材小说的地方主要表现在何处？

赏析

小说将一对青年的爱情故事放置到"五四"退潮后依然浓重的封建黑暗背景中，透过他们的悲剧命运寓示人们要将个性解放与社会解放结合起来，引领青年去寻求"新的生路"，具有深刻的历史意义。

作品采取"涓生手记"的形式，回顾从恋爱到感情破灭的一年的经历，以小说主人公的切身感受来抒发他曾有的热烈的爱情，深切的悲痛和愿入地狱的悔恨。《伤逝》把爱情和人生理想联系起来。爱情，这本来是使人获得精神力量的一种美好幸福的感情，真正的爱情使人看到世界的美，看到生活中的诗意，但是在大的社会背景之下，仅有爱情是不够的。"人必生活着，爱才有所附丽"，因此，《伤逝》应该是一种"几乎无事的悲剧"，是一出爱情悲剧。

首先，在那"万难破坏的铁屋子里"，整个社会的沉滞、腐朽不可能不毁灭这个爱情的绿洲。封建礼教是一个吃人的社会，爱情，当然也不例外。涓生和子君只是希望获得婚姻自主和爱情上的自由，但那些"仁义道德"却容不下他们的叛逆！他们需要的是奴隶！一个"忠诚"的奴隶！在那些"德高望重"的封建卫道士和"铁屋子"里面的"沉睡者"们，他们都不允许他们的"屋子"里出现叛逆者！

其次，涓生和子君他们本身的性格弱点也注定了他们的爱情必定是一个悲剧。在同居之后，他们的性格也随着发生了很大的变化。生活的窘迫接踵而来，在生计断绝的困境中，涓生那自如的心情没有了，自私、虚伪和卑怯的心理便膨胀了起来。"人必生活着，爱才有所附丽。""活着"的条件，正是爱情的基础。缺乏这一基础，他们的爱情就在那膨胀的心理中慢慢变质，慢慢变淡，最后走向了破裂。

"当四月的天空突然下起雪霜，就会想起信仰，当个人的往事突然失去重量，就拥有坚强的力量"，对于过去，仅有悔恨和悲哀显然是不够的。人生的花季被霜雪覆盖的时候，也许更需要坚定明确的信仰。纪念之外，忏悔之余，那新生的路即使仍不够清晰，却真切地存在在那里了，等着涓生们去走。

单有勇气是不够的，但有，总比没有好。唱歌似的哭声被风吹散之后，涓生也该上路了。身后的悲哀，前途的渺远，这一条光荣的荆棘路，通向未知的希望与光明。将去的是血肉模糊，将去的是寂寞无边，只希望，这一次，他不再回头。

图片摄影：苏新春

萧　萧

沈从文

【解题】沈从文（1902—1988），湖南凤凰县人。现代著名作家、历史文物研究家。以田园—乡村—边城为特色形成其艺术风格和边城艺术世界，他的作品中乡村生命形式是健康、美丽，甚至有些生猛的，这正与城市生命形式相对照。他的"湘西"系列小说则以描绘健康、完善的人性而著称，是一种"优美和健康和自然，而又不悖乎人性的人生形式"。

　　乡下人吹唢呐接媳妇，到了十二月是成天会有的事情。

　　唢呐后面一顶花轿，四个佚子平平稳稳的抬着。轿中人被铜锁锁在里面，虽穿了平时不上过身的体面红绿衣裳，也仍然得荷荷大哭。在这些小女人心中，做新娘子，从母亲身边离开，且准备作他人的母亲，从此将有许多新事情等待发生。像做梦一样，将同一个陌生男子汉在一个床上睡觉，做着承宗接祖的事情，当然十分害怕，所以照例觉得要哭哭，就哭了。

　　也有做媳妇不哭的人。萧萧做媳妇就不哭。这女人没有母亲，从小寄养到伯父种田的庄子上，出嫁只是从这家转到那家。因此到那一天这女人还只是笑。她又不害羞，又不怕，她是什么事也不知道，就做了人家的媳妇了。

萧萧做媳妇时年纪十二岁，有一个小丈夫，年纪三岁。丈夫比她年少九岁，还在吃奶。地方规矩如此，过了门，她喊他做弟弟。她每天应作的事是抱弟弟到村前柳树下去玩，饿了，喂东西吃，哭了，就哄他，摘南瓜花或狗尾草戴到小丈夫头上，或者亲嘴，一面说，"弟弟，哪，啤。再来，啤。"在那满是肮脏的小脸上亲了又亲，孩子于是便笑了。孩子一欢喜，会用短短的小手乱抓萧萧的头发。那是平时不大能收拾蓬蓬松松到头上的黄发。有时垂到脑后一条有红绒线作结的小辫儿被拉，生气了，就挞那弟弟，弟弟自然嚅的哭出声来，萧萧便也装成要哭的样子，用手指着弟弟的哭脸，说，"哪，人不讲理，这可不行！"

天晴落雨日子混下去，每日抱抱丈夫，也时常到溪沟里去洗衣，搓尿片，一面还捡拾有花纹的田螺给坐到身边的丈夫玩。到了夜里睡觉，便常常做世界上人所做的梦，梦到后门角落或别的什么地方捡得大把大把铜钱，吃好东西，爬树，自己变成鱼到水中溜扒。或一时仿佛身子很小很轻，飞到天上众星中，没有一个人，只是一片白，一片金光，于是大喊"妈！"人醒了。醒来心还只是跳。吵了隔壁的人，就骂着，"疯子，你想什么！"却不作声只是咕咕笑着。也有很好很爽快的梦，为丈夫哭醒的事。那丈夫本来晚上在自己母亲身边睡，吃奶方便，但是吃多了奶，或因另外情形，半夜大哭，起来放水拉稀是常有的事。丈夫哭到婆婆不能处置，于是萧萧轻脚轻手爬起床来，眼屎矇眬，走到床边，把人抱起，给他看灯光，看星光。或者仍然啤啤的亲嘴，互相觑着，孩子气的"嗨嗨，看猫呵，"那样喊着哄着。于是丈夫笑了。慢慢的阖上眼。人睡了，放上床，站在床边看着，听远处一传一递的鸡叫，知道天快到什么时候了。于是仍然蜷到小床上睡去。天亮了，虽不做梦，却可以无意中闭眼开眼，看一阵空中黄金颜色变幻无端的葵花。

萧萧嫁过了门，做了拳头大丈夫的小媳妇，一切并不比先前受苦，这只看她半年来身体发育就可明白。风里雨里过日子，像一株长在园角落不为人注意的蓖麻；大叶大枝，日增茂盛。这小女人简直是全不为丈夫设想那么似的长大起来了。

夏夜光景说来如做梦。坐到院心，挥摇蒲扇，看天上的星同屋角的萤，听南瓜棚上纺织娘子咯咯咯拖长声音纺车，禾花风俏俏①吹到脸上，正是让人在自己方便中说笑话的时候。

萧萧好高，一个人常常爬到草料堆上去，抱了已经熟睡的丈夫在怀里，轻轻的轻轻的随意唱着那使自己也快要睡去的歌。

在院中，公公婆婆，祖父祖母，另外还有帮工汉子两个，散乱的坐，小板凳无一作空。

祖父身边有个烟包，在黑暗中放光。这用艾蒿作成的长火绳，是驱逐长脚蚊的东西，蜷在祖父脚边，就如一条黑色的长蛇。

想起白天场上的事，那祖父开口说话：

"听三金说，前天又有女学生过身。"

大家就哄然笑了。

这笑的意义何在？只因为大家都知道女学生没有辫子，像个尼姑。穿的衣服像洋人，吃的，用的……总而言之一想起来就觉得怪可笑！

萧萧不大明白，她不笑。所以老祖父又说话了。他说：

"萧萧，你将来也会做女学生！"

大家于是更哄然大笑起来。

萧萧为人并不愚蠢，觉得这一定是不利于己的一件事情，所以接口便说：

"我不做女学生！"

"不做可不行。"

"我不做。"

众人一声的说："非做女学生不行！"

女学生这东西，在本乡的确永远是奇闻。每年热天，据说放"水"假日子一到，便有三三五五女学生，由一个荒谬不经的热闹地方来，到另一个远地方去，取道从本地过身。从乡下人眼中看来，这些人皆近于另一世界中活下的人，装扮如怪如神，行为更不可思议。这种人过身时，使一村人皆可以说一整天的笑话。

祖父是当地一个人物，因为想起所知道的女学生在大城中的生活情形，所以说笑话要萧萧也去作女学生。一面听到这话就感觉一种打哈哈趣味，一面还有那被说的萧萧感觉一种惶恐，说这话的不为无意义了。

---

① 俏俏（xiāoxiāo）：无拘无束、自由自在的样子。

女学生由祖父方面所知道的是这样一种人：她们穿衣服不管天气冷热，吃东西不问饥饱，晚上交到子时才睡觉，白天正经事全不作，只知唱歌打球，读洋书。她们一年用的钱可以买十六只水牛。她们在省里京里想往什么地方去时，不必走路，只要钻进一个大匣子中，那匣子就可以带她到地。她们在学校，男女一处上课，人熟了，就随意同那男子睡觉，也不要媒人，也不要财礼，名叫"自由"。她们也做官，做县官，带家眷上任，男子仍然喊作老爷，小孩子叫少爷。她们自己不养牛，却吃牛奶羊奶，如小牛小羊：买那奶时是用铁罐子盛的。她们无事时到一个唱戏地方去，那地方完全像个大庙，从衣袋中取出一块洋钱来（那洋钱在乡下可买五只母鸡），买了一小方纸片儿，拿了那纸片到里面去，就可以坐下看洋人扮演影子戏。她们被冤了，不赌咒，不哭。她们年纪有老到二十四岁还不肯嫁人的，有老到三十四十还好意思嫁人的。她们不怕男子，男子不能使她们受委屈，一受委屈就上衙门打官司，要官罚男子的款，这笔钱她可以同官平分。她们不洗衣煮饭，有了小孩子也只化五块钱或十块钱一月，雇人专管小孩，自己仍然整天看戏打牌。……

总而言之，说来都希奇古怪，岂有此理。这时经祖父一为说明，听过这话的萧萧，心中却忽然有了一种模模糊糊的愿望，以为倘若她也是个女学生，她是不是照祖父说的女学生一个样子去做那些事？不管好歹，做女学生极有趣味，因此一来却已为这乡下姑娘体念到了。

因为听祖父说起女学生是怎样的人物，到后萧萧独自笑得特别久。笑够了时，她说：

"祖爹，明天有女学生过路，你喊我，我要看。"

"你看，她们捉你去作丫头。"

"我不怕她们。"

"她们读洋书念经你也不怕？"

"我不怕。"

"她们咬人你不怕？"

"也不怕。"

可是这时节萧萧手上所抱的丈夫，不知为什么，在睡梦中哭了，媳妇用作母亲的声势，半哄半吓说：

"弟弟，弟弟，不许哭，不许哭，女学生咬人来了。"

丈夫还仍然哭着，得抱起各处走走。萧萧抱着丈夫离开了祖父，祖父同人

说另外一样话去了。

萧萧从此以后心中有个"女学生"。做梦也便常常梦到女学生，且梦到同这些人并排走路。仿佛也坐过那种自己会走路的匣子，她又觉得这匣子并不比自己跑路更快。在梦中那匣子的形体同谷仓差不多，里面有小小灰色老鼠，眼珠子红红的。

因为有这样一段经过，祖父从此喊萧萧不喊"小丫头"，不喊"萧萧"，却唤作"女学生"。在不经意中萧萧答应得很好。

乡下的日子也如世界上一般日子，时时不同。世界上人把日子糟蹋，和萧萧一类人家把日子吝惜是同样的，各有所得，各人皆为命定。城市中文明人，把一个夏天全消磨到软绸衣服精美饮料以及种种好事情上面。萧萧的一家，因为一个夏天，却得了十多斤细麻，二三十担瓜。

作小媳妇的萧萧，一个夏天中，一面照料丈夫，一面还绩了细麻四斤。这时工人摘瓜，在瓜间玩，看硕大如盆上面满是灰粉的大南瓜，成排成堆摆到地上，很有趣味。时间到摘瓜，秋天已来了，院子中各处有从屋后林子里树上吹来的大红大黄木叶。萧萧在瓜旁站定，手拿木叶一束，为丈夫编小笠帽玩。

工人中有个名叫花狗，抱了萧萧的丈夫到枣树下去打枣子。小小竹竿打在枣树上，落枣满地。

"花狗大①，莫打了，太多了吃不完。"

虽这样喊，还不动身。到后，仿佛完全因为丈夫要枣子，花狗才不听话。萧萧于是又喊他那小丈夫：

"弟弟，弟弟，来，不许捡了。吃多了生东西肚子痛！"

丈夫听话，兜了一堆枣子向萧萧身边走来，请萧萧吃枣子。

"姊姊吃，这是大的。"

"我不吃。"

"要吃一颗！"

她两手那里有空！木叶帽正在制边，工夫要紧，还正要个人帮忙！

"弟弟，把枣子喂我口里。"

丈夫照她的命令做事，做完了觉得有趣，哈哈大笑。

---

① "大"即"大哥"简称。

她要他放下枣子帮忙捏紧帽边，便于添加新木叶。

丈夫照她吩咐做事，但老是顽皮的摇动，口中唱歌。这孩子愿来像一只猫，欢喜时就得捣乱。

"弟弟，你唱的是什么？"

"我唱花狗大告我的山歌。"

"好好的唱给我听。"

丈夫于是就唱下去，照所记到的歌唱：

天上起云云起花，

包谷林里种豆荚，

豆荚缠坏包谷树，

娇妹缠坏后生家。

天上起云云重云，

地下埋坟坟重坟，

娇妹洗碗碗重碗，

娇妹床上人重人。

丈夫唱歌中意义全不明白，唱完了就问好不好。萧萧说好，并且问跟谁学来的。她知道是花狗教他的，却故意盘问他。

"花狗大告我，他说还有好歌，长大了再教我唱。"

听说花狗会唱歌，萧萧说：

"花狗大，花狗大，您唱一个歌我听听。"

那花狗，面如其心，生长得不很正气，知道萧萧要听歌，人也快到听歌的年龄了，就给她唱"十岁娘子一岁夫"。那故事说的是妻年大，可以随便到外面作一点不规矩事情，夫年小，只知道吃奶，让他吃奶。这歌丈夫完全不懂，懂到一点儿的是萧萧。把歌听过后，萧萧装成"我全明白"那种神气，她用生气的样子，对花狗说：

"花狗大，这个不行，这是骂人的歌！"

花狗分辩说："不是骂人的歌。"

"我明白，是骂人的歌。"

花狗难得说多话，歌已经唱过了，错了赔礼，只有不再唱。他看她已经有点懂事了，怕她回头告祖父，就把话支开，扯到"女学生"。他问萧萧，看没看过女学生习体操唱洋歌的事情。

若不是花狗提起，萧萧几乎已忘却了这事情。这时又提到女学生，她问花狗近来有不有女学生过路。

花狗一面把南瓜从棚架边抱到墙角去，告她女学生唱歌的事，这些事的来源就是萧萧的那个祖父。他在萧萧面前说了点大话，说他曾经到官路上见到四个女学生，她们都拿得有旗帜，走长路流汗喘气之中仍然唱歌，同军人所唱的一模一样。不消说，这完全是笑话。可是那故事把萧萧可乐坏了。

花狗是会说会笑的一个人。听萧萧带着歆羡口气说，"花狗大，您膀子真大。"他就说，"我不止膀子大。"

"你身个子也大。"

"我全身无处不大。"

到萧萧抱了她的丈夫走去以后，同花狗在一起摘瓜，取名字叫哑叭的，开了平时不常开的口。他说：

"花狗，你少坏点。人家是黄花女，还要等十二年才圆房！"

花狗不做声，打了那伙计一掌，走到枣树下捡落地枣去了。

到摘瓜的秋天，日子计算起来，萧萧过丈夫家有一年了。

几次降霜落雪，几次清明谷雨，一家人都说萧萧是大人了。天保佑，喝冷水，吃粗砺饭，四季无疾病，倒发育得这样快。婆婆虽生来像一把剪子，把凡是给萧萧暴长的机会都剪去了，但乡下的日头同空气都帮助人长大，却不是折磨可以阻拦得住。

萧萧十四岁时高如成人，心却还是一颗糊糊涂涂的心。

人大了一点，家中做的事也多了一点。绩麻纺车洗衣照料丈夫以外，打猪草推磨一些事情也要作，还有浆纱织布：两撒年来所聚集的粗细麻和纺就的纱，已够萧萧坐到土机上抛三个月的梭子了。

丈夫早断了奶。婆婆有了新儿子，这五岁儿子就像归萧萧独有了。不论做什么，走到什么地方去，丈夫总跟到身边。丈夫有些方面很怕她，当她如母亲，不敢多事。他们俩"感情不坏"。

地方稍稍进步，祖父的笑话转到"萧萧你也把辫子剪去"那一类事上去了。听着这话的萧萧，某个夏天也看过一次女学生，虽不把祖父笑话认真，可是每一次在祖父说过这笑话以后，她到水边去，必用手捏着辫子末梢，设想没有辫子的人那种神气，那点趣味。

因为打猪草，带丈夫上螺蛳山的山阴是常有的事。

小孩子不知事，听别人唱歌也唱歌。一唱歌，就把花狗引来了。

花狗对萧萧生了另外一种心，萧萧有点明白了，常常觉得惶恐不安。但花狗是男子，凡是男子的美德恶德都不缺少，所以一面使萧萧的丈夫非常欢喜同他玩，一面一有机会即缠在萧萧身边，且总是想方设法把萧萧那点惶恐减去。

山大人小，平时不知道萧萧所在，花狗就站在高处唱歌逗萧萧身边的丈夫，丈夫小口一开，花狗穿山越岭就来到萧萧面前了。

见了花狗，小孩子只有欢喜，不知其他。他原要花狗为他编草虫玩，做竹箫哨子玩，花狗想方法支使他到一个远处去，便坐到萧萧身边来，要萧萧听他唱那使人红脸的歌。她有时觉得害怕，不许丈夫走开；有时又像有了花狗在身边，打发丈夫走去也好一点。终于有一天，萧萧就给花狗变成个妇人了。

那时节，丈夫走到山下采刺莓去了，花狗唱了许多歌，到后却向萧萧说，我想了你二三年。他又说，我为你睡不着觉。他又说，我赌咒不把这事情告给人。听了这些话仍然不懂什么的萧萧，眼睛只注意到他那一对膀子，耳朵只注意到他最后一句话。末了花狗大便又唱歌给她听。她心里乱了。她要他当真对天赌咒，赌了咒，一切好像有了保障，她就一切尽他了。到丈夫返身时，手被毛毛虫螫伤，肿了一片，走到萧萧身边。萧萧捏紧这一只小手，且用口去呵它，吮它，想起刚才的糊涂，才仿佛明白自己作了一点糊涂事。

花狗诱她做坏事情是麦黄四月，到六月，李子熟了，她欢喜吃生李子。她觉得身体有点特别，在山上碰到花狗，就将这事情告给他，问他怎么办。

讨论了多久，花狗全无主意。虽以前自己当天赌得有咒，也仍然无主意。这家伙个子大，胆量小，个子大容易做错事，胆量小做了错事就想不出办法。

到后，萧萧捏着自己那条辫子，想起城里了。她说：

"花狗，我们到城里去过日子，不好么？"

"那怎么行？到城里去做什么？"

"我肚子大了。"

"我们找药去。"

"我想……"

"你想逃？"

"我想逃吗？我想死！"

"我赌咒不辜负你。"

"负不负我有什么用？帮我个忙，拿去肚子里这块肉吧。我害怕！"

花狗不再做声，过了一会，便走开了。不久丈夫从他处回来，见萧萧一个人坐在草地上哭，眼睛红红的。丈夫心中纳罕，看了一会，问萧萧：

"姊姊，为什么哭？"

"不为什么，灰尘落到眼睛里，痛。"

"你瞧我，得这些这些。"

他把从溪中捡来的小蚌小石头陈列在萧萧面前，萧萧用泪眼看了一会，笑着说，"弟弟，我们要好，我哭你莫告家中。"到后这事情家中当真就无人知道。

第二天，花狗不辞而行，把自己所有的衣裤都拿去了。祖父问同住的哑叭知不知道他为什么走路，走哪儿去。哑叭只是摇头，说，花狗还欠了他两百钱，临走时话都不留一句，为人少良心。哑叭说他自己的话，并没有把花狗走的理由说明。因此这一家希奇一整天，谈论一整天。不过这工人既不偷走物件，又不拐带别的，这事过后不久自然也就把他忘掉了。

萧萧仍然是往日的萧萧。她能够忘记花狗，就好了。但是肚子真有些不同了，肚中东西使她常常一个人干着急，尽做怪梦。

她脾气似乎坏了一点，这坏处只有丈夫知道，因为她对丈夫似乎严厉苛刻了好些。

仍然每天同丈夫在一处，她的心，想到的事自己也不十分明白。她常想，我现在死了，什么都好了。可是为什么要死？她还很高兴活下去，愿意活下去。

家中人不拘谁在无意中提起关于丈夫弟弟的话，提起小孩子，提起花狗，都像使这话如拳头，在萧萧胸口上重重一击。

到八月，她担心人知道更多了，引丈夫庙里去玩，就私自许愿，吃了一大把香灰。吃香灰被她丈夫见到了，丈夫问这是做什么，萧萧就说这是肚痛，应当吃这个。萧萧自然说谎。虽说求菩萨保佑，菩萨当然没有如她的希望，肚子中长大的东西仍在慢慢的长大。

她又常常往溪里去喝冷水，给丈夫见到了，丈夫问她她就说口渴。

一切她所想到的方法都没有能够使她与自己不欢喜的东西分开。大肚子只有丈夫一人知道，他却不敢告这件事给父母晓得。因为时间长久，年龄不同，丈夫有些时候对于萧萧的怕同爱，比对于父母还深切。

　　她还记得花狗赌咒那一天里的事情，如同记着其他事情一样。到秋天，屋前屋后毛毛虫更多了，丈夫象故意折磨她一样，常常提起几个月前被毛毛虫所螫的话，使萧萧心里难过。她因此极恨毛毛虫，见了那小虫就想用脚去踹。

　　有一天，又听人说有好些女学生过路，听过这话的萧萧，睁了眼做过一阵梦，愣愣的对日头出处痴了半天。

　　萧萧步花狗后尘，也想逃走，收拾一点东西预备跟了女学生走的那条路上城。但没有动身，就被家里人发觉了。

　　家中追究这逃走的根源，才明白这个十年后预备给小丈夫生儿子继香火的萧萧肚子，已被另外一个抢先下了种。这真是了不得的大事。一家人的平静生活为这一件事全弄乱了。生气的生气，流泪的流泪。悬梁，投水，吃毒药，诸事萧萧全想到了，年纪太小，舍不得死，却不曾做。于是祖父想出了个聪明主意，把萧萧关在房里，派两人好好看守着，请萧萧本族的人来说话，看是沉潭还是发卖？萧萧家中人要面子，就沉潭淹死，舍不得就发卖。萧萧既只有一个伯父，在近处庄子里为人种田，去请他时先还以为是吃酒，到了才知道是这样丢脸事情，弄得这老实忠厚家长手足无措。

　　大肚子作证，什么也没有可说。伯父不忍把萧萧沉潭，萧萧当然应当嫁人作二路亲了。

　　这处罚好象也极其自然，照习惯受损失的是丈夫家里，然而却可以在改嫁上收回一笔钱，当作赔偿损失的数目。那伯父把这事告给了萧萧，就要走路。萧萧拉着伯父衣角不放，只是幽幽的哭。伯父摇了一会头，一句话不说，仍然走了。

　　一时没有相当的人家来要萧萧，就仍然在丈夫家中住下。这件事情既经说明白，倒又像不什么要紧，大家反而释然了。先是小丈夫不能再同萧萧在一处，到后又仍然如月前情形，姊弟一般有说有笑的过日子了。

　　丈夫知道了萧萧肚子中有儿子的事情，又知道因为这样萧萧才应当嫁到远处去。但是丈夫并不愿意萧萧去，萧萧自己也不愿意去，大家全莫名其妙，像逼到要这样做，不得不做。

　　在等候主顾来看人，等到十二月，还没有人来。

　　萧萧次年二月间，坐草生了一个儿子，团头大眼，声响宏壮，大家把母子二人照料得好好的，照规矩吃蒸鸡同江米酒补血，烧纸谢神。一家人都欢喜那

儿子。

生下的既是儿子，萧萧不嫁别处了。

到萧萧正式同丈夫拜堂圆房时，儿子已经年纪十岁，能看牛割草，成为家中生产者一员了。平时喊萧萧丈夫做大叔，大叔也答应，从不生气。

这儿子名叫牛儿。牛儿十二岁时也接了亲，媳妇年长六岁。媳妇年纪大，方能诸事作帮手，对家中有帮助。唢呐吹到门前时，新娘在轿中呜呜的哭着，忙坏了那个祖父，曾祖父。

这一天，萧萧抱了自己新生的月毛毛，却在屋前榆蜡树篱笆看热闹，同十年前抱丈夫一个样子。

（杨早、凌云岚编：《沈从文集·小说卷》，广州，花城出版社，2007年。注释略有增删。）

| 练习与思考

1. 你觉得花狗是个怎样的人？
2. 如果让你来写这样一个故事，你会设计出什么样的情节？
3. 萧萧是个"坏"姑娘吗？说说你的理由。
4. 萧萧的家庭对待萧萧是什么样的态度？谈谈你的理解。

| 赏析

每次看到"童养媳"的题旨总是经不住轻蹙眉头，心惊肉跳地琢磨：这该是个让人不忍再读的故事罢？怀揣这份忐忑和紧张读《萧萧》下去，虽然故事里仍是经常出现的那些桥段，可结局却让人不知为何松了一口气，定下一颗心，缓了一份神又漫上一缕惆怅。

沈从文的笔端好像他的人一样，"讲话细声细气，柔软悦耳，隔壁听来，颇足使人误会心醉"。这也就是钱锺书在《围城》里写的曹世昌，有人说曹世昌其实是描着沈从文写出来的人物，一个柔柔弱弱可又有点执拗劲头的乡下文艺青年。在沈从文的笔下，乡间有着人类一切美好的感情和健壮的人性。他不喜欢城市，城市里头那些读过高学历、留过远洋、有着优越感的人们总是讥笑这个小个子的温声细气的外乡来的青年人。所以，沈从文终身自称为"乡下人"，甚至在出了十本文集之后依然固执地命名自己的选集为《沈从文小说习作选》，有点赌气的可爱，又有点顽固的可恼。他是谦逊低调的，他也是骄傲自信的。在文字里，你能找到他故乡的草木荣枯，岁月的斗转星移，却不会失去一股暖暖的、从容的、有张有弛、理解的、包容的氛围。他的故事里有田园一般的色彩，江湖一般的感情，朋友一般的理解。在沈从文的边城世界里，人们健康、茁壮，如生命力顽强的爬山虎执拗却又从容地蜿蜒出自己的生命历程。

萧萧是活泼泼的，花狗也是活泼泼的，两个生机勃勃的正值青春期的人儿，读者不必看就会猜到也许会做错事吧。萧萧、丈夫、花狗、祖父，以及没怎么谋面的婆婆，酿出一个让人心醉的故事，是心醉而不是心碎。在他的故事世界里，世界好像生来就是这样，不论世事怎么变迁，安静的生活步调就是这样，虽然间或有些小凌乱，但不妨碍日子如流水般幸福地流下去。故事里的人，眉目清晰；故事里的事，大小可变；故事里的情，潺潺绵甜。读完了，就好像小时候做了错事，父母声色俱厉地就要把那巴掌挥到头顶上的一刹那，自己闭眼蹙眉皱鼻子已经准备好要接受这个也许有几分痛楚的巴掌了，却发现等了好久那期待的巴掌也没挥下来，挤眉弄眼悄悄睁开眼，呀，原来不过是吓上一吓，真打下去，手疼不说心更疼。即便是生猛的泼辣辣的青春年华，也在沈从文的笔下驯服了不少，沾亲带故的乡情总能在萌动的时候给予适当的包容与爱抚。所以，故事里的日子就是这样过下去的，人不必那么面目狰狞、尔虞我诈、义正词严，不虚假，不做作，娓娓道来中蕴的是脉脉的深情与爱。

受　戒

汪曾祺

【解题】 汪曾祺（1920—1997），江苏高邮人，当代作家、散文家、戏剧家，被誉为"抒情的人道主义者，中国最后一个纯粹的文人，中国最后一个士大夫"。他那以故乡高邮为背景创作的"乡土系列"小说，以精巧的故事、凝练的语言和洋溢人性之美的笔触而闻名于世。他的小说从容平淡，在平民生活中发现挖掘人性人情之美。本篇小说首发于1980年的《北京文学》，是当代散文化小说的代表作之一。

明海出家已经四年了。

他是十三岁来的。

　　这个地方的地名有点怪，叫庵赵庄。赵，是因为庄上大都姓赵。叫做庄，可是人家住得很分散，这里两三家，那里两三家。一出门，远远可以看到，走起来得走一会儿，因为没有大路，都是弯弯曲曲的田埂。庵，是因为有一个庵。庵叫菩提庵，可是大家叫讹了，叫成荸荠庵。连庵里的和尚也这样叫。"宝刹何处？"——"荸荠庵。"庵本来是住尼姑的。"和尚庙"、"尼姑庵"嘛。可是荸荠庵住的是和尚。也许因为荸荠庵不大，大者为庙，小者为庵。

　　明海在家叫小明子。他是从小就确定要出家的。他的家乡不叫"出家"，叫"当和尚"。他的家乡出和尚。就像有的地方出劁猪①的，有的地方出织席子的，有的地方出箍桶的，有的地方出弹棉花的，有的地方出画匠，有的地方出婊子，他的家乡出和尚。人家弟兄多，就派一个出去当和尚。当和尚也要通过关系，也有帮。这地方的和尚有的走得很远。有到杭州灵隐寺的、上海静安寺的、镇江金山寺的、扬州天宁寺的。一般的就在本县的寺庙。明海家田少，老大、老二、老三，就足够种的了。他是老四。他七岁那年，他当和尚的舅舅回家，他爹、他娘就和舅舅商议，决定叫他当和尚。他当时在旁边，觉得这实在是在情在理，没有理由反对。当和尚有很多好处。一是可以吃现成饭。哪个庙里都是管饭的。二是可以攒钱。只要学会了放瑜伽焰口②，拜梁皇忏③，可以按例分到辛苦钱。积攒起来，将来还俗娶亲也可以；不想还俗，买几亩田也可以。当和尚也不容易，一要面如朗月，二要声如钟磬，三要聪明记性好。他舅舅给他相了相面，叫他前走几步，后走几步，又叫他喊了一声赶牛打场的号子："格当嘚——"，说是"明子准能当个好和尚，我包了！"要当和尚，得下点本，——念几年书。哪有不认字的和尚呢！于是明子就开蒙入学，读了《三字经》、《百家姓》、《四言杂字》、《幼学琼林》、《上论、下论》、《上孟、下孟》，每天还写一张仿。村里都夸他字写得好，很黑。

　　舅舅按照约定的日期又回了家，带了一件他自己穿的和尚领的短衫，叫明子娘改小一点，给明子穿上。明子穿了这件和尚短衫，下身还是在家穿的紫花裤子，赤脚穿了一双新布鞋，跟他爹、他娘磕了一个头，就随舅舅走了。

　　他上学时起了个学名，叫明海。舅舅说，不用改了。于是"明海"就从学名变成了法名。

————————————

①　劁（qiāo）猪：一种阉割术，使猪失去生育能力。
②　瑜伽焰口：为亡者超度的一种佛事仪式。
③　拜梁皇忏：拜《梁皇忏》，佛教弟子修行的忏悔仪式之一。

过了一个湖。好大一个湖！穿过一个县城。县城真热闹：官盐店，税务局，肉铺里挂着成爿的猪，一个驴子在磨芝麻，满街都是小磨香油的香味，布店，卖茉莉粉、梳头油的什么斋，卖绒花的，卖丝线的，打把式卖膏药的，吹糖人的，耍蛇的，……他什么都想看看。舅舅一劲地推他："快走！快走！"

到了一个河边，有一只船在等着他们。船上有一个五十来岁的瘦长瘦长的大伯，船头蹲着一个跟明子差不多大的女孩子，在剥一个莲蓬吃。明子和舅舅坐到舱里，船就开了。

明子听见有人跟他说话，是那个女孩子。

"是你要到荸荠庵当和尚吗？"

明子点点头。

"当和尚要烧戒疤呕！你不怕？"

明子不知道怎么回答，就含含糊糊地摇了摇头。

"你叫什么？"

"明海。"

"在家的时候？"

"叫明子。"

"明子！我叫小英子！我们是邻居。我家挨着荸荠庵。——给你！"

小英子把吃剩的半个莲蓬扔给明海，小明子就剥开莲蓬壳，一颗一颗吃起来。

大伯一桨一桨地划着，只听见船桨拨水的声音：

"哗——许！哗——许！"

……

荸荠庵的地势很好，在一片高地上。这一带就数这片地势高，当初建庵的人很会选地方。门前是一条河。门外是一片很大的打谷场。三面都是高大的柳树。山门里是一个穿堂。迎门供着弥勒佛。不知是哪一位名士撰写了一副对联：

大肚能容容天下难容之事
开颜一笑笑世间可笑之人

弥勒佛背后，是韦驮。过穿堂，是一个不小的天井，种着两棵白果树。天井两边各有三间厢房。走过天井，便是大殿，供着三世佛。佛像连龛才四尺来高。大殿东边是方丈，西边是库房。大殿东侧，有一个小小的六角门，白门绿字，刻着一副对联：

一花一世界
三藐三菩提

进门有一个狭长的天井，几块假山石，几盆花，有三间小房。

小和尚的日子清闲得很。一早起来，开山门，扫地。庵里的地铺的都是箩底方砖，好扫得很，给弥勒佛、韦驮烧一炷香，正殿的三世佛面前也烧一炷香、磕三个头，念三声"南无阿弥陀佛"，敲三声磬。这庵里的和尚不兴做什么早课、晚课，明子这三声磬就全都代替了。然后，挑水，喂猪。然后，等当家和尚，即明子的舅舅起来，教他念经。

教念经也跟教书一样，师父面前一本经，徒弟面前一本经，师父唱一句，徒弟跟着唱一句。是唱哎。舅舅一边唱，一边还用手在桌上拍板。一板一眼，拍得很响，就跟教唱戏一样。是跟教唱戏一样，完全一样哎。连用的名词都一样。舅舅说，念经：一要板眼准，二要合工尺。说：当一个好和尚，得有条好嗓子。说：民国二十年闹大水，运河倒了堤，最后在清水潭合龙，因为大水淹死的人很多，放了一台大焰口，十三大师——十三个正座和尚，各大庙的方丈都来了，下面的和尚上百。谁当这个首座？推来推去，还是石桥——善因寺的方丈！他往上一坐，就跟地藏王菩萨一样，这就不用说了；那一声"开香赞"，围看的上千人立时鸦雀无声。说：嗓子要练，夏练三伏，冬练三九，要练丹田气！说：要吃得苦中苦，方为人上人！说：和尚里也有状元、榜眼、探花！要用心，不要贪玩！舅舅这一番大法要说得明海和尚实在是五体投地，于是就一板一眼地跟着舅舅唱起来：

炉香乍爇——
炉香乍爇——
法界蒙薰——
法界蒙薰——

诸佛现金身……

诸佛现金身①……

……

等明海学完了早经，——他晚上临睡前还要学一段，叫做晚经，——荸荠庵的师父们就都陆续起床了。

这庵里人口简单，一共六个人。连明海在内，五个和尚。

有一个老和尚，六十几了，是舅舅的师叔，法名普照，但是知道的人很少，因为很少人叫他法名，都称之为老和尚或老师父，明海叫他师爷爷。这是个很枯寂的人，一天关在房里，就是那"一花一世界"里。也看不见他念佛，只是那么一声不响地坐着。他是吃斋的，过年时除外。

下面就是师兄弟三个，仁字排行：仁山、仁海、仁渡。庵里庵外，有的称他们为大师父、二师父；有的称之为山师父、海师父。只有仁渡，没有叫他"渡师父"的，因为听起来不像话，大都直呼之为仁渡。他也只配如此，因为他还年轻，才二十多岁。

仁山，即明子的舅舅，是当家的。不叫"方丈"，也不叫"住持"，却叫"当家的"，是很有道理的，因为他确确实实干的是当家的职务。他屋里摆的是一张账桌，桌子上放的是账簿和算盘。账簿共有三本。一本是经账，一本是租账，一本是债账。和尚要做法事，做法事要收钱，——要不，当和尚干什么？常做的法事是放焰口。正规的焰口是十个人。一个正座，一个敲鼓的，两边一边四个。人少了，八个，一边三个，也凑合了。荸荠庵只有四个和尚，要放整焰口就得和别的庙里合伙。这样的时候也有过，通常只是放半台焰口。一个正座，一个敲鼓，另外一边一个。一来找别的庙里合伙费事；二来这一带放得起整焰口的人家也不多。有的时候，谁家死了人，就只请两个，甚至一个和尚咕噜咕噜念一通经，敲打几声法器就算完事。很多人家的经钱不是当时就给，往往要等秋后才还。这就得记账。另外，和尚放焰口的辛苦钱不是一样的。就像唱戏一样，有份子。正座第一份。因为他要领唱，而且还要独唱。当中有一大段"叹骷髅"，别的和尚都放下法器休息，只有首座一个人有板有眼地曼声吟唱。第二份是敲鼓的。你以为这容易呀？哼，单是一开头的"发擂"，手上没

---

① 佛经在正文开始前《香赞》的头两句。

功夫就敲不出迟疾顿挫！其余的，就一样了。这也得记上：某月某日、谁家焰口半台，谁正座，谁敲鼓……省得到年底结账时赌咒骂娘。……这庵里有几十亩庙产，租给人种，到时候要收租。庵里还放债。租、债一向倒很少亏欠，因为租佃借钱的人怕菩萨不高兴。这三本账就够仁山忙的了。另外香烛、灯火、油盐"福食"，这也得随时记记账呀。除了账簿之外，山师父的方丈的墙上还挂着一块水牌，上漆四个红字："勤笔免思"。

仁山所说当一个好和尚的三个条件，他自己其实一条也不具备。他的相貌只要用两个字就说清楚了：黄，胖。声音也不像钟磬，倒像母猪。聪明么？难说，打牌老输。他在庵里从不穿袈裟，连海青直裰也免了。经常是披着件短僧衣，袒露着一个黄色的肚子。下面是光脚趿拉着一对僧鞋，——新鞋他也是趿拉着。他一天就是这样不衫不履地这里走走，那里走走，发出母猪一样的声音："嗯——嗯——"。

二师父仁海。他是有老婆的。他老婆每年夏秋之间来住几个月，因为庵里凉快。庵里有六个人，其中之一，就是这位和尚的家眷。仁山、仁渡叫她嫂子，明海叫她师娘。这两口子都很爱干净，整天的洗涮。傍晚的时候，坐在天井里乘凉。白天，闷在屋里不出来。

三师父是个很聪明精干的人。有时一笔账大师兄扒了半天算盘也算不清，他眼珠子转两转，早算得一清二楚。他打牌赢的时候多，二三十张牌落地，上下家手里有些什么牌，他就差不多都知道了。他打牌时，总有人爱在他后面看歪头胡。谁家约他打牌，就说"想送两个钱给你。"他不但经忏俱通（小庙的和尚能够拜忏的不多），而且身怀绝技，会"飞铙"。七月间有些地方做盂兰会，在旷地上放大焰口，几十个和尚，穿绣花袈裟，飞铙。飞铙就是把十多斤重的大铙钹飞起来。到了一定的时候，全部法器皆停，只几十副大铙紧张急促地敲起来。忽然起手，大铙向半空中飞去，一面飞，一面旋转。然后，又落下来，接住。接住不是平平常常地接住，有各种架势，"犀牛望月"、"苏秦背剑"……这哪是念经，这是要杂技。也许是地藏王菩萨爱看这个，但真正因此快乐起来的是人，尤其是妇女和孩子。这是年轻漂亮的和尚出风头的机会。一场大焰口过后，也像一个好戏班子过后一样，会有一个两个大姑娘、小媳妇失踪，——跟和尚跑了。他还会放"花焰口"。有的人家，亲戚中多风流子弟，在不是很哀伤的佛事——如做冥寿时，就会提出放花焰口。所谓"花焰口"就是在正焰口之后，叫和尚唱小调，拉丝弦，吹管笛，敲鼓板，而且可以点唱。

仁渡一个人可以唱一夜不重头。仁渡前几年一直在外面，近二年才常住在庵里。据说他有相好的，而且不止一个。他平常可是很规矩，看到姑娘媳妇总是老老实实的，连一句玩笑话都不说，一句小调山歌都不唱。有一回，在打谷场上乘凉的时候，一伙人把他围起来，非叫他唱两个不可。他却情不过，说："好，唱一个。不唱家乡的。家乡的你们都熟，唱个安徽的。"

　　姐和小郎打大麦，
　　一转子讲得听不得。
　　听不得就听不得，
　　打完了大麦打小麦。

唱完了，大家还嫌不够，他就又唱了一个：

　　姐儿生得漂漂的，
　　两个奶子翘翘的。
　　有心上去摸一把，
　　心里有点跳跳的。
　　……

这个庵里无所谓清规，连这两个字也没人提起。

仁山吃水烟，连出门做法事也带着他的水烟袋。

他们经常打牌。这是个打牌的好地方。把大殿上吃饭的方桌往门口一搭，斜放着，就是牌桌。桌子一放好，仁山就从他的方丈里把筹码拿出来，哗啦一声倒在桌上。斗纸牌的时候多，搓麻将的时候少。牌客除了师兄弟三人，常来的是一个收鸭毛的，一个打兔子兼偷鸡的，都是正经人。下雨阴天，这二位就光临荸荠庵，消磨一天。收鸭毛的担一副竹筐，串乡串镇，拉长了沙哑的声音喊叫："鸭毛卖钱——！"

偷鸡的有一件家什——铜蜻蜓。看准了一只老母鸡，把铜蜻蜓一丢，鸡婆子上去就是一口。这一啄，铜蜻蜓的硬簧绷开，鸡嘴撑住了，叫不出来了。正在这鸡十分纳闷的时候，上去一把薅住。

明子曾经跟这位正经人要过铜蜻蜓看看。他拿到小英子家门前试了一试，

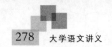

果然！小英的娘知道了，骂明子："要死了！儿子！你怎么到我家来玩铜蜻蜓了！"小英子跑过来：

"给我！给我！"

她也试了试，真灵，一个黑母鸡一下子就把嘴撑住，傻了眼了！

有时没有外客，就把老师叔也拉出来，打牌的结局，大都是当家和尚气得鼓鼓的："×妈妈的！又输了！下回不来了！"

他们吃肉不瞒人。年下也杀猪。杀猪就在大殿上。一切都和在家人一样，开水、木桶、尖刀。捆猪的时候，猪也是没命地叫。跟在家人不同的，是多一道仪式，要给即将升天的猪念一道"往生咒"，并且总是老师叔念，神情很庄重：

"……一切胎生、卵生、息生，来从虚空来，还归虚空去往生再世，皆当欢喜。南无阿弥陀佛！"

三师父仁渡一刀子下去，鲜红的猪血就带着很多沫子喷出来。

……

明子老往小英子家里跑。

小英子的家像一个小岛，三面都是河，西面有一条小路通到荸荠庵。独门独户，岛上只有这一家。岛上有六棵大桑树，夏天都结大桑椹，三棵结白的，三棵结紫的；一个菜园子，瓜豆蔬菜，四时不缺。院墙下半截是砖砌的，上半截是泥夯的。大门是桐油油过的，贴着一副万年红的春联：

向阳门第春常在
积善人家庆有余

门里是一个很宽的院子。院子里一边是牛屋、碓棚；一边是猪圈、鸡窠，还有个关鸭子的栅栏。露天地放着一具石磨。正北面是住房，也是砖基土筑，上面盖的一半是瓦，一半是草。房子翻修了才三年，木料还露着白茬。正中是堂屋，家神菩萨的画像上贴的金还没有发黑。两边是卧房。扇窗上各嵌了一块一尺见方的玻璃，明亮亮的，——这在乡下是不多见的。房檐下一边种着一棵石榴树，一边种着一棵栀子花，都齐房檐高了。夏天开了花，一红一白，好看得很。栀子花香得冲鼻子。顺风的时候，在荸荠庵都闻得见。

这家人口不多，他家当然是姓赵。一共四口人：赵大伯、赵大妈，两个女儿，大英子、小英子。老两口没得儿子。因为这些年人不得病，牛不生灾，也没有大旱大水闹蝗虫，日子过得很兴旺。他们家自己有田，本来够吃的了，又租种了庵上的十亩田。自己的田里，一亩种了荸荠，——这一半是小英子的主意，她爱吃荸荠，一亩种了茨菇。家里喂了一大群鸡鸭，单是鸡蛋鸭毛就够一年的油盐了。赵大伯是个能干人。他是一个"全把式"，不但田里场上样样精通，还会罾鱼、洗磨、凿砻、修水车、修船、砌墙、烧砖、箍桶、劈篾、绞麻绳。他不咳嗽，不腰疼，结结实实，像一棵榆树。人很和气，一天不声不响。赵大伯是一棵摇钱树，赵大娘就是个聚宝盆。大娘精神得出奇。五十岁了，两个眼睛还是清亮亮的。不论什么时候，头都是梳得滑滴滴的，身上衣服都是格挣挣的。像老头子一样，她一天不闲着。煮猪食，喂猪，腌咸菜，——她腌的咸萝卜干非常好吃，舂粉子，磨小豆腐，编蓑衣，织芦篚。她还会剪花样子。这里嫁闺女，陪嫁妆，磁坛子、锡罐子，都要用梅红纸剪出吉祥花样，贴在上面，讨个吉利，也才好看："丹凤朝阳"呀、"白头到老"呀、"子孙万代"呀、"福寿绵长"呀。二三十里的人家都来请她："大娘，好日子是十六，你哪天去呀?"——"十五，我一大清早就来!"

"一定呀!"——"一定! 一定!"

两个女儿，长得跟她娘像一个模子里托出来的。眼睛长得尤其像，白眼珠鸭蛋青，黑眼珠棋子黑，定神时如清水，闪动时像星星。浑身上下，头是头，脚是脚。头发滑滴滴的，衣服格挣挣的。——这里的风俗，十五六岁的姑娘就都梳上头了。这两上丫头，这一头的好头发! 通红的发根，雪白的簪子! 娘女三个去赶集，一集的人都朝她们望。

姐妹俩长得很像，性格不同。大姑娘很文静，话很少，像父亲。小英子比她娘还会说，一天咭咭呱呱地不停。大姐说：

"你一天到晚咭咭呱呱——"

"像个喜鹊!"

"你自己说的! ——吵得人心乱!"

"心乱?"

"心乱!"

"你心乱怪我呀!"

二姑娘话里有话。大英子已经有了人家。小人她偷偷地看过,人很敦厚,也不难看,家道也殷实,她满意。已经下过小定,日子还没有定下来。她这二年,很少出房门、整天赶她的嫁妆。大裁大剪,她都会。挑花绣花,不如娘。她可又嫌娘出的样子太老了。她到城里看过新娘子,说人家现在绣的都是活花活草。这可把娘难住了。最后是喜鹊忽然一拍屁股:"我给你保举一个人!"

这人是谁?是明子。明子念"上孟下孟"的时候,不知怎么得了半套《芥子园》,他喜欢得很。到了荸荠庵,他还常翻出来看,有时还把旧账簿子翻过来,照着描。小英子说:

"他会画!画得跟活的一样!"

小英子把明海请到家里来,给他磨墨铺纸,小和尚画了几张,大英子喜欢得了不得:

"就是这样!就是这样!这就可以乱屑!"——所谓"乱屑"是绣花的一种针法:绣了第一层,第二层的针脚插进第一层的针缝,这样颜色就可由深到淡,不露痕迹,不像娘那一代绣的花是平针,深浅之间,界限分明,一道一道的。小英子就像个书童,又像个参谋:

"画一朵石榴花!"

"画一朵栀子花!"

她把花掐来,明海就照着画。

到后来,凤仙花、石竹子、水蓼、淡竹叶,天竺果子、腊梅花,他都能画。

大娘看着也喜欢,搂住明海的和尚头:"你真聪明!你给我当一个干儿子吧!"

小英子捺住他的肩膀,说:"快叫!快叫!"

小明子跪在地下磕了一个头,从此就叫小英子的娘做干娘。

大英子绣的三双鞋,三十里方圆都传遍了。很多姑娘都走路坐船来看。看完了,就说:"啧啧啧,真好看!这哪是绣的,这是一朵鲜花!"她们就拿了纸来央大娘了小和尚来画。有求画帐檐的,有求画门帘飘带的,有求画鞋头花的。每回明子来画花,小英子就给他做点好吃的,煮两个鸡蛋,蒸一碗芋头,煎几个藕团子。

因为照顾姐姐赶嫁妆,田里的零碎生活小英子就全包了。她的帮手,是明子。

这地方的忙活是栽秧、车高田水，薅头遍草、再就是割稻子、打场子。这几茬重活，自己一家是忙不过来的。这地方兴换工。排好了日期，几家顾一家，轮流转。不收工钱，但是吃好的。一天吃六顿，两头见肉，顿顿有酒。干活时，敲着锣鼓，唱着歌，热闹得很。其余的时候，各顾各，不显得紧张。

薅^①三遍草的时候，秧已经很高了，低下头看不见人。一听见非常脆亮的嗓子在一片浓绿里唱：

栀子哎开花哎六瓣头哎……
姐家哎门前哎一道桥哎……

明海就知道小英子在哪里，三步两步就赶到，赶到就低头薅起草来，傍晚牵牛"打汪"，是明子的事。——水牛怕蚊子。这里的习惯，牛卸了轭，饮了水，就牵到一口和好泥水的"汪"里，由它自己打滚扑腾，弄得全身都是泥浆，这样蚊子就咬不透了。低田上水，只要一挂十四轧的水车，两个人车半天就够了。明子和小英子就伏在车杠上，不紧不慢地踩着车轴上的拐子，轻轻地唱着明海向三师父学来的各处山歌。打场的时候，明子能替赵大伯一会，让他回家吃饭。——赵家自己没有场，每年都在荸荠庵外面的场上打谷子。他一扬鞭子，喊起了打场号子：

"格当嘚——"

这打场号子有音无字，可是九转十三弯，比什么山歌号子都好听。赵大娘在家，听见明子的号子，就侧起耳朵：

"这孩子这条嗓子！"

连大英子也停下针线：

"真好听！"

小英子非常骄傲地说：

"一十三省数第一！"

晚上，他们一起看场。——荸荠庵收来的租稻也晒在场上。他们并肩坐在一个石碌子上，听青蛙打鼓，听寒蛇唱歌，——这个地方以为蝼蛄叫是蚯蚓叫，而且叫蚯蚓叫"寒蛇"，听纺纱婆子不停地纺纱，"唦——"，看萤火虫飞

① 薅（hāo）：拔除田草。

来飞去，看天上的流星。

"呀！我忘了在裤带上打一个结！"小英子说。

这里的人相信，在流星掉下来的时候在裤带上打一个结，心里想什么好事，就能如愿。

……

"搲①"荸荠，这是小英最爱干的生活。秋天过去了，地净场光，荸荠的叶子枯了，——荸荠的笔直的小葱一样的圆叶子里是一格一格的，用手一搲，哔哔地响，小英子最爱搲着玩，——荸荠藏在烂泥里。赤了脚，在凉浸浸滑溜溜的泥里踩着，——哎，一个硬疙瘩！伸手下去，一个红紫红紫的荸荠。她自己爱干这生活，还拉了明子一起去。她老是故意用自己的光脚去踩明子的脚。

她挎着一篮子荸荠回去了，在柔软的田埂上留了一串脚印。明海看着她的脚印，傻了。五个小小的趾头，脚掌平平的，脚跟细细的，脚弓部分缺了一块。明海身上有一种从来没有过的感觉，他觉得心里痒痒的。这一串美丽的脚印把小和尚的心搞乱了。

……

明子常搭赵家的船进城，给庵里买香烛，买油盐。闲时是赵大伯划船；忙时是小英子去，划船的是明子。

从庵赵庄到县城，当中要经过一片很大的芦花荡子。芦苇长得密密的，当中一条水路，四边不见人。划到这里，明子总是无端端地觉得心里很紧张，他就使劲地划桨。

小英子喊起来：

"明子！明子！你怎么啦？你发疯啦？为什么划得这么快？"

……

明海到善因寺去受戒。

"你真的要去烧戒疤呀？"

"真的。"

"好好的头皮上烧十二个洞，那不疼死啦？"

---

① 搲（wǎi）：扭伤。

"咬咬牙。舅舅说这是当和尚的一大关，总要过的。"

"不受戒不行吗?"

"不受戒的是野和尚。"

"受了戒有啥好处?"

"受了戒就可以到处云游，逢寺挂褡。"

"什么叫'挂褡'?"

"就是在庙里住。有斋就吃。"

"不把钱?"

"不把钱。有法事，还得先尽外来的师父。"

"怪不得都说'远来的和尚会念经'。就凭头上这几个戒疤?"

"还要有一份戒牒。"

"闹半天，受戒就是领一张和尚的合格文凭呀!"

"就是!"

"我划船送你去。"

"好。"

小英子早早就把船划到荸荠庵门前。不知是什么道理，她兴奋得很。她充满了好奇心，想去看看善因寺这座大庙，看看受戒是个啥样子。

善因寺是全县第一大庙，在东门外，面临一条水很深的护城河，三面都是大树，寺在树林子里，远处只能隐隐约约看到一点金碧辉煌的屋顶，不知道有多大。树上到处挂着"谨防恶犬"的牌子。这寺里的狗出名的厉害。平常不大有人进去。放戒期间，任人游看，恶狗都锁起来了。

好大一座庙! 庙门的门坎比小英子的肵膝都高。迎门蠢着两块大牌，一边一块，一块写着斗大两个大字："放戒"，一块是："禁止喧哗"。这庙里果然是气象庄严，到了这里谁也不敢大声咳嗽。明海自去报名办事，小英子就到处看看。好家伙，这哼哈二将、四大天王，有三丈多高，都是簇新的，才装修了不久。天井有二亩地大，铺着青石，种着苍松翠柏。"大雄宝殿"，这才真是个"大殿"! 一进去，凉嗖嗖的。到处都是金光耀眼。释迦牟尼佛坐在一个莲花座上，单是莲座，就比小英子还高。抬起头来也看不全他的脸，只看到一个微微闭着的嘴唇和胖敦敦的下巴。两边的两根大红蜡烛，一搂多粗。佛像前的大供桌上供着鲜花、绒花、绢花，还有珊瑚树、玉如意、整棵的大象牙。香炉里烧着檀香。小英子出了庙，闻着自己的衣服都是香的。挂了好些幡。这些幡不知是什么缎子的，那么厚重，绣的花真细。这么大一口磬，里头能装五担水！这么大一个木鱼，有一头牛大，漆得通红的。她又去转了转罗汉堂，爬到千佛楼上看了看。真有一千个小佛！她还跟着一些人去看了看藏经楼。藏经楼没有什么看头，都是经书！妈吧！逛了这么一圈，腿都酸了。小英子想起还要给家里打油，替姐姐配丝线，给娘买鞋面布，给自己买两个坠围裙飘带的银蝴蝶，给爹买旱烟，就出庙了。

等把事情办齐，晌午了。她又到庙里看了看，和尚正在吃粥。好大一个"膳堂"，坐得下八百个和尚。吃粥也有这样多讲究：正面法座上摆着两个锡胆瓶，里面插着红绒花，后面盘膝坐着一个穿了大红满金绣袈裟的和尚，手里拿了戒尺。这戒尺是要打人的。哪个和尚吃粥吃出了声音，他下来就是一戒尺。不过他并不真的打人，只是做个样子。真稀奇，那么多的和尚吃粥，竟然不出一点声音！他看见明子也坐在里面，想跟他打个招呼又不好打。想了想，管他禁止不禁止喧哗，就大声喊了一句："我走啦！"她看见明子目不斜视地微微点了点头，就不管很多人都朝自己看，大摇大摆地走了。

第四天一大清早小英子就去看明子。她知道明子受戒是第三天半夜，——烧戒疤是不许人看的。她知道要请老剃头师傅剃头，要剃得横摸顺摸都摸不出头发茬子，要不然一烧，就会"走"了戒，烧成了一片。她知道是用枣泥子先点在头皮上，然后用香头子点着。她知道烧了戒疤就喝一碗蘑菇汤，让它"发"，还不能躺下，要不停地走动，叫做"散戒"。这些都是明子告诉她的。明子是听舅舅说的。

她一看，和尚真在那里"散戒"，在城墙根底下的荒地里。一个一个，穿了新海青，光光的头皮上都有十二个黑点子。——这黑疤掉了，才会露出白白的、圆圆的"戒疤"。和尚都笑嘻嘻的，好像很高兴。她一眼就看见了明子。隔着一条护城河，就喊他：

"明子！"

"小英子！"

"你受了戒啦？"

"受了。"

"疼吗？"

"疼。"

"现在还疼吗？"

"现在疼过去了。"

"你哪天回去?"

"后天。"

"上午? 下午?"

"下午。"

"我来接你!"

"好!"

……

小英子把明海接上船。

小英子这天穿了一件细白夏布上衣,下边是黑洋纱的裤子,赤脚穿了一双龙须草的细草鞋,头上一边插着一朵栀子花,一边插着一朵石榴花。她看见明子穿了新海青,里面露出短褂子的白领子,就说:"把你那外面的一件脱了,你不热呀!"

他们一人一把桨。小英子在中舱,明子扳艄,在船尾。

她一路问了明子很多话,好像一年没有看见了。

她问,烧戒疤的时候,有人哭吗? 喊吗?

明子说,没有人哭,只是不住地念佛。有个山东和尚骂人:

"俺日你奶奶! 俺不烧了!"

她问善因寺的方丈石桥是相貌和声音都很出众吗?

"是的。"

"说他的方丈比小姐的绣房还讲究?"

"讲究。什么东西都是绣花的。"

"他屋里很香?"

"很香。他烧的是伽楠香,贵得很。"

"听说他会做诗,会画画,会写字?"

"会。庙里走廊两头的砖额上,都刻着他写的大字。"

"他是有个小老婆吗?"

"有一个。"

"才十九岁?"

"听说。"

"好看吗?"

"都说好看。"

"你没看见?"

"我怎么会看见? 我关在庙里。"

明子告诉她,善因寺一个老和尚告诉他,寺里有意选他当沙弥尾,不过还没有定,要等主事的和尚商议。

"什么叫'沙弥尾'?"

"放一堂戒,要选出一个沙弥头,一个沙弥尾。沙弥头要老成,要会念很多经。沙弥尾要年轻,聪明,相貌好。"

"当了沙弥尾跟别的和尚有什么不同?"

"沙弥头,沙弥尾,将来都能当方丈。现在的方丈退居了,就当。石桥原来就是沙弥尾。"

"你当沙弥尾吗?"

"还不一定哪。"

"你当方丈,管善因寺? 管这么大一个庙?!"

"还早呐!"

划了一气,小英子说:"你不要当方丈!"

"好,不当。"

"你也不要当沙弥尾!"

"好,不当。"

又划了一气,看见那一片芦花荡子了。

小英子忽然把桨放下,走到船尾,趴在明子的耳朵旁边,小声地说:"我给你当老婆,你要不要?"

明子眼睛鼓得大大的。

"你说话呀!"

明子说:"嗯。"

"什么叫'嗯'呀! 要不要,要不要?"

明子大声地说:"要!"

"你喊什么!"

明子小小声说:"要——!"

"快点划!"

英子跳到中舱,两只桨飞快地划起来,划进了芦花荡。

　　芦花才吐新穗。紫灰色的芦穗，发着银光，软软的，滑溜溜的，像一串丝线。有的地方结了蒲棒，通红的，像一枝一枝小蜡烛。青浮萍，紫浮萍。长脚蚊子，水蜘蛛。野菱角开着四瓣的小白花。惊起一只青桩（一种水鸟），擦着芦穗，扑鲁鲁鲁飞远了。

　　……

　　　　　　　　　一九八○年八月十二日，写四十三年前的一个梦。

　（邓九平编：《汪曾祺全集——小说卷》，北京，北京师范大学出版社，1998年。原文与注释有增删。）

| 练习与思考

　1. 文中"出家"和"当和尚"有什么不同？

　2. 再过二十年，小英子和明海，会有什么样的故事？

　3. 本篇小说中你能否读出"萌动"中"萌"在哪里？说说理由。

| 赏析

　　汪曾祺曾经谦虚地说自己是一个文体家，一个小品作家，"即使有时间也写不出大部头的作品和华丽雄辩的论文"，他强调自己的作品不可能成为主流，也不想成为主流，只可能成为边缘。这种自觉倒真是成全了他"非主流"教主的地位，不去附和任何一种声音，只遵从着内心对故乡和童年的感悟，文章如行云流水读起来舒畅而美丽，无一丝一毫的勉强与迎合。真性情的文章，顺乎作者的天性，也就顺乎了读者的口味，纯朴、自然、灵动都基于一种率性的天真，所以，他的作品能被不同地域与职业背景的人所激赏。

　　他的作品中，出现最多的、最自然的就是以故乡高邮为背景的市井故事，不经意地打动人，不经意地提炼了生活，不经意地成就了艺术。简单地说，他故事里的爱情与懵懂诠释了烟火日子恩爱情。小小庵赵庄，就是一个小小世界，在这个小小世界里，我们读到的是健康的、生机勃勃的、有着强烈现世精神的人们的衣食住行。虽然和尚庙里的和尚不怎么清修，吃酒、赌博、杀猪，还娶媳妇，虽然小和尚的心总是乱腾腾的，学经、劳动、画画，还想小姑娘，但就是这样的日子才齐聚了烟火气和世俗味，才觉得真实、自然。小和尚，冈冈的不说话，一开口十里八乡都惊叹那一嗓子；小英子不含蓄也不内敛，但该活泼活泼，该机灵机灵，该蛮横蛮横，该乖巧乖巧，活脱脱地化出一个乡土中的小丫头精灵。俩小东西就好像是每个人梦里故乡中一定会有的灵魂，哪儿都能找得到，却哪儿都寻不见。青春萌动伴随着庵赵庄的乡情乡愿流淌。这看似随意、不经心里，能见到五行八作里的能工巧匠、倒了运的农民、聪明伶俐的小商人、亦僧亦俗的和尚、风流传奇的名士、精干的妇人等等，尽是世俗中人，性情中人。也无怪乎明海小和尚和英子小丫头的故事那么清冽冽的，似门前那条河庙前那棵树，悠远而生动。

这些看似烟火味道十足的乡情乡人，就是鲜活的乡土中国百象图。汪曾祺是一个既迷恋传统文化又接受马克思主义的综合体，传统在他眼里是活生而自然的，中国在他眼里也是活生而乡土味十足的。他曾经宣称"我是用汉字思维"的，对民族文化的认同使得他的作品更接近民间叙事的创作手法，讲究语言讲究文字，落实到作品里，那些浅白却不失灵动，灵动却不失厚实，厚实却不失变化的对白里，干净利落，道理明白，生动新鲜，是斟字酌词的品格，也是做人做事的品格。这品格在底层生态里茁壮而草根地生长，凝练在作品中，就有了别外的韵味和兴趣。

如若追根溯源艺术品行的话，他认为儒家是讲人情的，孔子是一个可爱的普通人，陶渊明其实是一个纯正的儒家，像庄子那样的潇洒生活状态是值得景仰和推崇的。所以，在他的笔下是万般人相，充满了乡土中国的世俗精神。这种世俗不伟大、不壮烈、不高尚，却随着明海和英子温暖了一切。

少年维特之烦恼（节选）

［德］歌　德

韩耀成　译

【解题】　约翰·沃尔夫冈·冯·歌德（Johann Wolfgang von Goethe，1749—1832），出生于美因河畔法兰克福，作为戏剧家、诗人、自然科学家、文艺理论家和政治人物，歌德是魏玛的古典主义最著名的代表；而作为戏剧、诗歌和散文作品的创作者，他是最伟大的德国作家，也是世界文学领域最出类拔萃的光辉人物之一。《少年维特之烦恼》是歌德代表作之一，他仅仅花了四个星期便写成了一部对当时社会尤其是年轻人影响巨大的书信体小说。小说是歌德根据本人亲身经历的爱情体验和友人的事件而写成的。作品一出版，就

"搅动了每个胸怀着无名的骚乱和渴望的不满"的青年。

上　篇

七月一日

　　我从自己这颗可怜的心，这颗比某些缠绵病榻的人更受煎熬的心感受到，对一个病人来说，绿蒂有多重要。她将要来城里几天，陪伴一位束身自好的夫人。据大夫说，这位夫人大限已近，在她生命的最后时刻想要绿蒂呆在身边。上星期我同绿蒂一起去看望圣某某的一名牧师，那是个小村子，在旁边的山里，有一小时路程。我们是四点左右去的。绿蒂带了她的二妹妹。牧师的院子里有两棵高大的胡桃树，浓荫遮地。我们到那儿的时候，这位善良的老人正坐在门口的长凳上，他一见绿蒂，便变得精神焕发，竟忘了拄节疤手杖就站了起来，迎上前去。绿蒂赶忙跑去，把他按在凳上，她自己也在他身边坐下，转达她父亲的问候，又抱起老人的宠儿，那个又淘气又脏的最小的男孩来亲吻。你真该看看她对这位老人关怀备至的情景。她提高嗓音，好让他半聋的耳朵听得见。她告诉他，几位身强力壮的年轻人竟意外地死了；她又说起卡尔斯巴德温泉的出色的疗效，并称赞老人来年夏天要去那儿的决定；她还说，他的气色好多了，比上次见他的时候精神多了。——这当间我问候了牧师夫人，并极有礼貌地逗她高兴。老人兴致勃勃，胡桃树的绿荫遮盖着我们，真令人欣喜，以致我不由得夸赞起来。这下打开了老人的话匣子，虽然说起来有些吃力，但他还是讲了这两棵树的故事。——"那棵老的，"他说，"我们不知道是谁种的，有人说是这位，有人说是那位牧师。这后面那棵小一点的和我夫人同年，到十月就满五十了。她父亲早晨栽上这棵树，傍晚她就出生了。他是我的前任，这棵树在他心目中之宝贵，那是没说的，在我心目中当然也丝毫不差。二十七年前我还是个穷大学生，第一次来到这院子时，我夫人正坐在树底下的一根梁木上编织东西。"——绿蒂问起他女儿，他说，她同施密特先生到牧草地上工人那儿去了。接着，老人又继续说道：他的前任及其女儿很喜欢他，他先是担任老牧师的副手，后来就接了他的班。他的故事刚讲完，他女儿就同施密特先生从花园里走来了。姑娘亲切、热情地对绿蒂表示欢迎，说实话，我对她的印象不错。她是个性格敏捷、身体健美的褐发姑娘，一个暂居乡间的人，同她在一起是很惬意的。她的情人（施密特先生马上就表明了这个身份）是个文雅但寡言少语的人，尽管绿蒂一再同他搭话，他仍旧不愿加入我们的谈话。最使我扫兴的是，我从他的面部表情看出，他之所以不爱说话，并不是由于智力贫乏，而是因为脾气固执和心情不佳。这一点可惜随后就表现得一清二楚了：散步的时候，弗丽德莉克同绿蒂，有时也同我走在一起，这位先生本来就黑黑的脸，一下便显得格外阴沉，以致绿蒂马上就扯扯我的袖子，提醒我别对弗丽德莉克太殷勤。我生平最讨厌的莫过于人与人之间相互折磨，尤其是风华正茂的年轻人，本可以胸怀坦荡地尽情欢乐，可是他们却彼此拿一些无聊的蠢事把不多几天的好日子都糟蹋掉，等意识到浪费的光阴已经无法弥补时，已经太晚了。想到这些，我心里感到十分恼火，因此，当我们傍晚时分回到牧师的院子里，坐在桌旁喝牛奶，谈起人世间的欢乐与痛苦时，我便忍不住接过话茬，真心实意地对心情不佳问题发了一通议论。——"我们人呵，"我开始说，"常常抱怨好日子这么少，坏日子这么多，我觉得，这种抱怨多半是没有道理的。倘若我们豁达大度，尽情享受上帝每天赐给我们的幸福，那么，如果遭到什么不幸，我们也就会有足够的力量去承受。"——"可是我们无力驾驭自己的情绪呀，"牧师夫人说，"这与我们的身体状况关系很大！一个人要是身体不舒服，他就会觉得处处不对劲。"——我同意她的说法。——"那么就把心情不佳看做一种病吧，"我接着说，"我们得问一问，有没有办法治呢？"——"这话说得对，"绿蒂说，"至少我相信，这在很大程度上要取决于我们自己。我自己就有切身体会。我要是受到戏弄，正当气头上，那我就一跃而起，到花园里去唱几支乡村舞曲，来回走一走，烦恼就全消了。"——"这正是我要说的，"我说，"心情不佳同懒惰完全一样，它本来就是一种懒惰。我们的天性就有此种倾向，可是，只要我们一旦有了振奋精神的力量，我们工作起来就会得心应手，并在工作中得到真正的快乐。"——弗丽德莉克凝神专注地听着，但那位年轻人却不同意我的意见，他反驳道，我们并不能主宰自己，尤其是无法控制自己的感情。——"我们这里谈的是关于尴尬的感情问题，"我说，"这种感情是人人都想摆脱的；要是不试一试，谁也不知道自己到底有多大力量。当然，要是病了，就会到处求医，为了恢复健康，最严的戒忌，最苦的药他也不会拒绝。"——我注意到，那位诚实的老人也在费劲地听着，以便参加我们的讨论。于是我便提高嗓门，把话题转向他。"牧师布道时谴责各种罪恶，"我说，"但是我还从未听到有谁从布道席上对恶劣的情绪加以谴责过。"——"这事该由城里的牧师来做，"他说，"农民的心情没有不好的；偶尔讲一讲倒也不妨，至少对他夫人以及法官先生是个教育。"——听了他的话，我们全都哈哈大笑，他也会心地笑了，笑得他咳嗽起来，我们的讨论才暂时中断。随后，这位年轻人又开口了："您说心情不佳是一种罪恶；我觉得，这种说法过分了。"——"绝不过分，"我回答，"恶劣情绪既害自己，又害亲人，所以称它为罪恶是恰当的。我们不能使彼此幸福，难道这还不够，还非得互相抢夺各自心里间或所得到的那点快乐不成？请您告诉我，有没有这样的人，他情绪恶劣，却能将它藏于心中独自承受，而不破坏周围的快乐气氛？或者这样说吧，所谓心情不佳正是对于我们自己身份不配而内心感到沮丧以及对我们自己感到不满的表现，而这种不满又总是同被愚蠢的虚荣心煽动起来的妒忌联系在一起的。我们看到幸福的人，而我们却偏要让他们不幸，这是最让人不能忍受的。"——绿蒂见我说话时激动的神情，便向我微微一笑，弗丽德莉克眼里滚着的泪水鼓励我继续说下去。——"有的人控制着别人的心，"我说，"于是他便利用这个权力去掠夺别人心里自动萌发的单纯的快乐，这种人呀，真是可恨！世上任何馈赠和美意都无法补偿我们自身片刻的欢乐，那被我们的暴君不自在的妒忌心所败坏的片刻的欢乐。"

此刻，我的心里充满了万千思绪和感慨；记忆起来的多少往事纷纷涌入我的灵魂，我眼里不禁流出了泪水。

我大声说道："但愿我们天天对自己说：你能为朋友所做的最好的事，莫过于让他们获得快乐，增加他们的幸福，并同他们一起分享。倘若他们的灵魂为一种胆怯的激情所折磨，为苦闷所纷扰，你能不能给予他们一丁点慰藉？

"倘若你曾葬送了一位姑娘的青春年华，而她后来得了最可怕的致命的病，奄奄一息地躺着，眼望天空，不省人事，惨白的额头上虚汗直冒，而这时你像个被诅咒的人站在她的床前，心里感到，你即使竭尽所能，也已无济于事，恐惧撕裂着你的心肺，只要能给这位行将命赴黄泉的姑娘注入一滴力量，一星勇气，即使付出一切，你也在所不惜。"

说着，我自己经历过的一个类似情景猛然闯入我的记忆。我掏出手帕来掩着眼睛，离开了他们，只是听到绿蒂喊我走的声音才清醒过来。路上她责备我对什么事都那么投入，这样会毁了自己的！她要我爱惜自己！——呵，天使！为了你，我必须活着！

七月十八日

威廉呀，假如世上没有爱情，这世界对我们的心有何意义！没有光，一盏魔灯又有何用！你把小灯一拿进来，灿烂的图像便映现在你洁白的墙上！即使这些图像只不过是转瞬即逝的幻影，但如果我们像小青年似的站在这些图像之前，为这些奇妙的现象所迷醉，也总可以使我们快乐的。今天我不能到绿蒂那儿去，有个聚会我不得不参加。怎么办呢？我派我的仆人去，好使我身边有个今天到过她跟前的人。我等着他，心情多么焦急，重新见到他，心里又是多么高兴！要不是感到害臊，我真想抱住他的头来亲吻。

人们常说起博洛尼亚石，说是把它置于阳光之下，它便吸收阳光，到了夜间便会发一会儿光。对我来说，这仆人就是这种石头。她的目光曾在他脸上、面颊上、上衣纽扣以及外套领子上停留过，我的这种感觉把这一切变得如此神圣，如此珍贵！此刻即使有人出一千塔勒，我也不会把这小伙子让出去。有他在跟前，我心里就感到非常舒坦。——上帝保佑，你可不要笑我。威廉，能使我心里感到舒畅的东西，那会是幻影吗？

八月二十二日

真是不幸，威廉，我有充沛的活力，却偏偏无所事事，闲得发慌，我不能游手好闲，却也什么都干不了。我没有了想象力，失去了对大自然的感觉，书籍令我讨厌。倘若我们失去了自我，也就失去了一切。我向你发誓，有时我希望当一名短工，只是为了每天早晨醒来时，对来到的一天有所期待，有所渴求和希望。我常常羡慕阿尔贝特，看到他埋头在文件堆里，心里就思忖，要是我处在他的位置上，该有多好！好几次我曾想要给你和部长写信，在公使馆里谋个职位。你曾很有把握地说过，公使馆不会拒绝我。我自己也相信这一点。长时间以来部长一直很喜欢我，早就劝我找点事做；有个把小时，我也真想要这么办。可是后来我再一琢磨，便想起了那则马的寓言。这匹马对自由感到厌烦了，便让人加上鞍子，套上辔头，结果差点儿让人骑垮。——我不知道该怎么办。——亲爱的朋友，我心里要求改变现状的渴望，不也许正是一种内心里颇不愉快的厌烦，那种处处对我紧跟不放的厌烦吗？

下　篇

十二月二十四日

公使真让我烦死了，这是我预料到的。他是个拘泥刻板、仔细精确到极点的笨蛋，世上无人能出其右；此公一板一眼，唠唠叨叨，像个老婆子；他从来没有满意自己的时候，因此对谁都看不顺眼。我办事喜欢干脆利索，是怎么样就怎么样；他却会在把文稿退给我的时候说："满不错，但请再看看，总是可以找出更好的字和更合适的小品词来的。"——真要把我气疯了。少用一个"和"，省掉一个连接词都是不允许的，有时我不经意用了几个倒装句，而他则是所有倒装句的死敌；如果复合长句没有按照传统的节奏来写，那他根本就看不懂。要同这么一个人打交道，真是一种痛苦。

冯·C伯爵的信任是我得到的唯一安慰。最近他极其坦率地对我说，他对我的这位公使慢慢腾腾、瞻前顾后的作风很不满意。"这种人不仅自找麻烦，也给别人添麻烦。可是，"他说，"可是我们又只好去适应，就像是必须翻过一座大山的旅行者；当然，如果没有这座山，走起来就舒服得多，路程也短得多；现在既然有这座山，那就得翻越过去！"——

我的上司大概也觉察到伯爵比他更赏识我，因而耿耿于怀，便抓住一切机会，在我面前大讲伯爵的坏话。我当然要加以反驳，这样一来，事情只会更糟。昨天他简直把我惹火了，因为他的一番话把我也捎了进去：说起办事嘛，伯爵倒是轻车熟路的，还相当不错，笔头子也好，可就是跟所有爱好文艺的人一样，缺少扎实的学识。说到这里，他脸上显露的那副神色仿佛在问："感到刺着你了吗？"但是，这对我不起作用；对于居然会这样想、会采取这种态度的人，我根本就瞧不起。我毫不让步，并以相当激烈的言辞进行反击。我说，无论是在人品还是学识方面，伯爵都是一位不得不让人尊敬的人。"在我认识的人中，"我说，"还没有谁能像伯爵那样，善于拓宽自己的才智，并把它用来研究各种各样的具体问题，又能把日常事务处理得井井有条。"——我这些话对于他这个狭隘的头脑来说，简直是对牛弹琴，为了不继续为这些愚蠢的废话再咽下一把怒火，我便告辞了。

这一切全怪你们，是你们喋喋不休地让我套上这副枷锁的，而且还给我大念什么要有所"作为"的经。作为！倘若种土豆和驾车进城出售谷物的农民不比我更有作为，那我就甘愿在这条锁住我的奴隶船上再服十年苦役。

聚集在此地的那些令人讨厌的人，表面的光彩掩盖着他们的精神贫乏和空虚无聊！为了追逐等级地位，他们互相警觉，彼此提防，人人都想捷足先登；这种最可悲、最可怜的欲望竟是赤裸裸的，一丝不挂。比如此地有个女人，逢人便大讲她的贵族头衔和地产，以至于每个陌生人都必然会想：这是个傻子，以为有了点门第和地产便了不起了。——但是更恼人的是，该女人正是此地邻近地方一

位文书的女儿。——我真不懂，你看，一个人如此鲜廉寡耻，那还有什么意思。

亲爱的朋友，我日益清楚地觉察到，以己之心去度他人之腹是多么愚蠢。我自己的事还忙不过来，心情又是如此激荡——唉，我乐得让别人走他们自己的路，只要他们也能让我走我的路。

最令我气恼的，便是市民阶层的可悲的处境。虽然我同大家一样非常清楚，等级差别是必要的，它也给了我自己不少好处，只是它不要挡着我的路，妨碍我去享受人世间尚存的一点快乐和一丝幸福。最近，我散步时认识了一位冯·B小姐，她是位可爱的姑娘，在呆板的生活环境中仍保持着许多自然的天性。我们谈得很投契，分别时我请她允许我到她家去看她。她非常大方地答应了，我几乎等不及约好去她那儿的那一刻了。她不是本地人，住在这里的姑妈家。老太太的长相我不喜欢，但对她十分尊敬，我多半是跟她交谈，不到半小时，我基本上了解了她的情况，后来B小姐自己也跟我谈了：亲爱的姑妈这么大年纪了仍是一贫如洗，既无与其身份相称的产业，也无才智，除了祖先的荣耀并无别的依托，除了仰仗门第的隆荫外并无别的庇护，除了从楼上俯视下面市民的脑袋之外并无其他乐趣。据说她年轻时很漂亮，生活逍遥自在，像只翩跹而舞的蝴蝶，起初以她的执拗任性折磨了许多可怜的小伙子；到了中年就纡尊降贵，屈就了一位俯首帖耳的老军官。他以此代价和殷实的生活同她一起共度艰辛的暮年，后来便先去了极乐世界。她现在形单影只，晚景如斯，要不是她侄女如此可爱，谁还去理睬这位老太太。

一七七二年一月八日

人啊，真不知是怎么回事，他们的全部心思都放在了虚文浮礼上，成年累月琢磨和希冀的就是宴席上自己的坐位能不断往前挪！这倒并非他们没有别的事情可做：不，工作多得成堆成堆的，正因为他们都热衷于种种伤脑筋的琐事，才耽误了去办重要的事。上星期乘雪橇出游时就发生了一场争吵，真是扫兴。

这帮傻瓜，他们看不到，位置其实是没有什么关系的，坐首席的很少是第一号角色！正如有多少国王是通过他们的大臣来统治的，多少大臣又是通过他们的秘书来统治的！谁是第一号人物呢？窃以为是那个眼光过人、又拥有很大权力或工于心计、能把别人的力量和热情用来实现自己计划的人。

附　　记

五月九日

　　我怀着朝圣者的虔诚结束了对故乡的朝拜，一些意想不到的感情使我激动不已。在离城还有一刻钟通往 S 地路旁的那棵大菩提树跟前，我让邮车停下，下车后便让邮车继续往前，我则安步当车，随心所欲地重新生动地品味对往事的回忆。我站在菩提树下，这棵树是我童年时散步的目的地和界限。多大的变化啊！那时我天真烂漫，少不更事，渴望到外面陌生的世界去，好使我的心吸取营养，享受欢乐，使我奋发向上和充满渴慕的胸怀得到充实和满足。现在我从广阔的世界回来了。——哦，我的朋友，我回来了，带来的却是破灭的希望，失败的计划！——我望着面前的高山，当年我曾千百次想去攀登。我可以在这里一连坐上几个小时，渴望越过高山，在森林和山谷中神游，在我眼前显得如此亲切、朦胧的森林和山谷中神游；到了该回家的时刻，我离开这个可爱的地方时，是多么恋恋不舍哟！——离城越来越近了，我向所有往日熟悉的花园房舍问候，而那些新建的，以及作了改动的房舍则使我反感。一进城门，我立即完完全全找到了自己的童年。亲爱的，我不想一一细说了；这一切对我来说是多么迷人，但说起来恐怕是非常单调的。我决定在集市上投宿，就挨着我们的旧居。在往那儿去的路上我发现，那间教室，那个我们在一位诚实的老太太管束下度过了童年的地方，现在已成了一家杂货铺。我回想起当年在这间斗室里所经历的不安、哭泣、神志的昏朦和心灵的恐惧。——每走一步也感触良多。一个朝圣者到了圣地也不会遇上这么多记忆中的圣迹。他的心灵也难以盛满这么多神圣的激动。——我还要说一说记忆中千百个经历中的一件。我沿河而下，来到一个农家；这也是我当年常走的路，那时我们男孩子常在那里用扁石块练习往水里打飘飘，看谁打的水飘儿最多。我还印象鲜明地记得，有时我站在那里，注视着河水，脑子里怀着奇妙的揣想随着河水流去，想象着河水流去的地方定是稀奇古怪的，不一会我的想象力就到了尽头；但是我的思绪还在继续驰骋，还在不停地驰骋，直至消失在看不见的远方。——你看，亲爱的朋友，我们杰出的先祖见识多么局限，却又这么幸福快乐！他们的感情，他们的诗歌又是多么天真！奥德修斯谈起无垠的大海和无际的陆地时，是多么真实、感人，多么亲昵、贴切和神秘啊！现在我能对每个学生说地球是圆的，对我又有何用？人只要一小块土地便可在上面安居乐业了，而用来安息的，有一蝾黄土就够了。

　　现在我到了侯爵的猎庄上。这位爵爷为人真诚，纯朴，同他很好相处。但他周围的人却很奇怪，我完全不能理解。他们似乎并非卑鄙小人，但也不像正人君子的样子。有时我觉得他们是正派的，可是我仍不能予以信任。我最感到遗憾的是，侯爵所谈之事往往是道听途说的或是书上看到的，他对事情的看法全是别人向他介绍的，没有他自己的见解。他也很器重我的智慧和才能，但不太重视我的心，可是我的心才是我唯一的骄傲，惟有我的心才是我一切力量、一切幸福和一切痛苦的源泉。啊，我知道的，人人都知道——惟有我的心才为我所独有。

（［德］歌德：《少年维特之烦恼》，韩耀成译，南京，译林出版社，1998 年。）

| 练习与思考

1. 维特的烦恼是什么？

2. 维特面对爱情、社会交往、事业的态度是什么？

3. 维特所代表的狂飙突进的力量是什么？

4. 拓展阅读：［美］杰克·凯鲁亚克《在路上》、［美］塞林格《麦田的守望者》。

| 赏析

18 世纪德国歌德的小说《少年维特之烦恼》用了 1774 年 2 月初到 3 月份的四个星期就完成了，然而这四个星期造就了迄今数百年的风潮，"像维特一样死去"甚至使得这部小说一度在教会和市民阶层的愤怒和批评下成为禁书。"维特热"成为时尚，当时德国年轻人身着"维特装"——"长靴，青色燕尾服，黄色背心"，喝水要用"维特杯子"，据载还有"维特香水"。这部小说采用的书信体形式开创了德国小说史的先河。是维特一个人的自说自话，这样充分展示着维特的内心世界，也迎合了小说情节在极大程度上的自传性：当歌德在韦茨拉尔（Wetzlar）的帝国最高法院实习期间，他结识了年轻的夏洛特·布夫，并爱上了她。但夏洛特已经和一位名叫约翰·克里斯蒂安·凯斯特纳（Johann Christian Kestner）的法律工作者订了婚。在夏洛特的父亲看来，凯斯特纳显然比年轻、有着艺术方面抱负的歌德更加稳重可靠；歌德在那时就已经更想成为一名艺术家而不是律师。歌德仓促地离开了夏洛特。后来，他又认识了一位枢密顾问的女儿马克西米利安娜·冯·拉·罗歇。歌德把两个女子给他留下的印象融合到了绿蒂的形象中。据歌德本人说，他在四周的时间内写出了这部书信体小说，以抵消爱情的痛苦并使自己从自杀的念头中摆脱出来。小说中结尾的部分，维特自尽的情节受到了另一事件的激发而产生。卡尔·威廉·耶路撒冷（Karl Wilhelm Jerusalem）因为巨大的爱情上的不幸而于1772年10月自杀。此事由凯斯特纳告诉歌德，耶路撒冷用来自杀的手枪是凯斯特纳借给他的。这使歌德把他自己在1772年夏天的经历和耶路撒冷的命运混合起来，而在小说的第二部分，耶路撒冷的命运越来越多地成为叙述的主要对象。歌德将耶路撒冷的许多性格特点和其他特征转移到他的维特形象上。为了更近地了解耶路撒冷自杀的情况，歌德于1772年11月初再次短暂地来到韦茨拉尔。他以与熟悉耶路撒冷的人的谈话，以及他自己对耶路撒冷的记忆构成了小说的基础。他甚至原文引用了凯斯特纳对耶路撒冷之死的报告的一些段落。

　　维特故事的背景是在欧洲经历文艺复兴、宗教改革和启蒙运动而从封建主义向资本主义过渡的转折期，德国其时正在经历"狂飙突进运动"，青年一代激情澎湃，强烈要求改变自己在政治上的无权地位，打破严苛的等级秩序，建立自然和平等的人际交往关系，以"个性解放""情感自由"等反对社会各方面的束缚。因此不难理解少年维特的烦恼来自三个方面。一是维特对绿蒂刻骨铭心但相见恨晚却又欲罢不能的爱情苦痛；二是维特对于虚荣无聊的小市民、矫揉造作的贵族、保守迂腐的官僚所带来的排斥、指责、打击却无力反击、无意顺应的交际困难；三是想积极投身于改变社会现状的事业，却被告知一切都是虚妄和对前途追求的困惑。维特要从少年成长为青年，他性格率真、感情细致丰裕、才思敏捷、情感分明。他热爱乡间淳朴生活，热爱自然美景，同时又才华横溢、追求个性解放和情感自由。但这爱情、社交、事业三道迈不过去的现实障碍阻碍了他的自我理想，所有一切曾经展示在他眼前的都变成了烈焰，熊熊燃烧却无法触及，而现实却是冰冷刺骨。爱人拒绝了他，人们嘲弄了他，从文从武都只是他人的工具。庸俗的关系、地位的偏见和鄙陋的习气使得纯净的爱情、质朴的人际关系、为国抱负的事业都一一被残忍推开，最终把维特推向了死亡。而维特也不得不死去。活着的他也只能是空洞无意义的复制品和社会乞儿而已。为了他内心中最真诚的爱情、单纯的人人关系、崇高的事业，维特举枪对准了自己的太阳穴……

　　这些烦恼不是从维特开始才搅扰着年轻人，也绝不会在维特自杀后就离开年轻人，也不会只发生在当时的德国。它们就像是必然而来的成长烦恼，时时刻刻处处偷袭着青春期的人们，让他们碰壁，让他们无助，让他们痛苦和迷惑。然而用死亡证明内心的纯洁，只用得到一个维特。歌德的恋爱失败、魏玛

共和国从政也不如意，然而他继续活着，用另一种方式——文学去改变了这个世界，改变了我们。

八、本章参考答案

小说的形制与艺术特点

小说是诗歌、散文、小说、戏剧四种文体中表现力最强的一种。凡社会生活中存在或人脑能够想象得到而语言又能加以表现的，都可以在小说中表达出来。真实的生活场景、虚妄的梦境幻觉、潜意识的心理、古今中外的时空，皆可纳于小说天地之中。小说是语言的艺术，它融合了其他文体的表达手段，既可以慷慨悲歌，又能抒胸中块垒，还可以议论批评。正因为这种语言表达上的无所不能，注定了小说是容量最大、表现力最强的文体。法国文学巨匠左拉曾说："小说家成了文坛当今的宠儿。"

一、小说的分类

小说内容丰富，分类复杂。按篇幅及容量可分为长篇、中篇、短篇、微型小说；按语言形式分为文言小说、白话小说；按时代分为古代小说、现代小说；按体制可分为章回体、日记体、书信体、自传体；按题材可分为武侠小说、推理小说、历史小说、言情小说、科幻小说、探险小说、恐怖小说、冶艳小说、讽刺小说、军事小说等；按流派可分为古典主义小说、现实主义小说、浪漫主义小说、形式主义小说、表现主义小说、存在主义小说、意识流小说、新小说派、魔幻现实主义。还可按载体，按写作手法，不一而足，难以尽数。

小说的长短不一。鸿篇巨制，长达几十万字，如《红楼梦》；也有短小精致到一句话的，如美国科幻作家弗里蒂克·布朗的《敲门声》："地球上最后一个人独自坐在房间里，这时，忽然响起了敲门声……"小说再短，里面都得有人物、情节、环境，给读者提供了极大的想象空间。

二、小说三要素

小说的基本要素是人物、情节、环境。

1. 深入细致的人物刻画

人物形象是小说必不可少的要素之一。任何一部优秀的小说，总有使人难忘的典型人物。小说的创作过程就是塑造出具有独特个性和典型意义的人物形象的过程。小说中的人不一定是真的人类，如《西游记》《聊斋志异》以及童话里的动物或鬼怪，因其拟人化的特点，仍可以看作某种特殊类型的人物形象。小说中的人物形象可以是生活原型，由作家加工升华而来，也可以是"杂取种种，合成一个"。巴尔扎克说过："为了塑造一个美丽的形象，就取这个模特儿的手，取另一个模特儿的脚，取这个的胸，取那个的骨。艺术家的使命就是把生命灌注到所塑造的人体里去把描绘变成现实。"鲁迅先生说："人物的模特儿也一样，没有专用过一个人，往往嘴在浙江，脸在北京，衣服在山西，是一个拼凑起来的角色。"

2. 完整复杂的情节叙述

小说的情节是指按因果逻辑组织起来体现矛盾冲突、表现人物关系、揭示人物性格和命运变化的一系列生活事件。小说受青睐的一个非常重要的原因就是小说的故事性满足了人们天生的猎奇心理。故事情节是小说的基本面，没有故事就没有小说。小说的故事和一般意义上的故事不同。如果说"国王死了，不久王后也死去"是故事；那么"国王死了，不久王后也因伤心而死"则是情节。情节是把在表面上看来偶然出现的不同事件用因果关系加以解释和重组。小说的故事情节虽然大部分情况下是虚构的，但这种虚构由于经过了作者的提炼加工和巧妙组织，而具有非常强的逻辑性，使得比现实生活更集中，更有代表性。传统小说的故事情节一般包括开端、发展、高潮和结局等环节，有时还有序幕和尾声。当代小说的情节安排往往打破这些环节的限制。

3．具体充分的环境描写

环境是小说人物活动的场所和事情发生的背景，也是促成人物性格赖以形成的重要因素。人物形象的塑造、故事情节的展开，都必须在一定的环境里存在，所以环境是小说的另一大要素。环境包括自然环境、社会环境和人物活动的特定环境。自然环境描写用来渲染故事气氛、烘托人物形象、推动情节发展、深化作品主题。社会环境描写交代人物的生存环境、人物的社会关系、作品的时代背景。人物活动环境描写对刻画人物、表现主题有着不可替代的作用，如教材所选《红楼梦（第五回节选）》，作者通过贾宝玉对上房内间与秦可卿房间环境布置的不同态度，刻画出其讨厌仕途的叛逆性格；通过秦可卿房间环境的布置，向读者暗示了秦可卿风月人物的形象特点。小说中的环境是典型化了的，正如小说的故事一样，它不必是真实的，即使它常常被作家冠以真实的地名与真实的时间，如鲁迅笔下的鲁镇、沈从文笔下的湘西世界、莫言笔下的高密东北乡，是不可以完全从现实去对照的。

三、小说的叙事

小说的叙事是话语的虚构，小说要讲故事，故事由谁来叙述，选择什么样的角度来叙述，至关重要。

1．叙事视角与人称

小说叙事视角大致可以分为三种，即全知叙事、限制叙事、纯客观叙事。

（1）全知叙事

全知叙事角度是一种没有视角限制，叙述者无处不在、无所不知的叙事方式，作者在全知叙事角度中获得了充分自由，全方位向读者展示各个角落，甚至自由剖析人物心理，所以它也被称为上帝视角。它最常用的叙事人称是第三人称。包括四大名著在内的中国古代小说绝大部分采用这种叙事方式。现代小说使用这种视角也屡见不鲜，比较典型的当属钱锺书的《围城》。教材所选《霍小玉传》《俞伯牙摔琴谢知音》《萧萧》和《民间音乐》等，也是采用第三人称的全知叙事视角。全知叙事视角的优点是自由灵活，叙述人不受时间、空间等的限制，可以自由表现人物和事件，便于展现广阔的生活场景和社会画面，最大限度地展示社会生活的深度和广度等等。不足之处在于，无所不能的，甚至深入人物内心世界的描写剖析弱化了故事的可信度。

（2）限知叙事

也称限制叙事、有限叙事，是由故事中的一个人物来讲述故事。限知叙事视角的特点是：人物不知道的事，作者无权代为叙述，只能讲述人物所感知、所认识、所理解的一切。20世纪初，随着西方文学作品大量引进而兴起。它避免了全知叙事的缺陷，增加故事的可信性和权威性。限知叙事中作者常用第一人称"我"来叙事，"我"可以是主要人物，也可以是次要人物。凡是"我"没有出场的地方和没看到的东西都不能写。也就是说叙述不能超越"我"的感知理解范围。写心理活动，只能写"我"的心理活动，其他人物的心理活动不能直接写。如教材所选鲁迅先生的《伤逝——涓生的手记》就从"我"涓生的角度进行叙述，再如《孔乙己》是以咸亨酒店小伙计"我"的视角叙述，鲁迅的《故乡》《社戏》，丁玲的《莎菲女士的日记》等都是这种叙事方式。限知叙述视角的好处是"我"可以直抒胸臆，议论、抒情，嬉笑怒骂，给人以真实的感觉，最大程度地唤起读者的共鸣。限知叙事中可以采用第三人称叙述。叙述者不在作品中直接露面，而是借助作品中的人物的视角来讲述。叙述者借助某个人物的感觉和意识，从他的视觉、听觉及感受的角度去传达一切。如高晓声的《陈奂生上城》通过主人公陈奂生上城的经历，及其微妙的心理变化，写出了以陈奂生为代表的农民的精神状态；在冯骥才的《高女人和矮丈夫》中，作家选取了团结大楼的居民作为叙述视角，绝不超出居民的眼光和感知范围。

限知叙事虽然显得真实，但受客观条件的影响，叙述人视角被限制，有些空白还要读者去填补。它不像全知视角那样叙述者能把控全局。所以这种叙事视角不适于那种规模宏大、人物众多、线索纷繁的小说。为了尽可能减少限制叙事视角的缺陷，拓展叙事的自由度，叙述者也可以是多个人物轮流，从不同角度叙述事件进程。如莫言的《檀香刑》，虽然都是第一人称"我"叙述，但在不同章节中，"我"的人物身份是不同的，是眉娘、赵甲、小甲、孙丙、知县等轮流叙述。

（3）纯客观叙事

纯客观叙事视角，叙述者只冷静地记录人物的言行，笔触淡漠，于客观的叙述中展现情景或现场，不做主观评价，不分析人物的心理。作品中常采用第三人称叙述。这种叙述方式类似于新闻写作，真实性强，作品的解读需要读者自己的理解品味。如鲁迅的《肥皂》"无一贬词，而情伪毕露"。其他如《示众》《彷徨》等，刘半农所谓"写来不著形迹，其妙处全在字句之外"。这种纯客观叙述方式因其过于客观，故而语言表达显得冷漠，较难引起读者的情感共鸣。纯客观叙述角度的难度也大，作为有倾向有情感的人，作者很难不带有主观色彩，因而这种视角较少运用。

2. 叙事时间和结构

小说中经常给出明确的时间标识，从而让读者能够理清故事的脉络。无论人类生活中真实发生的事情还是小说中叙述的故事，其发展必定都会依循自然的时间过程，但小说作家在叙述中编排情节时，不一定按照自然时间顺序，这就是叙事时间。

传统小说的叙事一般都采用连贯的叙事时间。这种叙事时间和故事发展的自然时间顺序相一致，按由前向后、由古至今的时间脉络单向发展，情节的发生、发展、高潮、结局在叙述中逐次展开。沿时间脉络叙事的称为顺叙，它能使文章的层次同事件发展的过程基本一致，容易把事件记叙得有头有尾，脉络清晰。与传统小说不同，现代小说常常打乱事件发生的时间顺序，与故事自然时间不同步进行，在作者人为干涉下打破时间顺序将事件重新组合，叙事灵活多变，运用顺叙、逆叙、倒叙、补叙、插叙，甚至故意淡化时间等多种方法，丰富了叙事手段。叙事时间还可以不突出自然时间，而采用地点变换形成的空间时间或意识流的心理时间。

四、小说的语言

1. 叙事语言

小说叙事语言体现了作家的个性。每个作家都会力图形成自己的语言风格，或恬淡，或深沉，或热烈，或豪放，有的偏重叙述，有的偏重描写。小说叙事语言能体现出时代的共性。中国早期志怪、志人小说的语言简约质朴，不施藻饰，如六朝时期的《搜神记》《世说新语》。小说成熟时出现的唐代传奇，开始了有意识的虚构，但仍有史传文学的影子。唐传奇的语言兼具散文和诗赋的长处。叙述事件简洁明快，重视文采，语言华美流畅，丰富多彩。在小说进一步发展的宋元时期，民间说唱艺术勃兴，白话话本小说兴起，其语言散韵结合，不避俚俗，通俗流畅，生动自然，具有浓烈的生活气息和较强的表现力。中国古典小说在明清发展到高峰，此时的文言小说、白话小说皆有经典名著出现，鸿篇巨制不少。20 世纪 80 年代中期以后，一批年轻作家开始质疑传统小说的写法，对小说的写法进行探索和创新，把目光从内容投向形式，从"写什么"转变为"怎么写"，把叙述置于故事之上，形成"以形式为内容"的风气。马原、余华、格非、北村、苏童等先锋派作家们，追求新颖的叙事视角、独特的感觉方式、特殊的情节结构和鲜明的语言风格，对汉语言的表达进行了大胆的实验。

2．人物语言

除了作家的叙事语言外，小说人物语言的处理也关系到作品的成败。小说人物语言不同于作者的叙述语言，它必须具有独立性，直接面向读者。这就要求作家在写作中做到贴切逼真、惟妙惟肖。如教材所选《霍小玉传》，写人状物用笔精到，人物对话生动传神。如小玉临死前痛斥李益的描写，使人如见其人、如闻其声：

"我为女子，薄命如斯；君是丈夫，负心若此。韶颜稚齿，饮恨而终；慈母在堂，不能供养；绮罗弦管，从此永休。征痛黄泉，皆君所致。李君李君，今当永诀！我死之后，必为厉鬼，使君妻妾，终日不安！"乃引左手握生臂，掷杯于地，长恸号哭数声而绝。

再比如《红楼梦》，薛蟠、焦大的语言跟宝钗、黛玉、宝玉等截然不同。人物语言是为刻画人物性格服务的。作家要努力写出人物的性格语言，突出人物形象。

当年，先锋派作家马原曾放言"小说已死"。从网络、新媒体、影视艺术对传统纸媒的冲击这个角度来看，这话有一定道理。然而，网络小说的勃兴也使小说语言的表现更为丰富和复杂。万变不离其宗，没有语言就没有小说。说到底，小说是语言的艺术。

参考文献

1．徐岱：《小说叙事学》，北京，中国社会科学出版社，1992 年．

2．刘俐俐：《小说艺术十二章》，上海，上海教育出版社，2014 年．

3．陈平原：《中国小说叙事模式的转变》，上海，上海人民出版社，1988 年．

4．［英］E. M. 福斯特著，冯涛译：《小说面面观》，北京，人民文学出版社，2009 年．

5．童庆炳：《文学理论教程》，北京，高等教育出版社，2004 年．

1. 小说三要素指什么?

2. 怎样理解叙事视角与人称关系?

3. 有人说"小说已死",谈谈你的看法。

九、幽默人生

【单元题记】

幽默到底是啥玩意儿？

一则："世界上哪三种动物加起来最高？""猪＋母狼＋马蜂！"

二则：儿子启问大禹说："父亲您能完成如此伟业，依靠的是什么？""认真，关键就是认真！""就是说靠着认真才能治好水？""不，是因为认真你就疏了！"

如果非说这两则玩意儿挺"幽默"的，大约能估摸出前者轻一些，后者重一些，前者热一些，后者冷一些，前者亮一些，后者暗一些。老舍在《谈幽默》里说，机智、反语、讽刺都跟幽默有联系。这倒是真的，可机智＋反语＋讽刺＝幽默？这等号又很难画得下去，幽默有时跟机智联系紧密，有时会使用反语的技巧，有时与讽刺形影不离，看上去幽默似乎跟这三位老兄都有些瓜葛，都有点交情，但又不止于此。

魏晋风骨之刘伶，眯起醉眼看到特立独行的人生，万事只待千杯醉，洒脱之下为大智慧、小机智。林语堂笔下语言这个局，不是局内人有时还真是摸不到门道儿。说话有意思，得含嗔带笑、绵里藏针、意有所指、别有所图，所以说出来便带着足足的色彩与配料。这是真俏皮还是假滑稽，正话反着说反话正着说？机智处还显着几分智慧，蕴着爱恨交织的几分无奈。老舍说我可不懂什么幽默，我就知道自己可笑，你可笑他可笑，凡可笑我就乐呵。我知道自己的分量，所以我谦虚，可咱不装蒜。实在人儿写实在话，大实话说着舒坦看着舒心，草根的机智就是生存的智慧，率真的乐呵就是生活的真谛。钱锺书"反躬自笑"，幽默就是别有会心、欣然独笑、冷然微笑，替沉闷的人生透一口气。

中国人的幽默里虽然机智、反语和讽刺三兄弟分量各不相同，可有一样是相通的，都是平常的人和事，于平常中看出里面的轻重、冷热和明暗。这份功力琢磨琢磨，其实是根植于嬉笑怒骂背后的温厚与善良。幽默的人大概总是善意的，一视同仁，心宽气朗，和颜悦色。这样看来幽默该是热心肠的乐观吧？

外国文学中的幽默比起中国来，又有些别样。契诃夫冷静、冷酷、内敛，他的幽默如刀凿斧斫。海勒的《第22条军规》念叨了半天，谁也说不清。为了逃避出征任务可以装精神病，可一旦你为了逃避作战而装精神病，又哪里还是病人？这份幽默的路径跟咱中国人的温儒敦厚就是不同，它夸张、变形、超常。越荒诞越可乐，越可乐越悲凉。这回看来，幽默又是冷嘲讽的悲观吧？

幽默就是人生况味。人生在世，如烹饪，七味杂陈，酸甜苦辣咸鲜香。幽默恰如其中点染着喜怒哀乐愁的况味，任人品尝。甜鲜香醇之时能开怀一乐，不啻于锦上添花；酸苦辣咸之际，动心忍性幽他一默更是佳品。在人生际遇不那么乐观时，幽默才弥显珍贵。上乘的幽默，成熟的幽默，会幻化为了不起的人生态度。以此情此景入世入文，便成就了传世品格与文章。

世说新语（节选）

刘义庆

【解题】刘义庆（403—444），南朝宋著名小说家。彭城（今江苏徐州市）人。武帝永初元年（420）袭封临川王。爱好文学，"招聚文学之士，近远必至"。袁淑、陆展、何长瑜、鲍照等文士皆从其左右。

《世说新语》分德行、言语、政事、文学等三十六篇，记述汉末至东晋士族阶层人物的言谈逸事，较全面地反映出当时士族的生活方式和精神面貌。鲁迅说它"记言则玄远冷隽，记行则高简瑰丽"（《中国小说史略》）。语言精练，隽永传神，对后世笔记文学影响甚大，模仿它的著作不断出现。书中不少故事，如"周处除三害""祢衡击鼓骂曹""温峤娶妇""望梅止渴""曹植七步成诗"等都成为后世戏曲小说的素材，而"新亭对泣""谢女咏雪""子猷访戴"等则成为后世诗文常用的典故。课文节选自"任诞第二十三"中有关饮酒的几则故事，从中可看出那些狂放不羁的魏晋名士颇具幽默之意，使人不觉莞尔。

三

刘伶病酒①，渴甚，从妇②求酒。妇捐③酒毁器，涕泣谏曰："君饮太过，

---

① 病酒：饮酒过量而引起身体不适。
② 从：向。妇：指妻子。
③ 捐：丢弃。

非摄生①之道，必宜断之！"伶曰："甚善。我不能自禁，唯当祝②鬼神，自誓断之耳！便可具酒肉。"妇曰："敬闻命。"供酒肉于神前，请伶祝誓。伶跪而祝曰："天生刘伶，以酒为名③，一饮一斛④，五斗解酲⑤。妇人之言，慎不可听。"便引酒进肉，隗⑥然已醉矣。

四

刘公荣⑦与人饮酒，杂秽非类⑧。人或讥之，答曰："胜公荣者，不可不与饮；不如公荣者，亦不可不与饮；是公荣辈者，又不可不与饮。故终日共饮而醉。"

六

刘伶恒纵酒放达⑨，或脱衣裸形在屋中，人见讥之。伶曰："我以天地为栋宇⑩，屋室为裈衣⑪，诸君何为入我裈中！"

一二

诸阮⑫皆能饮酒，仲容⑬至宗人⑭间共集，不复用常杯斟酌，以大瓮⑮盛酒，围坐，相向⑯大酌。时有群猪来饮，直接去上，便共饮之。

（［南朝］刘义庆：《世说新语》，朱碧莲、沈海波译注，北京，中华书局，2011年。）

| 练习与思考

1. 你觉得魏晋士人酗酒任诞的深层社会原因是什么？

---

① 摄生：养生，保养身体。
② 祝：向鬼神祷告。
③ 名：通"命"。
④ 斛（hú）：中国旧量器名，亦是容量单位，一斛本为十斗，后来改为五斗。
⑤ 酲（chéng）：酒病，醉酒后神志处于模糊状态。
⑥ 隗（wěi）然：醉倒的样子。
⑦ 刘公荣：刘昶（chǎng），字公荣，西晋沛国（今安徽濉溪）人，性好酒，为人通达，官兖州刺史。
⑧ 杂秽：杂乱。非类：不是同一类人。
⑨ 放达：放纵通达。
⑩ 栋宇：房屋。
⑪ 裈（kūn）衣：裤子。
⑫ 诸阮：指阮氏同族人。
⑬ 仲容：阮咸。
⑭ 宗人：同族人。
⑮ 瓮：盛酒的陶器。
⑯ 相向：面对面。

2. 如何看待"竹林七贤"的"指礼法为俗流，目纵诞以清高"？

3. 唐代诗人罗隐有首《自遣》也提到饮酒："得即高歌失即休，多愁多恨亦悠悠。今朝有酒今朝醉，明日愁来明日愁。"你觉得这首诗中"酒"的意味是否贴合魏晋风度？为什么？

| 赏析

万事不如杯在手，人生几见月当头。对魏晋名士而言，酒是不可或缺的人生伴侣，正如鲁迅在《魏晋风度及文章与药及酒之关系》中所说："正始名士服药，竹林名士饮酒。"翻看《世说新语·任诞第二十三》，魏晋名士们对于酒的推崇屡见不鲜。如毕茂世云："一手持蟹螯，一手持酒杯，拍浮酒池中，便足了一生。"王卫军云："酒正自引人著胜地。"王佛大叹言："三日不饮酒，觉形神不复相亲。"王孝伯更是说道："名士不必须奇才，但使常得无事，痛饮酒，熟读《离骚》，便可称名士。"可见酒俨然已和魏晋风度融为一体，难分彼此。文中摘录的这几则与酒有关的故事，则于放荡不羁间显露出会心的幽默，让人忍俊不禁。

以一篇《酒德颂》名垂千古的刘伶由于酗酒伤身，引得老婆暴怒。老婆倒掉剩酒，砸掉酒器，逼迫刘伶戒酒。不料，刘伶竟以祷告赌咒为由，骗了老婆的祭祀酒肉，再一次沉入醉乡，而且还劝诫鬼神"妇人之言，慎不可听"，真可谓酒痴！不过，名士醉酒之后难免任性放纵、潇洒不拘，例如刘伶就经常喝了酒在家里展览裸体。那么，其裸体的审美意蕴究竟如何？据《晋书·刘伶传》载，其"身长六尺，容貌甚陋"，而且酒后闹事快被人揍时也自认"鸡肋不足以安尊拳"。既然不是潘安那样的花样美男让人垂涎，也不是施瓦辛格那样的倒三角体型让人景仰，一丝不挂地裸露出"纯瘦肉、无淀粉"的根根排骨，难免让人心生厌恶，不讥笑一番确实也难泄喉头呕吐之意。不过刘伶逸兴干云、妙答天成："我把天地当作我的房子，把屋子当作裤子，诸位为什么跑到我裤裆里来呢？"让人不禁喷饭。据《晋书》载，刘伶常乘着鹿车，携一壶酒，让人扛着铁锹跟在后面，说："死便埋我。"一生浑是醉，万古复何悲？其对美酒之情深、对生命之旷达，真不失为名士风流。

除了刘伶，其他酒中名士也值得一晒。例如刘公荣也同刘伶一般终日烂醉如泥，而且有着自身鲜明的饮酒特色：只顾得喝酒，不知和谁喝。由于与其一同饮酒的人三教九流、各式各样，别人很是奇怪。于是，刘公荣响亮地提出了

"喝酒三原则"：酒量比我好的，不能不和他喝；酒量比我差的，不能不和他喝；酒量和我一样的，更不能不和他喝，所以只能终日到处和人喝酒。概括起来其实是一句话：喝酒，必须的！不过，虽然一起喝酒的人很杂，但刘公荣毕竟是和人喝，而阮家的那些高士则直接和猪一起喝。据载，由于阮氏家族的人都很能喝酒，"竹林七贤"之一的阮咸与族人聚会时就不用平常的酒杯饮酒，而是把酒盛在大瓮里，大家围坐瓮前俯身狂饮。不料，有次一群猪也凑过来饮酒。所谓"来的都是客"，于是阮家高士们就与这群猪一起痛饮。这一幕让人不由想起王小波笔下那只特立独行的猪，因为这群猪也颇有魏晋风度，不为俗礼所拘，特立独行，想饮酒便饮酒。而且幸运的是，这群特立独行的猪遇上了一群特立独行的人，于是才有了这一场"兰亭欢会"般的"群贤毕至、少长咸集、人猪同欢"。

　　林语堂说："最上乘的幽默，自然是表示'心灵的光辉与智慧的丰富'。"（《论读书·论幽默》）本文摘录的这几则故事正反映了魏晋士人旷达风流中所蕴含的上乘幽默，这种闪现着"心灵的光辉与智慧的丰富"的幽默感凭借着美酒氤氲开来、香气四溢，可谓酒中有人生智慧，酒中有名士情怀，酒中有上乘幽默。引用刘伶传世名篇《酒德颂》所言，酒能使人"无思无虑，其乐陶陶。兀然而醉，豁尔而醒。静听不闻雷霆之声，熟视不睹泰山之形"。所以，人生得意须尽欢，无酒岂谓真名士！

图片摄影：苏新春

古琴独奏《酒狂》

怎样说话与演讲（节选）

林语堂

【解题】林语堂（1895—1976），福建龙溪（现福建省漳州市平和县坂仔镇）人，当代著名学者、文学家、语言学家和发明家，以"道理渗透是幽默，性灵解脱是文章。两脚踏中西文化，一心评宇宙文章"而闻名。一生著述文体种类浩繁，以散文小品最为人所称道。其散文涉猎极广，宇宙诸事无所不谈，不论主题大小、事例巨细，始终保持谈话风的艺术范式，以闲适幽默的笔触融汇东西方智慧，以潇洒自在的姿态追求心灵的启悟，不仅拓展了现代散文的审美力度，而且另辟蹊径，自成独抒性灵一派风骨。

说话是一件难事

一、天天说话不见得就会说话

一个人生了嘴巴，话是不能不说的。就以哑巴而论，他虽然不会说话，然而他还是要发出咿咿呀呀的声音，并且做着指指点点的手势，用以表达他的感情和意见。

人是不能不说话的，但是，有的人说起话来，娓娓动听，使人听了全身的筋骨都感觉到舒服；有的人说起话来，锋芒锐利，像是一柄利刃，令人感觉到十分恐惧；有的人说起话来，一开口就使人感觉到讨厌。所以人的面貌各个不同，而人的说话，获得的效果，也正像面貌的各个不同一样。

说话是一件不容易的事。我们天天都在说话，并且不见得我们是会说话的。我们说了一辈子的话，试问有几句话是说得特别好的？我们对于人家说话，是不是每一句都能使人家心服？我们对人家办交涉，是不是自己能够完全占得了胜利？"辩士的舌锋"、"三寸不烂之舌"这种赞词，完全是对于说话的人的称赞。然而，我们的说话，是不是句句都能获得这种称誉？照这样看来，就可以知道我们的说话，的确不是一件容易的事情了。

虽然说，我们并不想去做辩士和说客，我们并不需要犀利的舌锋，但是，我们要知道，人的一生，不外是言语和动作。我们除了动作之外，就是言语。我们不能终身不说话，一切的人情世故，一大半是在说话当中。

我们的话说得好，小则可以欢乐，大则可以兴国；我们的话说得不好，小则可以招怨，大则可以丧身。所以，古人说的"一言可以兴邦，一言可以丧邦"，这话真是不错的。我们虽然手里并不执着国柄，所以我们的说话，不会去负着"兴邦"或是"丧邦"的责任；可是，我们也不能不顾到"欢乐"或是"招怨"方面，不能不顾到把事情"办成"或是"办毁"方面。我们要顾到这一点，那已是不容易的了。

二、说话不见得比写文章容易

大家以为说话是容易的，做起文章来，那才不容易呢。这一句话，在作者看来是不大对的。因为，一般人的见解，以为说话是个人要说的，不管大人或是小孩，不管文明人或是粗野人，因为时时刻刻都要说话，所以说话是不觉得困难的。至于写文章那就不然，不是张三李四每一个人都能够的，因此就觉得说话容易而写文章困难了。其实，说话未必比写文章容易，因为写文章是写了可以修改的，一句话说了出来而要加以修改，那是比较困难的。写文章写了几句，可以搁下笔构思，你去想了几分钟几小时甚至几天都不要紧的，而对人说话，那就不能如此。所以说话不见得比写文章容易。

文章写不来，就得研究、学习；说话和写文章是一样的，所以我们也得研究、学习。有的人写起文章来很好，可是要他向人家说话，那就迟迟不吐，像是有口吃病的；这也正像有的人说起话来滔滔如流水而不会写文章一样的。写文章可以写得如流水行云般的顺适，也可以写得"佶屈聱牙"的读不上口，然而这终是文章；因为文章有古文和白话文的分别，还有读起来叮叮当当、声调十分好听的韵文以及写情达意的散文。可是，不论古文和白话文，不论韵文和散文，不管哪一种文体，总是文章；而说话就不行，说话一定要用现代的口语。

如果我们现代的说话，夹上"伙颐"、"沉沉者"，或者是"兀的不人么也哥"这样的古人的话，那就不行了。所以在文章里用一些古奥的东西，或是写得不大自然，还是不太要紧的，还是可以成为功力派的，说话如果也有了功力派，你瞧，那还成为什么样子！

三、拉长了面孔不好 可是嬉皮笑脸也不行

说话有正经的和随便的两种，所谓正经的，大都是拉长了面孔说话的；所谓随便的，大都是带些嬉皮笑脸的态度来说话。比方，牧师的说教，法庭的审判，会议的发表意见，这都要求十分庄重严肃，拉长了面孔说话。这种拉长了面孔说话，有时是可以先期准备好了的。至于和朋友的谈天，上下古今，东西南北，大至宇宙，小及蚂蚁，可以零零碎碎，也可以成为整个的，这种带些嬉皮笑脸的态度，那是不能先行预备的，完全是将话搭话，随机应变。

正经的说话，当然是拉长了面孔说的时候居多数；然而也并不一定完全要拉长了面孔。因为拉长了面孔，使得听者严肃而拘谨起来，在听者是一件感到不大舒服的事情。如果完全嬉皮笑脸，那失之庄严，人家也就要不当一回事了。所以，在说话的时候，能够在庄严之中带些轻松的话，能使有时在十分的拘束之中，也可以自由随便地透一口气，这是最要紧的。

可是在庄严的态度之中，到了怎样的地步便得插进些轻松的话呢？这倒并没有什么一定的公式，全在说话的人自己去神而明之。同一个意思，同一句话，会说话的人说起来，听者眉飞色舞，全身的筋骨都感到了舒服；不会说话的人说起来，听者就要头昏脑涨了。

四、自己要乖巧

说话是一件不容易的事。做文章容易闯下大祸来，像元明清三朝的文字狱，使得后世的读史者，把舌头伸出口外而缩不进去。可是，说话也是很容易闯下大祸的，所以俗语说"祸从口出"。你如果说话不当心，招人之忌，这是事实所难免的。所以，我们不要以为会写文章的人易于闯下大祸来，就是不会写文章的人，也会因说话不慎而闯下大祸来的。

"金人三缄其口"，意思就是告诉大家说话要当心。可是，我们缄口不言，事实上也是做不到的，那我们说话的时候，惟有十分的当心了；换句话说，就是我们说话的时候，要自己乖巧而已。怎样说话才算是乖巧呢？这话是不容易回答的。不过，我们把说话的技巧严加训练，使说话不要专门从正面去表现，可以从侧面、反面或是夹缝里去表现，这便是一种说话的技巧。例如：

"楚庄王爱马，衣以文绣，置之华屋之下，席以露床，啖以枣脯，马病肥死，使群臣丧之，欲以棺椁大夫礼葬之，左右争之，以为不可。王下令曰：

'有敢以马谏者，罪至死。'优孟闻之，入殿门，仰天大哭。王惊而问其故。优孟曰：'马者，王之所爱也。以楚国堂堂之大，何求不得，而以大夫礼葬之，薄，请以人君礼葬之。'王曰：'何如？'对曰：'臣请以雕玉为棺，文梓为椁，楩枫豫章为题凑，发甲卒为穿圹，老弱负土，齐、赵陪位于前，韩、魏翼卫其后，享食太牢，奉以万户之邑。诸侯闻之，皆知大王贱人而贵马也。'王曰：'寡人之过，一至此乎！为之奈何？'优孟曰：'请为大王六畜葬之，以垄灶为椁，铜历为棺，赍以姜枣，荐以木兰，祭以粮稻，衣以火光，葬之于人腹肠。'于是王乃使以马属太官，无令天下久闻也。"（《史记·滑稽列传》）

照上面的一段记载看来，楚庄王既下了命令，说是"有敢以马谏者，罪至死"。那么，以马谏的臣子，如果用正面的话去直谏，楚庄王不但不纳，而且谏者也徒然地牺牲了性命，这举动便不是智者所肯为的。而优孟用了反面的话来讽谏，终于达到了讽谏的目的，这便是一种乖巧说话的技巧。我们碰到说话发生困难的时候，这种技巧是十分用得到的。

不要说为了避免发生性命的关系而说话须乖巧，其实，我们和朋友们随便闲谈，有时也会因为某句话而引出了事端，小则唇枪舌剑，弄得两面不欢；大则彼此绝交，弄得结成仇恨，所以我们即使在随便的闲谈之中，乖巧也是不能不有的。

五、要张开了眼睛说话

我们在说话的时候，最要紧的是不可闭着眼睛瞎说。虽然在说话的时候，谁都没有把眼睛闭着，可是你虽然张开着眼睛，但如果没有把事理看得清楚，或是没有把说话对象的态度认清，环境认清，这说话仍旧是等于闭着眼睛一样。讲到做人的道理，处世的经验，最好我们是闭着眼睛，人家做好做歹完全不关我的事，俗话讲"风声雨声不吱声，度此一生；国事家事不问事，平安无事"，那我就不会惹出是非来了；可是说话则不然，你闭着眼睛，是非就在这里弄了出来。比方说像法官的判决案件，为什么要一审再审？为的是把这案件弄得清楚，然后判断下去可以没有冤狱，可以使两方都甘心承认。要是不把事理弄清楚，贸然地判决下去，这等于是闭着眼睛审官司，原告被告，不管是哪一方面胜利，都是不能甘心向你折服的。

就以我们普通的谈话而论，我国有一句老话，叫作"对得意人勿讲失意话"，这真是有经验的处世之谈。比方，有人走马上任，大家都是笑容可掬地在恭维，你混在中间，畅谈着一般污吏的下场和丑相，这不要说当局者难受而对你不高兴，就是周围的人，谁都要当你是精神病患者。客气些大家不睬你，不客气些竟会群起而攻之，你就做了众矢之的了。

现在，我再来引一则故事在下面：

姑苏才子唐伯虎，他很看不起住在他家对门的那户人家。因为那户人家并不是世代书香，而是在半途上发迹的缘故。他们家里有一位老母亲和五个儿子。

有一天，这五个儿子为母亲祝嘏。亲朋毕集，热闹非凡；只因不是书香人家，在这祝寿之中，少有文墨的点缀，未免是美中不足。这时候大家想起对门的唐伯虎是一位才子，如果能够有他在这里书赠一些什么，那一定可以增光不少。正在这样想的时候，唐伯虎居然备了一些薄礼，前来庆寿了。那户人家的主人，自然是十分的高兴，就是许多亲友，也是十分的高兴。

在席间，大家请他题诗了。唐伯虎毫不推却，立刻拿起笔来，第一句写的是"对门老妪不是人"。第二句尚未写下，主人亲朋，个个都对他怒目而视了；因为今天祝嘏，大家应该十分快乐，说着吉利话才对，现在请他题诗，他竟骂起人来，这怎么会不惹人愤怒呢？因为他是有名的吴门才子，所以大家只是怒目而视，不以非礼举动对他，准备看他第二句怎样骂法，然后再来发作。但是，唐伯虎一看周围的环境，知道骂人骂下去一定没有好结果，不能不使大家的情绪缓和一下，所以第二句接下写道"西方王母转凡身"。这样一写，主人亲朋，个个面现笑容，觉得他真不愧是才子，把第一句骂人的话，也变成为不是骂人的话了。可是唐伯虎是善于作弄人家的，他感觉到周围的人都在啧啧称赞的时候，所以第三句的诗题为"生养五子俱做贼"。这可不对了，又使大家的情绪紧张起来了；因为大家觉得他先前骂人家的母亲，现在再骂到人家的儿子，把一家人都骂到了，这一腔的怒火，势必要爆发出来了。但是，大家还是暂时的忍耐着，看他末一句究竟怎样题。唐伯虎感觉到大家的怒火立刻就要爆发了，因此第四句题为"偷得蟠桃奉母亲"。这一来，又把大家的情绪缓和了下来，大家都觉得他真是一位才子，用着像一种骂人的口吻，写出了一首极好的祝嘏诗。

在上面的一段故事中，唐伯虎并不真是甘心来祝他所看不起的老妪的寿的，要骂一下那位寿婆，倒是他的真心。可是，他看了周围的环境，知道骂了人不会有好处，所以虽然脱口骂了出来，还是立刻改变口吻，使已经骂出的话也成为不是骂人的话，因为他是才子，所以能够有这样的灵敏的手腕。

再引鲁迅《立论》一文：

我梦见自己正在小学校的讲堂上预备作文，向老师请教立论的方法。

"难！"老师从眼镜圈外斜射出眼光来，看着我，说："我告诉你一件事——

"一家人生了一个男孩，合家高兴透顶了。满月的时候，抱出来给客人看，——大概自然是想得一点好兆头。

一个说：'这孩子将来要发财的。'他于是得到一番感谢。

一个说：'这孩子将来要做官的。'他于是收回几句恭维。

一个说：'这孩子将来是要死的。'他于是得到一顿大家合力的痛打。

"说要死的必然，说富贵的许谎。但说谎的得好报，说必然的遭打。你……"

"我愿意既不谎，也不遭打。那么，老师，我得怎么说呢？"

"那么，你得说：'啊呀！这孩子啊！您瞧！多么……阿唷！哈哈！Hehe！hehehehehe！'"

这两个例子可以看出，说话是不能闭了眼睛说的，要时时观察对方，认清环境。

六、了解说话的基本特点

由于说话往往是即兴的、随意的、脱口而出的，对话的双方都不能有更多的思考余地。因为交谈对象就在眼前，说话的人可以用手势、表情之类的东西，以帮助表情达意。说话作为交际之具，叫作"谈话体"，现代的时髦词叫"口才学"或"口语"，和"书面语"是不同的。说话要求句子短小，结构简单，修辞性附加语少，不讲究完整的规范；说话中零句多，整句少，连词、介词、动词常常省略；句式松散，停顿较多。如：

书面语：他买了一本缺一页的书。

谈话语：他买了一本书，缺一页。

　　A：推销员吗？

　　B：是的。

　　A：会说英语吗？

　　B：会。

　　A：什么时候来的香港？

　　B：二十年前。

　　说话是面对面的交际，话题可多变，表达要准确，可借用语调、轻重音、语气词及表情和姿态等表情达意。由于不同的交际需要，产生了不同的语体，即：说话——对话体、讨论——辩论体、演讲体。美国语言学家马丁·裘斯把美国英语分为五种口语语体：

　　1. 冻结体　是最慎重、最高雅的言语变体，适用于重大的事件。

　　2. 正式体　适用于一般较重要的场合和严肃的事情。

　　3. 商量体　用于平凡的、日常的目的。

　　4. 随便体　用于朋友之间无拘无束的交谈。

　　5. 亲昵体　用于关系亲密的人的私下谈话。

　　在我国，将口语分成三种不同的语体：在亲朋之间使用的正常口语；在一般交际场合使用的正式口语；在特别隆重的场合使用的典雅口语。

怎样引起听众的注意

　　假如你想从别人的眼中引出眼泪，你自己应当先表示悲楚。因为，我们在演说的时候，听众的态度是完全由我们来决定的。我们忧闷，听众也就忧闷；我们微温，听众也就漫不经心；如果我们所讲的话极其诚恳，确系是一种发自内心的有力的坚信，那么，听众是决不会不为所动的。

　　某国的大政治家日瑞安说：“口才流利的定义，可以说是演说者能知道他所讲的是什么，并且所讲的正是他心中的意思，也就是如火一般的思想。知识对于缺乏诚恳的演讲者是没有多大用处的。能够劝服听众的演说，是从心间到心间，不是从记忆移入记忆。演说者要欺骗他的听众，要比欺骗他自己难得多。”所以，我们的演说，如果要想引起听众的注意，最要紧的还是靠着我们的热情。

一、用热情引起听众的情绪

演说中最精彩的东西，不是外形和智力，乃是精神。你的精神如果热烈，你就可以引起人家的共鸣。狄德罗说："没有感情这个品质，任何笔调都不可能打动人心。"列宁说："没有人的情感，就从来没有也不可能有人对真理的追求。"一位教员，他在教室中上课，他的目的只是为了薪水，所以，他凡是可以偷懒的地方，就得偷懒。他因为精神不济，自己像是要和睡神握手的样子，试问学生能不能提起精神来呢？著名的兽类训练家伦尼说过，一声怒吼，能够使马的脉搏在一分钟之内增加十次。没有开火之前的士兵，走上前线，心里多少要有些不大自然，待到战事爆发，大炮和机枪的轰炸声音，便引起士兵们的血液都沸腾了。一位在军队里做政治工作的朋友对作者说，训练新的士兵，要把他们开赴到前线前，他们有的内心受到刺激而在颤抖，有的竟还要弃械逃走。所以，当他们在开拔之前，就得召集他们训话，为他们作激烈的演说，引起他们热烈的情绪来。真的，一队士兵，好像是演说时的听众，如果领导他们的军官，怯懦得一直在战壕中发抖，要士兵冲上前去和敌人短兵肉搏，这是做不到的。一个军官，身先士卒，领着士兵大声喊杀而向前直冲，士兵的勇气，都被他引起来了。所以，要引起听众对你演说的注意，你必须先要用热烈的情感去引起听众的情绪来。

纽约著名的演说家李特登说："人们都愿意说自己只受理智的支配，但其实整个的世界，都是被感情所转移的。一个人如果努力地装作严谨或极伶俐，那是会很容易失败的；但是，一位以真正的坚信来向你叙说的演讲者，他是决不会失败的。不论他所讲的题目是重大的政治经济政策或是极小的个人旅行杂谈，只要他确实觉得心里有不能不告诉你的事情，他的演说就会像火一样的炎热。他的坚信是用哪一种的形式表达的，那倒没有什么重要，这全在他用怎样的真诚和感情之力向你演讲。所以，具有恳切和热诚的演说，他对于听众的影响力有如蒸汽一般地膨胀，他可以在修辞上犯有不少的错误，但是，他的演说是不会遭受到失败的。"

动作诚恳，始能使人感觉诚恳，俗话说"动人心者莫先乎情"。你在演说的时候，在你的脸上和眼中都须发出一种活力的光彩来。你怎么能够做到这一点呢？当然你要有着充足的精神。所以，在你准备要去演讲之前，如果是可能的话，你最好作一点安适的休息。比方像坐着假眠，最好竟是去睡一觉。演讲要以情动人，就是演讲者的感情是来自他对所要表达的事物和情理的体验和评价，让听众和他有同样的体验和评价。换句话说，就是要在表达事理的过程中自然流露感情，而不是大动声色地去表现某种感情。

二、要讲非吐不快的话

一篇好的演说的要素，就是演讲者的心里，须真有些像鲠在喉中不吐不快的东西。一个心里并没有悲切的人，他去对人家讲一番悲痛的话，这并不是他的真心话，不过是无病呻吟而已。这种无病呻吟，决不会引起人家的同情，说不定反而要引起人家的恶感。一个心里本没有什么话要讲的人，为了人家要他"随便说几句"，于是他就不得不来敷衍一下。结果，他是硬挤几句话说出来，于是，在说者是苦得不堪，在听者也觉得不知所云，因而感到倦颓，感到睡神在向他招手。待到说者说完，他才可以伸一个懒腰，舒一口气，如同在法庭上听到法官宣判他无罪，或者像所受拘留的刑期已满一样地高兴起来。我们为什么要自讨苦吃而强为演说，我们为什么要使听者像受拘刑一般的感到痛苦呢？所以，要么不讲，要讲就拿出一颗真心来。鲁迅说："人家开会我决不去演说。硬要我去，自然也可以的，但须任凭说一点我要说的话。否则，我宁可一声不响，算是死尸。"鲁迅决不"先意承志"，决不"随便说几句"，这是鲁迅的性格。我们要使我们的演说得到成功，我们就必须要有着充分的准备，而对于所讲的事理有着彻底的了解，觉得我这主张，有着独特的见解，有着急于要告诉人的必要，有着像骨鲠在喉而不吐不快的感觉，那就万无一失了。

一个在平日不大会写文章的人，有一天他碰到了一个极大的刺激，可以写出一篇极能感动人的文章；一个在平日不大会说话的人，有一天他遇到了一件十分重大的事件，他就可以侃侃而谈地使听众迷住了。这到底为什么呢？因为，他有着要急于告诉人的话，这话在喉间有着不吐不快之感的，所以他说出来就能动人了。你不相信吗？这是可以当场试验的。你先假定今天出去在路上被人撞跌了，你立刻爬起来，拖住那撞你跌倒的人而向他责问，你将怎样说法呢！事实上，这是假定的，你想说的话竟也不知从何预备起。可是，你走出去真的被人撞跌了，那时你立刻从地上爬起来，身上的灰尘也不及拍去，你抓住了那跌你跤的人而向他责问，说起话来理由十足，每一个字音都有着重大的力量的，这是为什么呢？原因是你在喉间有着责问他的话，而这话是不吐不快的，因此你说起来就不同平时了。

假定一个演说的人，他准备演讲的题目是"节俭"，如果他自己并不感觉到节俭的必要，他讲起来一定是有气无力的。他必须对于这个题目从内心里发出热诚来，深切地感觉到节俭的必要。他直接觉察到在我国上海有很多的人，平时花天酒地，死后没有留给自己的子女一些钱，甚至买棺材都发生了问题。他觉察到这种人的可怜，所以他就抱着一种宣传耶稣基督的福音的精神去劝说他们，使他们到了老年的时候还能有饭吃，有衣穿，并且还能有屋居，还能使他们的妻儿老小获得生活的保障。他觉得那班花天酒地的朋友，如果自己不去劝说他们回头改过，那便是自己的一个极大的罪恶，自己将受到上帝的严厉的谴责了。这样，他演说的时候每一句话都有着金石之音，可以令人振聋发聩了。

三、要讲有力的话

初学演说的人，他最容易犯的毛病，大家以为是说话太武断，其实不然。一个人的演说须得有一种自信力，自己相信自己的所说一定是不错的，这才能使人相信你的话而照着去做。所以太武断并不能算是一种重大的毛病，倒是用着怯懦的字句，削弱了自己讲话的力量，那才是演说者所犯的大毛病。

演说的话，每一句都要有力的；你用着一种不自信的话，你所说的话便变成了无力，你就不能把你的主张，去打进听众的内心，那你自然是失败了。某学校开演说竞赛会，内中有一个学生说得很好，说完之后，他又十分谦虚地说："诸位来宾，诸位师长，诸位同学，鄙人学识浅薄，所说毫无研究，自知错误的地方很多，还请大家原谅，并恳请为我指导！"当时有很多的学生，以为这次的锦标一定是被他获得的了。岂知评判结果，这位学生竟是落选，这真叫人感到奇怪。后来评判者把每人的演说逐一评判，说这位学生，所说很好，理应获得第一的锦标；可是，他在后面加上了一些谦虚话，把他整篇演说的力量完全失掉了。像他所说，既是"自知错误的地方很多"，那为什么不要自己更正了？这便是他失败的主要点。

一队士兵，守着一个城池，如果他们每个人能够自信可以坚守，那么，敌人前来进攻，他们便可以毫不胆怯地出来应战了；如果他们相信敌人势力强大，自己不是对手，自己的守城，恐怕是守不住的，那么，听到敌人前来，他们早就弃城而逃了。我们的演说，正像对着士兵们训话，你把你的话说得软弱无力，这真好像是一位军官对一队士兵说："我们守此城池，恐怕守不住的，因为我们的能力薄弱。"请问，军官对士兵这样说，士兵还能鼓起勇气来死守吗？如果一位军官对士兵说："弟兄们，我相信我们来守这城池是一定守得住的；因为我们每一个弟兄，都有着勇敢的精神，可以以一当百的。过去，某军守某地，他们取得了光荣的战绩，受到全国人民的拥戴，世界军事专家的赞叹；可是，如果当时我们接到命令去守那里，那光荣的战绩，还不是我们取得的吗！因为我们勇气之盛，纪律之佳，素来是有名的，所以今天我们来守此城池，我相信必定能够坚守；敌人前来，予以迎头痛击，我们是不会让某军有所收获的。"这样，士气不馁，说不定会真把那城池守住了。即使不然，至少也不会望风而溃了。所以语句有力，有着坚强的自信力，那便是演说的主要点。

说话要坚强有力，应该断然地讲出来，不可说不肯定的话，也不可说过于谦虚的话。但是，你说得过于断然了，那也是不对的；因为只有无知识的人才这样。我们在有的地方，有的时候，有的问题，有些听众面前，说着断然的话，也是有损而无益的。就一般情况来说，听众的知识水准愈高，你用有力的断然的说话愈难成功。

照这样说来，不是前后起了矛盾？我们谦虚而不自信，我们的演说要失败；我们既然有坚强的自信，我们自然说话要断然；然而对知识水准愈高的人说断然的话愈难成功，那么，我们的听众，知识水准是不会齐的，我们将怎样说话呢？不错，所以韩非才有《说难》的著作。说话本不是容易的事啊！不过，我们要知道，有思想的人们，是愿意被引导而不愿意被驱使的。他们愿意有事实摆在前面而得出他们自己的结论，他们愿意被人问问题，不愿意听有人用了无数的正面的断然语句，使他们失去自己发表演说的能力的。

四、变更音调分别轻重

不同人演说同一个题目，效果是不同的，这是由于各人表达风格的不同。读者，也许我这样的说法，你觉得有些不敢相信吧？好！那我请你一读俞平伯和朱自清两人各写的《桨声灯影里的秦淮河》。他们两人，也曾并肩合坐一只小小的画舫，同时游玩秦淮河，再同时各写一篇同一题目的游记。可是，内容究竟同不同呢？不用说，多少总有些不同的。这不同的是什么呢？就是发表时文章的风格。你怎样的说法，比你所说的内容还要重要。所以，和丙先生同样的话，甲说起来可以娓娓动听，而乙说起来便叫人感到讨厌了。苏秦的说秦，言词是怎样使秦并吞六国，可是苏秦在秦国是失败的。张仪的说秦，言词也不外怎样使秦国去并吞六国，然而张仪是成功的。为什么苏秦会失败而张仪会成功？这完全是由于表达的风格不同的缘故。

　　一位音乐专家弹奏钢琴，和一位普通人弹奏钢琴，虽然两人弹奏着同一个调子，按着同样的几个音键；然而，一则高超，一则平凡，这为什么呢？因为他们两人所用的方法、情绪、艺术和个性的不同，因而演奏出来便成了天才和凡才的不同了。两位书法大家，他们一同临写一部碑帖，虽然大体相似，但是细察之下，并不完全一样，其道理也是一个样子的。

　　那么，我们应该怎样地表达呢？表达最要紧的，便是对于听众的声音。现代的听众，不论是十数人聚在一室开着小小的研究会，或是几千人聚在一堂开着盛大的会议，每一个听众，都是希望演讲者像和他们每一个人直接对面闲谈一样。实在，演讲者确也应该这样。

　　我们对一个人讲话或是对一百个人讲话，态度虽然一样，可是所用的气力并不一样。因为用了同样的气力，那是绝难使听众满意的。为了要显得自然的缘故，所以对一个人的讲话声音不妨稍低些，而对一百个人讲话，当然要用比较大一些的力气。美国的幽默大师马克·吐温，有一次在尼华达州对一群矿工讲话，讲毕之后，有一个听众立刻上前去问他："这就是你口才的自然音调吗？"每个听众都需要听你的自然音调，所以你在大会上的演说，应该和对几个人的谈话一样，不过声音略略大一些，但是仍要"自然"的。

　　我们要注意"自然"，前面已经说过，同一个材料，两个人有着同样的经历，然而叫他们两个人表达起来，因为各人的方法、情绪、艺术、个性的不同，所以结果便也不会完全一样。汽车大王福特说："青年人应当去寻找使他所以异于别人的个性的火花，尽着全力去发展；社会和学校，也许想把他的个性磨平，使所有的人都是一个形式，但我要劝你们不可失掉了那一星的火花；因为它是使你出人头地的惟一的真正阶梯。"世界上数以亿计的人，都有着两个眼睛、嘴巴和鼻子，然而，你决不能找到一个和你长得一样而分别不出来的。而且也决不能找出一个和你的性格、气质、心情完全一样的人。一个人的讲话的态度，便是他的个性的表现。这个性既是使你出人头地的惟一的阶梯，你就应当使其发展。所以，在演说的时候，动作和声调，不要去模仿别人。假如你觉得别人演说的声调和态度很好，因此你去模仿他，那你是一定要失败的。国画大师齐白石讲："似我者死。"也是这个道理。

态度自然的技巧，就是平日要多多地练习。假如你在练习的时候，发觉自己的讲话不自然，你就应该立刻厉声责问自己，像旧式的商店中老板责问学徒一样。因为，你要知道，你的演说，有着真诚的热烈，你在感情激动之下，一切的障碍，完全被情感的火花烧去了，于是，你的动作，你的讲话，可以毫无阻碍地自然了。

但是，为着使你所讲的话格外地生动和明显，你讲话的音调，须有快慢的变更和轻重的分别。所以，你必须注意，这是自然的表达，并不是有意做作的；有意做作，那便是失掉了自然了。我们平日的讲话，本来早已有着一种音调，如果你不合调，你讲出来人家将听不懂。一个友邦人讲当地话，他一字一字不分轻重地讲着，不分快慢地讲着，你能听懂他在讲些什么吗？你的讲话，平时本来已有快慢和轻重了，所以，你碰到要使你的所说格外地生动和明显的时候，你把你的讲话，不得不格外地讲得快慢轻重，以显示特别的神气。

你望着高低不平的海波，还有荒凉不毛的沙漠，你当然不会产生同样的感想。唱歌为什么好听？因为声音有着轻重快慢的变更的缘故。你的讲话，虽然不必像唱歌一样，然而也不能平静得像死水，叫人听了讨厌。所以，当你在演说的时候，忽然发觉你的音调平板乏味，而且有这平板乏味的音调表达的时候，你的声音多半是高而刺耳的。你在这时候可以立刻停止几秒钟，这是对你大有帮助的。因为，一个声音，在平凡而呆板的过程中，突然地中止或是突然地高起来，都是给人家耳朵以特殊的刺激的。一个教员，在教室中舌疲唇焦地讲解，可是言者谆谆，听者藐藐，大部分的学生，谈话的谈话，看小说的看小说；如果教员突然停止了讲解，那就像平静的河水中投入了一块石头，立刻不平静而引起大家的注意了。

你可以随便规定着哪几个词类或是短句，在读的时候，突然的高声或是低声，或是快说或是慢说；因为能够给人以特别的刺激，所以也就能够给人以特别的注意。著名的传道师凯德曼博士就是这样做的。说一句武断的话，凡是演说家，每一个人都是这样做的。你不妨也来这样地试一下。

现在我且举几个例子在下面：

（1）"我"今天做了一件"好"的事情。

（2）凡是我所从事的，都已得到了"成功"；因为我"决心"要成功。我做事"从不犹豫"，这便是我"胜过"一般人的地方。——拿破仑的话。

（3）我只有一种特长，就是我们"永不绝望"。——福煦元帅的话。

（4）教育的最大目的，不仅是知，"而是去做"。——斯宾塞的话。

（5）我已经活了八十六岁，我看过许多人走上了成功之路；他们成功的因素中，"最主要的是信心"。——席朋斯大主教。

（6）时人论文体有今古之弊，蚪以为"时有今古，非文有今古"。——《后周书》柳蚪传。

我们试把上面各句中有引号的词句，高声急读或是低声慢读，试看有了些怎样的结果？

史蒂凡先生说："林肯经常很快地讲出许多字。到了他准备要着重说的字句，便把声音特别地拉长或是提高，然后再一口气像闪电一般快地把那句话讲完了。他常使重要的一两个字所占的时间，比六七个次要的字所占的时间还要长。"是的，我们把重要的字慢慢地拉长了声音讲出来，这确是可以显出力量而更使人注意的。比方像下面的两个例子，你看哪一句更引人注意：

（1）他一下子就进账了三十万元。

（2）他一下子就进账了三万元。

照例，三万元的数目比三十万元的数目小，但是，第一个例子平凡地讲了过去，虽然数目很大，可是人家未必就加以注意。第二个例子很郑重地长声慢读，数目虽然较小，可是容易引起人家的注意，而且还觉得三万元似乎比三十万元还要大。

五、抓住听众的精神

科罗瑞多的煤铁公司大罢工，劳资两方，竟致动武而发生流血的惨剧。因此仇恨的空气，非常浓厚紧张。资本家石油大王洛克菲勒他便是劳方痛恨而惟一被诅咒的人物。但是，小洛克菲勒，他在工潮不可收拾的时候，竟出来向劳方演说；一番劝导，立刻化干戈为玉帛，劳方竟听从他的主张而实行复工了。

莎士比亚的名著《凯撒大帝》，上面说到当凯撒大帝被二十三位谋夺大权的暴徒刺死了，凯撒大帝的左右手安东尼，有人也主张把他杀死；有人因为他有动人的口才，主张把他利用。但是，安东尼要求对着凯撒大帝的尸体说几句话。可是，安东尼上台说话的时候，一群疯了似的群众，大家声势汹汹地愤怒地对着安东尼，而对于那班杀人犯，却又表示着同情。但是，安东尼处在这样的情景之下，一番演说，竟把当时的形势完全反了过来，他们大家都觉得凯撒大帝不坏，而这班杀人犯实在不对。所以，结果是大家抬了凯撒大帝的尸体，流着眼泪而用圣火埋葬了，同时，再去烧毁了那班叛徒们的住宅。

这里所举的两件事，在本书的前面都已经说过，所以，此地仅仅是简略地提一下。

为什么小洛克菲勒、林肯、安东尼他们在十分恶劣的环境之下，一番演说，可以云开而日出，化干戈为玉帛，化仇敌为友人？这其中有什么精微奥妙的地方吗？有的，他们的秘密，就是抓住了听众的精神。"酒逢知己千杯少，话不投机半句多。"这是一句我国的老话。你要使你的演说引起听众的注意，你就得把你所说的话和听众两相投机。如果你先给听众的心里存着一个"不"字，那你还是不必向他们演说的好，因为已经话不投机，你说了有什么用呢？

小洛菲克勒，他的引起听众注意的秘密，就是先把自己认为和对方是朋友，使对方先和他有了友好的感情，然后再说着"为了两方的利益而互相讨论"，这显然是使对方高兴的，对方的心立刻被他抓住了，他怎么会不成功呢？林肯用着一种同情恳切的言辞，把对方的仇视的目光，一变而为亲热的友爱的目光；他使对方的心，完全和他的心起了共鸣作用；于是，所讲的话，不会再有不投机的地方了。无怪乎这一班仇人，将来成了他的拥戴者了。安东尼先顺着群众的情感，称赞那班暴徒的英雄气概，先把群众对他怒视的目光缓和了，然后，他再举出凯撒大帝的一件一件的好处。他并不为凯撒大帝辩护，只是把群众已经被感情所忘掉的事实列举出来，使群众已经在感情之下忘掉的事实重新在理智之中回忆起来。这些，都是他们引起听众注意的一种方法。

一个大演说家，他的声调不管是怎样的好，动作不管是怎样的得体，要是他不能够抓住听者的心，无论如何他所讲的一切是不能引起听众的注意力的。即使你不想做一个大演说家，然而，你每天都要和人家谈话的，你不能老是和人家的意见相左而失友遭仇。普通人总是不去找和人家共有的意见和欲望，不管对方的内心，只是发泄自己的意见，这无怪乎常常要三言两语之后便发生摩拳擦掌的举动了。"一滴蜜捕得的苍蝇要多于一加仑的毒汁。"你所讲的话要想引起听众的注意，你必须要牢牢记住这一句名言。

六、声　　音

演讲主要是靠说话来表达，声音就成了极其重要的因素。声音的基本要求是准确清楚，悦耳优美。作为一个优秀的演讲者应该做到咬字正确，吐字清晰，字正腔圆，音色纯润，这是吸引听众的重要条件，是必备的基本功。

音准是要求发音标准，咬字正确。标准的普通话是演讲中最合适的语言，不管在什么地方讲普通话，听众都可以听得清楚的。如果是南腔北调，或方言杂语，听起来就很困难；如果演讲者再口齿不清，含混难辨，好像嘴巴里含着什么东西，这势必使听众更听不清楚，勉强去听又很困难，这不等于受罪吗？耳朵听不清，大脑中就形不成准确的观点，没办法达到心理相容，听众必然要走，演讲只有失败。不说普通话，四音不准，含混不清，这是演讲的一大忌讳。

如果音准的问题解决了，而音色不好仍然不行。音色是指人的发音质量，要求音色清亮，圆润悦耳，富有艺术的美感。人生下来嗓音是不一样的，如果每个人都要求像演员，或像歌唱家一样，那是不现实的。但是，通过训练，可使音色质量有所提高，可以学习科学的发音方法，并使自己的声音尽量的清亮美丽。如果不能达到较高的水平，但至少不能出现嘶叫、漏气、颤抖、鼻音太重等现象。这些现象的出现，不但会影响音准，而且非常容易使听众的耳朵难受，会使听众的神经受到刺激，听众绝不会在这样的环境中多呆，只有一走了之。这样的声音严格地讲是噪音，噪音只会刺激大脑，使人感到头痛，无法逻辑思维，哪里还能认真地听演讲者的观点。人在噪音环境中，只能呆一小会儿。所以，如何练好自己的嗓子，使音色能好一点，是吸引听众注意的一个重要因素。这里有一点要指出，有些唱通俗歌曲的人的嗓子并不好，有的沙哑，有的尖细，有的……但也在唱歌，甚至还有特殊的效果。听唱歌和听演讲是不一样的：听唱歌，可以取其味，有某种感觉就行了，甚至歌词听不太清楚也关系不大；听演讲，是必须要听清楚的，字字句句都要听清楚，来不得一点含糊；它不是听感觉，是听语言，听思想，听观点，自己还要动脑子考虑、分析。演讲，不是什么声音都行的，如果有话剧演员的基本功最好不过了，达不到那个水平，可以向他们学习。

同时，也还要注意到音量的大小，也就是在台上讲话的声音的响亮程度。现在虽然有扩音器，可以把声音放大，不必担心后排的人听不到，但是，扩音器里出来的声音总要影响音色的清亮秀美；这就好像话剧演员不用扩音器一样，能把说话声音送到最后一排，也还听得清楚。好的演员的声音是很有魅力的，听这样的声音是一种享受；好的演讲者的声音也是很有魅力的，听这样的声音有助于听众的思考，使听众在声音的享受中和演讲者达到心理相容，极具吸引力，抓住听众的精神。

另外，还有音调，即是指发音音域的高低变化，或高升，或降抑，或平直，或弯曲，这要根据演讲过程中的特定内容和意义来自然地运用。在实际演讲过程中，节奏和速度也应根据内容的需要和情感的变化，掌握变化过渡、快慢、相间、缓急语言，使有声语言俊美秀丽，表现出强烈的艺术感染力。用声音吸引听众是很重要的，演讲者要充分加以注意。

（林语堂：《怎样说话与演讲》（杨永德整理），北京，文化艺术出版社，2004年。原文有删节，注释有增删。）

练习与思考

1. 说话的"难"有几个方面？你遇到过吗？

2. 演讲吸引听众注意的方法有几种？你认为还有其他的方法吗？举例说明。

3. 尝试参加一次演讲比赛，或者写一篇演讲稿。

赏析

在《小品文之遗绪》里，林语堂认为理想散文应该：乃得语言自然节奏之散文，入在风雨之夕围炉谈天，善拉扯，带情感，亦庄亦谐，深入浅出，如与高僧谈禅，如与名士谈心，似连贯而未尝有痕迹，似散漫而未尝无伏线，欲罢不能，欲删不得，读其文如闻其声，听其语如见其人。这个作文之道，其实未尝不是说话之道。

林语堂素有口才，在他长长的职业列表中，其文采与口才相得益彰。由他写来的说话道理，娓娓动听。怎么说话才算说得好，可以简单，也可以复杂。他拿捏这问题时，从一个本质特征入手，即"节奏"。说话有节奏，这个节奏理解起来可广可狭。广的来说，说话"带"节奏，首先要有揣摩，其次要有表现，再次得有些心思。说话跟世上的所有事务类似，它是与人普遍联系着的。狭的来看，说话也有技术，这技术是说话的原则、规律和手段，像表演，有本事，还得会表现。道理其实并不算首创，可林语堂写来，不用抽象说教，好似娴熟的老教师，合着讲课重点，各种例子随手拈来、信笔写开，就那么家长里短般地铺陈开来，一字一句、一板一眼，真真把节奏运用到炉火纯青的地步。有时去千古之前，有时来当下之时，把这有关说话的面子、里子聊得潇洒自在、八面玲珑。

这种看似闲庭信步，实则步步为营的作文之法，也是说话之法。如果你熟悉鲁迅，再对比林语堂，就会明显发现两位同样是引领中国文学现代化的先驱从风格到性格难以置信地对称互补。鲁迅之文好像外科手术，经脉、骨头、血肉都剖开来给你看，血淋淋的，不忍目睹；林语堂则好似教书先生写学期评价，既点出了坏学生的顽劣根性又能保存他的小小自尊，既挑明了好学生的优良品质又能敲打他的小小自满，这光怀着博大的爱意与宽厚还不够，还得是个明言、明眼、明验的好先生。所以他写的文章，高大深沉如评价国民性（比如《吾国与吾民》），简单实用如谈论演讲之术（比如《怎样说话与演讲》），不攻击任何对象，即便看上去有点脾气的，也被后来的调侃、幽默和雍容所化解。他以观者的姿态把世间一切视为一出戏，书写其滑稽之处，点拨其荒谬之源，最终读完全篇，虽有感慨却别有一番冲淡滋味在心头。读文之风情若此，这大概就是"广达自喜，独抒性灵"吧。

又是一年芳草绿

老　舍

【解题】老舍（1899—1966），北京人，中国现代著名小说家、文学家、戏剧家。老舍以描绘城市贫民的生活和命运而著称，尤其擅长从日常平凡场景里反映出普遍的社会冲突，其笔触往往深入到民族性格和民族精神的思考上，却总是以轻快诙谐的语言来表现，在"生动活泼"的故事里品味出生活的严峻和沉重。老舍在中国现代文坛上留下了一个有声有色韵味十足的"京味儿"世界，北京的世俗风情与自然风光，世态炎凉与习俗时尚都在他的笔下世界里雅俗共赏异彩纷呈。

悲观有一样好处，它能叫人把事情都看轻了一些。这个可也就是我的坏处，它不起劲，不积极。您看我挺爱笑不是？因为我悲观。悲观，所以我不能板起面孔，大喊："孤——刘备！"我不能这样。一想到这样，我就要把自己笑毛咕了。看着别人吹胡子瞪眼睛，我从脊梁沟上发麻，非笑不可。我笑别人，因为我看不起自己。别人笑我，我觉得应该；说得天好，我不过是脸上平润一点的猴子。我笑别人，往往招人不愿意；不是别人的量小，而是不像我这样稀松，这样悲观。

我打不起精神去积极的干，这是我的大毛病。可是我不懒，凡是我该作的我总想把它作了，总算得点报酬养活自己与家里的人——往好了说，尽我的本分。我的悲观还没到想自杀的程度，不能不找点事作。有朝一日非死不可呢，那只好死喽，我有什么法儿呢？

这样，你瞧，我是无大志的人。我不想当皇上。最乐观的人才敢作皇上，我没这份胆气。

有人说我很幽默，不敢当。我不懂什么是幽默。假如一定问我，我只能说我觉得自己可笑，别人也可笑；我不比别人高，别人也不比我高。谁都有缺欠，谁都有可笑的地方。我跟谁都说得来，可是他得愿意跟我说；他一定说他是圣人，叫我三跪九叩报门而进，我没这个瘾。我不教训别人，也不听别人的

教训。幽默，据我这么想，不是嬉皮笑脸，死不要鼻子。

也不是怎股子劲儿，我成了个写家。我的朋友德成粮店的写账先生也是写家，我跟他同等，并且管他叫二哥。既是个写家，当然得写了。"风格即人"——还是"风格即驴"？——我是怎个人自然写怎样的文章了。于是有人管我叫幽默的写家。我不以这为荣，也不以这为辱。我写我的。卖得出去呢，多得个三块五块的，买什么吃不香呢。卖不出去呢，拉倒，我早知道指着写文章吃饭是不易的事。

稿子寄出去，有时候是肉包子打狗，一去不回头；连个回信也没有。这，咱只好幽默，多喒①见着那个骗子再说，见着他，大概我们俩总有一个笑着去见阎王的。不过，这是不很多见的，要不怎么我还没想自杀呢。常见的事是这个，稿子登出去，酬金就睡着了，睡得还是挺香甜。直到我也睡着了，它忽然来了，仿佛故意吓人玩。数目也惊人，它能使我觉得自己不过值一毛五一斤，比猪肉还便宜呢。这个咱也不说什么，国难期间，大家都得受点苦，人家开铺子的也不容易，掌柜的吃肉，给咱点汤喝，就得念佛。是的，我是不能当皇上，焚书坑掌柜的，咱没那个狠心，你看这个劲儿！不过，有人想坑他们呢，我也不便拦着。

这么一来，可就有许多人看不起我。连好朋友都说："伙计，你也硬正着点，说你是为人类而写作，说你是中国的高尔基；你太泄气了！"真的，我是泄气，我看高尔基的胡子可笑。他老人家那股子自卖自夸的劲儿，打死我也学不来。人类要等着我写文章才变体面了，那恐怕太晚了吧？我老觉得文学是有用的，它不如一尊高射炮，或一锅饭有用。我不能吆喝我的作品是"人类改造丸"，我也不相信把文学杀死便天下太平。我写就是了。

别人的批评呢？批评是有益处的。我爱批评，它多少给我点益处；即使完全不对，不是还让我笑一笑吗？自己写的时候仿佛是蒸馒头呢，热气腾腾，莫名其妙。及至冷眼人一看，一定看出许多错儿来。我感谢这种指摘。说的不对呢，那是他的错儿，不干我的事。我永不驳辩，这似乎是胆儿小；可是也许是我的宽宏大量。我不便往自己脸上贴金。一件事总得由两面瞧，是不是？

---

① 喒（zán）：义同"咱"。

对于我自己的作品，我不拿她们当作宝贝。是呀，当写作的时候，我是卖了力气，我想往好了写。可是一个人的天才与经验是有限的，谁也不敢保了老写的好，连荷马也有打盹的时候。有的人呢，每一拿笔便想到自己是但丁，是莎士比亚。这没有什么不可以的，天才须有自信的心。我可不敢这样，我的悲观使我看轻自己。我常想客观的估量估量自己的才力；这不易作到，我究竟不能像别人看我看得那样清楚；好吧，既不能十分看清楚了自己，也就不用装蒜，谦虚是必要的，可是装蒜也大可以不必。

对作人，我也是这样。我不希望自己是个完人，也不故意的招人家骂。该求朋友的呢，就求；该给朋友作的呢，就作。作的好不好，咱们大家凭良心。所以我很和气，见着谁都能扯一套。可是，初次见面的人，我可不大爱说话；特别是见着女人，我简直张不开口，我怕说错了话。在家里，我倒不十分怕太太，可是对别的女人老觉着恐慌，我不大明白妇女的心理；要是信口开河的说，我不定说出什么来呢，而妇女又爱挑眼。男人也有许多爱挑眼的，所以初次见面，我不大愿开口。我最喜辩论，因为红着脖子粗着筋的太不幽默。我最不喜欢好吹腾的人，可并不拒绝与这样的人谈话；我不爱这样的人，但喜欢听他的吹。最好是听着他吹，吹着吹着连他自己也忘了吹到什么地方去，那才有趣。

可喜的是有好几位生朋友都这么说："没见着阁下的时候，总以为阁下有八十多岁了。敢情阁下并不老。"是的，虽然将奔四十的人，我倒还不老。因为对事轻淡，我心中不大藏着计划，作事也无须要手段，所以我能笑，爱笑；天真的笑多少显着年青一些。我悲观，但是不愿老声老气的悲观，那近乎"虎事"。我愿意老年轻轻的，死的时候像朵春花将残似的那样哀而不伤。我就怕什么"权威"咧，"大家"咧，"大师"咧，等等老气横秋的字眼们。我爱小孩，花草，小猫，小狗，小鱼；这些都不"虎事"。偶尔看见个穿小马褂的"小大人"，我能难受半天，特别是那种所谓聪明的孩子，让我难过。比如说，一群小孩都在那儿看变戏法儿，我也在那儿，单会有那么一两个七八岁的小老头说："这都是假的！"这叫我立刻走开，心里堵上一大块。世界确是更"文明"了，小孩也懂事懂得早了，可是我还愿意大家傻一点，特别是小孩。假若小猫刚生下来就会捕鼠，我就不再养猫，虽然它也许是个神猫。

我不大爱说自己，这多少近乎"吹"。人是不容易看清楚自己的。不过，刚过完了年，心中还慌着，叫我写"人生于世"，实在写不出，所以就近的拿自己当材料。万一将来我不得已而作了皇上呢，这篇东西也许成为史料，等着瞧吧。

（老舍：《幽默是一种心态》，北京，中国国际广播出版社，2008年。原文与注释略有增删。）

练习与思考

1. 作者是如何在文章中实现幽默效果的？
2. 作者认为自己幽默的根源是什么？
3. 达观与幽默是怎样的关系？
4. 标题"又是一年芳草绿"与内容有何关系？

赏析

老舍的儿子舒乙说，"北京人、满族人、穷人、生于上世纪最后一年、死于1966年'文革'初起"这五样事对老舍来说是最重要的。回头看看老舍的文字，写小人物，写贫民百姓，写生长于斯的北京城与四合院子，写世纪之交的困惑，写人世一生的沉浮。老舍平实，平实得像隔壁家的大叔。可在他的手里，把20世纪新文化运动开始时的那股不土不洋不中不西的白话文，硬生生地用土生土长的北京话把子瓣成了现代汉语，有人就曾经建议用老舍的作品来作"宣传纯正国语的教本"。所以，老舍的文字总透着股亲切劲儿，读起来不憋屈不矫情不纠结不费劲，自然、流畅、生动、活泼，把汉语口语里最富有生命力的精魂摄了进来，谁都看得懂，谁都看得乐和。文学的大众化、通俗化和民族化，在他这里有了着落，可以说老舍创造了现代汉语的新文学语言。

容易看明白的东西，通常很容易找到共鸣。老舍的文字总被认为是幽默的，可偏他自己不这么认为。啥是幽默？他老实巴交、一本正经地告诉你"不知道"，越正经越觉得不正经。俗话说"京油子卫嘴子"，北京、天津卫这一带的人们说话都溜，溜得跟抹了油似的。老舍的作品里把"京油子"里的那股"滑"劲儿流畅自然地继承了下来，但却"滑而不腻"、"油而不浮"。什么"毛咕""稀松""死不要鼻子"，活脱脱的京腔京调调儿，读起来朗朗上口，看过去低眉顺眼。老舍对这种滚瓜溜圆的京片子特别地节制有分寸，他的幽默不仅在于语言形式的活泼，更来源于智慧，底层草民的智慧。他说：我悲观但我不懒惰，我率真但我不天真，我爱乐和但我不取笑于人，我爱写东西但我不拉大帽子吓唬人，那份不逢迎的自在劲儿羡慕死你。所以，老舍的东西谦虚可不装蒜，实诚可不呆滞，善良可不懦弱，童真可不犯浑。其实，这也是老舍给自己画的自画像，一本正经地说些不那么拿腔拿调的俏皮话，让人忍俊不禁，也让人掩卷沉思。

又是一年芳草绿，是常见的春联儿话，平常极了。像老舍给自己定下来的幽默调子，"出自事实本身的可笑，可不是从文字里硬挤出来的"。字里行间老舍是温情的和气的平实的，同时也是不满的批判的。可这批判从不横刀立马地砸过来，总是这么对付着平常之极的小事儿小玩意儿道来，这非有着博大的爱意与胸怀不可。所以，又是一年芳草绿，依然十里杏花红，大约是老舍为自己的画像定下的色调吧。

围城（节选）

钱锺书

【解题】钱锺书（1910—1998），江苏无锡人，中国现代著名作家、文学研究家，与饶宗颐并称为"南饶北钱"。以文化批判精神关照中国与世界，他的文学研究与文学创作在科学地扬弃中国传统文化和有选择地借鉴外来文化方面，具有重要的启示意义。一生著述浩繁，研究涉及古代文学、文学评论、美学、哲学等领域，创作实践包括翻译、小说、散文、随笔等各种文体。他不论学术研究还是文学艺术创作都始终表现出一种清醒的头脑和深刻的洞察力，不拒绝、不盲从，毕生致力于将中国文学艺术恰如其分地放入世界文学艺术宫殿的工作中。对于推进中外文化的交流、使中国人了解西方的学术以及使西方人了解中国的文化，起了很好的作用。

第 二 章

据说"女朋友"就是"情人"的学名，说起来庄严些，正像玫瑰花在生物学上叫"蔷薇科木本复叶植物",或者休妻的法律术语是"协议离婚"。方鸿渐陪苏小姐在香港玩了两天,才明白女朋友跟情人事实上绝然不同。苏小姐是最理想的女朋友,有头脑,有身份,态度相貌算得上大家闺秀,和她同上饭馆戏院并不失自己的面子。他们俩虽然十分亲密,方鸿渐自信对她的情谊到此而止,好比两条平行的直线,无论彼此距离怎么近,拉得怎么长,终合不拢来成为一体。只有九龙上岸前看她害羞脸红的一刹那,心忽然软得没力量跳跃,以后便没有这个感觉。他发现苏小姐有不少小孩子脾气,她会顽皮,会娇痴,这是他一向没想到的。可是不知怎样,他老觉得这种小姐儿腔跟苏小姐不顶配。并非因为她年龄大了;她比鲍小姐大不了多少,并且当着心爱的男人,每个女人都有返老还童的绝技。只能说是品格上的不相宜;譬如小猫打圈儿追自己的尾巴,我们看着好玩儿,而小狗也追寻过去地回头跟着那短尾巴橛乱转,说风趣减少了。那几个一路同船的学生看小方才去了鲍小姐,早换上苏小姐,对他打趣个不亦乐乎。

苏小姐做人极大方;船到上海前那五六天里,一个字没提到鲍小姐。她待人接物也温和了许多。方鸿渐并未向她谈情说爱,除掉上船下船走跳板时扶她一把,也没拉过她手。可是苏小姐偶然的举动,好像和他有比求婚、订婚、新婚更深远悠久的关系。她的平淡,更使鸿渐疑惧,觉得这是爱情超热烈的安稳,仿佛飓风后的海洋波平浪静,而底下随时潜伏着汹涌翻腾的力量。香港开船以后,他和苏小姐同在甲板上吃香港买的水果。他吃水蜜桃,耐心地撕皮,还说:"桃子为什么不生得像香蕉,剥皮多容易!或者干脆像苹果,用手帕擦一擦,就能连皮吃。"苏小姐剥几个鲜荔枝吃了,不再吃什么,愿意替他剥桃子,他无论如何不答应。桃子吃完,他两脸两手都挂了幌子,苏小姐看着他笑。他怕桃子汁弄脏裤子,只伸小指头到袋里去勾手帕,勾了两次,好容易拉出来,正在擦手,苏小姐声音含着惊怕嫌恶道:"啊哟!你的手帕怎么那么脏!真亏你——唉!这东西擦不得嘴,拿我的去,拿去,别推,我最不喜欢推。"

方鸿渐涨红脸,接苏小姐的手帕,在嘴上浮着抹了抹,说:"我买了一打新手帕上船,给船上洗衣服的人丢了一半。我因为这小东西容易遗失,他们洗得又慢,只好自己洗。这两天上岸玩儿,没工夫洗,所有的手帕都脏了,回头洗去。你这块手帕，也让我洗了还你。"

苏小姐道："谁要你洗？你洗也不会干净！我看你的手帕根本就没洗干净，上面的油腻斑点，怕是马塞一路来留下的纪念。不知道你怎么洗的。"说时，吃吃笑了。

等一会，两人下去。苏小姐捡一块自己的手帕给方鸿渐道："你暂时用着，你的手帕交给我去洗。"方鸿渐慌得连说："没有这个道理！"苏小姐努嘴道："你真不爽气！这有什么大了不得？快给我。"鸿渐没法，回房舱拿了一团皱手帕出来，求饶恕似的说："我自己会洗呀！脏得很，你看了要嫌的。"苏小姐夺过来，摇头道："你这人怎么邋遢到这个地步。你就把东西擦苹果吃么？"方鸿渐为这事整天惶恐不安，向苏小姐谢了又谢，反给她说"婆婆妈妈"。明天，他替苏小姐搬帆布椅子，用了些力，衬衫上迸脱两个钮子，苏小姐笑他"小胖子"，叫他回头把衬衫换下来交给她钉钮子。他抗议无用，苏小姐说什么就要什么，他只好服从她善意的独裁。

方鸿渐看大势不佳，起了恐慌。洗手帕，补袜子，缝钮扣，都是太太对丈夫尽的小义务。自己凭什么享受这些权利呢？受了丈夫的权利当然正名定分，该是她的丈夫，否则她为什么肯尽这些义务呢？难道自己言动有可以给她误认为丈夫的地方么？想到这里，方鸿渐毛骨悚然。假使订婚戒指是落入圈套的象征，钮扣也是扣留不放的预兆。自己得留点儿神！幸而明后天就到上海，以后便没有这样接近的机会，危险可以减少。可是这一两天内，他和苏小姐在一起，不是怕袜子忽然磨穿了洞，就是担心什么地方的钮子脱了线。他知道苏小姐的效劳是不好随便领情的；她每钉一个钮扣或补一个洞，自己良心上就增一分向她求婚的责任。

中日关系一天坏似一天，船上无线电的报告使他们忧虑。八月九日下午，船到上海，侥幸战事并没发生。苏小姐把地址给方鸿渐，要他去玩。他满嘴答应，回老乡望了父母，一定到上海来拜访她。苏小姐的哥哥上船来接，方鸿渐躲不了，苏小姐把他向她哥哥介绍。她哥哥把鸿渐打量一下，极客气地拉手道："久仰！久仰！"鸿渐心里想，糟了！糟了！这一介绍就算经她家庭代表审定批准做候补女婿了！同时奇怪她哥哥说"久仰"，准是苏小姐从前常向她家里人说起自己了，又有些高兴。他辞了苏氏兄妹去检点行李，走不到几步，回头看见哥哥对妹妹笑，妹妹红了脸，又像喜欢，又像生气，知道在讲自己，一阵不好意思。忽然碰见他兄弟鹏图，原来上二等找他去了。苏小姐海关有熟人，行李免查放行。方氏兄弟还等着检查呢，苏小姐特来跟鸿渐拉手叮嘱"再会"。鹏图问是谁，鸿渐说姓苏。鹏图道："唉，就是法国的博士，报上见过的。"鸿渐冷笑一声，鄙视女人们的虚荣。草草把查过的箱子理好，叫了汽车准备到周经理家去住一夜，明天回乡。鹏图在什么银行里做行员，这两天风声不好，忙着搬仓库，所以半路下车去了。鸿渐叫他打个电报到家里，告诉明天搭第几班火车。鹏图觉得这钱浪费得无谓，只打了个长途电话。

他丈人丈母见他，欢喜得了不得。他送丈人一根在锡兰买的象牙柄藤手杖，送爱打牌而信佛的丈母一只法国货女人手提袋和两张锡兰的贝叶，送他十五六岁的小舅子一支德国货自来水笔。丈母又想到死去五年的女儿，伤心落泪道："淑英假如活着，你今天留洋博士回来，她才高兴呢！"周经理哽着嗓子说他太太老糊涂了，怎么今天快乐日子讲那些话。鸿渐脸上严肃沉郁，可是满心惭愧，因为这四年里他从未想起那位未婚妻，出洋时丈人给他做纪念的那张未婚妻大照相，也搁在箱子底，不知退了颜色没有。他想赎罪补过，反正明天搭十一点半特别快车，来得及去万国公墓一次，便说："我原想明天一早上她的坟。"周经理夫妇对鸿渐的感想更好了。周太太领他去看今晚睡的屋子，就是淑英生前的房。梳妆桌子上并放两张照相：一张是淑英的遗容，一张是自己的博士照。方鸿渐看着发呆，觉得也陪淑英双双死了，萧条黯淡，不胜身后魂归之感。

吃晚饭时，丈人知道鸿渐下半年职业尚无着落，安慰他说："这不成问题。我想你还是在上海或南京找个事，北平形势凶险，你去不得。你回家两个礼拜，就出来住在我这儿。我银行里为你挂个名，你白天去走走，晚上教教我儿子，一面找机会。好不好？你行李也不必带走，天气这样热，回家反正得穿中国衣服。"鸿渐真心感激，谢了丈人。丈母提起他婚事，问他有女朋友没有。他忙说没有。丈人说："我知道你不会有。你老太爷家教好，你做人规矩，不会闹什么自由恋爱，自由恋爱没有一个好结果的。"

丈母道："鸿渐这样老实，是找不到女人的。让我为他留心做个媒罢。"

丈人道："你又来了！他老太爷、老太太怕不会作主。咱们管不着。"

丈母道："鸿渐出洋花的是咱们的钱，他娶媳妇，当然不能撇开咱们周家。鸿渐，对不对？你将来新太太，一定要做我的干女儿。我这话说在你耳朵里，不要有了新亲，把旧亲忘个干净！这种没良心的人我见得多了。"

鸿渐只好苦笑道："放心，决不会。"心里对苏小姐影子说："听听！你肯拜这位太太做干妈么？亏得我不要娶你。"他小舅子好像接着他心上的话说："鸿渐哥，有个姓苏的女留学生，你认识她么？"方鸿渐惊骇得几乎饭碗脱手，想美国的行为心理学家只证明"思想是不出声的语言"，这小子的招风耳朵是什么构造，怎么心头无声息的密语全给他听到！他还没有回答，丈人说："是啊！我忘了——效成，你去拿那张报来——我收到你的照相，就教文书科王主任起个稿子去登报。我知道你不爱出风头，可是这是有面子的事，不必隐瞒。"最后几句话是因为鸿渐变了脸色而说的。

丈母道："这话对。赔了这许多本钱，为什么不体面一下！"

鸿渐已经羞愤得脸红了，到小舅子把报拿来，接过一看，夹耳根、连脖子、经背脊红下去直到脚跟。那张是七月初的《沪报》，教育消息栏里印着两张小照，铜版模糊，很像乩坛上拍的鬼魂照相。前面一张照的新闻说，政务院参事苏鸿业女公子文纨在里昂大学得博士回国。后面那张照的新闻字数要多一倍，说本埠商界闻人点金银行总经理周厚卿快婿方鸿渐，由周君资送出洋深造，留学英国伦敦、法国巴黎、德国柏林各大学，精研政治、经济、历史、社会等科，莫不成绩优良，名列前茅，顷由德国克莱登大学授哲学博士，将赴各国游历考察，秋凉回国，闻各大机关正争相礼聘云。鸿渐恨不能把报一撕两半，把那王什么主任的喉咙扼着，看还挤得出多少开履历用的肉麻公式。怪不得苏小姐哥哥见面了要说："久仰"，怪不得鹏图听说姓苏便知道是留学博士。当时还笑她俗套呢！自己这段新闻才是登极加冕的恶俗，臭气熏得读者要按住鼻子。况且人家是真正的博士，自己算什么？在船上从没跟苏小姐谈起学位的事，她看到这新闻会断定自己吹牛骗人。德国哪里有克莱登大学？写信时含混地说得了学位，丈人看信从德国寄出，武断是个德国大学，给内行人知道，岂不笑歪了嘴？自己就成了骗子，从此无面目见人！

周太太看方鸿渐捧报老遮着脸，笑对丈夫说："你瞧鸿渐多得意，那条新闻看了几遍还不放手。"

效成顽皮道："鸿渐哥在仔细认那位苏文纨，想娶她来代替姐姐呢。"

方鸿渐忍不住道："别胡说！"好容易克制自己，没把报纸掷在地下，没让羞愤露在脸上，可是嗓子都沙了。

周氏夫妇看鸿渐笑容全无，脸色发白，有点奇怪，忽然彼此做个眼色，似乎了解鸿渐的心理，异口同声骂效成道："你这孩该打。大人讲话，谁要你来插嘴？鸿渐哥今天才回来，当然想起你姐姐，心上不快活。你说笑话也得有个分寸，以后不许你开口——鸿渐，我们知道你天性生得厚，小孩子胡说，不用理他。"鸿渐脸又泛红，效成骨朵了嘴，心里怨道："别妆假！你有本领一辈子不娶老婆。我不希罕你的笔，拿回去得了。"

方鸿渐到房睡觉的时候，发现淑英的照相不在桌子上了，想是丈母怕自己对物思人，伤心失眠，特来拿走的。下船不过六七个钟点，可是船上的一切已如隔世。上岸时的兴奋，都蒸发了，觉得懦弱、渺小，职业不容易找，恋爱不容易成就。理想中的留学回国，好像地面的水，化气升上天空，又变雨回到地面，一世的人都望着、说着。现在万里回乡，祖国的人海里，泡沫也没起一个——不，承那王主任笔下吹嘘，自己也被吹成一个大肥皂泡，未破时五光十色，经不起人一搠就不知去向。他靠纱窗望出去。满天的星又密又忙，它们声息全无，而看来只觉得天上热闹。一梳月亮像形容未长成的女孩子，但见人已不羞缩，光明和轮廓都清新刻露，渐渐可烘衬夜景。小园草地里的小虫琐琐屑屑地在夜谈。不知哪里的蛙群齐心协力地干号，像声浪给火煮得发沸。几星萤火优游来去，不像飞行，像在厚密的空气里漂浮，月光不到的阴黑处，一点萤火忽明，像夏夜的一只微绿的小眼睛。这景色是鸿渐出国前看惯的，可是这时候见了，忽然心挤紧作痛，眼酸得要流泪。他才领会到生命的美善、回国的快乐、《沪报》上的新闻和纱窗外的嗡嗡蚊声一样不足介怀。鸿渐舒服地叹口气，又打个大呵欠。

方鸿渐在本县火车站下车，方老先生、鸿渐的三弟凤仪，还有七八个堂房叔伯兄弟和方老先生的朋友们，都在月台上迎接。他十分过意不去，一个个上前招呼，说："这样大热天，真对不住！"看父亲胡子又花白了好些，说："爸爸，你何必来呢！"

方遯翁把手里的折扇给鸿渐道："你们西装朋友是不用这老古董的，可是总比拿草帽扇好些。"又看儿子坐的是二等车，夸奖他道："这孩子不错！他回国船坐二等，我以为他火车一定坐头等，他还是坐二等车，不志高气满，改变本色，他已经懂做人的道理了。"大家也附和赞美一阵。前簇后拥，出了查票口，忽然一个戴蓝眼镜穿西装的人拉住鸿渐道："请别动！照个相。"鸿渐莫名其妙，正要问他缘故，只听得照相机咯嗒声，蓝眼镜放松手，原来迎面还有一个人把快镜对着自己。蓝眼镜一面掏名片说："方博士昨天回到祖国的？"拿快镜的人走来了，也掏出张名片，鸿渐一瞧，是本县两张地方日报的记者。那两位记者都说："今天方博士舟车劳顿，明天早晨到府聆教。"便转身向方老先生恭维，陪着一路出车站。凤仪对鸿渐笑道："大哥，你是本县的名人了。"鸿渐虽然嫌那两位记者口口声声叫"方博士"，刺耳得很，但看人家这样郑重地当自己是一尊人物，身心庞然膨胀，人格伟大了好些。他才知道住小地方的便宜，只恨今天没换身比较新的西装，没拿根手杖，手里又挥着大折扇，满脸的汗，照相怕不会好。

到家见过母亲和两位弟媳妇，把带回来的礼物送了。母亲笑说："是要出洋的，学得这样周到，女人用的东西都会买了。"

父亲道："鹏图昨天电话里说起一位苏小姐，是怎么一回事？"

方鸿渐恼道："不过是同坐一条船，全没有什么。鹏图总——喜欢多嘴。"他本要骂鹏图好搬是非，但当着鹏图太太的面，所以没讲出来。

父亲道："你的婚事也该上劲了，两个兄弟都早娶了媳妇，孩子都有了。做媒的有好几起，可是，你现在不用我们这种老厌物来替你作主了。苏鸿业呢，人倒有点名望，从前好像做过几任实缺官——"鸿渐暗想，为什么可爱的女孩子全有父亲呢？她孤独的一个人可以藏匿在心里温存，拖泥带水地牵上了父亲、叔父、兄弟之类，这女孩子就不伶俐洒脱，心里不便窝藏她了，她的可爱里也就搀和渣滓了。许多人谈婚姻，语气仿佛是同性恋爱，不是看中女孩子本人，是羡慕她的老子或她的哥哥。

母亲道："我不赞成！官小姐是娶不得的，要你服侍她，她不会服侍你。并且娶媳妇要同乡人才好，外县人脾气总有点不合式，你娶了不受用。这位苏小姐是留学生，年龄怕不小了。"她那两位中学没毕业，而且本县生长的媳妇

都有赞和的表情。

父亲道："人家不但留学，而且是博士呢。所以我怕鸿渐吃不消她。"——好像苏小姐是砖石一类的硬东西，非鸵鸟或者火鸡的胃消化不掉的。

母亲不服气道："咱们鸿渐也是个博士，不输给她，为什么配不过她？"

父亲捻着胡子笑道："鸿渐，这道理你娘不会懂了——女人念了几句书最难驾驭。男人非比她高一层，不能和她平等匹配。所以大学毕业生才娶中学女生，留学生娶大学女生。女人留洋得了博士，只有洋人才敢娶她，否则男人至少是双料博士。鸿渐，我这话没说错罢？这跟'嫁女必须胜吾家，娶妇必须不若吾家'，一个道理。"

母亲道："做媒的几起里，许家的二女儿最好，回头我给你看照相。"

方鸿渐想这事严重了。生平最恨小城市的摩登姑娘，落伍的时髦，乡气的都市化，活像那第一套中国裁缝仿制的西装，把做样子的外国人旧衣服上两方补钉，也照式在衣袖和裤子上做了。现在不必抗议，过几天向上海溜之大吉。方老先生又说，接风的人很多，天气太热，叫鸿渐小心别贪嘴，亲近的尊长家里都得去拜访一下，自己的包车让给他坐，等天气稍凉，亲带他到祖父坟上行礼。方老太太说，明天叫裁缝来做他的纺绸大褂和里衣裤，凤仪有两件大褂，暂时借一件穿了出门拜客。吃晚饭的时候，有方老太太亲手做的煎鳝鱼丝、酱鸡翅、西瓜煨鸡、酒煮虾，都是大儿子爱吃的乡味。方老太太挑好的送到他饭碗上，说："我想你在外国四年可怜，什么都没得吃！"大家都笑说她又来了，在外国不吃东西，岂不饿死。她道："我就不懂洋鬼子怎样活的！什么面包、牛奶，送给我都不要吃。"鸿渐忽然觉得，在这种家庭空气里，战争是不可相信的事，好比光天化日之下没人想到有鬼。父亲母亲的计划和希望，丝毫没为意外事故留个余地。看他们这样稳定地支配着未来，自己也胆壮起来，想上海的局势也许会和缓，战事不会发生，真发生了也可以置之不理。

天明方鸿渐才起床，那两位记者早上门了。鸿渐看到他们带来的报上，有方博士回乡的新闻，嵌着昨天照的全身像，可怕得自惭形秽。蓝眼镜拉自己右臂的那只手也清清楚楚地照进去了，加上自己侧脸惊愕的神情，宛如小偷给人捉住的摄影。那蓝眼镜是个博闻多识之士，说久闻克莱登大学是全世界最有名的学府，仿佛清华大学。那背照相机的记者问鸿渐对世界大势有什么观察、中日战争会不会爆发。方鸿渐好容易打发他们走了，还为蓝眼镜的报纸写"为民喉舌"、照相机的报纸写"直笔谠论"两句赠言。正想出门拜客，父亲老朋友本县省立中学吕校长来了，约方氏父子三人明晨茶馆吃早点，吃毕请鸿渐向暑期学校学生演讲"西洋文化在中国历史上之影响及其检讨"。鸿渐最怕演讲，要托词谢绝，谁知道父亲代他一口答应下来。他只好私下咽冷气，想这样热天，穿了袍儿套儿，讲废话，出臭汗，不是活受罪是什么？教育家的心理真与人不同！方老先生希望人家赞儿子"家学渊源"，向箱里翻了几部线装书出来，什么《问字堂集》、《癸巳类稿》、《七经楼集》、《谈瀛录》之类，吩咐鸿渐细看，搜集演讲材料。鸿渐一下午看得津津有味，识见大长，明白中国人品性方正所以说地是方的，洋人品性圆滑，所以主张地是圆的；中国人的心位置正中，西洋人的心位置偏左；西洋进口的鸦片有毒，非禁不可，中国地土性和平，出产的鸦片，吸食也不会上瘾；梅毒即是天花，来自西洋等等。只可惜这些事实虽然有趣，演讲时用不着它们，该另抱佛脚。所以当天从大伯父家吃晚饭回来，他醉眼迷离，翻了三五本历史教科书，凑满一千多字的讲稿，插穿了两个笑话。这种预备并不费心血，身血倒赔了些，因为蚊子多。

明早在茶馆吃过第四道照例点心的汤面，吕校长付账，催鸿渐起身，匆匆各从跑堂手里接过长衫穿上走了，凤仪陪着方老先生喝茶。学校礼堂里早坐满学生，男男女女有二百多人，方鸿渐由吕校长陪了上讲台，只觉得许多眼睛注视得浑身又麻又痒，脚走路都不方便。到上台坐定，眼前的湿雾消散，才见第一排坐的都像本校教师，紧靠讲台的记录席上是一个女学生，新烫头发的浪纹板得像漆出来的。全礼堂的人都在交头接耳，好奇地评赏着自己。他默默分付两颊道："不要烧盘！脸红不得！"懊悔进门时不该脱太阳眼镜，眼前两片黑玻璃，心理上也好隐蔽在浓阴里面，不怕羞些。吕校长已在致辞介绍，鸿渐忙伸手到大褂口袋里去摸演讲稿子，只摸个空，慌得一身冷汗。想糟了！糟了！怎会把要紧东西遗失？家里出来时，明明搁在大褂袋里的。除掉开头几句话，其余全吓忘了。拚命追忆，只像把筛子去盛水。一着急，注意力集中不起来，思想的线索要打成结又松散了。隐约还有些事实的影子，但好比在热闹地方等人，瞥眼人堆里像是他，走上去找，又不见了。心里正在捉着迷藏，吕校长鞠躬请他演讲，下面一阵鼓掌。他刚站起来，瞧凤仪气急败坏赶进礼堂，看见演讲已开始，便绝望地找个空位坐下。鸿渐恍然大悟，出茶馆时，不小心穿错了凤仪的衣服，这两件大褂原全是凤仪的，颜色材料都一样。事到如此，只有大胆老脸胡扯一阵。

　　掌声住了，方鸿渐强作笑容说：“吕校长，诸位先生，诸位同学：诸位的鼓掌虽然出于好意，其实是最不合理的。因为鼓掌表示演讲听得满意，现在鄙人还没开口，诸位已经满意得鼓掌，鄙人何必再讲什么呢？诸位应该先听演讲，然后随意鼓几下掌，让鄙人有面子下台。现在鼓掌在先，鄙人的演讲当不起那样热烈的掌声，反觉到一种收到款子交不出货色的惶恐。”听众大笑，那记录的女孩也含着笑，走笔如飞。方鸿渐踌躇，下面讲些什么呢？线装书上的议论和事实还记得一二，晚饭后翻看的历史教科书，影踪都没有了。该死的教科书，当学生的时候，真亏自己会读熟了应考的！有了，有了！总比无话可说好些：“西洋文化在中国历史上的影响，各位在任何历史教科书里都找得到，不用我来重述。各位都知道欧洲思想正式跟中国接触，是在明朝中叶。所以天主教徒常说那时候是中国的文艺复兴。不过明朝天主教士带来的科学现在早过时了，他们带来的宗教从来没有合时过。海通几百年来，只有两件西洋东西在整个中国社会里长存不灭。一件是鸦片，一件是梅毒，都是明朝所收的西洋文明。”听众大多数笑，少数都张了嘴惊骇；有几个教师皱着眉头，那记录的女生涨红脸停笔不写，仿佛听了鸿渐最后的一句，处女的耳朵已经当众丧失贞操；吕校长在鸿渐背后含有警告意义的咳嗽。方鸿渐那时候宛如隆冬早晨起床的人，好容易用最大努力跳出被窝，只有熬着冷穿衣下床，断无缩回去道理。“鸦片本来又叫洋烟——”鸿渐看见教师里一个像教国文的老头子一面扇扇子，一面摇头，忙说：“这个‘洋’当然指‘三保太监下西洋’的‘西洋’而说，因为据《大明会典》，鸦片是暹罗和爪哇的进贡品。可是在欧洲最早的文学作品荷马史诗《十年归》Odyssey里——”那老头子的秃顶给这个外国字镇住不敢摇动——“据说就有这东西。至于梅毒——”吕校长连声咳嗽——“更无疑是舶来品洋货。叔本华早说近代欧洲文明的特点，第一是杨梅疮。诸位假如没机会见到外国原本书，那很容易，只要看徐志摩先生译的法国小说《戆第德》，就可略知梅毒的渊源。明朝正德以后，这病由洋人带来。这两件东西当然流毒无穷，可是也不能一概抹煞。鸦片引发了许多文学作品，古代诗人向酒里找灵感，近代欧美诗人都从鸦片里得灵感。梅毒在遗传上产生白痴、疯狂和残疾，但据说也能刺激天才。例如——"吕校长这时候嗓子都咳破了，到鸿渐讲完，台下拍手倒还有劲，吕校长板脸哑声致谢词道："今天承方博士讲给我们听许多新奇的议论，我们感觉浓厚的兴趣。方博士是我世侄，我自小看他长大，知道他爱说笑话，今天天气很热，所以他有意讲些幽默的话。我希望将来有机会听到他的正经严肃的弘论。但我愿意告诉方博士：我们学校图书馆充满新生活的精神，绝对没有法国小说——"说时手打着空气，鸿渐羞得不敢看台下。

不到明天，好多人知道方家留洋回来的儿子公开提倡抽烟狎妓。这话传进方老先生耳朵，他不知道这说是自己教儿子翻线装书的结果，大不以为然，只不好发作。紧跟着八月十三日淞沪战事的消息，方鸿渐闹的笑话没人再提起。但那些有女儿要嫁他的人，忘不了他的演讲；猜想他在外国花天酒地，若为女儿嫁他的事，到西湖月下老人祠去求签，难保不是第四签："斯人也而有斯疾也！"这种青年做不得女婿。便陆续借口时局不靖，婚事缓议，向方家把女儿的照相、庚帖要了回去。方老太太非常懊丧，念念不忘许家二小姐，鸿渐倒若无其事。战事已起，方老先生是大乡绅，忙着办地方公安事务。县里的居民记得"一·二八"那一次没受敌机轰炸，这次想也无事，还不甚惊恐。方鸿渐住家一个星期，感觉出国这四年光阴，对家乡好像荷叶上泻过的水，留不下一点痕迹。回来所碰见的还是四年前那些人，那些人还是做四年前所做的事，说四年前所说的话。甚至认识的人里一个也没死掉；只有自己的乳母，从前常说等自己结婚养了儿子来抱小孩子的，现在病得不能起床。这四年在家乡要算白过了，博不到归来游子的一滴眼泪、一声叹息。开战后第六天日本飞机第一次来投弹，炸坍了火车站，大家才认识战争真打上门来了，就有搬家到乡下避难的人。以后飞机接连光顾，大有绝世佳人一顾倾城、再顾倾国的风度。周经理拍电报，叫鸿渐快到上海，否则交通断绝，要困守在家里。方老先生也觉得在这种时局里，儿子该快出去找机会，所以让鸿渐走了。以后这四个月里的事，从上海撤退到南京陷落，历史该如洛高（Fr. von Logau）所说，把刺刀磨尖当笔，蘸鲜血当墨水，写在敌人的皮肤上当纸。方鸿渐失神落魄，一天看十几种报纸，听十几次无线电报告，疲乏垂绝的希望披沙拣金似的要在消息罅缝里找个苏息处。他和鹏图猜想家已毁了，家里人不知下落。阴历年底才打听出他们踪迹，方老先生的上海亲友便设法花钱接他们出来，为他们租定租界里的房子。一家人见了面唏嘘对泣。方老先生和凤仪嚷着买鞋袜；他们坐小船来时，路上碰见两个溃兵，抢去方老先生的钱袋，临走还逼方氏父子把脚上羊毛袜和绒棉鞋脱下来，跟他们的臭布袜子、破帆布鞋交换。方氏全家走个空身，只有方老太太棉袄里缝着两三千块钱的钞票，没给那两个兵摸到。旅沪同乡的商人素仰方老先生之名，送钱的不少，所以门户又可重新撑持。方鸿渐看家里人多房子小，仍住在周家，隔一两天到父母处请安。每回家，总听他们讲逃难时可怕可笑的经历；他们叙述描写的艺术似乎一次进步一次，鸿渐的注意和同情却听一次减退一些。方老先生因为拒绝了本县汉奸的引诱，有家难归，而政府并没给他什么名义，觉得他爱国而国不爱他，大有青年守节的孀妇不见宠于翁姑的怨抑。鸿渐在点金银行里气闷得很，上海又没有多大机会，想有便到内地去。

　　阴历新年来了。上海的寓公们为国家担惊受恐够了，现在国家并没有亡，不必做未亡人，所以又照常热闹起来。一天，周太太跟鸿渐说，有人替他做媒，就是有一次鸿渐跟周经理出去应酬，同席一位姓张的女儿。据周太太说，张家把他八字要去了，请算命人排过，跟他们小姐的命"天作之合，大吉大利"。鸿渐笑说："在上海这种开通地方，还请算命人来支配婚姻么？"周太太说，命是不可不信的，张先生请他去吃便晚饭，无妨认识那位小姐。鸿渐有点儿战前读书人的标劲，记得那姓张的在美国人洋行里做买办，不愿跟这种俗物往来，但转念一想，自己从出洋到现在，还不是用的市侩的钱？反正去一次无妨，结婚与否，全看自己中意不中意那女孩子，旁人勉强不来，答应去吃晚饭。这位张先生是浙江沿海人，名叫吉民，但他喜欢人唤他 Jimmy。他在美国人花旗洋行里做了二十多年的事，从"写字"（小书记）升到买办，手里着实有钱。只生一个女儿，不惜工本地栽培，教会学校里所能传授熏陶的洋本领、洋习气，美容院理发铺所能制造的洋时髦、洋姿态，无不应有尽有。这女儿刚十八岁，中学尚未毕业，可是张先生夫妇保有他们家乡的传统思想，以为女孩子到二十岁就老了，过二十没嫁掉，只能进古物陈列所供人凭吊了。张太太择婚很严，说亲的虽多，都没成功。有一个富商的儿子，也是留学生，张太太颇为赏识，婚姻大有希望，但一顿饭后这事再不提起。吃饭时大家谈到那几天因战事关系，租界封锁，蔬菜来源困难，张太太便对那富商儿子说："府上人多，每天伙食账不会小罢？"那人说自己不清楚，想来是多少钱一天。张太太说："那么府上的厨子一定又老实，又能干！像我们人数不到府上一半，每天厨房开销也要那个数目呢！"那人听着得意，张太太等他饭毕走了，便说："这种人家排场太小了！只吃那么多钱一天的菜！我女儿舒服惯的，过去吃不来苦！"婚事从此作罢。夫妇俩磋商几次，觉得宝贝女儿嫁到人家去，总不放心，不如招一个女婿到自己家里来。那天张先生跟鸿渐同席，回家说起，认为颇合资格：家世头衔都不错，并且现在没真做到女婿已住在挂名丈人家里，将来招赘入门，易如反掌。更妙是方家经这番战事，摆不起乡绅人家臭架子，这女婿可以服服贴贴地养在张府上。结果张太太要鸿渐来家相他一下。

　　方鸿渐因为张先生请他早到谈谈，下午银行办公完毕就去。马路上经过一家外国皮货铺子看见獭绒西装外套，新年廉价，只卖四百元。鸿渐常想有这样一件外套，留学时不敢买。譬如在伦敦，男人穿皮外套而没有私人汽车，假使不像放印子钱的犹太人或打拳的黑人，人家就疑心是马戏班的演员，再不然就是开窑子的乌龟；只有在维也纳，穿皮外套是常事，并且有现成的皮里子卖给旅客衬在外套里。他回国后，看穿的人很多，现在更给那店里的陈列撩得心动。可是盘算一下，只好叹口气。银行里薪水一百块钱已算不薄，零用尽够，丈人家供吃供住，一个钱不必贴，怎好向周经理要钱买奢侈品？回国所余六十多镑，这次孝敬父亲四十镑添买些家具，剩下不过折合四百余元。东凑西挪，一股脑儿花在这件外套上面，不大合算。国难时期，万事节约，何况天气不久回暖，就省了罢。到了张家，张先生热闹地欢迎道："Hello! Doctor 方，好久不见！"张先生跟外国人来往惯了，说话有个特征——也许在洋行、青年会、扶轮社等圈子里，这并没有什么奇特——喜欢中国话里夹无谓的英文字。他并无中文难达的新意，需要借英文来讲；所以他说话里嵌的英文字，还比不得嘴里嵌的金牙，因为金牙不仅妆点，尚可使用，只好比牙缝里嵌的肉屑，表示饭菜吃得好，此外全无用处。他仿美国人读音，维妙维肖，也许鼻音学得太过火了，不像美国人，而像伤风塞鼻子的中国人。他说 "very well" 二字，声音活像小洋狗在咕噜——"vurry wul"。可惜罗马人无此耳福，否则决不单说 R 是鼻音的狗字母。当时张先生跟鸿渐拉手，问他是不是天天 "go downtown"。鸿渐寒暄已毕，瞧玻璃橱里都是碗、瓶、碟子，便说："张先生喜欢收藏磁器？"

"Sure! have a look see!" 张先生打开橱门，请鸿渐赏鉴。鸿渐拿了几件，看都是"成化"、"宣德"、"康熙"，也不识真假，只好说："这东西很值钱罢？"

"Sure! 值不少钱呢，Plenty of dough。并且这东西不比书画。买书画买了假的，一文不值，只等于 wastepaper。磁器假的，至少还可以盛菜盛饭。我有时请外国 friends 吃饭，就用那个康熙窑'油底蓝五彩'大盘做 salad dish，他们都觉得古色古香，菜的味道也有点 old time。"

方鸿渐道："张先生眼光一定好，不会买假东西。"

张先生大笑道："我不懂什么年代花纹，事情忙，也没工夫翻书研究。可是我有 hunch；看见一件东西，忽然 what d' you call 灵机一动，买来准O. K.。他们古董掮客都佩服我，我常对他们说：'不用拿假货来 fool 我。O yeah，我姓张的不是 sucker，休想骗我！'"关上橱门，又说："咦，head-ache——"便捺电铃叫用人。

鸿渐不懂，忙问道："张先生不舒服，是不是？"

张先生惊奇地望着鸿渐道："谁不舒服？你？我？我很好呀！"

鸿渐道："张先生不是说'头痛'么？"

张先生呵呵大笑，一面分付进来的女佣说："快去跟太太小姐说，客人来了，请她们出来。make it snappy！"说时右手大拇指从中指弹在食指上"啪"的一响。他回过来对鸿渐笑道："headache 是美国话指'太太'而说，不是'头痛'！你没到 States 去过罢！"

方鸿渐正自惭寡陋，张太太张小姐出来了，张先生为鸿渐介绍。张太太是位四十多岁的胖女人，外国名字是小巧玲珑的 Tessie。张小姐是十八岁的高大女孩子，着色鲜明，穿衣紧俏，身材将来准会跟她老太爷那洋行的资本一样雄厚。鸿渐没听清她名字，声音好像"我你他"，想来不是 Anita，就是 Juanita，她父母只缩短叫她 Nita。张太太上海话比丈夫讲得好，可是时时流露本乡土音，仿佛罩褂太小，遮不了里面的袍子。张太太信佛，自说天天念十遍"白衣观世音咒"，求菩萨保佑中国军队打胜；又说这观音咒灵验得很，上海打仗最紧急时，张先生到外滩行里去办公，自己在家里念咒，果然张先生从没遭到流弹。鸿渐暗想，享受了最新的西洋科学设备，而竟抱这种信仰，坐在热水管烘暖的客堂里念佛，可见"西学为用，中学为体"并非难事。他和张小姐没有多少可谈，只好问她爱看什么电影。跟着两个客人来了，都是张先生的结义弟兄。一个叫陈士屏，是欧美烟草公司的高等职员，大家唤他 Z. B.，仿佛德文里"有例为证"的缩写。一个叫丁讷生，外国名字倒不是诗人 Tennyson 而是海军大将 Nelson，也在什么英国轮船公司做事。张太太说，人数凑得起一桌麻将，何妨打八圈牌再吃晚饭。方鸿渐赌术极幼稚，身边带钱又不多，不愿参加，宁可陪张小姐闲谈。经不起张太太再三怂恿，只好入局。没料到四圈之后，自己独赢一百余元，心中一动，想假如这手运继续不变，那獭绒大衣便有指望了。这时候，他全忘了在船上跟孙先生讲的法国迷信，只要赢钱。八圈打毕，方鸿渐赢了近三百块钱。同局的三位，张太太、"有例为证"和"海军大将"一个子儿不付，一字不提，都站起来准备吃饭。鸿渐唤醒一句道："我今天运气太好了！从来没赢过这许多钱。"

张太太如梦初醒道："咱们真糊涂了！还没跟方先生清账呢。陈先生，丁先生，让我一个人来付他，咱们回头再算得了。"便打开钱袋把钞票一五一十点交给鸿渐。

吃的是西菜。"海军大将"信基督教，坐下以前，还向天花板眨白眼，感谢上帝赏饭。方鸿渐因为赢了钱，有说有笑。饭后散坐抽烟喝咖啡，他瞧见沙发旁一个小书架，猜来都是张小姐的读物。一大堆《西风》、原文《读者文摘》之外，有原文小字白文《莎士比亚全集》、《新旧约全书》、《家庭布置学》、翻版的《居里夫人传》、《照相自修法》、《我国与我民》等不朽大著，以及电影小说十几种，里面不用说有《乱世佳人》。一本小蓝书，背上金字标题道：《怎样去获得丈夫而且守住他》（How to gain a Husband and keep him）。鸿渐忍不住抽出一翻，只见一节道："对男人该温柔甜蜜，才能在他心的深处留下好印象。女孩子们，别忘了脸上常带光明的笑容。"看到这里，这笑容从书上移到鸿渐脸上了。再看书面作者是个女人，不知出嫁没有，该写明"某某夫人"，这书便见得切身阅历之谈，想着笑容更廓大了。抬头忽见张小姐注意自己，忙把书放好，收敛笑容。"有例为证"要张小姐弹钢琴，大家同声附和。张小姐弹完，鸿渐要补救这令她误解的笑容，抢先第一个称"好"，求她再弹一曲。他又坐一会，才告辞出门。洋车到半路，他想起那书名，不禁失笑。丈夫是女人的职业，没有丈夫就等于失业，所以该牢牢捧住这饭碗。哼！我偏不愿意女人读了那本书当我是饭碗，我宁可他们瞧不起我，骂我饭桶。"我你他"小姐，咱们没有"举碗齐眉"的缘份，希望另有好运气的人来爱上您。想到这里，鸿渐顿足大笑，把天空当作张小姐，向她挥手作别。洋车夫疑心他醉了，回头叫他别动，车不好拉。

客人全散了，张太太道："这姓方的不合式，气量太小，把钱看得太重，给我一试就露出本相。他那时候好像怕我们赖账不还的，可笑不可笑？"

张先生道："德国货总比不上美国货呀。什么博士！还算在英国留过学，我说的英文，他好多听不懂。欧战以后，德国落伍了。汽车、飞机、打字机、照相机，哪一件不是美国花样顶新！我不爱欧洲留学生。"

张太太道："Nita，看这姓方的怎么样？"

张小姐不能饶恕方鸿渐看书时的微笑，干脆说："这人讨厌！你看他吃相多坏！全不像在外国住过的。他喝汤的时候，把面包去蘸！他吃铁排鸡，不用刀叉，把手拈了鸡腿起来咬！我全看在眼睛里。吓！这算什么礼貌？我们学校里教社交礼节的 Miss Prym 瞧见了准会骂他猪猡相 piggy wiggy！"

当时张家这婚事一场没结果，周太太颇为扫兴。可是方鸿渐小时是看《三国演义》、《水浒》、《西游记》那些不合教育原理的儿童读物的；他生得太早，还没福气捧读《白雪公主》、《木偶奇遇记》这一类好书。他记得《三国演义》里的名言："妻子如衣服"，当然衣服也就等于妻子；他现在新添了皮外套，损失个把老婆才不放心上呢。

（钱锺书：《围城》（英汉对照本），珍妮·凯利、茅国权译，北京，人民文学出版社，2003 年。原文略有删节。）

练习与思考

1. 方鸿渐是"全体男人的缩影"，你认为这句评价中肯吗？为什么？

2. 方鸿渐的演讲在你看来"幽默"吗？为什么？

3. 张先生与方老先生，你觉得是一类人吗？为什么？

赏析

1980 年，《围城》应人民出版社之邀重印，钱锺书写了一篇小序，简要说明了重印的缘由。其间有一句话，"年复一年，创作的冲动随年衰减，创作的能力逐渐消失——也许两者根本上是一回事，我们常把自己的写作冲动误认为自己的写作才能，自以为要写就意味着会写"，阅读至此倍觉心动，作家对自己和读者坦诚若此，不多见。他的研究与创作，都展现出身为人文学者所特有的一种清醒与洞察力。哪怕，这种清醒和洞察力道出的是让众人无法回避的尴尬与窘迫。

钱锺书身上有着学者和艺术家两种不同的特质，学者要求严谨的逻辑以保证分析的清醒，艺术家要求热情的感悟以维持表现的洞察力。难得的是，钱锺书的文章在这二者之间找到一种独具特点的呈现方式，他创造出一种"百科全书体"的讽刺幽默形式，是中国文学现代性的拓荒者。《围城》的语言表现力是超一流的，其对语言的运用真正做到了"嬉笑怒骂皆成文章"，小说中的名言、警句、金句随处可得，有学者甚至断言"《围城》是语言性的小说"。以"言说"就足称颂文坛的现代作家中，钱锺书首屈一指。

城里城外的各色人等，在不同的阅历经验和人生背景下研读，总有不同的收获。我们身边，并不少见《围城》里的人物：方鸿渐，老好人一个又有点棱角，心无大志又有些想法，对于事业、感情既不明确追求，也不就此沉沦，像极了挣扎在生活洪流中的芸芸众生；赵辛楣，目标明确、积极进取，对朋友仗义，对追求现实，像极了那些能在生活缝隙中逆流而上的经营者。还有像孙柔嘉一般表面温柔可人、毫无心机，实则处心积虑、稳扎稳打的"心机女"；像李梅亭的道貌岸然、自私自利，鲍小姐的激情，苏文纨的矜持，唐晓芙的纯情……一部《围城》写尽了烟火红尘里的男女众生相。那句半是哲理、半是调侃的"城里的人想冲出去，城外的人想冲进来"，一针见血刺破了生活的迷雾，也成就了中国文学史上的"忧世伤生"之作。

窝　囊　废

［俄］契诃夫

王健夫　路　工　译

【解题】安东·巴甫洛维奇·契诃夫（Anton Pavlovich Chekhov，1860—1904），19世纪末俄国伟大的批判现实主义作家，情趣隽永、文笔犀利的幽默讽刺大师，短篇小说的巨匠，著名剧作家。与［法］莫泊桑（Guy de Maupassant）和［美］欧·亨利（O. Henry）并称为"世界三大短篇小说家"。他早期作品多是短篇小说，如《小公务员之死》（1883年）等，再现了"小人物"的不幸和软弱、劳动人民的悲惨生活和小市民的庸俗猥琐。后期转向戏剧创作，主要作品有《伊凡诺夫》（1887年）、《海鸥》（1896年）、《万尼亚舅舅》（1896年）、《三姊妹》（1901年）、《樱桃园》（1903年）等。剧本故事虽取材于日常生活，情节朴素，进展平稳，但却富有深刻象征意义，含有浓郁的抒情味和丰富的潜台词，令人回味无穷。他的小说短小精悍、简练朴素、结构紧凑、情节生动、笔调幽默、语言明快，富于音乐节奏感，寓意深刻。他善于从日常生活中发现具有典型意义的人和事，通过幽默可笑的情节进行艺术概括，塑造出完整的典型形象，以此来反映当时的俄国社会。

　　前两天，我把孩子们的家庭女教师尤利娅·瓦西里耶夫娜请到我的书房来，需要结一下账。

　　"请坐，尤利娅·瓦西里耶夫娜！"我对她说，"咱们结一下账吧。您大概也需要用钱，可是您又这么拘礼，不好意思张口……好啦，咱们事先已商定好您每月的工资是三十卢布……"

　　"是四十卢布……"

　　"不，是三十卢布……我本子上记着呢……我付给家庭女教师的工资一向都是三十卢布。那么，您在这里待了两个月……"

　　"两个月零五天……"

"不，整整两个月……我本子上记着呢。就是说，我应该付给您六十卢布……刨去九个礼拜天……因为礼拜天您并不给科利亚上课，只休息不干活……还有三个节假日……"

尤利娅·瓦西里耶夫娜突然涨红了脸，开始扯拉衣服上的皱边，不过……她一句话也没说。

"再刨去三个节假日……因此得扣除十二卢布……科利亚病了四天，没有上课……您只给瓦里娅一人上课……您牙痛了三天，我妻子允许您下午不上课……十二加七等于十九。扣除以后……还剩下……嗯……四十一卢布……对吧？"

尤利娅·瓦西里耶夫娜的左眼发红了，噙着泪水。她下巴颏开始颤动，精神紧张地咳嗽起来，呼哧着鼻子，不过——她一句话也没有说。

"新年前夕，您打碎了一只茶杯和一个茶碟，得扣除两卢布……要知道那只茶杯很贵重，是祖先传下来的，不过算啦，上帝保佑您！我们哪能不受一点损失呢！后来嘛，小姐，由于您照看不周，科利亚爬到树上，挂破了上衣……应该扣除十卢布……那个使女也由于您照看不周，偷走了瓦里娅的一双皮鞋。您样样事情都得照看好才对。您是领工资的人啊。因此，还得扣除五卢布……本月十日，您从我这里拿走了十卢布……"

"我没有拿。"尤利娅·瓦西里耶夫娜喃喃地说。

"可是我本子上记着呢！"

"嗯，就算这样吧……那好吧。"

"四十一减二十七——还剩下十四卢布……"

她的两只眼热泪盈眶……她那个挺好看的长长的鼻子上冒出了冷汗。可怜的姑娘！

"我只拿过一次钱，"她声音发颤地说，"是从您太太手里拿过三卢布……此外我再也没有拿过。"

"是吗？您瞧，这笔钱我可没有记上！十四再减三，余十一……好吧，这就是给您的工资，亲爱的小姐！接着，三卢布，三卢布，三卢布，一卢布，一卢布……请收下吧，小姐！"

于是我给了她十一卢布……她接过那几张票子，用哆嗦的手指把票子塞进衣袋里。

"谢谢。"她小声说。

我霍地站起身来,开始在房间里快步走起来。我气愤若狂。

"为什么要说谢谢?"我问。

"因为您给了钱呀……"

"可是要知道,是我克扣了您,真见鬼,是我抢劫了您呀!要知道是我侵吞了您的钱!您为什么还要谢谢?"

"要是在别的地方,人家根本就不付给我钱……"

"不付给您钱?这不足为怪!我刚才是在跟您开玩笑,给您上了残酷的一课……您那八十卢布工资我要如数付给您!钱在信封里装着呢,已经准备好了!不过话又说回来,一个人难道可以这样老实巴交吗?您为什么不提出抗议?为什么一句话不说?在这个世界上,不以牙还牙能行吗?难道可以成为这么一个窝囊废吗?"

她垂头丧气地微微一笑,脸上的表情分明在说:"可以的!"

我请她原谅我这残酷的一课,把那八十卢布如数付给她,这使她大吃一惊。她怯生生地说了一声"谢谢",就走了出去……我望着她的背影,心里在想:在这个世界上做一个巧取豪夺的强人是多么容易啊!

1883 年

（〔俄〕安东·契诃夫:《契诃夫幽默作品集——世界幽默文学经典》. 王健夫、路工译,桂林,漓江出版社,2002 年。）

┃练习与思考

1. 为什么"我"要和尤利娅算账?

2. 契诃夫式的幽默是什么?

3. 拓展阅读:契诃夫的戏剧

┃赏析

真正幽默的作品往往强调那些看起来合理,但却由无法解决的矛盾、冲突所带来的麻烦,在行文中主人公由这种麻烦开始,去触及真正事实的由头,而读者寻找的幽默感则附着在寻觅事情的真相中,不断更新、不断涌动,精明的作者既不会刻意炫耀，也不会着急宣告。马克·吐温说："幽默的内在根源不是欢乐，而是悲哀。"契诃夫也是如此，他将人生的无奈冷酷的摊开，深化为契诃夫式的独特幽默，一种冷静的、冷酷的、内敛的幽默。从对事物表面的滑稽性的观照深化为对生活的本质的喜剧式观照。

契诃夫是旧俄罗斯的控诉者，他通过简洁、质朴、毫不煽情的文字透露出对不公平现象的揭露与批判，与对人性、对人的生存状况、对人的永恒精神困惑的思考结合在一起。他俯瞰我们的平凡人生，看尽了生活中的荒诞与滑稽。他的主人公都是善良的普通人，他们身上的弱点被敏锐地发现和表达，这些弱点构成了无法摆脱的荒诞与滑稽的境地的生成。譬如尤利娅的懦弱窝囊是人性中常见的弱点，也正是由于这个弱点构成了她欲哭无泪的痛苦。契诃夫也无意于在这样一个极短篇小说中寻找鲜明的道德评判标准。似乎主人公"我"与家庭教师尤利娅·瓦西里耶夫娜站在各自的立场都值得人点头同意。譬如"我"的故意刻薄，"我"在一切试探昭然若揭前，振振有词地计算尤利娅的工资，似乎每一笔克扣都颇有道理，而尤利娅被逼无奈的困窘也似乎很值得让人同情。俄罗斯另一位伟大的作家陀思妥耶夫斯基说，俄国人往往要在别人要哭的地方发笑。契诃夫不评价不参与情节的发展，他以诙谐的态度观照主人公们的行为和态度，不论这个主题有多么沉重和忧郁，这种内敛的幽默比外显式的幽默更具有了深广的阐释空间。

第 22 条军规（节选）

［美］约瑟夫·海勒

扬 恕 程爱民 邹惠玲 译

【解题】 *约瑟夫·海勒（Joseph Heller，1923—1999），美国黑色幽默文学的代表作家。他擅长以夸张变形的手法把生活写成漫画，其作品在黑色幽默文学中影响最大。他的创作方法往往是从超现实而不是从写实的角度出发，通过荒诞的变形的超常的表现手法展现完全不同的现实真实。他的作品与现代生活*

紧密结合，善于挖掘社会重大主题，从而揭示现代社会中使人受到摧残和折磨的异己力量，具有特殊的象征意义。

12.　博洛尼亚

　　其实，那场博洛尼亚大恐慌完全是由奈特中士一手造成的，与布莱克上尉毫无关系。奈特中士一听说要去轰炸博洛尼亚，就悄悄溜下卡车，又取来了两件防弹衣。这一来，其余的人也跟着效仿，一个个铁板着脸跑回降落伞室，没等抢完余下的防弹衣，便已溃军似地慌乱成一团了。

　　"嗨，这是怎么回事儿？"基德·桑普森很不安地问道，"博洛尼亚还不至于那么危险吧？"

　　内特利恍惚地坐在卡车铺板上，双手捂住那张年轻但阴沉的脸，没答话。

　　造成这一局面的，是奈特中士，以及无数次折磨人的任务延期。就在命令下达后的头天上午，大伙正在登机，突然来了一辆吉普车，通知他们说，博洛尼亚正在下雨，轰炸任务延期执行。待他们返回中队驻地，皮亚诺萨亦下起了雨。那天，回到驻地后，他们全都木然地凝视着情报室遮篷下那张地图上的轰炸路线，脑子昏昏欲睡，始终是一个念头：这次他们是无论如何没有了退路。那条横钉在意大利大陆上的细长的红缎带，便是醒目的证据：驻守意大利的地面部队被牵制在目标以南四十二英里的地方，根本就没法往前进逼一步。因此，他们是无论如何也攻不下博洛尼亚城的。而屯扎皮亚诺萨岛的空军官兵却是万难躲开这次去轰炸博洛尼亚的飞行任务的。他们陷入了困境。

　　他们的唯一希望，便是雨不停地下，但这希望实在是乌有的，因为他们全都清楚，雨终究是要停的。皮亚诺萨停了雨，博洛尼亚便下雨；博洛尼亚停雨，皮亚诺萨便又下雨。假如两地都没了雨，那么，便会出现一些莫名其妙的奇怪现象，诸如流行性腹泻的传播，或是轰炸路线的移动。最初的六天里，他们被召集了四次，听取下达简令，随后又给打发回驻地。一次，他们起飞了，正在编队飞行，突然，指挥塔命令他们降落。雨下的时间越长，他们就越遭罪；他们越是遭罪，也就越要祈求雨不停地下。晚上，大伙通宵仰望天空，满天的星斗让他们深感哀戚。白昼，他们就一天到晚盯着意大利地图上的那条轰炸路线。地图很大，挂在一只摇晃不稳的黑报架上，随风飘动，天一下雨，黑报架便往里拖，置于情报室遮篷底下。轰炸路线是一条细长的红缎带，用来标明布于意大利大陆各处的盟军地面部队的最前沿阵地。

亨格利·乔与赫普尔的猫拳斗后的次日上午，皮亚诺萨和博洛尼亚都停了雨。机场的起降跑道干了起来，但要硬结，还得等上整整二十四小时。天空依旧是万里无云。郁结在每个兵士心中的怨怼都已化作了仇恨。最先，他们痛恨意大利大陆上的步兵，因为他们没能进占博洛尼亚。之后，他们开始憎恨起那条轰炸路线来了。他们死死盯着地图上的那条红缎带，一盯便是好几个小时，切齿地恨它，因为它不愿上移，将博洛尼亚城包围起来。待到夜幕降临，他们便聚在黑暗中，凭了手电，继续阴森森地注视着那条轰炸路线，心里在默默地哀求，仿佛他们这样郁郁不乐地集体祈祷，可以产生相当的威力，于是，便有了希望，让红缎带上移。

"我实在不敢相信会有这等事，"克莱文杰对约塞连惊叫道，声音忽高忽低，既表示异议，又深感疑惑。"这完全是愚昧迷信，是彻彻底底的倒退。他们混淆了因果关系。这和手碰木头或交叉食指和中指一样毫无意义。难道他们真的相信，假如有人半夜蹑手蹑脚地走到地图前，把轰炸路线移到博洛尼亚上面，我们明天就不必再去执行那次轰炸任务了？你能想象得出？很可能只有我们两个人才是有理智的。"

至午夜，约塞连用手碰了木头，又交叉了食指和中指，于是，便轻手轻脚地溜出帐篷，把那条轰炸路线上移，盖住了博洛尼亚。

次日一清早，科洛尼下士鬼鬼祟祟地钻进布莱克上尉的帐篷，手伸进蚊帐，摸到湿漉漉的肩胛，轻轻摇动，直摇到布莱克上尉睁开了双眼。

"你摇醒我干什么？"布莱克上尉埋怨道。

"他们占领了博洛尼亚，上尉，"科洛尼说，"我觉得你大概想知道这个消息。这次任务取消了吗？"

布莱克上尉猛地挺起了身，极有条理地在那两条瘦成皮包骨的细长大腿上挠起了痒痒。不一会儿，他穿上衣服，不及修面，便走出帐篷，眯眼瞧了瞧，一脸怒气。天空晴朗，气温和暖。他冷漠地注视着那张意大利地图。果不出所料，他们已经攻占了博洛尼亚。情报室内，科洛尼下士正取出导航工具箱里的博洛尼亚地图。布莱克上尉打了个极响的哈欠，坐了下来，把两脚翘到桌上，于是，挂通了科恩中校的电话。

"你打电话吵醒我干吗？"科恩中校埋怨道。

"他们夜里攻下了博洛尼亚，中校。这次轰炸任务是否取消了？"

"你说什么，布莱克？"科恩中校咆哮道，"干吗要取消轰炸任务？"

"因为他们攻占了博洛尼亚，中校。难道还不取消轰炸任务？"

"当然取消啦。你以为我们现在去轰炸自己的部队？"

"你打电话吵醒我干吗？"卡思卡特上校对科恩中校抱怨道。

"他们攻占了博洛尼亚，"科恩中校告诉他说，"我想你大概会希望知道这个消息。"

"谁攻占了博洛尼亚？"

"是我们。"

卡思卡特上校狂喜，因为当初是他自告奋勇要求让自己的部下去轰炸博洛尼亚的，从此，他便以英勇闻名，但现在，又解除了这次令他进退维谷的轰炸任务，却丝毫无损他已赢得的名声。攻克博洛尼亚，也着实让德里德尔将军心花怒放，但他对穆达士上校极为恼火，原因是上校为了告诉他这一消息而叫醒了他。司令部同样也很高兴，于是，决定给攻占博洛尼亚城的指挥官授一枚勋章。所以，他们把它给了佩克姆将军，因为佩克姆将军是唯一一位军官主动伸手要这枚勋章的。

佩克姆将军荣膺勋章后，便即刻请求承当更多的职责。依照他的意见，战区所有作战部队都应归由他亲任指挥官的特种兵团指挥。他时常自言自语——总带着每次与人争执时必定有的那种殉教者的微笑，令人觉着和蔼可亲又通情达理：假如投弹轰炸敌军算不得是特殊工种，那么，他实在不明白，究竟什么工种才是特殊的。司令部曾提出，让他在德里德尔将军手下担任作战指挥，可他极和气地婉言拒绝了。

"我想的可不是替德里德尔将军执行什么作战飞行任务，"佩克姆将军宽容地解释道，笑嘻嘻的，一副和悦的面容。"我更想替代德里德尔将军，或许更想超过德里德尔将军。这样，我也就可以指挥许多其他将军。你知道，我最出色的才能主要在于行政管理。我就有这种高妙的本领，可以让不同的人的意见统一起来。"

"他倒是有一种高妙的本领，可以让不同的人都觉得他实在是个讨厌透顶的混蛋。"卡吉尔上校曾怀恨地跟前一等兵温特格林吐出了自己的心里话，希望他把这句刺耳的话传扬出去，让第二十六空军司令部上上下下都知道。"假如有谁配接任那个作战指挥的职位，那个人就是我。我甚至还想到过，我们应该伸手向司令部要那枚勋章。"

"你真想参加作战？"前一等兵温特格林问道。

"作战？"卡吉尔上校惊呆了。"哦，不——你误解我的意思了。当然，真要参加作战，我其实也不在乎，不过，我最出色的才能主要在于行政管理。我同样有这种高妙的本领，可以让不同的人的意见统一起来。"

"他倒是也有一种高妙的本领，可以让不同的人都觉得他实在是个讨厌透顶的混蛋。"后来，前一等兵温特格林来到皮亚诺萨岛，查实米洛和埃及棉花一事时，曾私下里笑着告诉约塞连。"假如有谁配晋升，那就是我。"其实，他调至第二十六空军司令部担任邮件管理员后不久，便接连升级，升到了下士，可后来，因为妄加品藻自己的上级军官，说了些极不中听的话，给传扬出去，结果，一下子又被降为列兵。成功的喜悦，更让他感觉到必须做有道德的人，同时，又激发出他的勃勃雄心，再创一番更崇高的业绩。"你想买几只齐波牌打火机吗？"他问约塞连，"这些打火机是直接从军需军官那里偷来的。"

"米洛知道你在卖打火机吗？"

"这跟他有什么关系？米洛不是现在也不兜售打火机了吗？"

"他当然还在兜售，"约塞连告诉他说，"不过，他的打火机可不是偷来的。"

"那是你的看法，"前一等兵温特格林哼了一声，回敬道，"我卖一块钱一只。他卖多少钱？"

"一块零一分。"

前一等兵温特格林得意洋洋地窃笑了一下。"我每回都占他的上风。"他颇

有些幸灾乐祸。"嗨，他那些脱不了手的埃及棉花怎么样了？他究竟买了多少？"

"全买了。"

"全世界的棉花？哦，真他妈见鬼！"前一等兵温特格林十足一副幸灾乐祸的劲儿。"简直是头蠢驴！当时你一块儿跟他在开罗，干吗不阻止他呢？"

"我？"约塞连耸了耸肩，答道，"他能听我的话？他们那儿所有高档饭店都有电传打字电报机。可米洛以前从未见过自动记录证券行市的收报机，就在他请领班给他作解释的时候，埃及棉花的行情报告正巧传了过来。'埃及棉花？'米洛用他那种惯有的表情问道，'埃及棉花的售价多少？'接下来，我就知道，他把那些该死的棉花全都买了下来。现在他可真是吃不了兜着走了。"

"他真是一点想象力都没有。假如他愿意做买卖，我在黑市上就能抛售许多棉花。"

"米洛了解黑市行情，根本就不需要棉花。"

"但需要医药用品。我可以把棉花卷在木牙签上，当做消毒药签卖出去。他愿不愿给个合适的价，卖给我？"

"不管什么价，他都不会卖给你的，"约塞连答道，"你跟他对着干，他很恼火。其实，他对谁都很恼火，因为上星期大家都拉肚子，把他食堂的名声都给搞臭了。对了，你能帮帮我们大伙儿。"约塞连突然抓住他的胳膊。"你不是可以用你的那台油印机伪造一些官方命令，帮我们逃脱这次去轰炸博洛尼亚的任务吗？"

前一等兵温特格林很轻蔑地瞧了他一眼，慢慢把手臂抽了回去。"我当然可以，"他自豪地说，"但是我做梦都没想过要做那种事。"

"为什么？"

"因为这是你的工作。我们大家都各有各的工作。我的工作就是想办法卖掉这些齐波牌打火机，赚几个钱，还有，再从米洛那里买些棉花来。你的工作就是炸掉博洛尼亚的弹药库。"

"可我会在博洛尼亚给炸死的，"约塞连恳求道，"我们全都会给炸死的。"

"那你没办法，只得被炸死了，"前一等兵温特格林回答道，"你干吗不学学我，想开些，这都是命中注定的？假如我注定是卖掉这些打火机，赚几个钱，再从米洛那里买些便宜棉花，那么，这就是我要做的事。假如你注定要在博洛尼亚上空被炸死，那你就会被炸死，所以，你最好还是飞出去，勇敢点去死。我不愿这么说，约塞连，可是，你都快成了牢骚鬼了。"

克莱文杰很赞同前一等兵温特格林的说法，约塞连要做的事，就是在博洛尼亚上空被炸死。当约塞连供认，是他把那条轰炸路线移到了上面，致使轰炸任务被取消，克莱文杰气得脸色发青，狠狠咒骂了一通。

"干吗不可以？"约塞连咆哮道，越发激烈地替自己争辩，因为他自觉做错了事。"是不是因为上校想当将军，我就该让人把屁股给打烂吗？"

"意大利大陆上的弟兄们怎么办？"克莱文杰同样很激动地问道，"难道因为你不想去，他们就该让人把屁股给打烂吗？那些弟兄有权得到空中支援！"

"但不一定非得我去不可。瞧，他们并不在乎由谁去炸掉那些弹药库。我们去那里执行轰炸任务，唯一的理由，就是因为那个狗娘养的卡思卡特自愿要求让我们去。"

"哦，这些我都知道，"克莱文杰跟他说，那张憔悴的面孔显得极苍白，两只焦虑不安的棕色眼睛却是充满了诚挚。"但事实是，那些弹药库还在那里。我跟你一样，也不赞同卡思卡特上校的做法。这一点，你很清楚。"克莱文杰停了停，双唇哆嗦着，再握住拳头，对着自己的睡袋轻击了一下，于是，强调说，"但该炸什么目标，或是由谁去轰炸，或者——这些都不是我们能决定的。"

"或是谁在轰炸目标时送了命？为什么？"

"没错，甚至是送命也没法决定。我们无权质问——"

"你真是疯啦！"

"——无权质问——"

"你真的是说，无论我怎么死，还是为什么死，这都不是我的事，而是卡思卡特上校的事？你真是这个意思？"

"是的，我是这个意思，"克莱文杰坚持说，但似乎很没什么把握。"那些受命打赢这场战争的人，他们的境遇要比我们好得多。他们将决定该轰炸哪些目标。"

"我们谈的是两回事，"约塞连极其不耐烦地说，"你谈的是空军和步兵的关系，而我说的是我跟卡思卡特上校的关系。你谈的是打赢这场战争，而我说

的是打赢这场战争，同时又能保全性命。"

"千真万确，"克莱文杰厉声说道，显得颇是沾沾自喜。"那么，你说哪一个更重要？"

"对谁来说？"约塞连马上接口道，"睁开你的眼好好瞧瞧，克莱文杰。对死人来说，谁打赢这场战争，都无关紧要。"

克莱文杰坐了一会儿，好像挨了猛的一掌。"祝贺你啦！"他极刻薄地喊道，嘴抿紧了，周围现出极细的苍白得无半丝血色的一圈。"我实在想不出还有别的什么态度，更让敌人感到快慰。"

"敌人，"约塞连斟字酌句地反驳道，"就是让你去送死的人，不管他站的是哪一边，自然也包括卡思卡特上校。这一点你无论如何不能忘记，因为你记住的时间越长，你就可能活得越长。"

但，克莱文杰终究是忘了这句话，结果，他死了。……

（［美］约瑟夫·海勒：《第22条军规》，扬恝、程爱民、邹惠玲译，南京，译林出版社，2000年。原文与注释略有增删。）

练习与思考

1. 克莱文杰和约塞连二人谁更清醒一些？为什么？

2. 什么是黑色幽默？

3. 第22条军规："军人必须服从命令；士兵的信件必须接受检查；飞满32架次可以不再飞行，司令官命令增加飞行架次不可违抗；精神失常的人员可以不完成规定的飞行任务而回国，以精神失常要求回国则为正常人员；……"你是如何理解这些规定的？你遇到过类似的情况吗？请举例说明。

赏析

海勒的作品不算多，公认的名作包括《第22条军规》（1961）和《出事了》（1974），1961年的《第22条军规》让海勒一举成名，成为一种新文学样式的开创者。《柯林斯词典》推选这部小说为1961年标志，而书名 Catch-22 甚至成为英语中独立的单词，表示"一种无法摆脱的困境或者难以逾越的障碍，表示人们处于左右为难的境地，或者是一件事陷入了死循环等"。

本部小说的战争主题并不是重点内容，战争背景下人的状态才是重点。主人公约塞连很苦闷，他只有一个目的想回国，离开这个让人生厌的环境。可不论他怎么努力，总是无法达到能回国的要求。因为有个"第22条军规"，它规定：军人必须服从命令，所以士兵的信件依据上级命令必须接受检查，不管是爱人的还是亲人的都由专人检查，遇到可能不合规定的内容检查人员居然可以大笔一挥全部删除；规定还说飞满32架次可以不再飞行，可依据军人必须服从命令的规则，司令官如果命令增加飞行架次则是不可违抗的；规定还说精神失常的人员可以不完成规定的飞行任务而回国，但是如果以精神失常要求回国，则说明思维正常……百般无奈的约塞连听说又要有飞行任务了，不由得越想越恐惧，于是上演了偷偷移动作战地图标识的闹剧。

海勒在这部小说里尝试了一种完全不同的叙事方式，故事的主人公众多，且每一个形象都像漫画人物一样，有着十分鲜明而具特点的形象，叙事的方式显得杂乱而含混，没有惯常的讲述焦点，也没有惯常的人物性格。一切仿佛都乱了套，可每一个小章节又显得独立而有逻辑。像"雨下的时间越长，他们就越遭罪；他们越是遭罪，也就越要祈求雨不停地下"这种"Catch-22式"的语言非常典型，在整部小说中随处可见，不可笑，可就是忍俊不禁，可乐过却是一种绝对的痛苦，痛极而笑，化痛为笑，成为一种阴郁的喜剧。

这就是黑色幽默，它不是乐观主义的逗趣，也不是"含泪的笑"里的恻隐之心，它是在最大的失望和最大的恐惧之上的笑声。这种笑既不能产生快乐，也不能产生哀愁，所以说它是一种绝对的痛苦，无力摆脱现状困境的笑声，既看不到出路，也看不到希望。

海勒本人在接受采访时也表示，他自己也跟作品一样对现代化下的文明总是陷入"困惑的蔑视与愤怒的尊严之间如履薄冰"的"Catch-22"境况，也许这就是对黑色幽默最好的诠释了吧。

九、本章参考答案

影视艺术概说

人们将他们的历史、信仰、态度、欲望和梦想铭记在他们创造的影像里。

——罗伯特·休斯（Robert Hughes），艺术评论家

距今约一百年前，电影史上第一位伟大的艺术家格里菲斯曾预言：电影在未来将成为新的世界，凡看者都能理解。如今，预言已然成真。影视艺术作为一种最有影响力的艺术发明，已经深深地渗透到我们的日常生活中，重构了人们的生活经验和情感体验。影视艺术不仅是娱乐消遣，也是教育工具，也是人们得以深入了解彼此相异的心理、文化以及思想的国际化语言。

一、影视艺术的概念与范畴

影视艺术是时间艺术和空间艺术的复合体，包括电影艺术和电视艺术。电影是影视艺术的起源，电视是影视艺术的衍生物之一。

1. 电影艺术

电影艺术诞生至今不过百余年，却以其强劲的生命力绽放出耀眼夺目的光芒，形成了自己丰富斑斓的艺术世界，成为一种世界通用语言。1911年，意大利诗人和电影先驱乔治·卡努杜宣告"电影是第七艺术"，将电影列为继建筑、音乐、绘画、雕塑、诗歌和舞蹈等艺术门类后的一门独立艺术样式，且是三种时间艺术（音乐、诗歌、舞蹈）和三种空间艺术（建筑、绘画、雕塑）的综合，是一种时空综合艺术。《电影艺术词典》如此界定"电影艺术"：以电影技术为手段，以画面和声音为媒介，在银幕上运动的时间和空间里创造形象，再现和反映生活的一门艺术。"电影艺术是指用一定的运转速度把对象的运动过程拍摄在电影胶片上，然后把若干段胶片剪辑组接在一起，通过电影放映机又把被摄对象连续投射在银幕，从而造成活动的影像。""运动"是电影艺术的根本特征。从艺术的层面来看，"电影艺术是指通过电影的物质形态——银幕上的活动影像——传达出来的一种独特的艺术形态，它具有完整的艺术形态，以人与客观自然为对象，致力于表现人的心灵情感世界和外部生活世界"。

2. 电视艺术

电影之后的电视艺术则更为年轻，对"电视艺术"这个概念是否能成立

曾经存在过争议，因为它具有强大的日常信息传播功能。1926年，被誉为"电视之父"的英国科学家约翰·贝尔德在伦敦进行公开表演，通过电视传送运动的人体画面，紧接着1928年，电视画面在伦敦和纽约之间传播得以成功。1930年，经过英国广播公司（BBC）与贝尔德的合作实验，有声电视图像面世。1936年英国广播公司在伦敦市郊的亚历山大官建成了世界上的第一座电视台，对外放送电视节目，令电视传播由"一对一"跨入"一对多"时代。电视在传播新闻时事等信息方面具有最快最广最真的优势，也被称为最贴近现实生活的有效媒体，因此许多人质疑电视艺术的可能性。电视学者高鑫则指出："电视既然是一种传播媒介，它可以传播信息、传播新闻，当然也可以传播高雅的艺术品，从而构成一种事实存在的电视艺术。"电视艺术可分为纪实性强的信息传播类，比如电视新闻、电视专题、电视纪录片等，及感染力强的艺术创作，比如电视连续剧、电视文艺节目、电视综艺晚会、电视音乐节目等。《中外影视大辞典》对"电视艺术"作出了这样的界定：以电子技术为传播手段，以画面和声音为媒介，在电视屏幕上运动着的时间和空间里塑造形象，再现和表现生活的一种视听艺术。

电影艺术和电视艺术之间有着许多相似处，它们是"以影视技术为手段，以画面和声音为媒介，遵循艺术规律并运用审美思维，在运动的银屏空间创造形象，从而再现和表现生活的时空间艺术形式"。而它们的"形象"构成，艺术地"再现和表现生活"的文本，其实也就进入了文学作品的范畴。甚至许多影视作品本身就直接改编于文学作品，是对传统的文学作品的再创造。

二、影视艺术的艺术特性

1. 运动性与技术性

无论从诞生还是发展来看，影视艺术都是科学技术进步与艺术表达的综合结果，如果没有技术的进步也就没有影视艺术的出现和进步。真正的电影是在摄影术的基础上发展起来的，摄影术的二维静态图片第一次使人们得以再现自己和表达自己，但唯一的缺憾是"这一切看上去都过于平静"。

1895年12月28日，在法国巴黎卡普辛路14号大咖啡馆的地下室里，卢米埃尔兄弟（路易·卢米埃尔和奥古斯特·卢米埃尔）放映了12部影片，虽然每部只有1分钟，但足以向世界宣告具有划时代意义的电影诞生了。这12部影片包括《水浇园丁》《工厂大门》《婴儿的午餐》等都是从生活现场直接拍摄。其中，《火车进站》创造了电影史上著名而富有传奇色彩的观影效果，当观众看见火车进站的画面时，被活生生的影像吓得忍不住尖叫、离开座位四处逃窜，因为担心自己被驶出银幕的火车碾死。电影的发明迅速引起观众的极大兴趣，他们第一次看到了与现实世界一模一样的影子世界——"一个运动着的世界"。运动是影视艺术的生命，没有运动就没有影视艺术，而运动又是丰富而复杂的，既有被摄物体的运动，也有摄影机的运动，还包括由剪辑带来的运动节奏，这一切都构成了影视语言的独特表现力。

卢米埃尔兄弟

电影《火车进站》剧照

接着，电影从"无声到有声"，从"黑白到彩色"，从"1∶1.38 宽高比的普通银幕到 1∶1.85 的遮幅宽银幕再到穹幕电影"，从"胶片到数字"电影技术，从"2D 到 3D 再到 4D 电影"……每一次的艺术进步都离不开赖以生存的技术基础，特别是现代科学技术的迅猛发展，更促使技术被纳入影视语言的表现手法范畴，《阿凡达》里美轮美奂的画面、《阿甘正传》片头飘飞的羽毛、《星球大战》的大量特效和造型，还有《狄仁杰之通天帝国》里的奇幻场景，这些都让人们看见科学技术的创造性，改变和发展延伸传统影视美学观念，科学技术变成一种艺术手段，与影片形成了一种内在的独特综合意蕴。

2. 逼真性与假定性

电影理论家安德烈·巴赞说："再现事物原貌"是电影的独特本性。在所有的艺术形式中，影视艺术最贴近于生活自然形态，它拥有文学所没有的直观，音乐所没有的造型，绘画、雕塑所没有的运动，并且突破了舞台戏剧的时空局限，这种近在咫尺的逼真性使影视艺术具有无与伦比的感染力。经典影视艺术作品总是根植于现实的土壤，体现创作者对生活的认识和评价，塑造真实的典型人物，引发观众的共鸣和思考。意大利新现实主义电影正是这样的典型代表，描绘了法西斯统治给意大利普通人民带来的灾难，强调"还我普通人"的真实感，多以真人真事的真实记录为题材，用实景、自然光和非职业演员，注重日常社会现实场景再现，提出"把摄像机搬到大街上"的运动口号。电影《偷自行车的人》（德·西卡导演，1948年）讲述了失业工人安东尼奥丢失自行车，与儿子苦寻无果后铤而走险去偷，结果却被捉住当众羞辱的辛酸故事。影片揭示了来自贫民与贫民之间、社会上层与下层之间、安东尼奥与儿子（成人与儿童）之间的三个方面冲突，交织在一起构成了当时意大利社会困境的现实写照。值得一提的是影片开放式的结尾，茫茫人海中没有找到车的父亲牵着儿子的手走向远方，而儿子的小手也伸入父亲的手掌以示鼓励和安慰，引发观众无限思考。

电影《偷自行车的人》剧照

　　"艺术来源生活，又高于生活"，与逼真性相对立又相联系的是假定性，正如苏联电影理论家普多夫金所说："实际发生的事件与它在银幕上的表现是有显著区别的。"第一，影视艺术的假定性由本身媒介形式决定，无论我们在银幕上看到什么，其实都是投影的幻像，又称"影子戏"；第二，影视艺术作品的人物形象、故事情节具有假定性，是由编剧、导演和演员共同塑造完成，即来自生活但又经过加工修改；第三，影视艺术时空间的表达具有假定性，空间的自由性和时间的畸变都是假定性的表现，让艺术创作富有想象力和感染力。但假定性并非随心所欲，更不是虚假，仍然要遵循一定的艺术规律，达到艺术真实的效果。来源生活，高于生活，这是所有文学作品的共有特征。

　　3. 时间与空间表达

　　影视作为艺术除了要客观再现对象外，还要表现艺术家的主观情感和美学追求；除了真实反映生活时空外，还要在影视中创造生活时空。影视艺术既像时间艺术那样，在时间的延续中展示画面，构成完整的银幕形象，又像空间艺术那样，在一定的空间中展示画面。在一部作品中存在着三种不同涵义的时间：一是影片播映时间，二是剧情情节阐述时间，三是观众的感受时间，比如《海上钢琴师》全片 165 分钟却讲述了一个名叫 1900 的钢琴师一生的故事。"影视作品的表现时间还可以变形：或浓缩与延伸，或流动与凝固，或割碎与颠倒，一切都可以按剧情和艺术表现的需要而创造"，特别是影视的后期制作，可以让观众们看见一滴水的时间放大放慢，看见《黑客帝国》的"子弹时间"；也可以让人物动作加快，一瞬间匆匆数年，或者任意跳切飞越未来，这些奇妙的时间表达无疑彰显影视的独特。

影视艺术的另一个优势则表现在空间处理的自由，一是"再现性空间"，逼真地再现某一真实场景，二是"表现性空间"，利用观众视觉连续性而形成的错觉创造出虚拟空间，通过蒙太奇将零散拍摄的各个场景组合成统一的"完整"。"第五代导演"张艺谋的早期作品突出反映了对中国传统封建意识的深刻认识和批判精神，他善于再现和表现具有民族特色的中国奇特景观，表达对黄土地的热爱，塑造具有反抗精神的中国女性形象，在强烈的色彩和精美的构图背后坚持生活的真实感、浓烈的历史感和民族审美表达。张艺谋最初担任摄影师，在电影《一个和八个》《黄土地》的摄影中追求画面造型的力度和象征性，1987 年后他导演《红高粱》《菊豆》《秋菊打官司》《活着》等作品，以强烈的中国风格享誉全世界。在《大红灯笼高高挂》中，张艺谋将原作小说中氤氲着雾气的江南背景更改为凄艳壮烈的陕西院落，还自创了点灯、封灯等一系列关于灯的仪式，强烈的形式感和象征意味震撼人心，哪怕是熟悉陕西的观众们看起来也会觉得电影既熟悉又陌生。

电影《大红灯笼高高挂》中的"陈家大院"

影视的时间与空间常常是相互依存的，空间给人以外观的表象，而时间则表现过程，空间的更替、情节的展开、人物的活动都要靠时间的延续得以显现。随着科技的进步，影视艺术表现力日益丰富，影视创作者们渐渐抛弃了传统单一的艺术模式，尝试更为立体的时空思维表达。2010 年一部电影《盗梦空间》的出现再次刷新了人们对电影时空的概念，游走于梦境与现实之间，从他人的潜意识中盗取机密并重塑他人梦境，被定义为"发生在意识结构内的当代动作科幻片"。导演克里斯托弗·诺兰完美诠释了电影化的空间和时间构成方式，任意穿梭在各层梦境和现实之间，陌生化时间和空间已经完全融为一体，尽量让观众不要意识到身在梦中，点睛之笔在于"要通过迷宫来限定边界"。

影视艺术在当代随着互联网的普及得到了空前发展。影视艺术作为一门艺术，其核心仍在以艺术的形式来再现社会与人生，丰富人们的认知与情感世界。在这个意义上，它与其他文学样式是完全相通的。

参考文献

1. 路易斯·贾内梯（Louis Giannetti）著，焦雄屏译：《认识电影》，北京，世界图书出版公司，2007 年。

2. 高鑫：《电视艺术概论》，北京，学苑出版社，1992 年。

3. 胡智锋主编：《影视艺术导论》，北京，高等教育出版社，2012 年。

4. 孙宜君、陈家洋：《影视艺术概论》，北京，国防工业出版社，2012 年。

5. 谷冰、宋春婷主编：《影视鉴赏》，北京，航空工业出版社，2014 年。

6. 普多夫金：《论电影的编剧、导演和演员》，北京，中国电影出版社，1957 年。

7. 黄琳编著：《西方电影理论及流派概论》，重庆，重庆大学出版社，2008 年。

练 习 与 思 考

1. 如何根据影视艺术的独特性从而理解影视艺术的概念？

2. 请列举影视艺术的艺术特性。

3. 创作一个关于名为"偶遇"的 500 字剧本，感受影视"时间性和空间性"表达。

学生习作及优秀作品朗诵　　　大学语文讲义书签

后　记

　　这是一部新教材，以《大学语文讲义》之名问世的新教材。内容上提供了诸多教学方面的新内容，为的是方便学生的学，能够学得轻松、学得有趣；为的是方便教师的教，能够教得方便、教得有效。增加的内容主要有：给9篇精讲课文作了配乐朗诵，给3篇古诗文配了古琴弹奏，附上了60多篇学生优秀作品并配有朗诵，所有思考练习题的分析思路和参考答案。新教材新面貌，新的教学资源和教学方法，将有效教学、深度教学、立体教学引向深入。值得一提的是，这些新资源、新方法都来源于我们多年行之有效的教学积累。弹奏古琴的是厦门大学嘉庚学院传统文化课堂古琴室的程鸿媛老师，她硕士毕业于天津音乐学院古琴专业，师从古琴名家李凤云、王建欣二位教授。《大学之道》琴歌弹唱者为广东古琴研究会会长的谢东笑老师。课文诵读者是厦门大学嘉庚学院"经典诗文诵读工作室"主任、国家级普通话测试员、校普通话推广与测试中心主任卜祥忠副教授。古琴曲和课文配乐诵读的音频录制是由厦门大学嘉庚学院实验室丁德江老师、汤逢兴老师和广播电视学专业李子易老师完成。朗诵学生优秀作品的是厦门大学嘉庚学院"音频创作与研究中心"，邓葳老师带领她的团队在较短时间内完成了朗诵录制工作。参与学生优秀作品推荐的有杜晶晶、金文兵、尢巧霞、邱宏光、孙汝建、王萍、王世海、吴秉勋、张翠真、张期达、钟永兴、朱盈蓓等老师。我们希望通过这些尝试，能让编写"美文美意"教材的初衷，增加一些"美声""美感"的色彩。

　　这又是一部"旧"教材。它的前身是《大学语文读本》，第一版问世于2013年。那时驱动我们编写这部教材的最大动因来源于对课程目标的认识。"大学语文"是高等学校非中文专业学生的一门公共必修课。课程应具有这样的功能：培养大学生的人文素养，陶冶性情，了解社会与人生，接受审美教育，提高对人类优秀文学作品的欣赏能力及语言文字的运用能力。课程应具有以下的特点：阅读对象是文学作品；欣赏形式是语言文字；感受内容是社会、历史、人生与哲理；学习方式是细读慢品、日熏月陶，以收潜移默化、润物无声之效。"培根铸魂，启智润心"，概括的是教育的功能，其实也是对大学语文课功能的精准描绘。

由于大学语文课程内容的综合与丰富，现在的教材五花八门、各有侧重。有的重于文学作品发展的轨迹，一似文学作品史简编，或按体裁，或按年代，或按国别；有的偏于知识的传授，或文学知识，或语言知识，或写作技法，虽不求系统却处处落到实处。我们认为，要真实体现"大学语文"的人文素养培育功能和语言文字良好运用能力的提升，就必须抓住"语文"的精髓，通过"美文"来感受体悟其中的"美义"。这应是大学语文课不同于哲学课、政治课的直陈道理，也不同于中文专业那般重在语言文学知识的系统性、完整性的最大差别之所在。因此，我们将"美文"作为课文选择的最基本要求。入选的作品须具有较高的文学性，在文学史上有较高地位和较大影响，在某个创作时期、作品风格、文学派别或体裁类型上具有一定的代表性。而对"美义"则是通过设立主题的方式加以凸现，设立了"自然神韵""精致器物""两情相依""家国情思""理想希望""礼仪天下""仁者之道""萌动青春""幽默人生"九大主题，每个主题包括六篇课文。九大主题把有着极为丰富的思想与艺术内涵的文学作品加以集聚，这一做法相信对提高学习者把握浩瀚文学作品的能力是会有些帮助的。

古今中外的优秀文学作品无数，而教材容量有限，"撷英"相当困难。有取就有舍，有留就有去，同样的美轮美奂，却因为要考虑各种因素的平衡，常常会陷于忍痛割爱之中。尽管如此，课文选录的主导思想还是明确的，就是以中国作品为主，以现当代作品为主，以富于思想启迪为主，尽量贴近当代大学生的认知特点与发展需求。

每篇课文前有"题解"，目的是提供学习课文的若干背景材料。课文后有"赏析"，提供阅读欣赏的一些线索。"练习与思考"是希望让学生找到进入作品的思路与途径。优秀文学作品的学习重点在"读"，这也是我们一贯的教学思想，在教师的指导下，学生尽量多地接触作品，多读多想，多感受多交流。

《大学语文读本》第二版于 2018 年出版。该版教材前后共做了两项修订。

第一项是新增九篇知识短文，以求延展学习厚度，满足中文爱好者的深度学习之需。"诗歌""散文""小说""戏剧"四个专题各用两篇短文介绍。上篇述定义内涵，及文学发展各个时期最具代表的作家作品和承续演化；下篇概括其文学形制与语用特点。当代影视艺术兴盛，亦用一文概述。九篇知识短文分列九个单元之后，教学与否及前后安排由教师自由掌握。九篇短文附有参考文献与思考题，初学者可后学缓学，深造者可寻踪探幽。九篇专题短文分别由亢巧霞、王世海、沈玲、杜晶晶、庄清华、孙园园、邱宏光、卜祥忠、林筠撰写。朱盈蓓所撰《文学与生活》，文思凛冽、笔风潇洒，较好反映了教材编纂主旨，列为全书的绪言篇，希望给读者以认识教材使用教材的一点提示，也是讲授"大学语文"课的心得分享。

第二项是提供了部分专题的教学 PPT，以方便与同仁交流，抛砖引玉，就教高明。

2022 年底，根据党的二十大会议精神对教材又作了部分修订，并更名为现在的《大学语文讲义》为的是使教材更好地体现时代精神，跟上社会发展步伐，吸收中华优秀传统文化，贴近大学生生活。党的二十大提出要"办好人民满意的教育"，提出要"加大国家通用语言文字推广力度"，教育部、国家语委在《关于加强高等学校服务国家通用语言文字高质量推广普及的若干意见》（教语用〔2022〕2 号），将"提高大学生语言文字应用能力"列为《意见》的第一条。同时明确提到"支持高校开设大学语文、应用文写作、口语表达、经典诵读等语言文化相关课程"。这些精神和要求成为我们修订教材的指导思想，在"单元题记""练习与思考题"等作了更贴近主题的诠释，编入"课程思政特色教材"之列。

《大学语文读本》的基本理念和主要内容在《大学语文讲义》中都有坚守，有承继，故合而成述。后出转精，《大学语文讲义》在教学理念、教学资源上更注重发挥数字化优势，提供了更多方便教者与学者使用的参考资源，融入了越来越多接地气的教学方法。"行无止境，知亦无止境"。我们会一如既往坚守教好"大学语文"的信念，不断探索大学语文教学之道。囿于编者学识和经验，教材肯定还有不如意的地方，衷心希望教材使用者能不断反馈意见，以帮助我们把教材不断完善。

苏新春

2023 年 6 月 14 日